2021

SOLDADO COMBATENTE PM AC

Proteção de direitos

Todos os direitos autorais desta obra são reservados e protegidos pela Lei nº 9.610/98. É proibida a reprodução de qualquer parte deste material didático, sem autorização prévia expressa por escrito do autor e da editora, por quaisquer meios empregados, sejam eletrônicos, mecânicos, videográficos, fonográficos, reprográficos, microfílmicos, fotográficos, gráficos ou quaisquer outros que possam vir a ser criados. Essas proibições também se aplicam à editoração da obra, bem como às suas características gráficas.

Diretor Presidente	Evandro Guedes
Diretor Editorial	Javert Falco
Diretor de Marketing	Jadson Siqueira
Gerente Editorial	Mariana Passos
Equipe Editorial	Lucilene Santos de Sousa
	Mateus Ruhmke Vazzoller
	Patricia Quero
	Fatima Morais
Aquisição editorial	Fábio Oliveira
Coordenação Revisão de Texto	Paula Craveiro
Coordenação Editoração	Alexandre Rossa
Arte e Produção	Nara Azevedo
	Emilly Lazarotto
Capa	Alexandre Rossa

Língua Portuguesa	**Matemática**	**Informática Básica**
Pablo Jamilk	Daniel Lustosa	João Paulo

Dados Internacionais de Catalogação na Publicação (CIP)
Angélica Ilacqua CRB-8/7057

S67

Soldado Combatente da Polícia Militar do Estado do Acre - PMAC / Equipe de professores Alfacon. -- Cascavel, PR : AlfaCon, 2021.
600 p.

ISBN 978-65-5918-090-5

1. Polícia militar - Concursos - Brasil 2. Língua portuguesa 3. Matemática 4. Informática I. Polícia Militar do Estado do Acre.

21-1731   CDD 351.81076

Índices para catálogo sistemático:
1. Serviço público - Brasil - Concursos

Dúvidas?
Acesse: www.alfaconcursos.com.br/atendimento
Núcleo Editorial:
   Rua: Paraná, nº 3193, Centro - Cascavel/PR
   CEP: 85.810-010
Núcleo Comercial/Centro de Distribuição:
   Rua: Dias Leme, nº 489, Mooca - São Paulo/SP
   CEP: 03118-040
 SAC: (45) 3037-8888

Data de fechamento 1ª impressão: 05/05/2021

www.alfaconcursos.com.br/apostilas

Atualizações e erratas

Esta obra é vendida como se apresenta. Atualizações - definidas a critério exclusivo da Editora AlfaCon, mediante análise pedagógica - e erratas serão disponibilizadas no site www.alfaconcursos.com.br/codigo, por meio do código disponível no final do material didático. Ressaltamos que há a preocupação de oferecer ao leitor uma obra com a melhor qualidade possível, sem a incidência de erros técnicos e/ou de conteúdo. Caso ocorra alguma incorreção, solicitamos que o leitor, atenciosamente, colabore com sugestões, por meio do setor de atendimento do AlfaCon Concursos Públicos.

APRESENTAÇÃO

Fazer parte do serviço público é o objetivo de muitas pessoas. Por esse motivo, os processos seletivos relacionados a essa área de atuação costumam ser muito concorridos.

Nesse sentido, a obra **Soldado Combatente da Polícia Militar do Estado Acre – PM AC** reúne todos os conteúdos cobrados no último edital do concurso. Na elaboração deste material, a Editora AlfaCon teve o cuidado de trazer as indicações mais importantes dos tópicos que fazem parte do conteúdo programático das disciplinas abordadas. Além disso, durante a explanação dos conteúdos, o estudante encontrará dicas essenciais à sua compreensão (no box Fique Ligado), e a cada capítulo constam exercícios gabaritados, provenientes de concursos anteriores. Toda essa disposição de assuntos foi pensada para auxiliar o concurseiro na melhor compreensão e fixação do conteúdo.

Alguns conteúdos serão disponibilizados por meio do Código de Resgate (os conteúdos poderão ser disponibilizados em formato de PDF e/ou videoaula): HISTÓRIA E GEOGRAFIA DO ACRE (Anexação do Acre ao Brasil. Evolução política e administrativa do Acre. Movimentos de defesa da floresta no Acre. Agricultura no Acre: das colônias agrícolas aos projetos de assentamento dirigidos. Reservas extrativas no Acre e desenvolvimento sustentável. Fluxos migratórios no Acre. O espaço acreano: formação populacional, economia, espaço da cidade, espaço do campo, meio ambiente e desenvolvimento no Acre. O espaço acreano: relevo, clima, hidrografia, vegetação, problemas ambientais e apropriação do espaço, o meio ambiente como recurso econômico: benefícios e malefícios) / ATUALIDADES (Tópicos relevantes e atuais de diversas áreas, tais como política, economia, sociedade, educação, tecnologia, energia, relações internacionais, desenvolvimento sustentável, segurança e ecologia, suas inter-relações e suas vinculações históricas. Globalização. Compreensão dos problemas que afetam a vida da comunidade, do estado e do país.) / ESTATUTO DOS MILITARES ESTADUAIS (Lei Complementar nº 164, de 3 julho de 2006)

O material também se destaca por agregar ao seu estudo a tecnologia educacional AlfaCon Notes, ferramenta cuja funcionalidade consiste em registrar suas anotações por meio do QR Code. O objetivo é justamente o de deixar tudo organizado e acessível na área do aluno AlfaCon e em seu smartphone. Por isso, você tem em mãos um material que é um grande facilitador para seus estudos, pois a finalidade maior é auxiliá-lo a compreender os conteúdos de forma didática e eficaz.

Trata-se, então, de uma obra de excelência, resultado da experiência e da competência da Editora e dos Autores, que são especializados em suas respectivas disciplinas. Ressaltamos a importância e a necessidade de haver uma preparação direcionada e organizada, pois somente assim o candidato pode ter o desempenho que almeja nas provas. Tenha a certeza de que esta obra será o diferencial para a conquista de sua aprovação.

Bons estudos e rumo à sua aprovação!

App AlfaCon Notes

O **AlfaCon Notes** é um aplicativo perfeito para registrar suas **anotações de leitura**, deixando seu estudo **mais prático**. Viva a experiência Alfacon Notes. Para instalar, acesse o Google Play ou a Apple Store.

Se liga no **vídeo!**

Cada tópico de seu livro contém **um Código QR** ao lado.

Escolha o tópico e faça a leitura do Código QR utilizando o aplicativo AlfaCon Notes para registrar sua anotação.

Pronto para essa **nova experiência?** Então, baixe o App **AlfaCon Notes** e crie suas anotações.

Acesse seu material complementar:

1 Acesso o site **www.alfaconcursos.com.br** para se cadastrar **gratuitamente** ou para efetuar seu login.

2 Na aba Resgatar código, digite o PMACPOLICIAC. Seu código estará disponível por 120 dias a partir do primeiro acesso.

3 Após a validação do código, você será redirecionado para a página em que constam seus materiais (erratas, atualizações e material complementar). Todo esse conteúdo está disponível gratuitamente.

É mais que um livro, é uma experiência!

COMO ESTUDAR PARA UM CONCURSO PÚBLICO!

Para se preparar para um concurso público, não basta somente estudar o conteúdo. É preciso adotar metodologias e ferramentas, como plano de estudo, que ajudem o concurseiro em sua organização.

As informações disponibilizadas são resultado de anos de experiência nesta área e apontam que estudar de forma direcionada traz ótimos resultados ao aluno.

CURSO ON-LINE GRATUITO

- Como montar caderno
- Como estudar
- Como e quando fazer simulados
- O que fazer antes, durante e depois de uma prova!

Ou pelo link: alfaconcursos.com.br/cursos/material-didatico-como-estudar

ORGANIZAÇÃO

Organização é o primeiro passo para quem deseja se preparar para um concurso público.

Conhecer o conteúdo programático é fundamental para um estudo eficiente, pois os concursos seguem uma tendência e as matérias são previsíveis. Usar o edital anterior - que apresenta pouca variação de um para outro - como base é uma boa opção.

Quem estuda a partir desse núcleo comum precisa somente ajustar os estudos quando os editais são publicados.

PLANO DE ESTUDO

Depois de verificar as disciplinas apresentadas no edital, as regras determinadas para o concurso e as características da banca examinadora, é hora de construir uma tabela com seus horários de estudo, na qual todas as matérias e atividades desenvolvidas na fase preparatória estejam dispostas.

PASSO A PASSO

VEJA AS ETAPAS FUNDAMENTAIS PARA ORGANIZAR SEUS ESTUDOS

PASSO 1
Selecionar as disciplinas que serão estudadas.

PASSO 2
Organizar sua rotina diária: marcar pontualmente tudo o que é feito durante 24 horas, inclusive o tempo que é destinado para dormir, por exemplo.

PASSO 3
Organizar a tabela semanal: dividir o horário para que você estude 2 matérias por dia e também destine um tempo para a resolução de exercícios e/ou revisão de conteúdos.

PASSO 4
Seguir rigorosamente o que está na tabela, ou seja, destinar o mesmo tempo de estudo para cada matéria. Por exemplo: 2h/dia para cada disciplina.

PASSO 5
Reservar um dia por semana para fazer exercícios e também simulados.

Esta tabela é uma sugestão de como você pode organizar seu plano de estudo. Para cada dia, você deve reservar um tempo para duas disciplinas e também para a resolução de exercícios e/ou revisão de conteúdos. Fique atento ao fato de que o horário precisa ser determinado por você, ou seja, a duração e o momento do dia em que será feito o estudo é você quem escolhe.

AlfaCon
Concursos Públicos

TABELA SEMANAL

SEMANA	SEGUNDA	TERÇA	QUARTA	QUINTA	SEXTA	SÁBADO	DOMINGO
1							
2							
3							
4							

SUMÁRIO

LÍNGUA PORTUGUESA 12

MATEMÁTICA 107

INFORMÁTICA BÁSICA 159

LÍNGUA PORTUGUESA

1. NÍVEIS DE ANÁLISE DA LÍNGUA...12

2. MORFOLOGIA CLASSES DE PALAVRAS...12
   2.1 Artigo...12
   2.2 Adjetivo..12
   2.3 Advérbio...16
   2.4 Conjunção...16
   2.5 Interjeição...18
   2.6 Numeral..18
   2.7 Preposição..19

3. PRONOMES...22
   3.1 Pessoais..22
   3.2 De Tratamento...23
   3.3 Demonstrativos..24
   3.4 Relativos...25
   3.5 Indefinidos...25
   3.6 Interrogativos...25
   3.7 Possessivos...25

4. SUBSTANTIVO..26
   4.1 Número dos Substantivos..26

5. VERBO..26
   5.1 Estrutura e Conjugação dos Verbos..27
   5.2 Flexão Verbal..28
   5.3 Formas Nominais do Verbo..28
   5.4 Tempos Verbais...28
   5.5 Tempos Compostos da Voz Ativa...28
   5.6 Vozes Verbais..28
   5.7 Tipos de Voz Passiva...29
   5.8 Verbos com a Conjugação Irregular...29

6. SINTAXE BÁSICA DA ORAÇÃO E DO PERÍODO..35
   6.1 Período Simples (Oração)...35
   6.2 Período Composto..37

7. CONCORDÂNCIA VERBAL E NOMINAL..42
   7.1 Concordância Verbal...42
   7.2 Concordância Nominal...43

8. ACENTUAÇÃO GRÁFICA...47
   8.1 Regras Gerais..47

9. COLOCAÇÃO PRONOMINAL...50
   9.1 Regras de Próclise...50
   9.2 Regras de Mesóclise...50
   9.3 Regras de Ênclise..50
   9.4 Casos Facultativos..50

10. REGÊNCIA VERBAL E NOMINAL..52
   10.1 Regência Verbal..52
   10.2 Regência Nominal...53

SUMÁRIO

SUMÁRIO

11. CRASE **56**
    11.1 Crase Proibitiva 56
    11.2 Crase Obrigatória 56
    11.3 Crase Facultativa 56

12. PONTUAÇÃO **60**
    12.1 Principais Sinais e Usos 60

13. TIPOLOGIA TEXTUAL **63**
    13.1 Narração 63
    13.2 Dissertação 64
    13.3 Descrição 64

14. COMPREENSÃO E INTERPRETAÇÃO DE TEXTOS **64**

15. PARÁFRASE UM RECURSO PRECIOSO **67**

16. ORTOGRAFIA **71**

17. ACORDO ORTOGRÁFICO DA LÍNGUA PORTUGUESA **78**
    17.1 Trema 78
    17.2 Regras de Acentuação 78
    17.3 Hífen com Compostos 79
    17.4 Uso do Hífen com Palavras Formadas por Prefixos 79
    17.5 Síntese das Principais Regras do Hífen 81
    17.6 Quadro Resumo do Emprego do Hífen com Prefixos 81

18. INTERPRETAÇÃO DE TEXTOS **84**
    18.1 Ideias Preliminares sobre o Assunto 84
    18.2 Semântica ou Pragmática? 84
    18.3 Questão de Interpretação? 84
    18.4 Tipos de Texto - O Texto e suas Partes 84
    18.5 O Texto Dissertativo 84

19. DEMAIS TIPOLOGIAS TEXTUAIS **88**
    19.1 O Texto Narrativo 88
    19.2 O Texto Descritivo 88
    19.3 Conotação X Denotação 88
    19.4 Figuras de Linguagem 88
    19.5 Funções da Linguagem 89

20. INTERPRETAÇÃO DE TEXTO POÉTICO **93**
    20.1 Tradução de Sentido 93
    20.2 Organização de Texto (Texto Embaralhado) 94
    20.3 Significação das Palavras 94
    20.4 Inferência 94

21. ESTRUTURA E FORMAÇÃO DE PALAVRAS **99**
    21.1 Estrutura das Palavras 99
    21.2 Processos de Formação de Palavras 99

22. FIGURAS DE LINGUAGEM **101**
    22.1 Conotação X Denotação 101
    22.2 Vícios de Linguagem 102

12   **LÍNGUA PORTUGUESA**

1. NÍVEIS DE ANÁLISE DA LÍNGUA

Vamos começar o nosso estudo fazendo uma distinção entre quatro níveis de análise da Língua Portuguesa, afinal, você não pode confundir-se na hora de estudar. Fique ligado nessa diferença:

→ **Nível Fonético / Fonológico:** estuda a produção e articulação dos sons da língua.
→ **Nível Morfológico:** estuda a estrutura e a classificação das palavras.
→ **Nível Sintático:** estuda a função das palavras dentro de uma sentença.
→ **Nível Semântico:** estuda as relações de sentido construídas entre as palavras.

Na Semântica, estudaremos, entre outras coisas, a diferença entre linguagem de sentido denotativo (ou literal, do dicionário) e linguagem de sentido conotativo (ou figurado).

Ex: Rosa é uma flor.

01. Morfologia:
    Rosa: substantivo;
    Uma: artigo;
    É: verbo ser;
    Flor: substantivo

02. Sintaxe:
    Rosa: sujeito;
    É uma flor: predicado;
    Uma flor: predicativo do sujeito.

03. Semântica:
    Rosa pode ser entendida como uma pessoa ou como uma planta, depende do sentido.

Vamos, a partir de agora, estudar as classes de palavras.

2. MORFOLOGIA CLASSES DE PALAVRAS

Antes de mergulhar nas conceituações, vamos fazer uma lista para facilitar o nosso estudo: classe e exemplo.

Artigo: o, a, os, as, um, uma, uns, umas.
Adjetivo: Legal, interessante, capaz, brasileiro, francês.
Advérbio: Muito, pouco, bem, mal, ontem, certamente
Conjunção: Que, caso, embora.
Interjeição: Ai! Ui! Ufa! Eita.
Numeral: Sétimo, vigésimo, terço.
Preposição: A, ante, até, após, com, contra, de, desde, em, entre.
Pronome: Cujo, o qual, quem, eu, lhe.
Substantivo: Mesa, bicho, concursando, Pablo, José.
Verbo: Estudar, passar, ganhar, gastar.

2.1 Artigo

O artigo é a palavra variável que tem por função individualizar algo, ou seja, possui como função primordial indicar um elemento, por meio de definição ou indefinição da palavra que, pela anteposição do artigo, passa a ser substantivada. Os artigos se subdividem em:

Artigos definidos: **o, a, os, as** - porque definem o substantivo a que se referem.

Hoje à tarde, falaremos sobre **a** aula da semana passada.

Na última aula, falamos **do** conteúdo programático.

Artigos indefinidos: **um, uma, uns, umas** - porque indefinem o substantivo a que se referem.

Assim que eu passar no concurso, eu irei comprar **um** carro.

Pela manhã, papai, apareceu **um** homem da loja aqui.

É importante ressaltar que os artigos podem ser contraídos com algumas preposições essenciais, como demonstraremos na tabela a seguir:

Prepo-sições	Artigo								
	Definido				Indefinido			
	o	a	os	as	um	uma	uns	umas
A	ao	à	aos	às	-	-	-	-
De	do	da	dos	das	dum	duma	duns	dumas
Em	no	na	nos	nas	num	numa	nuns	numas
Per	pelo	pela	pelos	pelas	-	-	-	-
Por	polo	pola	polos	polas	-	-	-	-

O artigo é utilizado para substantivar um termo. Ou seja, quer transformar algo em um substantivo? Coloque um artigo em sua frente.

"Cantar alivia a alma." (Verbo)

"O cantar alivia a alma." (Substantivo)

Emprego do artigo com a palavra "todo":

Quando inserimos artigos ao lado do termo "todo", em geral, o sentido da expressão passa a designar totalidade. Como no exemplo abaixo:

Pobreza é um problema que acomete todo país.

(todos os países)

Pobreza é um problema que acomete todo o país.

(o país em sua totalidade).

2.2 Adjetivo

É a palavra variável que expressa uma qualidade, característica ou origem de algum substantivo ao qual se relaciona.

Meu terno é azul, elegante e italiano.

Analisando, entendemos assim:

Azul: característica.

Elegante: qualidade.

Italiano: origem.

Estrutura e a classificação dos adjetivos. Com relação à sua formação, eles podem ser:

Explicativos: quando a característica é comum ao substantivo referido.

Fogo **quente**, Homem **mortal**. (Todo fogo é quente, todo homem é mortal)

MORFOLOGIA CLASSES DE PALAVRAS

Restritivos: quando a característica não é comum ao substantivo, ou seja, nem todo substantivo é assim caracterizado.

Terno **azul**, Casa **grande**. (Nem todo terno é azul, nem toda casa é grande)

Simples: quando possui apenas uma raiz.

amarelo, brasileiro, competente, sagaz, loquaz, inteligente, grande, forte etc.

Composto: quando possui mais de uma raiz.

amarelo-canário, luso-brasileiro, verde-escuro, vermelho--sangue etc.

Primitivo: quando pode dar origem a outra palavra, não tendo sofrido derivação alguma.

bom, legal, grande, rápido, belo etc.

Derivado: quando resultado de um processo de derivação, ou seja, oriundo de outra palavra.

bondoso (de bom), grandioso (de grande), maléfico (de mal), esplendoroso (de esplendor) etc.

Os adjetivos que designam origem de algum termo são denominados adjetivos pátrios ou gentílicos.

Uma lista de adjetivos pátrios de estado:

Adjetivos Pátrios	
Acre	Acriano
Alagoas	Alagoano
Amapá	Amapaense
Aracaju	Aracajuano ou Aracajuense
Amazonas	Amazonense ou Baré
Belém(PA)	Belenense
Belo Horizonte	Belo-horizontino
Boa Vista	Boa-vistense
Brasília	Brasiliense
Cabo Frio	Cabo-friense
Campinas	Campineiro ou Campinense
Curitiba	Curitibano
Espírito Santo	Espírito-santense ou Capixaba
Fernando de Noronha	Noronhense
Florianópolis	Florianopolitano
Fortaleza	Fortalezense
Goiânia	Goianiense
João Pessoa	Pessoense
Macapá	Macapaense
Maceió	Maceioense
Manaus	Manauense
Maranhão	Maranhense
Marajó	Marajoara
Natal	Natalense ou Papa-jerimum
Porto Alegre	Porto Alegrense

Ribeirão Preto	Ribeiropretense
Rio de Janeiro(Estado)	Fluminense
Rio de Janeiro(Cidade)	Carioca
Rio Branco	Rio-branquense
Rio grande do Norte	Rio-grandense-do-norte, Norte-riograndense ou Potiguar
Rio grande do Sul	Rio-grandense-do-sul, Sul-rio-grandense ou Gaúcho
Rondônia	Rondoniano
Roraima	Roraimense
Salvador	Salvadorense ou Soteropolitano
Santa Catarina	Catarinense. ou Barriga-verde
Santarém	Santarense
São Paulo (Estado)	Paulista
São Paulo (Cidade)	Paulistano
Sergipe	Sergipano
Teresina	Teresinense
Tocantins	Tocantinense

Países	
Croácia	Croata
Costa rica	Costarriquense
Curdistão	Curdo
Estados Unidos	Estadunidense, norte-americano ou ianque
El Salvador	Salvadorenho
Guatemala	Guatemalteco
Índia	Indiano ou hindu (os que professam o hinduísmo)
Israel	Israelense ou israelita
Irã	Iraniano
Moçambique	Moçambicano
Mongólia	Mongol ou mongólico
Panamá	Panamenho
Porto Rico	Porto-riquenho
Somália	Somali

Adjetivos Pátrios Compostos

Na formação de adjetivos pátrios compostos, o primeiro elemento aparece na forma reduzida e, normalmente, erudita.

Observe alguns exemplos:

Adjetivos Pátrios Compostos	
África	Afro-/Cultura afro-americana
Alemanha	Germano- ou teuto-/Competições teutoinglesas
América	Américo-/Companhia américo-africana
Ásia	Ásio-/Encontros ásio-europeus
Áustria	Austro-/Peças austro-búlgaras
Bélgica	Belgo-/Acampamentos belgo-franceses
China	Sino-/Acordos sino-japoneses
Espanha	Hispano-/Mercado hispano-português
Europa	Euro-/Negociações euro-americanas
França	Franco- ou galo-/Reuniões franco-italianas
Grécia	Greco-/Filmes greco-romanos
Índia	Indo-/Guerras indo-paquistanesas
Inglaterra	Anglo-/Letras anglo-portuguesas
Itália	Ítalo-/Sociedade ítalo-portuguesa
Japão	Nipo-/Associações nipo-brasileiras
Portugal	Luso-/Acordos luso-brasileiros

Locução Adjetiva

Expressão que tem valor adjetival, mas que é formada por mais de uma palavra. Geralmente, concorrem para sua formação uma preposição e um substantivo. Veja alguns exemplos.

Locução Adjetiva	Adjetivo
de águia	Aquilino
de aluno	Discente
de anjo	Angelical
de ano	Anual
de aranha	Aracnídeo
de asno	Asinino
de baço	Esplênico
de bispo	Episcopal
de bode	Hircino
de boi	Bovino
de bronze	Brônzeo ou êneo
de cabelo	Capilar
de cabra	Caprino
de campo	Campestre ou rural
de cão	Canino
de carneiro	Arietino
de cavalo	Cavalar, equino, equídeo ou hípico
de chumbo	Plúmbeo
de chuva	Pluvial
de cinza	Cinéreo
de coelho	Cunicular

de cobre	Cúprico
de couro	Coriáceo
de criança	Pueril
de dedo	Digital
de diamante	Diamantino ou adamantino
de elefante	Elefantino
de enxofre	Sulfúrico
de estômago	Estomacal ou gástrico
de falcão	Falconídeos
de fera	Ferino
de ferro	Férreo
de fígado	Figadal ou hepático
de fogo	Ígneo
de gafanhoto	Acrídeo
de garganta	Gutural
de gelo	Glacial
de gesso	Gípseo
de guerra	Bélico
de homem	Viril ou humano
de ilha	Insular
de intestino	Celíaco ou entérico
de inverno	Hibernal ou invernal
de lago	Lacustre
de laringe	Laríngeo
de leão	Leonino
de lebre	Leporino
de lobo	Lupino
de lua	Lunar ou selênico
de macaco	Simiesco, símio ou macacal
de madeira	Lígneo
de marfim	Ebúrneo ou ebóreo
de Mestre	Magistral
de monge	Monacal
de neve	Níveo ou nival
de nuca	Occipital
de orelha	Auricular
de ouro	Áureo
de ovelha	Ovino
de paixão	Passional
de pâncreas	Pancreático
de pato	Anserino
de peixe	Písceo ou ictíaco
de pombo	Columbino
de porco	Suíno ou porcino
de prata	Argênteo ou argírico

LÍNGUA PORTUGUESA

MORFOLOGIA CLASSES DE PALAVRAS

de quadris	Ciático
de raposa	Vulpino
de rio	Fluvial
de serpente	Viperino
de sonho	Onírico
de terra	Telúrico, terrestre ou terreno
de trigo	Tritício
de urso	Ursino
de vaca	Vacum
de velho	Senil
de vento	Eólico
de verão	Estival
de vidro	Vítreo ou hialino
de virilha	Inguinal
de visão	Óptico ou ótico

Flexão do Adjetivo

O adjetivo pode ser flexionado em gênero, número e grau.

Flexão de gênero (Masculino / Feminino)

Com relação ao gênero, os adjetivos podem ser classificados de duas formas:

Biformes: quando possuem uma forma para cada gênero.

Homem **belo** / mulher **bela**

Contexto **complicado** / questão **complicada**

Uniformes: quando possuem apenas uma forma, como se fossem elementos neutros.

Homem **fiel** / mulher **fiel**

Contexto **interessante** / questão **interessante**

Flexão de número (Singular / Plural)

Os adjetivos simples seguem a mesma regra de flexão que os substantivos simples, portanto essas regras serão descriminadas no quadro de número dos substantivos. Serão, por regra, flexionados os adjetivos compostos que, em sua formação, possuírem dois adjetivos. A flexão ocorrerá apenas no segundo elemento da composição.

Guerra greco-**romana** - Guerras greco-**romanas**

Conflito **socioeconômico** - Análises **socioeconômicas**

Por outro lado, se houver um substantivo como elemento da composição, o adjetivo fica invariável.

Blusa **amarelo-canário** - Blusas **amarelo-canário**

Mesa **verde-musgo** - Mesas **verde-musgo**

O caso em questão também pode ocorrer quando um substantivo passa a ser, por derivação imprópria, um adjetivo, ou seja, também serão invariáveis os "substantivos adjetivados".

Terno cinza -Ternos cinza

Vestido rosa -Vestidos rosa

E também:

surdo mudo - surdos mudos

pele vermelha - peles vermelhas

Azul- marinho e azul-celeste são invariáveis.

Flexão de grau (Comparativo e Superlativo)

Há duas maneiras de se estabelecer o grau do adjetivo: por meio do grau comparativo e por meio do grau superlativo.

Vejamos como isso ocorre.

Grau comparativo: estabelece um tipo de comparação de características, sendo estabelecido de três maneiras:

Inferioridade: O açúcar é **menos** doce (do) **que** os teus olhos.

Igualdade: O meu primo é **tão** estudioso **quanto** o meu irmão.

Superioridade: Gramática **é mais legal** (do) **que** Matemática.

Grau superlativo: reforça determinada qualidade em relação a um referente. Pode-se estabelecer o grau superlativo de duas maneiras:

Relativo: em relação a um grupo.

De superioridade: José é o **mais** inteligente dos alunos.

De inferioridade: O presidente foi o **menos** prestigiado da festa.

Absoluto: sem relações, apenas reforçando as características

Analítico (com auxílio de algum termo)

Pedro é muito magro.

Pedro é magro, magro, magro.

Sintético (com o acréscimo de – íssimo ou –érrimo)

Pedro é macérrimo.

Somos todos estudiosíssimos.

Veja, agora, uma tabela de superlativos sintéticos.

Superlativos	
Grau normal	Superlativos
Ágil	Agilíssimo
Agradável	Agradabilíssimo
Agudo	Acutíssimo ou Agudíssimo
Alto	Altíssimo, Sumo ou Supremo
Amargo	Amaríssimo ou Marguíssimo
Amável	Amabilíssimo
Amigo	Amicíssimo
Antigo	Antiquíssimo
Atroz	Atrocíssimo
Baixo	Baixíssimo ou Ínfimo
Bom	Ótimo ou Boníssimo
Capaz	Capacíssimo
Célebre	Celebérrimo
Cheio	Cheíssimo
Comum	Comuníssimo

Cristão	Cristianíssimo
Cruel	Crudelíssimo
Doce	Dolcíssimo ou Docíssimo
Difícil	Dificílimo
Eficaz	Eficacíssimo
Fácil	Facílimo
Feliz	Felicíssimo
Feroz	Ferocíssimo
Fiel	Fidelíssimo
Frágil	Fragílimo
Frio	Frigidíssimo ou Friíssimo
Geral	Generalíssimo
Grande	Grandíssimo ou Máximo
Horrível	Horribilíssimo
Honorífico	Honorificentíssimo
Humilde	Humílimo ou Humildíssimo
Inimigo	Inimicíssimo
Inconstitucional	Inconstitucionalíssimo
Jovem	Juveníssimo
Livre	Libérrimo e Livríssimo
Louvável	Laudabilíssimo
Magnífico	Magnificentíssimo
Magro	Macérrimo ou Magríssimo
Mau	Péssimo ou malíssimo
Miserável	Miserabilíssimo
Mísero	Misérrimo
Miúdo	Minutíssimo
Notável	Notabilíssimo
Pequeno	Mínimo ou Pequeníssimo
Pessoal	Personalíssimo
Pobre	Paupérrimo ou Pobríssimo
Precário	Precaríssimo ou Precariíssimo
Próspero	Prospérrimo
Provável	Probabilíssimo
Sábio	Sapientíssimo
Sério	Seríssimo
Simpático	Simpaticíssimo
Simples	Simplíssimo ou Simplicíssimo
Tenaz	Tenacíssimo
Terrível	Terribilíssimo
Vão	Vaníssimo
Voraz	Voracíssimo
Vulgar	Vulgaríssimo
Vulnerável	Vulnerabilíssimo

Atente à mudança de sentido provocada pela alteração de posição do adjetivo.

Homem **grande** (alto, corpulento)

Grande homem (célebre)

Mas isso nem sempre ocorre. Se você analisar a construção "giz azul" e "azul giz", perceberá que não há diferença semântica.

2.3 Advérbio

É a palavra invariável que se relaciona ao verbo, ao adjetivo ou a outro advérbio para atribuir-lhes uma circunstância.

Os alunos saíram **apressadamente**.

O caso era muito **interessante**.

Resolvemos **muito bem** o problema.

É importante decorar essa lista de advérbios para que você consiga reconhecê-los na sentença.

→ Classificação do Advérbio:

Afirmação: sim, certamente, efetivamente etc.

Negação: não, nunca, jamais.

Intensidade: muito, pouco, assaz, bastante, mais, menos, tão, tanto, quão etc.

Lugar: aqui, ali, aí, aquém, acima, abaixo, atrás, dentro, junto, defronte, perto, longe, algures, alhures, nenhures etc.

Tempo: agora, já, depois, anteontem, ontem, hoje, jamais, sempre, outrora, breve etc.

Modo: assim, adrede, bem, mal, depressa, devagar, melhor, pior e a maior parte das palavras formadas de um adjetivo, mais a terminação "mente" (leve + mente = levemente; calma + mente = calmamente).

Inclusão: também, inclusive.

Designação: eis.

Interrogação: onde, como, quando, por que.

Também existem as chamadas locuções adverbiais que vêm quase sempre introduzidas por uma preposição: à farta (= fartamente), às pressas (= apressadamente), à toa, às cegas, às escuras, às tontas, às vezes, de quando em quando, de vez em quando etc.

Existem casos em que utilizamos um adjetivo como forma de advérbio. É o que chamamos de adjetivo adverbializado.

Aquele orador fala **belamente**.

advérbio de modo

Aquele orador fala **bonito**.

adjetivo adverbializado que tenta designar modo

2.4 Conjunção

É a palavra invariável que conecta elementos em algum encadeamento frasal. A relação em questão pode ser de natureza lógico-semântica (relação de sentido) ou apenas indicar uma conexão exigida pela sintaxe da frase.

Coordenativas

São as conjunções que conectam elementos que não possuem dependência sintática, ou seja, as sentenças que são

MORFOLOGIA CLASSES DE PALAVRAS

conectadas por meio desses elementos já estão com suas estruturas sintáticas (sujeito / predicado / complemento) completas.

Aditivas: e, nem (= e não), também, que, não só... mas também, não só... como, tanto ... como, assim... como etc.

José não foi à aula **nem** fez os exercícios.

Devemos estudar **e** apreender os conteúdos.

Adversativas: mas, porém, contudo, todavia, no entanto, entretanto, senão, não obstante, aliás, ainda assim.

Os países assinaram o acordo, **mas** não o cumpriram.

A menina cantou bem, **contudo** não agradou ao público.

Alternativas: ou... ou, já ... já, seja... seja, quer... quer, ora... ora, agora... agora.

Ora diz sim, **ora** diz não.

Ou está feliz, **ou** está no ludibriando.

Conclusivas: logo, pois (depois do verbo), então, portanto, assim, enfim, por fim, por conseguinte, conseguintemente, consequentemente, donde, por onde, por isso.

O **concursando** estudou muito, **logo**, deverá conseguir seu cargo.

É professor, **por conseguinte** deve saber explicar o conteúdo.

Explicativas: Isto é, por exemplo, a saber, ou seja, verbi gratia, pois (antes do verbo), pois bem, ora, na verdade, depois, além disso, com efeito, que, porque, ademais, outrossim, porquanto etc.

Deve ter chovido, **pois** o chão está molhado.

O homem é um animal racional, **porque** é capaz de raciocinar.

Não converse agora, **que** eu estou explicando.

Subordinativas

São as conjunções que denotam uma relação de subordinação entre orações, ou seja, a conjunção subordinativa evidencia que uma oração possui dependência sintática em relação a outra. O que se pretende dizer com isso é que uma das orações envolvidas nesse conjunto desempenha uma função sintática para com sua oração principal.

Integrantes

Que, se

Sei **que** o dia do pagamento é hoje.

Vejamos **se** você consegue estudar sem interrupções.

Adverbiais

Causais: indicam a causa de algo.

Já que, porque, que, pois que, uma vez que, sendo que, como, visto que, visto como, como etc.

Não teve medo do perigo, **já que** estava protegido.

Passou no concurso, **porque** estudou muito.

Comparativas: estabelecem relação de comparação:

Como, tal como, mais...(do)que, menos...(do)que, tão como, assim como, tanto quanto etc.

Tal como procederes, receberás o castigo.

Alberto é aplicado **como** quem quer passar.

Concessivas (concessão): estabelecem relação de quebra de expectativa com respeito à sentença à qual se relacionam.

Embora, ainda que, dado que, posto que, conquanto, em que, quando mesmo, mesmo que, por menos que, por pouco que, apesar de (que).

Embora tivesse estudado pouco, conseguiu passar.

Conquanto estudasse, não conseguiu aprender.

Condicionais: estabelecem relação de condição.

Se, salvo se, caso, exceto se, contanto que, com tal que, caso, a não ser que, a menos que, sem que etc.

Se tudo der certo, estaremos em Portugal amanhã.

Caso você tenha dúvidas, pergunte a seu professor.

Consecutivas: estabelecem relação de consequência.

Tanto que, de modo que, de sorte que, tão...que, sem que etc.

O aluno estudou **tanto que** morreu.

Timeto Amon era **tão** feio **que** não se olhava no espelho.

Conformativas: estabelecem relação de conformidade.

Conforme, consoante, segundo, da mesma maneira que, assim como, como que etc.

Faça a prova **conforme** teu pai disse.

Todos agem **consoante** se vê na televisão.

Finais: estabelecem relação de finalidade.

Para que, a fim de que, que, porque.

Estudou muito **para que** pudesse ter uma vida confortável.

Trabalhei **a fim de que** o resultado seja satisfatório.

Proporcionais: estabelecem relação de proporção.

À proporção que, à media que, quanto mais... tanto mais, quanto menos... tanto menos, ao passo que etc.

À medida que o momento de realizar a prova chegava, a ansiedade de todos aumentava.

Quanto mais você estudar, **tanto mais** terá a chance de ser bem sucedido.

Temporais: estabelecem relação de tempo.

Quando, enquanto, apenas, mal, desde que, logo que, até que, antes que, depois que, assim que, sempre que, senão quando, ao tempo que, apenas que, antes que, depois que, sempre que etc.

Quando todos disserem para você parar, continue.

Depois que terminar toda a lição, poderá descansar um pouco.

Mal chegou, já quis sair.

2.5 Interjeição

É o termo que exprime, de modo enérgico, um estado súbito de alma. Sem muita importância para a análise a que nos propomos, vale apenas lembrar que elas possuem uma classificação semântica[1]:

Dor: ai! ui!

Alegria: ah! eh! oh!

1 Segundo Napoleão Mendes de Almeida.

Desejo: oxalá[2]! tomara!

Admiração: puxa! cáspite! safa! quê!

Animação: eia! sus! coragem!

Aplauso: bravo! apoiado!

Aversão: ih! chi! irra! apre!

Apelo: ó, olá! psit! pitsiu! alô! socorro!

Silêncio: psit! psiu! caluda!

Interrogação, **espanto**: hem!

Há, também, locuções interjeitivas: **Minha nossa! Meu Deus!**

A despeito da classificação acima, o que determina o sentido da interjeição é o seu uso.

2.6 Numeral

É a palavra que indica uma quantidade, multiplicação, fração ou um lugar numa série. Os numerais podem ser divididos em:

Cardinais: quando indicam um número básico: um, dois, três, cem mil...

Ordinais: quando indicam um lugar numa série: primeiro, segundo, terceiro, centésimo, milésimo...

Multiplicativos: quando indicam uma quantidade multiplicativa: dobro, triplo, quádruplo...

Fracionários: quando indicam parte de um inteiro: meio, metade, dois terços...

Algarismo		Cardinais	Ordinais
Romanos	Arábicos		
I	1	um	primeiro
II	2	dois	segundo
III	3	três	terceiro
IV	4	quatro	quarto
V	5	cinco	quinto
VI	6	seis	sexto
VII	7	sete	sétimo
VIII	8	oito	oitavo
IX	9	nove	nono
X	10	dez	décimo
XI	11	onze	undécimo ou décimo primeiro
XII	12	doze	duodécimo ou décimo segundo
XIII	13	treze	décimo terceiro
XIV	14	quatorze ou catorze	décimo quarto
XV	15	quinze	décimo quinto
XVI	16	dezesseis	décimo sexto
XVII	17	dezessete	décimo sétimo
XVIII	18	dezoito	décimo oitavo

XIX	19	dezenove	décimo nono
XX	20	vinte	vigésimo
XXI	21	vinte e um	vigésimo primeiro
XXX	30	trinta	trigésimo
XXXL	40	quarenta	quadragésimo
L	50	cinquenta	quinquagésimo
LX	60	sessenta	sexagésimo
LXX	70	setenta	septuagésimo ou setuagésimo
LXXX	80	oitenta	octogésimo
XC	90	noventa	nonagésimo
C	100	cem	centésimo
CC	200	duzentos	ducentésimo
CCC	300	trezentos	trecentésimo
CD	400	quatrocentos	quadringentésimo
D	500	quinhentos	quingentésimo
DC	600	seiscentos	seiscentésimo ou sexcentésimo
DCC	700	setecentos	septingentésimo
DCCC	800	oitocentos	octingentésimo
CM	900	novecentos	nongentésimo ou noningentésimo
M	1.000	mil	milésimo
X'	10.000	dez mil	dez milésimos
C'	100.000	cem mil	cem milésimos
M'	1.000.000	um milhão	milionésimo
M''	1.000.000.000	um bilhão	bilionésimo

Lista de numerais multiplicativos e fracionários:

Algarismos	Multiplicativos	Fracionários
2	duplo, dobro, dúplice	meio ou metade
3	triplo, tríplice	terço
4	quádruplo	quarto
5	quíntuplo	quinto
6	sêxtuplo	sexto
7	sétuplo	sétimo
8	óctuplo	oitavo
9	nônuplo	nono
10	décuplo	décimo
11	undécuplo	onze avos
12	duodécuplo	doze avos
100	cêntuplo	centésimo

Para realizar a leitura dos cardinais:

É necessário colocar a conjunção "e" entre as centenas e dezenas, assim como entre as dezenas e a unidade. Ex.: 3.068.724 = três milhões sessenta e oito mil setecentos e vinte e quatro.

---

2 Curiosamente, esses elementos podem ser concebidos, em algumas situações, como advérbios de dúvida.

MORFOLOGIA CLASSES DE PALAVRAS

Quanto à leitura do numeral ordinal, há duas possibilidades: Quando é inferior a 2.000, lê-se inteiramente segundo a forma ordinal. 1766º = milésimo septingentésimo sexagésimo sexto. Acima de 2.000, lê-se o primeiro algarismo como cardinal e os demais como ordinais. Hodiernamente, entretanto, tem-se observado a tendência a ler os números redondos segundo a forma ordinal.

2.536º = dois milésimos quingentésimo trigésimo sexto.

8 000º = oitavo milésimo.

Para realizar a leitura do fracionário:

O numerador de um numeral fracionário é sempre lido como cardinal. Quanto ao denominador, há dois casos:

Primeiro: se for inferior ou igual a 10, ou ainda for um número redondo, será lido como ordinal 2/6 = dois sextos; 9/10 = nove décimos; centésimos (se houver).

São exceções: 1/2 = meio; 1/3 = um terço.

Segundo: se for superior a 10 e não constituir número redondo, é lido como cardinal, seguido da palavra "avos".

1/12 = um doze avos; 4/25 = quatro vinte e cinco avos.

Ao se fazer indicação de reis, papas, séculos, partes de uma obra, usam-se os numerais ordinais até décimo. A partir daí, devem-se empregar os cardinais. Século V (século quinto), século XX (vinte), João Paulo II (segundo), Bento XVI (dezesseis).

2.7 Preposição

É a palavra invariável que serve de ligação entre dois termos de uma oração ou, às vezes, entre duas orações. Costuma-se denominar "regente" o termo que exige a preposição e "regido" aquele que recebe a preposição:

Ele comprou um livro **de** poesia.

Ele tinha medo **de** ficar solitário.

Como se vê, a preposição "de", no primeiro caso, liga termos de uma mesma oração; no segundo, liga orações.

Preposições Essenciais

São aquelas que têm como função primordial a conexão das palavras: a, ante, até, após, com contra, de, desde, em, entre, para, per, perante, por, sem, sob, sobre, trás. Veja o emprego de algumas preposições:

Os manifestantes lutaram **contra** a polícia.

O aluno chegou **ao** salão rapidamente.

Aguardo sua decisão **desde** ontem.

Entre mim e ti, não há qualquer problema.

Preposições Acidentais

São palavras que pertencem a outras classes, empregadas, porém, eventualmente como preposições: conforme, consoante, durante, exceto, fora, agora, mediante, menos, salvante, salvo, segundo, tirante.

O emprego das preposições acidentais é mais comum do que parece:

Todos saíram da sala, **exceto** eu.

Tirante as mulheres, o grupo que estava na sala parou de falar.

Escreveu o livro **conforme** o original.

Locuções Prepositivas

Além das preposições simples, existem também as chamadas locuções prepositivas, que terminam sempre por uma preposição simples: abaixo de, acerca de, acima de, a despeito de, adiante de, a fim de, além de, antes de, ao lado de, a par de, apesar de, a respeito de, atrás de, através de, de acordo com, debaixo de, de cima de, defronte de, dentro de, depois de, diante de, embaixo de, em cima de, em frente de(a), em lugar de, em redor de, em torno de, em vez de, graças a, junto a (de), para baixo de, para cima de, para com, perto de, por baixo de, por causa de, por cima de, por detrás de, por diante de, por entre, por trás de.

01. (NCE) A alternativa em que **NÃO** ocorre qualquer forma de superlativo de um adjetivo é:
    a) "...é o mais esperto do mundo";
    b) "...que mesmo espécies mais longe na escala...";
    c) "...teria evoluído a partir de organismos mais simples...";
    d) "...para chegar a conclusões bem simples...";
    e) "...os animais são, sim, algo inteligentes".

02. (NCE) "...comuns a quase todos os animais..."; O trecho abaixo em que o emprego do artigo é **EQUIVOCADO** é:
    a) Ambos os animais são dotados de alguma inteligência;
    b) Todos os quatro animais de estimação sobreviveram;
    c) Os biólogos trabalharam todo o dia;
    d) Entre os animais há diversos graus de inteligência;
    e) Toda a manhã eles chegavam sempre na hora.

03. (TJ). Assinale a alternativa em que o grupo de vocábulos, a seguir, admite, exclusivamente, o artigo masculino.
    a) Conceito, poema, sentinela;
    b) Atleta, eclipse, herpes;
    c) Quadrilha, assalto, hangar;
    d) Fonema, afã, champanha;
    e) Epígrafe, introito, omoplata.

04. (TJ) Assinale a alternativa em que a classificação morfológica da palavra está **INCORRETA**.
    a) Ele jamais faria tal afirmação tão leviana e vil. Leviana é adjetivo.
    b) Nunca se soube verdadeiramente quem era culpado naquela história. Quem é pronome adjetivo interrogativo.
    c) Não sei se vocês estão conscientes da situação periclitante em que nos encontramos. Se é conjunção.
    d) A essa hora, o delegado já terá feito a ocorrência. Ocorrência é substantivo.
    e) Era mister considerar todas as particularidades daquele contrato. Mister é adjetivo.

05. (TJ) Assinale a alternativa em que o termo em negrito NÃO apresenta o valor circunstancial indicado entre parênteses.
    a) O hábito, naquele país, era comer **com as mãos**. (instrumento)
    b) **Naquele verão**, quantos teriam viajado? (tempo)
    c) **Para vencer**, precisávamos de um esforço hercúleo. (fim)
    d) Procurava, **desordenadamente**, as fichas no arquivo morto. (modo)
    e) Só se retirarão do recinto **com a minha licença**. (companhia)

06. (TJ) Assinale a alternativa em que a palavra composta inclui um elemento que originalmente é um advérbio.

a) Maus-tratos

b) Pré-frontal

c) Bem-humorado

d) Peça-chave

e) Maria-vai-com-as-outras

07. (FGV) Em **Justiça justa**, ocorre um substantivo ao lado de um adjetivo dele cognato. Assinale a alternativa em que substantivo e adjetivo, respectivamente, **NÃO** sejam cognatos.

a) Lentidão – lento

b) Inércia – inercial

c) Arma – inerme

d) Perfil – perfilhado

e) Obcecação – obcecado

08. (TJ) "**Se** fosse ensinar a uma criança a beleza da música, **não** começaria **com** partituras, notas e pautas. Ouviríamos juntos **as** melodias mais gostosas e **lhe** contaria sobre os instrumentos que fazem a música. Aí,encantada com a beleza da música,ela mesma me pediria que lhe ensinasse o mistério daquelas bolinhas pretas escritas sobre cinco linhas. Porque as bolinhas pretas e as cinco linhas são apenas ferramentas para a produção da beleza musical. A experiência da beleza tem de vir antes."

(http://pensador.uol.com.br/alegria de ensinar de rubens alves/)

Assinale a alternativa que apresenta, **correta** e **respectivamente**, as classes gramaticais a que pertencem as palavras em negrito no trecho a cima.

a) Conjunção – pronome – artigo – conjunção – pronome;

b) Conjunção – advérbio – preposição – artigo – pronome;

c) Pronome – advérbio– artigo – pronome – conjunção;

d) Pronome – conjunção – preposição – conjunção – pronome;

e) Conjunção – pronome – preposição – pronome – conjunção.

09. (CEPERJ) O sentido estabelecido pelo conectivo está corretamente indicado em:

a) "engolidas ou colocadas no nariz" - oposição

b) "comunicado público sobre o perigo" – causa

c) "tem os produtos em casa" – modo

d) "brinquedo a ser recolhido" – adição

e) "para evitar acidentes" - finalidade

10. (CEPERJ) O fragmento abaixo que apresenta uma estrutura sintática comparativa é:

a) "quem lhe escreve sou eu"

b) "Porque tive de viajar para o distante país do recall."

c) "mas três meses era o mínimo."

d) "O homem não disse nada, rnas seu sorriso sinistro falava por si."

e) "ninguém mais fraco do que nós."

11. (CEPERJ) "Sei que você sente muitas saudades, porque eu também sinto saudades de você." O conectivo "porque", no contexto acima, estabelece relação de:

a) Modo

b) Causa

c) Adversidade

d) Conformidade

e) Proporcionalidade

12. (FGV) "É exatamente isso o **que** tem ocorrido, nos últimos tempos, no **que** diz respeito ao direito de maior importância em uma democracia, **que** é o direito de defesa, inexistente nos Estados totalitários."

A respeito das ocorrências da palavra QUE no trecho acima, assinale a alternativa que apresente, respectivamente, sua correta classificação.

a) Conjunção subordinativa – conjunção integrante – conjunção integrante

b) Pronome relativo – pronome relativo – pronome relativo

c) Conjunção integrante – conjunção integrante – conjunção subordinativa

d) Pronome relativo – preposição – pronome relativo

e) Conjunção integrante – preposição – conjunção subordinativa

13. (FUNIVERSA) No futebol americano, há um momento em que o jogador tem de dar um chute naquilo que eles chamam de bola. E, no circuito universitário, havia um rapaz recordista de chute. Ninguém chutava tão forte quanto esse rapaz. O importante, nessa história, era que o pé que ele usava para tal façanha não tinha nenhum dos dedos e, além disso, era menor que o outro. Quando descobriram isso, fizeram entrevistas com ele, e a primeira pergunta era: "Como você, com tal deficiência, consegue fazer uma coisa que ninguém mais conseguiu?" Ele, orgulhosamente, respondia: "Porque cresci ouvindo meu pai dizer: 'Encare suas deficiências e seus problemas como desafios, nunca como desculpas'.". O que mais se encontra no dia a dia? Justamente a postura oposta. [As pessoas encaram tudo como desculpas e justificativas.] Há pessoas que vivem dizendo frases negativas que encerram verdadeiras filosofias desastrosas.

Não são raras [as vezes] em que já se ouviu alguém falando de seus problemas e dificuldades e da incapacidade de superá-los, traduzida nas seguintes frases conformistas: "Eu sou assim mesmo..."; "Sempre fui assim..."; "Não posso evitar isso..."; "Essa é a minha natureza..."; "Não adianta mesmo..."; ["**Deus me fez assim e pronto!**".] [O que tais pessoas talvez nunca percebam é] que desculpas e justificativas só levam ao conformismo e à acomodação. E isso não diz respeito à elevação de padrões e à melhoria da qualidade de vida. Desculpas e justificativas são coisas de perdedor! Enquanto os vencedores comemoram, os perdedores se justificam.

Roberto Shinyashiki. Internet: <http://tecessa.arteblog.com.br>(com adaptações).
Acesso em 19/1/2011.

Assinale a alternativa correta a respeito de fatos gramaticais e estilísticos encontrados no texto .

a) As palavras "ninguém", "pé", "você" são acentuadas pela mesma razão.

b) Na frase "'Deus me fez assim e pronto!'", encontra-se uma interjeição característica da linguagem coloquial.

c) Na frase "As pessoas encaram tudo como desculpas e justificativas" (linhas 8 e 19), há exemplo de gíria e de uma figura da linguagem: a anáfora.

d) Na construção "O que tais pessoas talvez nunca percebam", o pronome "tais" está empregado de modo informal, com significado de **brilhantes, grandiosas**.

e) O "as" de "as vezes" deve receber o sinal indicativo de crase para ajustar-se à norma culta padrão.

14. (FGV) A palavra centenário corresponde a cem anos. Assinale a alternativa em que não tenha havido correta associação da noção temporal à palavra indicada.

a) 400 anos – quadringentenário

b) 400 anos – quadricentenário

c) 600 anos – sesquicentenário

d) 150 anos – tricinquentenário

e) 7 anos – septenário

LÍNGUA PORTUGUESA

MORFOLOGIA CLASSES DE PALAVRAS

15. (FIP)

Corações a mil

(Gilberto Gil)

Minhas ambições são dez.
Dez corações de uma vez
pra eu poder me apaixonar
dez vezes a cada dia,
setenta a cada semana,
trezentas a cada mês.

(Fonte: www.gilbertogil.com.br/sec_discografia_letra.php?id=182)

Na primeira frase do texto, a palavra "dez", sublinhada, tem duplo sentido. São eles:

a) O sentido de serem dez ambições (no caso, "dez" seria um numeral) e o sentido de os corações serem apaixonados (no caso, "dez" seria um adjetivo).

b) O sentido de serem dez ambições e o sentido de serem dez corações (nos dois casos, "dez" seria um numeral).

c) O sentido de serem dez corações e o sentido de serem dez vezes a cada dia (nos dois casos, "dez" seria um numeral).

d) O sentido de serem dez ambições (no caso, "dez" seria um numeral) e o sentido de as ambições serem de extrema qualidade (no caso, "dez" seria um adjetivo).

e) O sentido de serem dez vontades boas (no caso, "dez" seria um substantivo) e o sentido de totalizarem dez as paixões ambiciosas (no caso, "dez" seria um adjetivo).

 Gabaritos

01	B	10	E
02	E	11	B
03	D	12	B
04	B	13	B
05	E	14	C
06	C	15	D
07	D		
08	B		
09	E		

3. PRONOMES

Em uma definição breve, podemos dizer que pronome é o termo que substitui um substantivo, desempenhando, na sentença em que aparece, uma função coesiva. Podemos dividir os pronomes em sete categorias, são elas: pessoais, tratamento, demonstrativos, relativos, indefinidos, interrogativos, possessivos.

Antes de partir para o estudo pormenorizado dos pronomes, vamos fazer uma classificação funcional deles quando empregados em uma sentença:

Pronomes substantivos: são aqueles que ocupam o lugar do substantivo na sentença.

Alguém apareceu na sala ontem.

Nós faremos todo o trabalho.

Pronomes adjetivos: são aqueles que acompanham um substantivo na sentença.

Meus alunos são os mais preparados.

Pessoa **alguma** fará tal serviço por **esse** valor.

3.1 Pessoais

Referem-se às pessoas do discurso:

Quem fala (1ª pessoa);

Com quem se fala (2ª pessoa);

De quem se fala (3ª pessoa).

Classificação dos Pronomes Pessoais (caso **Reto** x caso **Oblíquo**)

Pessoa Gramatical	Retos	Oblíquos Átonos	Oblíquos Tônicos
1ª Singular	eu	me	mim, comigo
2ª Singular	tu	te	ti, contigo
3ª Singular	ele, ela	o, a, lhe, se	si, consigo
1ª Plural	nós	nos	nós, conosco
2ª Plural	vós	vos	vós, convosco
3ª Plural	eles, elas	os, as, lhes, se	si, consigo
Função	Sujeito	Complemento/Adjunto	

Emprego de alguns pronomes (**Certo** X **Errado**)

Eu e Tu X Mim e Ti

1ª regra: depois de preposição essencial, usa-se pronome oblíquo.

Entre mim e ti, não há acordo.

Sobre Manoel e ti, nada se pode falar.

Devo **a** ti esta conquista.

O presente é **para** mim.

Não saia **sem** mim.

Comprei um livro **para** ti.

Observe a preposição essencial destacada nas sentenças.

2ª regra: se o pronome utilizado na sentença for sujeito de um verbo, deve-se empregar os do caso RETO.

Não saia sem **eu** deixar.

Comprei um livro para **tu** leres.

O presente é para **eu** desfrutar.

Observe que o pronome desempenha a função de sujeito do verbo destacado.

Ou seja: "mim" não faz nada!

Não vá se confundir com as sentenças em que a ordem frasal está alterada. Deve-se, nesses casos, tentar pôr a sentença na ordem direta.

Para mim, fazer exercícios é muito bom. → Fazer exercícios é muito bom para mim.

Não é tarefa para mim realizar esta revisão. → Realizar esta revisão não é tarefa para mim.

Com causativos e sensitivos:

Regra com verbos causativos (mandar, fazer, deixar) ou sensitivos (ver, ouvir, sentir).

Quando os pronomes oblíquos átonos são empregados com verbos causativos ou sensitivos, pode haver a possibilidade de desempenharem a função de sujeito de uma forma verbal próxima. Ex.:

Fiz **Juliana** chorar. (sentença original)

Fi-**la** chorar. (sentença reescrita com a substituição do termo Juliana pelo pronome oblíquo)

Em ambas as situações, a "Juliana é a chorona". Isso quer dizer que o termo feminino que está na sentença é sujeito do verbo chorar. Pensando dessa maneira, entenderemos a primeira função da forma pronominal "la" que aparece na sentença reescrita.

Outro fator a ser considerado é que o verbo "fazer" necessita de um complemento, portanto, é um verbo transitivo. Bem, ocorre que o complemento do verbo "fazer" não pode ter outro referente senão "Juliana". Então, entendemos que, na reescrita da frase, a forma pronominal "la" funciona como complemento do verbo "fazer" e sujeito do verbo "chorar".

Si e consigo

Estes pronomes somente podem ser empregados se se referirem ao sujeito da oração, pois possuem função reflexiva:

Alberto só pensa em si.
("Si" refere-se a "Alberto": sujeito do verbo "pensar")

O aluno levou as apostilas consigo.
("consigo" refere-se ao termo "aluno")

Estão erradas, portanto, frases como estas:

Creio muito em si, meu amigo.

Quero falar consigo.

Corrigindo:

Creio muito em **você**, meu amigo.

Quero falar **contigo**.

Conosco e convosco

Se vierem seguidos de uma expressão complementar, geralmente a palavra "todos", desdobram-se em "com nós" e "com vós":

Este trabalho é com nós mesmos.

Língua Portuguesa

PRONOMES

Ele(s), Ela(s) X O(s), A(s)

É muito comum ouvirmos frases como: "Vi *ela* na esquina", "Não queremos *eles* aqui". Então, é errado falar ou escrever assim, pois o pronome em questão está sendo utilizado fora de seu emprego original, ou seja, como um complemento (ao passo que deveria ser apenas sujeito). O certo é: "Vi-*a* na esquina", "Não *os* queremos aqui".

"O" e "A"

São complementos diretos, ou seja, são utilizados juntamente aos verbos transitivos diretos, ou nos bitransitivos, como no exemplo a seguir:

Comprei **um carro** para minha namorada = Comprei-**o** para ela. (Ocorreu a substituição do Objeto Direto)

É importante lembrar que há uma especificidade em relação à colocação dos pronomes "o" e "a" depois de algumas palavras:

> Se a palavra terminar em R, S ou Z: tais letras devem ser suprimidas e o pronome há de ser empregado como **lo**, **la**, **los**, **las**.

Fazer as tarefas = fazê-**las**

Querer o dinheiro = querê-**lo**

> Se a palavra terminar com **ão**, **õe** ou **m**: tais letras devem ser mantidas e o pronome há de ser empregado como **no**, **na**, **nos**, **nas**.

Compraram a casa = compraram-**na**

Compõe a canção = compõe-**na**.

Lhe

É um complemento indireto, equivalente a "a ele" ou "a ela": ou seja, é empregado juntamente a um verbo transitivo indireto ou a um verbo bitransitivo, como no exemplo:

Comprei um carro **para minha namorada** = comprei-**lhe** um carro. (Ocorreu a substituição do objeto indireto)

Muitas bancas gostam de trocar as formas "o" e "a" por "lhe", o que não pode ser feito sem que a sentença seja totalmente reelaborada.

3.2 De Tratamento

São pronomes de tratamento você, senhor, senhora, senhorita, fulano, sicrano, beltrano e as expressões que integram o quadro seguinte:

Pronome	Abreviatura Singular	Abreviatura Plural
Vossa Excelência(s)	V.Ex.ª	V.Ex.as
Usa-se para:		
Presidente (sem abreviatura), ministro, embaixador, governador, secretário de Estado, prefeito, senador, deputado federal e estadual, juíz, general, almirante, brigadeiro e presidente de câmara de vereadores;		

Pronome	Abreviatura Singular	Abreviatura Plural
Vossa(s) Magnificência(s)	V.Mag.ª	V.Mag.as
Usa-se para:		
Reitor de universidade para o qual também se pode usar V. Ex.ª;		

Pronome	Abreviatura Singular	Abreviatura Plural
Vossa(s) Senhoria(s)	V.Sª	V.S.as
Usa-se para:		
Qualquer autoridade ou pessoa civil não citada acima;		

Pronome	Abreviatura Singular	Abreviatura Plural
Vossa(s) Santidade(s)	V.S	VV.SS.
Usa-se para:		
Papa;		

Pronome	Abreviatura Singular	Abreviatura Plural
Vossa(s) Eminência(s)	V.Em.ª	V.Em.as
Usa-se para:		
Cardeal;		

Pronome	Abreviatura Singular	Abreviatura Plural
Vossa(s) Excelência(s) Reverendíssima(s)	V.Exª.Rev.ma	V.Ex.as.Rev.mas
Usa-se para:		
Arcebispo e bispo;		

Pronome	Abreviatura Singular	Abreviatura Plural
Vossa(s) Reverendíssima(s)	V.Rev.ma	V.Rev.mas
Usa-se para:		
Autoridade religiosa inferior às acima citadas;		

Pronome	Abreviatura Singular	Abreviatura Plural
Vossa(s) Reverência(s)	V.Rev.ª	V.Rev.mas
Usa-se para:		
Religioso sem graduação;		

Pronome	Abreviatura Singular	Abreviatura Plural
vossa(s) majestade(s)	v.m.	vv.mm.

Usa-se para:		
Rei e imperador;		
Pronome	**Abreviatura Singular**	**Abreviatura Plural**
Vossa(s) Alteza(s)	V.A.	VV.AA.
Usa-se para:		
Príncipe, arquiduque e duque.		

Todas essas expressões se apresentam também com SUA para cujas abreviaturas basta substituir o "V" por "S".

Emprego dos pronomes de tratamento

Vossa Excelência etc. x **Sua Excelência** etc.

Os pronomes de tratamento iniciados com "Vossa(s)" empregam-se em uma relação direta, ou seja, indicam o nosso interlocutor, pessoa com quem falamos:

Soube que V. Ex.ª, Senhor Ministro, falou que não estava interessado no assunto da reunião.

Empregaremos o pronome com a forma "Sua" quando a relação não é direta, ou seja, quando falamos SOBRE a pessoa:

A notícia divulgada é de que Sua Excelência, o Presidente da República, foi flagrado em uma boate.

Utilização da 3ª pessoa

Os pronomes de tratamento são de 3ª pessoa; portanto, todos os elementos relacionados a eles devem ser empregados também na 3ª pessoa, para que se mantenha a uniformidade:

É preciso que V. Ex.ª **diga** qual será o **seu** procedimento no caso em questão, a fim de que seus assessores possam agir a tempo.

Uniformidade de Tratamento

No momento da escrita ou da fala, não é possível ficar fazendo "dança das pessoas" com os pronomes. Isso quer dizer que se deve manter a uniformidade de tratamento. Para tanto, se for utilizada 3ª pessoa no início de uma sentença, ela deve permanecer ao longo de todo o texto. Preste atenção para ver como ficou estranha a construção abaixo:

Quando **você** chegar, eu **te** darei o presente.

"Você" é de 3ª pessoa e "te" é de 2ª pessoa. Não há motivo para cometer tal engano. Tome cuidado, portanto. Podemos corrigir a sentença:

Quando tu chegares, eu te darei o presente.

Quando você chegar, eu lhe darei o presente.

3.3 Demonstrativos

São os que localizam ou identificam o substantivo ou uma expressão no espaço, no tempo ou no texto.

1ª Pessoa	
Masculino	Este(s)
Feminino	Esta(s)
Neutro	Isto
No Espaço	Com o falante
No tempo	Presente
No Texto	O que se pretende dizer ou o imediatamente retomado

2ª Pessoa	
Masculino	Esse(s)
Feminino	Essa(s)
Neutro	Isso
No Espaço	Pouco afastado
No tempo	Passado ou futuro próximos
No Texto	O que se disse anteriormente

3ª Pessoa	
Masculino	Aquele(s)
Feminino	Aquela(s)
Neutro	Aquiio
No Espaço	Muito afastado
No tempo	Passado ou futuro distantes
No Texto	O que se disse há muito ou o que se pretende dizer

Quando o pronome retoma algo já mencionado no texto, dizemos que ele possui função **Anafórica**. Quando aponta para algo que será dito, dizemos que possui função **Catafórica**. Essa nomenclatura começou a ser cobrada em algumas questões de concurso público, portanto, é importante ter esses conceitos na ponta da língua.

Exemplos de emprego dos demonstrativos:

Veja este livro que eu trouxe, é muito bom.

Você deve estudar mais! Isso é o que eu queria dizer.

Vê aquele mendigo lá na rua? Terrível futuro o aguarda.

Há outros pronomes demonstrativos:

O, **a**, **os**, **as**, quando antecedem o relativo Que e podem ser permutados por: Aquele (s), Aquela (s), Aquilo:

Não entendi o que disseste. (Não entendi aquilo que disseste.)

Esta rua não é a que te indiquei. (Esta rua não é aquela que te indiquei.)

Tal: quando puder ser permutado por qualquer demonstrativo: Não acredito que você disse **tal** coisa. (aquela coisa)

Semelhante: quando puder ser permutado por qualquer demonstrativo: Jamais me prestarei a **semelhante** canalhice. (esta canalhice)

Mesmo: quando modificar os pronomes eu, tu, nós e vós: Eu **mesmo** investiguei o caso.

De modo análogo, classificamos o termo "**próprio**". (eu próprio, ela própria)

Mesmo pode ainda funcionar como pronome neutro em frases como: "é o mesmo", "vem a ser o mesmo".

Vejamos mais alguns exemplos:

José e **João** são alunos do ensino médio. Este gosta de matemática, **aquele** gosta de português.

Veja que a verdadeira relação estabelecida pelos pronomes demonstrativos focaliza, por meio do "este" o elemento mais próximo, por meio do "aquele" o elemento mais afastado.

Esta sala precisa de bons professores. / Gostaria de que esse órgão pudesse resolver meu problema.

LÍNGUA PORTUGUESA

PRONOMES

Este(s), **esta(s)**, **isto** indicam o local de onde escrevemos. **Esse(s)**, **essa(s)**, **isso** indicam o local em que se encontra o nosso interlocutor.

3.4 Relativos

São termos que relacionam palavras em um encadeamento. Os relativos da Língua Portuguesa são:

Que: Quando puder ser permutado por "o qual" ou um de seus termos derivados. Utiliza-se o pronome "que" para referências a pessoas ou coisas.

O Qual: Empregado para referência a coisas ou pessoas.

Quem: É equivalente, segundo o mestre Napoleão Mendes de Almeida, a dois pronomes – aquele e que.

Quanto: Será relativo quando seu antecedente for o termo "tudo".

Onde: É utilizado para estabelecer referência a lugares, sendo permutável por "em que" ou "no qual" e seus derivados.

Cujo: Possui um sentido possessivo. Não permite permuta por outro relativo. Também é preciso lembrar que o pronome cujo não admite artigo, pois já é variável (cujo / cuja, jamais cujo o, cuja a).

O peão a **que** me refiro é Jonas.

A casa n**a qual** houve o tiroteio foi interditada.

O homem para **quem** se enviou a correspondência é Alberto.

Não gastes tudo **quanto** tens.

O estado para **onde** vou é Minas Gerais.

Cara, o pedreiro em **cujo** serviço podemos confiar é Marcelino.

A preposição que está relacionada ao pronome é, em grande parte dos casos, oriunda do verbo que aparece posteriormente na sentença. As bancas costumam cobrar isso!

3.5 Indefinidos

São os que determinam o substantivo de modo vago, de maneira imprecisa.

Variáveis				Invariáveis
Masculino		Feminino		
Singular	Plural	Singular	Plural	
Algum	Alguns	Alguma	Algumas	Alguém
Certo	Certos	Certa	Certas	Algo
Muito	Muitos	Muita	Muitas	Nada
Nenhum	Nenhuns	Nenhuma	Nenhumas	Ninguém
Outro	Outros	Outra	Outras	Outrem
Qualquer	Quaisquer	Qualquer	Quaisquer	Cada
Quando	Quantos	Quanta	Quantas	
Tanto	Tantos	Tanta	Tantas	
Todo	Todos	Toda	Todas	Tudo
Vário	Vários	Vária	Várias	
Pouco	Poucos	Pouca	Poucas	

Fique bem atento para as alterações de sentido relacionadas às mudanças de posição dos pronomes indefinidos.

Alguma pessoa passou por aqui ontem.

Pessoa alguma passou por aqui ontem.

Alguma pessoa = ao menos uma pessoa.

Pessoa alguma = ninguém.

3.6 Interrogativos

Chamam-se interrogativos os pronomes **que**, **quem**, **qual** e **quanto**, empregados para formular uma pergunta direta ou indireta:

Que conteúdo estão estudando?

Diga-me **que** conteúdo estão estudando.

Quem vai passar no concurso?

Gostaria de saber **quem** vai passar no concurso.

Qual dos livros preferes?

Não sei **qual** dos livros preferes.

Quantos de coragem você tem?

Pergunte **quanto** de coragem você tem.

3.7 Possessivos

Com eles relacionamos a coisa possuída à pessoa gramatical possuidora. No quadro abaixo, estão relacionados aos pronomes pessoais.

Pessoais	Possessivos
eu	meu, minha, meus, minhas
tu	teu, tua, teus, tuas
ele, você, v.ex.ª. etc.	seu, sua, seus, suas
nós	nosso, nossa, nossos, nossas
vós	vosso, vossa, vossos, vossas
eles	seu, sua, seus, suas

Emprego

→ **Ambiguidade**: "Seu", "sua", "seus" e "suas" são os reis da ambiguidade (duplicidade de sentido)

O policial prendeu o maconheiro em **sua** casa.

(casa de quem?)

Meu pai levou meu tio para casa em seu carro.

(no carro de quem?)

Corrigindo:

O policial prendeu o maconheiro na casa deste.

Meu pai, em seu carro, levou meu tio para casa.

→ **Emprego especial** - Não se usam os possessivos em relação às partes do corpo ou às faculdades do espírito. Devemos, pois, dizer:

Machuquei a mão. (E não "a minha mão")

Ele bateu a cabeça. (E não "a sua cabeça")

Perdeste a razão? (E não "a tua razão")

4. SUBSTANTIVO

É a palavra variável que designa qualidades, sentimentos, sensações, ações etc.

Quanto a sua classificação, o substantivo pode ser:

Primitivo (sem afixos): pedra.

Derivado (com afixos): pedreiro/ empedrado.

Simples (1 núcleo): guarda.

Composto (mais de 1 núcleo): guarda-roupas.

Comum (designa ser genérico): copo, colher.

Próprio (designa ser específico): Maria, Portugal.

Concreto (existência própria): cadeira, lápis.

Abstrato (existência dependente): glória, amizade.

Os Substantivos Concretos

Designam seres de existência própria, como: padre, político, carro e árvore. Os substantivos abstratos nomeiam qualidades ou conceitos de existência dependente, como: beleza, fricção, tristeza e amor.

Os Substantivos Próprios

São sempre concretos e devem ser grafados com iniciais maiúsculas. Porém, alguns substantivos próprios podem vir a se tornar comuns, pelo processo de derivação imprópria que, geralmente, ocorre pela anteposição de um artigo e a grafia do substantivo com letra minúscula. (um judas = traidor / um panamá = chapéu). As flexões dos substantivos podem se dar em gênero, número e grau.

Gênero dos Substantivos

Quanto à distinção entre masculino e feminino, os substantivos podem ser:

Biformes: quando apresentam uma forma para o masculino e outra para o feminino - gato, gata, homem, mulher.

Uniformes: quando apresentam uma única forma para ambos os gêneros. Nesse caso, eles estão divididos em:

Epicenos: usados para animais de ambos os sexos (macho e fêmea) - besouro, jacaré, albatroz;

Comum de dois gêneros: aqueles que designam pessoas. Nesse caso, a distinção é feita por um elemento ladeador (artigo, pronome) - terrícola, estudante, dentista, motorista;

Sobrecomuns: apresentam um só gênero gramatical para designar seres de ambos os sexos - indivíduo, vítima, algoz.

Em algumas situações, a mudança de gênero altera também o sentido do substantivo:

O cabeça (líder) / A cabeça (parte do corpo).

4.1 Número dos Substantivos

Tentemos resumir as principais regras de formação do plural nos substantivos.

Terminação	Variação	Exemplo
vogal ou ditongo	acréscimo do 's'	barco - barcos
m	ns	pudim - pudins
ão (primeiro caso)	ões	ladrão - ladrões
ão (segundo caso)	ães	pão - pães
ão (terceiro caso)	s	cidadão - cidadãos
r	es	mulher - Mulheres
z	es	cartaz - cartazes
n	es	abdômen - Abdômenes
s (oxítonos)	es	inglês - ingleses
al, el, ol, ul	is	tribunal - tribunais
il (oxítonos)	s	barril - barris
il (paroxítonos)	eis	fóssil - fósseis
zinho, zito	s	anelzinho - aneizinhos

Alguns substantivos são grafados apenas no plural: alvíssaras, anais, antolhos, arredores, belas-artes, calendas, cãs, condolências, esponsais, exéquias, fastos, férias, fezes, núpcias, óculos, pêsames.

Grau do substantivo:

Aumentativo / Diminutivo[1]

Analítico: quando se associam os adjetivos ao substantivo: carro grande, pé pequeno;

Sintético: quando se adiciona ao substantivo sufixos indicadores de grau, carrão, pezinho.

Sufixos:

Aumentativos: -ázio, -orra, -ola, -az, -ão, -eirão, -alhão, -arão, -arrão, -zarrão;

Diminutivos: -ito, -ulo-, -culo, -ote, -ola, -im, -elho, -inho, -zinho (o sufixo -zinho é obrigatório quando o substantivo terminar em vogal tônica ou ditongo: cafezinho, paizinho);

O aumentativo pode exprimir tamanho (casarão), desprezo (sabichão, ministraço, poetastro) ou intimidade (amigão); enquanto o diminutivo pode indicar carinho (filhinho) ou ter valor pejorativo (livreco, casebre), além das noções de tamanho (bolinha).

5. VERBO

É a palavra com que se expressa uma ação (cantar, vender), um estado (ser, estar), mudança de estado (tornar-se) ou fenômeno da natureza (chover).

Quanto à noção que expressam, os verbos podem ser classificados da seguinte maneira:

Verbos Relacionais: exprimem estado ou mudança de estado. São os chamados verbos de ligação.

Verbo de ligação
ser
estar
continuar
andar

---

[1] Quando não flexionamos o substantivo em algum grau, dizemos que ele está no grau normal.

VERBO

| parecer |
| permanecer |
| ficar |
| tornar-se |

Verbos Nocionais: exprimem ação ou fenômeno da natureza. São os chamados verbos significativos.

Os Verbos Nocionais podem ser classificados da seguinte maneira:

VI (Verbo Intransitivo): diz-se daquele que não necessita de um complemento para que se compreenda a ação verbal. Exemplos: morrer, cantar, sorrir, nascer, viver.

VT (Verbo Transitivo): diz-se daquele que necessita de um complemento para expressar o afetado pela ação verbal. Divide-se em três tipos:

Diretos: não possuem preposição para ligar o complemento verbal ao verbo. São exemplos os verbos querer, comprar, ler, falar etc.

Indiretos: possuem preposição para ligar o complemento verbal ao verbo. São exemplos os verbos gostar, necessitar, precisar, acreditar etc.

Diretos e Indiretos, ou Bitransitivos: possuem dois complementos, um não-preposicionado, outro com preposição. São exemplos os verbos pagar, perdoar, implicar etc.

Preste atenção na dica que segue:

João **morreu**.

(quem morre, morre. Não é preciso um complemento para entender o verbo).

Eu **quero** um aumento.

(quem quer, quer alguma coisa. É preciso um complemento para entender o sentido do verbo).

Eu **preciso** de um emprego.

(quem precisa, precisa "de" alguma coisa. Deve haver uma preposição para ligar o complemento ao seu verbo).

Mário **pagou** a conta ao padeiro.

(quem paga, paga algo a alguém. Há um complemento com preposição e um complemento sem preposição).

5.1 Estrutura e Conjugação dos Verbos

Os verbos possuem:

Raiz: o que lhes guarda o sentido (**cant**ar, **corr**er, **sorr**ir).

Vogal temática: o que lhes garante a família conjugacional. (**A**R, **E**R, **I**R).

Desinências: o que ajuda a conjugar ou nominalizar o verbo. (canta**ndo**, cantá**vamos**).

Os verbos apresentam três conjugações, quer dizer, três famílias conjugacionais. Em função da vogal temática, podem-se criar três paradigmas[2] verbais. De acordo com a relação dos verbos com esses paradigmas, obtém-se a seguinte classificação:

Regulares: seguem o paradigma verbal de sua conjugação sem alterar suas raízes (amar, vender, partir).

Irregulares: não seguem o paradigma verbal da conjugação a que pertencem. As irregularidades podem aparecer na raiz ou nas desinências (ouvir - ouço/ouve, estar - estou/estão).

---
2 Paradigma é o modo como se dá a conjugação.

Anômalos: apresentam profundas irregularidades. São classificados como anômalos em todas as gramáticas os verbos ser e ir.

Defectivos: não são conjugados em determinadas pessoas, tempo ou modo, portanto, apresentam algum tipo de "defeito" (falir - no presente do indicativo só apresenta a 1ª e a 2ª pessoa do plural). Os defectivos distribuem-se em grupos:

» impessoais;
» unipessoais (vozes ou ruídos de animais, só conjugados nas 3ªs pessoas);
» antieufônicos (a sonoridade permite confusão com outros verbos) - demolir; falir, abolir etc.

Abundantes: apresentam mais de uma forma para uma mesma conjugação.

Existe abundância conjugacional e participial. A primeira ocorre na conjugação de algumas formas verbais, como, por exemplo, o verbo "haver", que admite "nós havemos/hemos", "vós haveis/heis". A segunda ocorre com as formas nominais de particípio. A seguir segue uma lista dos principais abundantes na forma participial.

Verbos	Particípio regular – empregado com os auxiliares TER e HAVER	Particípio irregular – empregado com os auxiliares SER, ESTAR e FICAR
aceitar	aceitado	aceito
acender	acendido	aceso
benzer	benzido	bento
eleger	eegido	eleito
entregar	entregado	entregue
enxugar	enxugado	enxuto
expressar	expressado	expresso
expulsar	expulsado	expulso
extinguir	extinguido	extinto
matar	matado	morto
prender	prendido	preso
romper	rompido	roto
salvar	salvado	salvo
soltar	soltado	solto
suspender	suspendido	suspenso
tingir	tingido	tinto

5.2 Flexão Verbal

Relativamente à flexão verbal, anotamos:

Número: singular ou plural;

Pessoa gramatical: 1ª, 2ª ou 3ª;

Tempo: referência ao momento em que se fala (pretérito, presente ou futuro). O modo imperativo só tem um tempo, o presente;

Voz: ativa, passiva, reflexiva e recíproca (que trabalharemos mais tarde);

Modo: indicativo (certeza de um fato ou estado), subjuntivo (possibilidade ou desejo de realização de um fato ou incerteza do estado) e imperativo (expressa ordem, advertência ou pedido).

5.3 Formas Nominais do Verbo

As três formas nominais do verbo (infinitivo, gerúndio e participío) não possuem função exclusivamente verbal.

Infinitivo: assemelha-se ao substantivo, indica algo atemporal - o nome do verbo, sua desinência característica é a letra R: ama**r**, realça**r**, ungi**r** etc.

Gerúndio: equipara-se ao adjetivo ou advérbio pelas circunstâncias que exprime de ação em processo. Sua desinência característica é -**NDO**: ama**ndo**, realça**ndo**, ungi**ndo** etc.

Particípio: tem valor e forma de adjetivo - pode também indicar ação concluída, sua desinência característica é -**ADO** ou -**IDO** para as formas regulares: am**ado**, realç**ado**, ung**ido** etc.

5.4 Tempos Verbais

Dentro do **Modo Indicativo**, anotamos os seguintes tempos:

Presente do indicativo: indica um fato real situado no momento ou época em que se fala;

Eu amo, eu vendo, eu parto.

Pretérito perfeito do indicativo: indica um fato real cuja ação foi iniciada e concluída no passado;

Eu amei, eu vendi, eu parti.

Pretérito imperfeito do indicativo: indica um fato real cuja ação foi iniciada no passado, mas não foi concluída ou era uma ação costumeira no passado;

Eu amava, eu vendia, eu partia.

Pretérito mais-que-perfeito do indicativo: indica um fato real cuja ação é anterior a outra ação já passada;

Eu amara, eu vendera, eu partira.

Futuro do presente do indicativo: indica um fato real situado em momento ou época vindoura;

Eu amarei, eu venderei, eu partirei.

Futuro do pretérito do indicativo: indica um fato possível, hipotético, situado num momento futuro, mas ligado a um momento passado.

Eu amaria, eu venderia, eu partiria.

Dentro do **Modo Subjuntivo**, anotamos os seguintes tempos:

Presente do subjuntivo: indica um fato provável, duvidoso ou hipotético, situado no momento ou época em que se fala. Para facilitar a conjugação, utilize a conjunção "que";

Que eu ame, que eu venda, que eu parta.

Pretérito imperfeito do subjuntivo: indica um fato provável, duvidoso ou hipotético, cuja ação foi iniciada, mas não concluída no passado. Para facilitar a conjugação, utilize a conjunção "se";

Se eu amasse, se eu vendesse, se eu partisse.

Futuro do subjuntivo: indica um fato provável, duvidoso, hipotético, situado num momento ou época futura. Para facilitar a conjugação, utilize a conjunção "quando".

Quando eu amar, quando eu vender, quando eu partir.

5.5 Tempos Compostos da Voz Ativa

Constituem-se pelos verbos auxiliares **ter** ou **haver** + particípio do verbo que se quer conjugar, dito principal.

No **modo Indicativo**, os tempos compostos são formados da seguinte maneira:

Pretérito perfeito: presente do indicativo do auxiliar + particípio do verbo principal (Tenho amado);

Pretérito mais-que-perfeito: pretérito imperfeito do indicativo do auxiliar + particípio do verbo principal (Tinha amado);

Futuro do presente: futuro do presente do indicativo do auxiliar + particípio do verbo principal (Terei amado);

Futuro do pretérito: futuro do pretérito indicativo do auxiliar + particípio do verbo principal (Teria amado).

No **modo Subjuntivo** a formação se dá da seguinte maneira:

Pretérito perfeito: presente do subjuntivo do auxiliar + particípio do VP (Tenha amado);

Pretérito mais-que-perfeito: imperfeito do subjuntivo do auxiliar + particípio do VP (Tivesse amado);

Futuro composto: futuro do subjuntivo do auxiliar + particípio do VP (Tiver amado).

Quanto às **formas nominais**, elas são formadas da seguinte maneira:

Infinitivo composto: infinitivo pessoal ou impessoal do auxiliar + particípio do verbo principal (Ter vendido / Teres vendido);

Gerúndio composto: gerúndio do auxiliar + particípio do verbo principal (Tendo partido).

5.6 Vozes Verbais

Cuidado com esse conteúdo, costuma ser muito cobrado em provas de concursos públicos.

Quanto às vozes, os verbos apresentam voz:

Ativa: sujeito é agente da ação verbal;

(**O corretor** vende casas)

Passiva: sujeito é paciente da ação verbal;

(Casas são vendidas **pelo corretor**)

Reflexiva: o sujeito é agente e paciente da ação verbal.

(A garota feriu-**se** ao cair da escada)

Recíproca: há uma ação mútua descrita na sentença.

(Os amigos entreolh**aram-se**)

A voz passiva: sua característica é possuir um sujeito paciente, ou seja, que é afetado pela ação do verbo.

5.7 Tipos de Voz Passiva

Analítica: verbo auxiliar + particípio do verbo principal. Isso significa que há uma locução verbal de voz passiva.

Casas **são vendidas** pelo corretor

LÍNGUA PORTUGUESA

VERBO

Veja mais alguns exemplos:

Ele fez o trabalho - O trabalho **foi feito** por ele (mantido o pretérito perfeito do indicativo)

O vento ia levando as folhas - As folhas iam **sendo levadas** pelo vento (mantido o gerúndio do verbo principal em um dos auxiliares).

Vereadores entregarão um prêmio ao gari - Um prêmio **será entregue** ao gari por vereadores (veja como a flexão do futuro se mantém na locução).

Sintética: verbo apassivado pelo termo "se" (partícula apassivadora) + sujeito paciente.

Roubou-se **o dinheiro do povo**.

Fez-se **o trabalho** com pressa.

É comum observar, em provas de concurso público, questões que mostram uma voz passiva sintética como aquela que é proveniente de uma ativa com sujeito indeterminado.

Alguns verbos da língua portuguesa apresentam **problemas de conjugação**. A seguir, **temos uma lista**, seguida de comentários sobre essas dificuldades de conjugação.

Compraram um carro novo (ativa);

Comprou-se um carro novo (passiva sintética).

5.8 Verbos com a Conjugação Irregular

Abolir: Defectivo - não possui a 1ª pessoa do singular do presente do indicativo, por isso não possui presente do subjuntivo e o imperativo negativo. (= banir, carpir, colorir, delinquir, demolir, descomedir-se, emergir, exaurir, fremir, fulgir, haurir, retorquir, urgir).

Acudir: Alternância vocálica o/u - presente do indicativo - acudo, acodes... e pretérito perfeito do indicativo - com u (= bulir, consumir, cuspir, engolir, fugir).

Adequar: Defectivo - só possui a 1ª e a 2ª pessoa do plural no presente do indicativo.

Aderir: Alternância vocálica e/i - presente do indicativo - adiro, adere... (= advertir, cerzir, despir, diferir, digerir, divergir, ferir, sugerir).

Agir:
Acomodação gráfica g/j - presente do indicativo - ajo, ages... (= afligir, coagir, erigir, espargir, refulgir, restringir, transigir, urgir).

Agredir:
Alternância vocálica e/i - presente do indicativo - agrido, agrides, agride, agredimos, agredis, agridem (= prevenir, progredir, regredir, transgredir).

Aguar:
Regular - presente do indicativo - águo, águas..., - pretérito perfeito do indicativo - aguei, aguaste, aguou, aguamos, aguastes, aguaram (= desaguar, enxaguar, minguar).

Prazer:
Irregular - presente do indicativo - aprazo, aprazes, apraz... / pretérito perfeito do indicativo - aprouve, aprouveste, aprouve, aprouvemos, aprouvestes, aprouveram.

Arguir:
Irregular com alternância vocálica o/u - presente do indicativo - arguo (ú), arguis, argui, arguimos, arguis, arguem - pretérito perfeito - argui, arguiste...

Atrair:
Irregular - presente do indicativo - atraio, atrais... / pretérito perfeito - atraí, atraíste... (= abstrair, cair, distrair, sair, subtrair).

Atribuir:
Irregular - presente do indicativo - atribuo, atribuis, atribui, atribuímos, atribuís, atribuem - pretérito perfeito - atribuí, atribuíste, atribuiu... (= afluir, concluir, destituir, excluir, instruir, possuir, usufruir).

Averiguar:
Alternância vocálica o/u - presente do indicativo - averiguo (ú), averiguas (ú), averigua (ú), averiguamos, averiguais, averiguam (ú) - pretérito perfeito - averiguei, averiguaste... - presente do subjuntivo - averigue, averigues, averigue... (= apaziguar).

Cear:
Irregular - presente do indicativo - ceio, ceias, ceia, ceamos, ceais, ceiam - pretérito perfeito indicativo - ceei, ceaste, ceou, ceamos, ceastes, cearam (= verbos terminados em -ear: falsear, passear... - alguns apresentam pronúncia aberta: estreio, estreia...).

Coar:
Irregular - presente do indicativo - coo, côas, côa, coamos, coais, coam - pretérito perfeito - coei, coaste, coou... (= abençoar, magoar, perdoar).

Comerciar:
Regular - presente do indicativo - comercio, comercias... - pretérito perfeito - comerciei... (= verbos em -iar, exceto os seguintes verbos: mediar, ansiar, remediar, incendiar, odiar).

Compelir:
Alternância vocálica e/i - presente do indicativo - compilo, compeles... - pretérito perfeito indicativo - compeli, compeliste...

Compilar:
Regular - presente do indicativo - compilo, compilas, compila... - pretérito perfeito indicativo - compilei, compilaste...

Construir:
Irregular e abundante - presente do indicativo - construo, constróis (ou construís), constrói (ou construí), construímos, construís, constroem (ou construem) - pretérito perfeito indicativo - construí, construíste...

Crer:
Irregular - presente do indicativo - creio, crês, crê, cremos, credes, creem - pretérito perfeito indicativo - cri, creste, creu, cremos, crestes, creram - imperfeito indicativo - cria, crias, cria, críamos, críeis, criam.

Falir:
Defectivo - presente do indicativo - falimos, falis - pretérito perfeito indicativo - fali, faliste... (= aguerrir, combalir, foragir-se, remir, renhir)

Frigir:
Acomodação gráfica g/j e alternância vocálica e/i - presente do indicativo - frijo, freges, frege, frigimos, frigis, fregem - pretérito perfeito indicativo - frigi, frigiste...

Ir:

Irregular - presente do indicativo - vou, vais, vai, vamos, ides, vão - pretérito perfeito indicativo - fui, foste... - presente subjuntivo - vá, vás, vá, vamos, vades, vão.

Jazer:

Irregular - presente do indicativo - jazo, jazes... - pretérito perfeito indicativo - jazi, jazeste, jazeu...

Mobiliar:

Irregular - presente do indicativo - mobílio, mobílias, mobília, mobiliamos, mobiliais, mobíliam - pretérito perfeito indicativo - mobiliei, mobiliaste...

Obstar:

Regular - presente do indicativo - obsto, obstas... - pretérito perfeito indicativo - obstei, obstaste...

Pedir:

Irregular - presente do indicativo - peço, pedes, pede, pedimos, pedis, pedem - pretérito perfeito indicativo - pedi, pediste... (= despedir, expedir, medir).

Polir:

Alternância vocálica e/i - presente do indicativo - pulo, pules, pule, polimos, polis, pulem - pretérito perfeito indicativo - poli, poliste...

Precaver-se:

Defectivo e pronominal - presente do indicativo - precavemo-nos, precaveis-vos - pretérito perfeito indicativo - precavi-me, precaveste-te...

Prover:

Irregular - presente do indicativo - provejo, provês, provê, provemos, provedes, provêem - pretérito perfeito indicativo - provi, proveste, proveu...

Reaver:

Defectivo - presente do indicativo - reavemos, reaveis - pretérito perfeito indicativo - reouve, reouveste, reouve... (verbo derivado do haver, mas só é conjugado nas formas verbais com a letra v).

Remir:

Defectivo - presente do indicativo - remimos, remis - pretérito perfeito indicativo - remi, remiste...

Requerer:

Irregular - presente do indicativo - requeiro, requeres... - pretérito perfeito indicativo - requeri, requereste, requereu... (derivado do querer, diferindo dele na 1ª pessoa do singular do presente do indicativo e no pretérito perfeito do indicativo e derivados, sendo regular)

Rir:

Irregular - presente do indicativo - rio, ris, ri, rimos, rides, riem - pretérito perfeito indicativo - ri, riste... (= sorrir)

Saudar:

Alternância vocálica - presente do indicativo - saúdo, saúdas... - pretérito perfeito indicativo - saudei, saudaste...

Suar:

Regular - presente do indicativo - suo, suas, sua... - pretérito perfeito indicativo - suei, suaste, sou... (= atuar, continuar, habituar, individuar, recuar, situar)

Valer:

Irregular - presente do indicativo - valho, vales, vale... - pretérito perfeito indicativo - vali, valeste, valeu...

Também merecem atenção os seguintes verbos irregulares:

→ **Pronominais:** Apiedar-se, dignar-se, persignar-se, precaver-se

Caber

Presente do indicativo: caibo, cabes, cabe, cabemos, cabeis, cabem;

Presente do subjuntivo: caiba, caibas, caiba, caibamos, caibais, caibam;

Pretérito perfeito do indicativo: coube, coubeste, coube, coubemos, coubestes, couberam;

Pretérito mais-que-perfeito do indicativo: coubera, couberas, coubera, coubéramos, coubéreis, couberam;

Pretérito imperfeito do subjuntivo: coubesse, coubesses, coubesse, coubéssemos, coubésseis, coubessem;

Futuro do subjuntivo: couber, couberes, couber, coubermos, couberdes, couberem.

Dar

Presente do indicativo: dou, dás, dá, damos, dais, dão;

Presente do subjuntivo: dê, dês, dê, demos, deis, deem;

Pretérito perfeito do indicativo: dei, deste, deu, demos, destes, deram;

Pretérito mais-que-perfeito do indicativo: dera, deras, dera, déramos, déreis, deram;

Pretérito imperfeito do subjuntivo: desse, desses, desse, déssemos, désseis, dessem;

Futuro do subjuntivo: der, deres, der, dermos, derdes, derem.

Dizer

Presente do indicativo: digo, dizes, diz, dizemos, dizeis, dizem;

Presente do subjuntivo: diga, digas, diga, digamos, digais, digam;

Pretérito perfeito do indicativo: disse, disseste, disse, dissemos, dissestes, disseram;

Pretérito mais-que-perfeito do indicativo: dissera, disseras, dissera, disséramos, disséreis, disseram;

Futuro do presente: direi, dirás, dirá etc.;

Futuro do pretérito: diria, dirias, diria etc.;

Pretérito imperfeito do subjuntivo: dissesse, dissesses, dissesse, disséssemos, dissésseis, dissessem;

Futuro do subjuntivo: disser, disseres, disser, dissermos, disserdes, disserem;

Estar

Presente do indicativo: estou, estás, está, estamos, estais, estão;

VERBO

Presente do subjuntivo: esteja, estejas, esteja, estejamos, estejais, estejam;

Pretérito perfeito do indicativo: estive, estiveste, esteve, estivemos, estivestes, estiveram;

Pretérito mais-que-perfeito do indicativo: estivera, estiveras, estivera, estivéramos, estivéreis, estiveram;

Pretérito imperfeito do subjuntivo: estivesse, estivesses, estivesse, estivéssemos, estivésseis, estivessem;

Futuro do subjuntivo: estiver, estiveres, estiver, estivermos, estiverdes, estiverem;

Fazer

Presente do indicativo: faço, fazes, faz, fazemos, fazeis, fazem;

Presente do subjuntivo: faça, faças, faça, façamos, façais, façam;

Pretérito perfeito do indicativo: fiz, fizeste, fez, fizemos, fizestes, fizeram;

Pretérito mais-que-perfeito do indicativo: fizera, fizeras, fizera, fizéramos, fizéreis, fizeram;

Pretérito imperfeito do subjuntivo: fizesse, fizesses, fizesse, fizéssemos, fizésseis, fizessem;

Futuro do subjuntivo: fizer, fizeres, fizer, fizermos, fizerdes, fizerem.

Seguem esse modelo desfazer, liquefazer e satisfazer.

Os particípios desses verbos e seus derivados são irregulares: Feito, desfeito, liquefeito, satisfeito, etc.

Haver

Presente do indicativo: hei, hás, há, havemos, haveis, hão;

Presente do subjuntivo: haja, hajas, haja, hajamos, hajais, hajam;

Pretérito perfeito do indicativo: houve, houveste, houve, houvemos, houvestes, houveram;

Pretérito mais-que-perfeito do indicativo: houvera, houveras, houvera, houvéramos, houvéreis, houveram;

Pretérito imperfeito do subjuntivo: houvesse, houvesses, houvesse, houvéssemos, houvésseis, houvessem;

Futuro do subjuntivo: houver, houveres, houver, houvermos, houverdes, houverem.

Ir

Presente do indicativo: vou, vais, vai, vamos, ides, vão;

Presente do subjuntivo: vá, vás, vá, vamos, vades, vão;

Pretérito imperfeito do indicativo: Ia, ias, ia, íamos, íeis, iam;

Pretérito perfeito do indicativo: fui, foste, foi, fomos, fostes, foram;

Pretérito mais-que-perfeito do indicativo: fora, foras, fora, fôramos, fôreis, foram;

Pretérito imperfeito do subjuntivo: fosse, fosses, fosse, fôssemos, fôsseis, fossem;

Futuro do subjuntivo: for, fores, for, formos, fordes, forem.

Poder

Presente do indicativo: posso, podes, pode, podemos, podeis, podem;

Presente do subjuntivo: possa, possas, possa, possamos, possais, possam;

Pretérito perfeito do indicativo: pude, pudeste, pôde, pudemos, pudestes, puderam;

Pretérito mais-que-perfeito do indicativo: pudera, puderas, pudera, pudéramos, pudéreis, puderam;

Pretérito imperfeito do subjuntivo: pudesse, pudesses, pudesse, pudéssemos, pudésseis, pudessem;

Futuro do subjuntivo: puder, puderes, puder, pudermos, puderdes, puderem.

Pôr

Presente do indicativo: ponho, pões, põe, pomos, pondes, põem;

Presente do subjuntivo: ponha, ponhas, ponha, ponhamos, ponhais, ponham;

Pretérito imperfeito do indicativo: punha, punhas, punha, púnhamos, púnheis, punham;

Pretérito perfeito do indicativo: pus, puseste, pôs, pusemos, pusestes, puseram;

Pretérito mais-que-perfeito do indicativo: pusera, puseras, pusera, puséramos, puséreis, puseram;

Pretérito imperfeito do subjuntivo: pusesse, pusesses, pusesse, puséssemos, pusésseis, pusessem;

Futuro do subjuntivo: puser, puseres, puser, pusermos, puserdes, puserem.

Todos os derivados do verbo pôr seguem exatamente esse modelo: Antepor, compor, contrapor, decompor, depor, descompor, dispor, expor, impor, indispor, interpor, opor, pospor, predispor, pressupor, propor, recompor, repor, sobrepor, supor, transpor são alguns deles.

Querer

Presente do indicativo: quero, queres, quer, queremos, quereis, querem;

Presente do subjuntivo: queira, queiras, queira, queiramos, queirais, queiram;

Pretérito perfeito do indicativo: quis, quiseste, quis, quisemos, quisestes, quiseram;

Pretérito mais-que-perfeito do indicativo: quisera, quiseras, quisera, quiséramos, quiséreis, quiseram;

Pretérito imperfeito do subjuntivo: quisesse, quisesses, quisesse, quiséssemos, quisésseis, quisessem;

Futuro do subjuntivo: Quiser, quiseres, quiser, quisermos, quiserdes, quiserem;

Saber

Presente do indicativo: sei, sabes, sabe, sabemos, sabeis, sabem;

Presente do subjuntivo: saiba, saibas, saiba, saibamos, saibais, saibam;

Pretérito perfeito do indicativo: soube, soubeste, soube, soubemos, soubestes, souberam;

Pretérito mais-que-perfeito do indicativo: Soubera, souberas, soubera, soubéramos, soubéreis, souberam;

Pretérito imperfeito do subjuntivo: Soubesse, soubesses, soubesse, soubéssemos, soubésseis, soubessem;

Futuro do subjuntivo: souber, souberes, souber, soubermos, souberdes, souberem.

Ser

Presente do indicativo: Sou, és, é, somos, sois, são;

Presente do subjuntivo: Seja, sejas, seja, sejamos, sejais, sejam;

Pretérito imperfeito do indicativo: Era, eras, era, éramos, éreis, eram;

Pretérito perfeito do indicativo: Fui, foste, foi, fomos, fostes, foram;

Pretérito mais-que-perfeito do indicativo: Fora, foras, fora, fôramos, fôreis, foram;

Pretérito imperfeito do subjuntivo: Fosse, fosses, fosse, fôssemos, fôsseis, fossem;

Futuro do subjuntivo: For, fores, for, formos, fordes, forem.

As segundas pessoas do imperativo afirmativo são: Sê (tu) e sede (vós).

Ter

Presente do indicativo: Tenho, tens, tem, temos, tendes, têm;

Presente do subjuntivo: Tenha, tenhas, tenha, tenhamos, tenhais, tenham;

Pretérito imperfeito do indicativo: Tinha, tinhas, tinha, tínhamos, tínheis, tinham;

Pretérito perfeito do indicativo: Tive, tiveste, teve, tivemos, tivestes, tiveram;

Pretérito mais-que-perfeito do indicativo: Tivera, tiveras, tivera, tivéramos, tivéreis, tiveram;

Pretérito imperfeito do subjuntivo: Tivesse, tivesses, tivesse, tivéssemos, tivésseis, tivessem;

Futuro do subjuntivo: Tiver, tiveres, tiver, tivermos, tiverdes, tiverem.

Seguem esse modelo os verbos: Ater, conter, deter, entreter, manter, reter.

Trazer

Presente do indicativo: Trago, trazes, traz, trazemos, trazeis, trazem;

Presente do subjuntivo: Traga, tragas, traga, tragamos, tragais, tragam;

Pretérito perfeito do indicativo: Trouxe, trouxeste, trouxe, trouxemos, trouxestes, trouxeram;

Pretérito mais-que-perfeito do indicativo: Trouxera, trouxeras, trouxera, trouxéramos, trouxéreis, trouxeram;

Futuro do presente: Trarei, trarás, trará, etc.;

Futuro do pretérito: Traria, trarias, traria, etc.;

Pretérito imperfeito do subjuntivo: Trouxesse, trouxesses, trouxesse, trouxéssemos, trouxésseis, trouxessem;

Futuro do subjuntivo: Trouxer, trouxeres, trouxer, trouxermos, trouxerdes, trouxerem.

Ver

Presente do indicativo: Vejo, vês, vê, vemos, vedes, veem;

Presente do subjuntivo: Veja, vejas, veja, vejamos, vejais, vejam;

Pretérito perfeito do indicativo: Vi, viste, viu, vimos, vistes, viram;

Pretérito mais-que-perfeito do indicativo: Vira, viras, vira, víramos, víreis, viram;

Pretérito imperfeito do subjuntivo: Visse, visses, visse, víssemos, vísseis, vissem;

Futuro do subjuntivo: Vir, vires, vir, virmos, virdes, virem.

Seguem esse modelo os derivados antever, entrever, prever, rever. Prover segue o modelo acima apenas no presente do indicativo e seus tempos derivados; nos demais tempos, comporta-se como um verbo regular da segunda conjugação.

Vir

Presente do indicativo: Venho, vens, vem, vimos, vindes, vêm;

Presente do subjuntivo: Venha, venhas, venha, venhamos, venhais, venham;

Pretérito imperfeito do indicativo: Vinha, vinhas, vinha, vínhamos, vínheis, vinham;

Pretérito perfeito do indicativo: Vim, vieste, veio, viemos, viestes, vieram;

Pretérito mais-que-perfeito do indicativo: Viera, vieras, viera, viéramos, viéreis, vieram;

Pretérito imperfeito do subjuntivo: Viesse, viesses, viesse, viéssemos, viésseis, viessem;

Futuro do subjuntivo: Vier, vieres, vier, viermos, vierdes, vierem;

Particípio e gerúndio: Vindo.

Emprego do infinitivo

Apesar de não haver regras bem definidas, podemos anotar as seguintes ocorrências:

→ Usa-se o impessoal:

Sem referência a nenhum sujeito: É proibido **estacionar** na calçada;

Nas locuções verbais: Devemos **pensar** sobre a sua situação;

Se o infinitivo exercer a função de complemento de adjetivos: É uma questão fácil de **resolver**;

Se o infinitivo possuir valor de imperativo – O comandante gritou: "**marchar!**"

→ Usa-se o pessoal:

Quando o sujeito do infinitivo é diferente do sujeito da oração principal: Eu não te culpo por seres um imbecil;

Quando, por meio de flexão, se quer realçar ou identificar a pessoa do sujeito: Não foi bom agires dessa forma;

LÍNGUA PORTUGUESA

VERBO

Questões

01. (FCC) Levando-se em conta as alterações necessárias, o termo grifado foi substituído corretamente por um pronome em:
a) A Inveja habita o fundo de um vale = habitá-lo
b) jamais se acende o fogo = lhe acende
c) serviu de modelo a todos = serviu-os
d) infectar a jovem Aglauros = infectá-la
e) ao dilacerar os outros = dilacerar-lhe

02. (CESGRANRIO) "*A gente se acostuma* a morar em apartamentos de fundos." Nós nos acostumamos a morar em apartamentos de fundos.

A troca de pronomes também respeita as regras de concordância estabelecidas na norma-padrão em:
a) Tu te acostuma / Você se acostuma.
b) Tu se acostuma / Você se acostumas.
c) Tu te acostumas / Você se acostuma.
d) Tu te acostumas / Você vos acostuma.
e) Tu te acostumas / Você vos acostumais.

03. (FAURGS) As bibliotecas virtuais têm, de certo modo, os predicados _____ o escritor argentino Jorge Luis Borges define a sua fantástica Biblioteca de Babel: são ilimitadas e periódicas. Desse modo, atualizam, no que oferecem e na forma _____ o oferecem, uma espécie de otimismo cético próprio do racionalismo.

A biblioteca está e vai com você onde você estiver, como uma Babel feita do paradoxo do conhecimento: quanto mais se sabe, mais há para saber, de modo que, o máximo sendo também o mínimo, nunca nos falte nem a pergunta ilimitada, nem a resposta periódica _____ os livros e revistas postos ao alcance de nosso cotidiano podem nos ajudar a formular, ou, ao menos, entrever.

Assinale a alternativa que preenche, correta e respectivamente, as lacunas das linhas.
a) que – como – que
b) com que – que – a que
c) com que – como – que
d) que – como – a que
e) que – que – a que

04. (CESGRANRIO) Os substantivos grafados com ç são derivados de verbos: **produção, redução, desaceleração, projeção**. Quais os verbos a seguir que formam substantivos com a mesma grafia:
a) admitir, agredir, intuir
b) discutir, emitir, aferir
c) inquirir, imprimir, perseguir
d) obstruir, intervir, conduzir
e) reduzir, omitir, extinguir

05. (NUCEPE) **Adaptada**. Assinale a opção em que o substantivo apresentado é uma palavra de gênero feminino.
a) "sinal".
b) "palco".
c) "comunidade".
d) "lugares".
e) "jornais".

06. (CEPERJ) Os verbos considerados impessoais devem se manter invariáveis, no singular, segundo as normas de concordância verbal. Há um caso de verbo impessoal no seguinte exemplo do texto:
a) "você não vê há três meses"
b) "Para lá fui enviada."
c) "um gigantesco caminhão que andava"
d) "aquilo nos pareceu absurdo"
e) "E não precisará de recall para isso."

07. (FCC) Ainda que os modernistas de 1922 não se _____ componentes de uma escola, nem _____ ter postulados rigorosos em comum, um grande desejo de expressão livre os unificava.

Na frase acima, a correção será mantida caso a conjugação dos verbos originalmente empregados consideraram e afirmaram for modificada de modo que as formas verbais resultantes sejam, respectivamente:
a) considerarem e afirmarem.
b) considerassem e afirmassem.
c) consideravam e afirmavam.
d) considerariam e afirmariam.
e) considerar e afirmar.

08. (FUNCAB) Em "(...) A empregada já HAVIA CHEGADO e estava no portão, olhando o movimento.(...)", o tempo verbal mostra uma ação:
a) iniciada no passado, continuada no presente.
b) realizada em futuro próximo.
c) subordinada a uma ação futura.
d) repetida, independente da ação passada.
e) já terminada.

09. (FCC) Na Antiguidade, os egípcios tinham nas letras um objeto sagrado, inventado pelos deuses. O verbo flexionado nos mesmos tempo e modo em que se encontra o grifado acima está em:
a) Por meio da observação do cérebro de crianças e adultos, verificou-se de forma bastante clara ...
b) ... que o ato de escrever desencadeia ligações entre os neurônios ...
c) Com a digitação, essa área fica inativa.
d) .. a caligrafia constava entre as habilidades avaliadas nos exames de admissão do antigo ginásio até a década de 70 ...
e) ... entre as gerações que chegam aos bancos escolares.

10. (FCC) ... que já *detestava* a jovem... O verbo empregado nos mesmos tempo e modo que o grifado está em:
a) A Inveja habita o fundo de um vale...
b) ...todos os que falaram desse sentimento...
c) ...porque esta a espionara...
d) ...que interceda junto a Hersé...
e) Não admitia que a mortal...

11. (Vunesp) No contexto, a correlação expressa pelos verbos destacados na frase - Se o **fizesse** não **teria** coragem de me olhar no espelho. - indica:
a) hipótese sobre a consequência de mentir.
b) necessidade de comunicar-se sem enganar.
c) certeza acerca de ser desnecessária a mentira.
d) dúvida em relação àquilo que motiva a mentira.
e) negação de que a mentira seja viável.

Gabaritos

01	D	08	E
02	C	09	D
03	C	10	E
04	D	11	A
05	C		
06	A		
07	B		

6. SINTAXE BÁSICA DA ORAÇÃO E DO PERÍODO

Sintaxe é a parte da Gramática que estuda a função das palavras ou das expressões em uma oração ou em um período.

Definições importantes:

Frase, oração e período (conceitos essenciais)

Frase: qualquer sentença dotada de sentido.

Ex.: Eu adoro estudar Português!

Ex.: Fogo! Socorro!

Oração: frase organizada em torno de uma forma verbal.

Os alunos farão a prova amanhã!

Período: conjunto de orações;

> Período simples: 1 oração.

Estudarei Português.

> Período composto: mais de 1 oração.

Estudarei Português e farei a prova.

6.1 Período Simples (Oração)

A oração é dividida em termos. Assim, o estudo fica organizado e impossibilita a confusão. São os termos da oração:

Essenciais;

Integrantes;

Acessórios.

Termos Essenciais da Oração

Sujeito e Predicado: são chamados de essenciais, porque são os elementos que dão vida à oração. Quer dizer, sem um deles (o predicado, ao menos) não se pode formar oração.

O **Brasil** caminha para uma profunda transformação social.
(sujeito)   (predicado)

Sujeito

Sujeito é o termo sintático sobre o qual se declara ou se constata algo. Deve-se observar que há uma profunda relação entre o verbo que comporá o predicado e o sujeito da oração. Usualmente, o sujeito é formado por um substantivo ou por uma expressão substantivada.

Classificação do Sujeito:

Simples;

Composto;

Oculto, elíptico ou desinencial;

Indeterminado;

Inexistente;

Oracional.

Sujeito simples: aquele que possui apenas um núcleo.

O **país** deverá enfrentar difíceis rivais na competição.

A perda de fôlego de algumas das grandes economias também já foi notada por outras gigantes do setor.

> **Sujeito composto:** é aquele que possui mais de um núcleo.

Rigoberto e Jacinto são amigos inseparáveis.

Eu, meus **amigos** e todo o **resto** dos alunos faremos a prova.

Sujeito oculto, elíptico ou desinencial: aquele que não se encontra expresso na oração, porém é facilmente subentendido pelo verbo apresentado.

Acord**amos** cedo naquele dia. (Quem acordou? Nós)

Ab**ri** o blusão, tirei o 38, e perguntei com tanta raiva que uma gota de meu cuspe bateu na cara dele.(R. Fonseca)

Vanderlei caminhou pela manhã. À tarde pass**eou** pelo lago municipal, onde encont**rou** a Anaconda da cidade.

Perceba que o sujeito não está grafado na sentença, mas é facilmente recuperável por meio da terminação do verbo.

Sujeito indeterminado: ocorre quando o verbo não se refere a um núcleo determinado. São situações de indeterminação do sujeito:

Terceira pessoa do plural sem um referente:

Nunca lhe **deram** nada.

Fizeram comentários maldosos a seu respeito.

Com verbos transitivos indiretos, intransitivo e relacionais (de ligação) acompanhados da partícula "se" que, no caso, será classificada como índice de indeterminação de sujeito.

Vive-se muito bem.

Precisa-se de força e coragem na vida de estudante.

Nem sempre **se está** feliz na riqueza.

Sujeito inexistente ou oração sem sujeito: ocorre em algumas situações específicas.

Com verbos impessoais (principalmente os que denotam fenômeno da natureza).

Em setembro **chove** muito.

Nevava em Palotina.

Com o verbo haver, desde que empregado nos sentidos de existir, acontecer ou ocorrer.

Há poemas perfeitos, não **há** poetas perfeitos.

Deveria haver soluções para tais problemas.

Com os verbos ir, haver e fazer, desde que empregado fazendo alusão a tempo transcorrido.

Faz um ano que não viajo. (verbo "fazer" no sentido de "tempo transcorrido")

Há muito tempo que você não aparece. (verbo "haver" no sentido de "tempo")

Vai para dois meses que não recebo salário. (verbo "ir" no sentido de "tempo")

Com os verbos ser ou estar indicando tempo.

Era noite fechada.

É tarde, eles não vêm!

Com os verbos bastar e chegar indicando cessamento.

Basta de tanta corrupção no Senado!

Chega de ficar calado quando a situação aperta!

Com o verbo ser indicando data ou horas.

São dez horas no relógio da torre.

Amanhã **serão** dez de dezembro.

Sujeito oracional: ocorre nas análises do período composto, quando se verifica que o sujeito de um verbo é uma oração.

É preciso **que você estude Língua Portuguesa**.

Predicado

É o termo que designa aquilo que se declara acerca do sujeito. É mais simples e mais prudente para o aluno buscar identificar o predicado antes do sujeito, pois, se assim o fizer, terá mais concretude na identificação do sujeito.

Classificação do predicado:

> Nominal;

> Verbal;

> Verbo-nominal.

Predicado Nominal: o predicado nominal é formado por um verbo relacional (de ligação) + predicativo.

Lembre os principais verbos de ligação: ser, estar, permanecer, continuar, ficar, parecer, andar e torna-se.

A economia da Ásia parecia derrotada após a crise.

O deputado, de repente, virou patriota.

Português é legal.

Predicado Verbal: o predicado verbal tem como núcleo um verbo nocional.

Empresários **investirão R$ 250 milhões em novo berço para Porto de Paranaguá**.

Predicado Verbo-nominal: ocorre quando há um verbo significativo (nocional) + um predicativo do sujeito.

O trem chegou atrasado. ("atrasado" é uma qualidade do sujeito que aparece após o verbo, portanto, é um predicativo do sujeito).

Pedro Paladino já nasceu rico.

Acompanhei a indignação de meus alunos preocupado.

Predicativo

O predicativo é um termo componente do predicado. Qualifica sujeito ou objeto.

Josefina era **maldosa**, **ruim**, **sem valor**. (pred. do sujeito)

Leila deixou o garoto **louco**. (pred. do objeto)

O diretor nomeou João **chefe da repartição**. (pred. do objeto)

Termos Integrantes da Oração

Objeto Direto (complemento verbal);

Objeto Indireto (complemento verbal);

Complemento Nominal;

Agente da Passiva.

Objeto Direto: é o complemento de um verbo transitivo direto.

Os bons cidadãos cumprem **as leis**. (quem cumpre, cumpre algo)

Em resumo: ele queria **uma mulher**. (quem quer, quer algo)

Objeto Indireto: é o complemento de um verbo transitivo indireto.

Os bons cidadãos obedecem **às leis**. (quem obedece, obedece a algo)

Necessitamos **de manuais mais práticos** nos dias de hoje. (quem necessita, necessita de algo)

Complemento Nominal: é o complemento, sempre preposicionado, de adjetivos, advérbios e substantivos que, em determinadas circunstâncias, pedem complemento, assim como os verbos transitivos indiretos.

O filme era impróprio para crianças.

Finalizou-se a construção do prédio.

Agiu favoravelmente ao réu.

Agente da Passiva: É o complemento que, na voz passiva, designa o ser praticante da ação sofrida ou recebida pelo sujeito.

Ex. de voz ativa: O zagueiro executou a jogada.

Ex. de voz passiva: A jogada foi executada **pelo zagueiro**. (Agente da passiva)

Conversas foram interceptadas pela **Polícia Federal**. (Agente da passiva)

Termos Acessórios da Oração

Adjunto Adnominal;

Adjunto Adverbial ;

Aposto;

Vocativo.

Adjunto Adnominal: a função do adjunto adnominal é desempenhada por qualquer palavra ou expressão que, junto de um substantivo ou de uma expressão substantivada, modifica o seu sentido. Vejamos algumas palavras que desempenham tal função.

Artigos: as alunas serão aprovadas.

Pronomes adjetivos: aquela aluna será aprovada.

Numerais adjetivos: duas alunas serão aprovadas.

Adjetivos: aluno **estudioso** é aprovado.

Locuções adjetivas: aluno **de gramática** passa no concurso.

Adjunto Adverbial: o Adjunto Adverbial é o termo acessório (que não é exigido por elemento algum da sentença) que exprime circunstância ao verbo e, às vezes, ao adjetivo ou mesmo ao advérbio.

Advérbios: os povos antigos trabalhavam mais.

Locuções Adverbiais: Li vários livros **durante as férias**.

Alguns tipos de adjuntos adverbiais: Tempo: **Ontem**, choveu muito.

Lugar: Gostaria de que me encontrasse **na esquina da padaria**.

Modo: Alfredo executou a aria **fantasticamente**.

Meio: Fui para a escola **a pé**.

Causa: **Por amor**, cometem-se loucuras.

Instrumento: Quebrou a **vidraça com uma pedra**.

Condição: **Se estudar muito**, será aprovado.

Companhia: Faremos sucesso **com essa banda.**

Aposto: o aposto é o termo sintático que, possuindo equivalência semântica, esclarece seu referente. Tipos de Aposto:

LÍNGUA PORTUGUESA

Explicativo: Alencar, **escritor romântico**, possui uma obra vastíssima.

Resumitivo ou recapitulativo: Estudo, esporte, cinema, **tudo** o chateava.

Enumerativo: Preciso de duas coisas: **saúde e dinheiro**.

Especificativo: A notícia foi publicada na revista **Veja**.

Distributivo: Havia grupos interessados: **o da direita e o da esquerda**.

Oracional: Desejo só uma coisa: **que vocês passem no concurso**.

Vocativo: O Vocativo é uma interpelação, é um chamamento. Normalmente, indica com quem se fala.

Ó mar, por que não me levas contigo?

Vem, **minha amiga**, abraçar um vitorioso.

6.2 Período Composto

Nesse tópico, você deverá realizar a análise de mais de uma oração, portanto, atenção! Há dois processos de composição de período em Língua Portuguesa. São eles: coordenação e subordinação.

Coordenação: ocorre quando são unidas orações independentes sintaticamente. Ou seja, são autônomas do ponto de vista estrutural. Vamos a um exemplo.

Altamiro pratica esportes e estuda muito.

Subordinação: ocorre quando são unidas orações que possuem dependência sintática. Ou seja, não estão completas em sua estrutura. O processo de subordinação ocorre de três maneiras:

Substantiva: quando a oração desempenhar a função de um substantivo na sentença (**sujeito, predicativo, objeto direto, objeto indireto, complemento nominal ou aposto**).

Adjetiva: quando a oração desempenhar a função de adjunto adnominal na sentença.

Adverbial: quando a oração desempenhar a função de adjunto adverbial na sentença.

Eu quero **que vocês passem no concurso**. (oração subordinada substantiva objetiva direta – a função de objeto direto está sendo desempenhada pela oração)

O Brasil, **que é um belíssimo país**, possui vegetação exuberante. (oração subordinada adjetiva explicativa)

Quando José entrou na sala, Manoel saiu. (oração subordinada adverbial temporal)

Processo de Coordenação

Há dois tipos de orações coordenadas: **assindéticas** e **sindéticas**.

Assindéticas:

O nome vem da palavra grega *sýndetos*, que significa conjunção, união. Ou seja, oração que não possui conjunção quando está colocada ao lado de outra.

Valdevino **correu (OCA), correu (OCA), correu (OCA)** o dia todo.

Perceba que não há conjunções para ligar os verbos, ou seja, as orações estão colocadas uma ao lado da outra sem síndeto, portanto, são **Orações Coordenadas Assindéticas**.

Sindéticas:

Contrariamente às assindéticas, as sindéticas possuem conjunção para exprimir uma relação lógico-semântica. Cada oração recebe o nome da conjunção que a introduz. Por isso é necessário decorar as conjunções.

Aditivas: São introduzidas pelas conjunções e, nem, mas também, também, como (após "não só"), como ou quanto (após "tanto"), mais etc., dando a ideia de adição à oração anterior.

A seleção brasileira venceu a Dinamarca/ **e empatou com a Inglaterra**. (Oração Coordenada Assindética / **Oração Coordenada Sindética Aditiva**)

Adversativas: São introduzidas pelas conjunções mas, porém, todavia, contudo, entretanto, no entanto, não obstante, senão, apesar disso, embora etc., indicando uma relação de oposição à sentença anterior.

O time batalhou muito, / **mas não venceu o adversário.** (Oração Coordenada Assindética / **Oração Coordenada Sindética Adversativa**)

Alternativas: São introduzidas pelas conjunções ou... ou, ora... ora, já... já, quer... quer, seja... seja, nem... nem etc., indicando uma relação de alternância entre as sentenças.

Ora estuda, / ora trabalha,: (Oração Coordenada Sindética Alternativa / Oração Coordenada Sindética Alternativa)

Conclusivas: São introduzidas pelas conjunções pois (posposto ao verbo), logo, portanto, então, por conseguinte, por sequência, assim, desse modo, destarte, com isso, por isto, consequentemente, de modo que, indicando uma relação de conclusão do período anterior.

Comprei a carne e o carvão, / **portanto podemos fazer o churrasco**. (Oração Coordenada Assindética / **Oração Coordenada Sindética Conclusiva**)

Estou muito doente, / **não posso, pois, ir à aula**. (Oração Coordenada Assindética/ **Oração Coordenada Sindética Conclusiva**)

Explicativas: São introduzidas pelas conjunções que, porque, porquanto, por, portanto, como, pois (anteposta ao verbo), ou seja, isto é, indicando uma relação de explicação para com a sentença anterior.

Não converse, / **pois estou estudando**. (OCA / **Oração Coordenada Sindética Explicativa**)

Processo de Subordinação

Orações Subordinadas Substantivas: dividem-se em 6 tipos, introduzidas, geralmente, pelas conjunções **"que"** e **"se"**.

Subjetiva (O.S.S.S.): Exerce função de sujeito do verbo da oração principal.

É interessante / **que todos joguem na loteria**. (Oração Principal / **Oração subordinada substantiva subjetiva**)

Objetiva Direta (O.S.S.O.D.): Exerce função de objeto direto.

Eu quero / **que você entenda a matéria**. - Quem quer, quer algo ou alguma coisa - (Oração Principal / **Oração subordinada substantiva Objetiva Direta**)

Objetiva Indireta (O.S.S.O.I.): Exerce função de objeto indireto.
Os alunos necessitam / **de que as explicações fiquem claras**.
- Quem necessita, necessita de algo - (Oração Principal / **Oração subordinada substantiva Objetiva Indireta**)

Predicativa (O.S.S.P.): Exerce função de predicativo.
O bom é / **que você faça exercícios todos os dias**. (Oração Principal / **Oração subordinada substantiva Predicativa**)

Completiva Nominal (O.S.S.C.N.): Exerce função de complemento nominal de um nome da oração principal.
Jonas tem vontade / **de que alguém o mande calar a boca**. (Oração Principal / **Oração subordinada substantiva Completiva Nominal**)

Apositivas (O.S.S.A.): Possuem a função de aposto da sentença principal, geralmente são introduzidas por dois-pontos (:).
Eu quero apenas isto: / **que você passe no concurso**. (Oração Principal / **Oração subordinada substantiva Apositiva**)

Orações Subordinadas Adjetivas: dividem-se em dois tipos. Quando desenvolvidas, são introduzidas por um pronome relativo.

O nome Oração Subordinada Adjetiva se deve ao fato de ela desempenhar a mesma função de um adjetivo na oração, ou seja, a função de adjunto adnominal. Na Gramática de Portugal, são chamadas de Orações Relativas pelo fato de serem introduzidas por pronome relativo.

Restritivas: Restringem a informação da oração principal. Não possuem vírgulas.
O homem / **que mora ao lado** / é mal-humorado. (Oração Principal / **Oração subordinada Adjetiva Restritiva** / Oração Principal)
Para entender basta perguntar: qualquer homem é mal-humorado? Não. Só o que mora ao lado.

Explicativas: Explicam ou dão algum esclarecimento sobre a oração principal.
João, / **que é o ex-integrante da comissão**, / chegou para auxiliar os novos contratados. (Oração Principal / **Oração Subordinada Adjetiva Explicativa** /Oração Principal)

Orações Subordinadas Adverbiais: dividem-se em nove tipos. Recebem o nome da conjunção que as introduz. Nesse caso, teremos uma principal (que não está negritada) e uma subordinada adverbial (que está em negrito).

Essas orações desempenham a função de Adjunto Adverbial da oração principal.

Causais: Exprimem a causa do fato que ocorreu na oração principal. Introduzidas, principalmente, pelas conjunções porque, visto que, já que, uma vez que, como que, como.
Ex.: Já que precisamos de dinheiro, vamos trabalhar.

Comparativas: Representam o segundo termo de uma comparação. Introduzidas, na maior parte dos casos, pelas conjunções que, do que, como, assim como, (tanto) quanto.
Ex.: Tiburcina fala **como uma gralha** (fala - o verbo está elíptico).

Concessivas: Indica uma concessão entre as orações. Introduzidas, principalmente, pelas conjunções embora, a menos que, ainda que, posto que, conquanto, mesmo que, se bem que, por mais que, apesar de que. Fique de olho na relação da conjunção com o verbo.
Ex.: Embora não tivesse tempo disponível, consegui estudar.

Condicionais: Expressa ideia de condição. Introduzidas, principalmente, pelas conjunções se, salvo se, desde que, exceto, caso, desde, contanto que, sem que, a menos que.
Ex.: Se ele não se defender, acabará como "boi-de-piranha" no caso.

Conformativas: Exprimem acordo, concordância entre fatos ou ideias. Introduzidas, principalmente, pelas conjunções como, consoante, segundo, conforme, de acordo com etc.
Ex.: Realize as atividades **conforme eu expliquei**.

Consecutivas: Indicam a consequência ou o efeito daquilo que se diz na oração principal. Introduzidas, principalmente, pelas conjunções que (precedida de tal, tão, tanto, tamanho), de sorte que, de modo que.
Ex.: Estudei tanto, **que saiu sangue dos olhos**.

Finais: Exprimem finalidade da ação primeira. Introduzidas, em grande parte dos casos, pelas conjunções para que, a fim de que, que e porque.
Ex.: Estudei muito **para que pudesse fazer a prova**.

Proporcionais: Expressa uma relação de proporção entre as orações. Introduzidas, principalmente, pelas conjunções (locuções conjuntivas) à medida que, quanto mais....mais, à proporção que, ao passo que, quanto mais.
Ex.: José piorava, **à medida que abandonava seu tratamento**.

Temporais: Indicam circunstância de tempo. Introduzidas, principalmente, pelas conjunções quando, antes que, assim que, logo que, até que, depois que, mal, apenas, enquanto etc.
Ex.: Logo que iniciamos o trabalho os alunos ficaram mais tranquilos.

Você viu que não é difícil. Na verdade, só é preciso estudar muito e decorar o sentido das conjunções.

Questões

01. (FCC) **Graças aos avanços na medicina e na agricultura**, as previsões funestas de Malthus não se confirmaram...
O segmento grifado exprime, em relação à afirmativa seguinte, noção de:
a) Condição.
b) Tempo.
c) Proporção.
d) Causa.
e) Finalidade.

02. (FCC) A frase em que **ambos** os elementos sublinhados são complementos verbais é:
a) Assim vos confesso que entendo de arquitetura, apesar das muitas opiniões em contrário.
b) Ninguém se impressiona tanto com um velho porão como este velho cronista, leitor amigo.
c) O porão deverá jazer sob os pés da família como jazem os cadáveres num cemitério.
d) Que atração exercem sobre o cronista as gravatas manchadas, quando desce a um porão...
e) Já não se fazem porões, hoje em dia, já não há qualquer mistério ou evocação mágica numa casa moderna.

SINTAXE BÁSICA DA ORAÇÃO E DO PERÍODO

03. (FCC) **Nascidas do povo mais humilde do Brasil**, as Escolas afirmam a vocação dos brasileiros, de todos os brasileiros, para a grandeza.

A oração grifada acima tem sentido ...... e, ao reescrevê-la com o emprego da conjunção adequada, a oração resultante deverá iniciar-se por ....

As lacunas estarão corretamente preenchidas, respectivamente, por:

a) final - Para que tivessem nascido

b) temporal - Enquanto tinham nascido

c) concessivo - Ainda que tenham nascido

d) consecutivo - Desde que tenham nascido

e) condicional - Caso tenham nascido

04. (FCC) Analisando-se aspectos sintáticos de frases de textos, é correto afirmar que em:

a) Muitos se lembravam da alegria voraz com que foram disputadas as toneladas da vítima - as formas verbais sublinhadas têm um mesmo sujeito.

b) Todos se empenhavam no lúcido objetivo comum - configura-se um caso de indeterminação do sujeito.

c) Uma tripulação de camelôs anunciava umas bugigangas - a voz verbal é ativa, sendo umas bugigangas o objeto direto.

d) Eu já podia recolher a minha aflição - não há a possibilidade de transposição para outra voz verbal.

e) Logo uma estatal, ó céus - o elemento sublinhado exerce a função de adjunto adverbial de tempo.

05. (FCC) "Fica calmo, meu caro jornalista, avião comigo não cai", procurava me tranquilizar **dr. Ulysses**...

O segmento em destaque exerce na frase acima a mesma função sintática que o elemento grifado exerce em:

a) Como a Folha era **o único veículo** ...

b) ... essas coisas não pegariam bem **para um repórter**.

c) ... **em que** tudo devia estar acertado...

d) Viajava **com os três líderes da campanha** em pequenos aviões fretados...

e) ... **quem** era o comandante.

06. (FCC) Mas, **embora ele não tivesse sido nomeado**, todos sabiam quem era o comandante.

Em relação à frase em que está inserido, o segmento grifado acima possui um sentido.

a) Condicional.

b) Causal.

c) Concessivo.

d) Comparativo.

e) Conclusivo.

07. (FCC) Este conceito **é relativo**, pois em arte não há originalidade absoluta.

... a sua contribuição maior foi **a liberdade de criação e expressão**.

Ambos os elementos acima grifados exercem nas respectivas frases a função de:

a) Adjunto adverbial.

b) Objeto direto.

c) Complemento nominal.

d) Predicativo.

e) Objeto indireto.

08. (FCC) ... o tema das mudanças climáticas **pressiona** os esforços mundiais para reduzir a queima de combustíveis.

A mesma relação entre o verbo grifado e o complemento se reproduz em:

a) ... a Idade da Pedra não acabou por falta de pedras ...

b) ... o estilo de vida e o modo da produção (...) são os principais responsáveis...

c) ... que ameaçam a nossa própria existência.

d) ... e a da China triplicou.

e) Mas o homem moderno estaria preparado.

09. (CONSULPLAN) Leia o texto:

A tradição teológica e filosófica nunca conseguiu explicar o "mistério da iniquidade", a existência do mal como potência do desejo e da ação humanas.

Ora, a corrupção é o mal do nosso tempo. Curiosamente, ela aparece como uma nova regra de conduta, uma contraditória "moral imoral". Da governalidade aos atos cotidianos, o mundo da vida no qual ética e moral se cindiram há muito tempo transformou-se na sempre saqueável terra de ninguém.

Como toda moral, a corrupção é rígida. Daí a impossibilidade do seu combate por meios comuns, seja o direito, seja a polícia. Do contrário, meio mundo estaria na prisão. A mesma polícia que combate o narcotráfico nas favelas das grandes cidades poderia ocupar o Congresso e outros espaços do governo onde a corrupção é **a regra**.

Mas o problema é que a força da corrupção é a do costume, é a da "moral", aquela mesma do malandro que age "na moral", que é "cheio de moral". Ela é muito mais forte do que a delicada reflexão ética que envolveria a autonomia de cada sujeito agente. E que só surgiria pela educação política que buscasse um pensamento reflexivo.

O sistema da corrupção é composto de um jogo de forças do qual uma das mais importantes é a "força do sentido". É ela que faz perguntar, por exemplo, "como é possível que um policial pobre se negue a aceitar dinheiro para agir ilegalmente?"

O simples fato de que essa pergunta seja colocada implica o pressuposto de que uma verdade ética tal como a honestidade foi transvalorada. Isso significa que foi também desvalorizada.

Se a conduta de praxe seria não apenas aceitar, mas exigir dinheiro em troca de uma ação qualquer na contramão do dever, é porque no sistema da corrupção o valor da honestidade, que garantiria ao sujeito a sua autonomia, foi substituído pela vantagem do dinheiro.

Mas não somente. Aquele que age na direção da lei como que age contra a moral caracterizada pelo "fazer como a grande maioria", levando em conta que no âmbito da corrupção se entende que o que a maioria quer é "dinheiro".

Verdade é que a ação em nome de um universal por si só caracteriza qualquer moral. É por meio dela que se faz o **cálculo** do "sentido" no qual, fora da vantagem que define a regra, o sujeito honesto se transfigura imediatamente em otário.

Se a moral é medida em dinheiro, não entregar-se a ele poderá parecer um luxo. Mas um contraditório luxo de pobre, já que a questão da honestidade não se coloca para os ricos, para quem tal valor parece de antemão assegurado.

Daí que jamais se louve nos noticiários a honestidade de alguém que não se enquadra no estereótipo do "pobre". **Honesto** é sempre o pobre elevado a cidadão exótico. Na verdade, por meio desse gesto o pobre é colocado à prova pelo sistema. Afinal ele teria tudo para ser corrupto, ou seja, teria todo o motivo para sê-lo. Mas teria também todo o perdão?

O cidadão exótico – pobre e honesto – que deixa de agir na direção de uma vantagem pessoal como que estaria perdoado por antecipação ao agir imoralmente sendo pobre, mas não está. A frase

40

de Brecht seria sua jurisprudência mais básica: "O que é roubar um banco comparado a fundar um?"

Ora, sabemos que essa "moral imoral" tem sempre dois pesos e duas medidas, diferentes para ricos e pobres. No **vão** que as separa vem à tona a **incompreensibilidade** diante do mistério da honestidade. De categoria ética, ela desce ao posto de irrespondível problema metafísico.

Pois quem terá hoje a coragem de perguntar como alguém se torna o que é quando a subjetividade, a individualidade e a biografia já não valem nada e sentimos apenas o miasma que exala da vala comum das celebridades da qual o cidadão pode se salvar apenas alcançando o posto de um herói exótico, máscara do otário da vez?

(Marcia Tiburi. Cult, dezembro de 2011)

Assinale o termo que, no texto, desempenhe função sintática idêntica à de incompreensibilidade (L. 73).

a) a regra (L. 18)

b) vão (L. 72)

c) cálculo (L. 48)

d) honesto (L. 58)

10. (IPAD) Em que opção a expressão em negrito retoma a ideia de um termo para explicá-lo, desenvolvê-lo ou esclarecê-lo, assumindo a função sintática de aposto?

a) O conjunto de saltos de quedas d'água estava localizado ao oeste do Estado do Paraná, **no município de Guaíra...**

b) Calcula-se que a água do Rio Paraná levou cerca de 1 milhão de anos para cavar no basalto, **rocha vulcânica dura**, o caminho que percorria.

c) Era a cachoeira mais caudalosa do mundo, **nela** se escoando cerca de 75 mil metros cúbicos de água por segundo...

d) Capaz de gerar 15 milhões de kilowatts, Itaipu é **a usina** de maior potencial energético do mundo.

e) A barragem, **que represa o Rio Paraná**, tem a altura aproximada de um edifício de 62 andares.

11. (IPAD) Em que oração o sujeito **não** é posposto ao verbo?

a) "Sete quedas por mim passaram"

b) "Cessa o estrondo das cachoeiras"

c) "Aos mortos espanhóis, aos mortos bandeirantes, aos apagados fogos de Ciudad Real de Guaira vão juntar-se os sete fantasmas das águas assassinadas"

d) "Faz-se do movimento uma represa"

e) "da agitação faz-se um silêncio"

12. (CESGRANRIO) Em "e controlar a epidemia crescente **das doenças crônicas**," o termo destacado está ligado sintaticamente ao substantivo "epidemia". O termo que desempenha função sintática idêntica ao destacado acima está no trecho:

a) "enquanto cerca de 300 milhões de adultos são **obesos**,"

b) "...que ajude as autoridades nacionais a enfrentar os problemas."

c) "– Para alcançar as Metas do Milênio estabelecidas **pela ONU**,"

d) "Todos eles estão **mais** expostos..."

e) "entre outras doenças ligadas **ao excesso de peso**."

f)

13. (FCC) ... mas nem todos **entendem** seu real significado.

O verbo que exige o mesmo tipo de complemento que o grifado acima está também **grifado** em:

a) Pesquisadores **revelaram** a existência de preconceitos enraizados contra a manifestação de emoções.

b) A pesquisa **tratava** da valorização de sentimentos até então vistos como negativos no ambiente de trabalho.

c) A manifestação de emoções positivas **é** geralmente bem aceita em qualquer ambiente.

d) Estudos recentes **aludem** à importância das emoções, sejam elas positivas ou negativas, na vida pessoal e profissional.

e) O local de trabalho nem sempre se **torna** propício à manifestação das próprias emoções.

14. (FUNCAB) A alternativa em que o termo destacado tem a função de adjunto adnominal e não a de predicativo do sujeito é:

a) "(...) ela estava muito mais **viva**(...)"

b) "(...) um peixe **sozinho** num tanque era algo muito solitário. (...)"

c) "(...) a mãe era **boa** para dar ideias. (...)"

d) "(...) Mas ele estava **sozinho**. (...)"

e) "(...) Só então notou como estava **cansado**."

15. (FCC) ... **embora** a maioria das pessoas consuma calorias suficientes ...

A conjunção grifada acima imprime ao contexto noção de:

a) Finalidade de uma ação.

b) Temporalidade relativa a um fato.

c) Concessão quanto à afirmativa que a segue.

d) Conjectura que não se realiza.

e) Incerteza quanto à comprovação de um fato.

16. (FCC) ... elas ainda **sofrem de imensas deficiências de nutrientes** ...

A relação entre verbo e complemento, grifada acima, se reproduz em:

a) ... embora a maioria das pessoas consuma calorias suficientes ...

b) ... e têm pontuação mais baixa nos testes de habilidade cognitiva.

c) ... a epidemia de obesidade nos países ricos representa exatamente o problema oposto.

d) ... e muitos não obtêm esses nutrientes.

e) ... menos da metade daqueles que mais precisam deles ...

17. (FCC) **Com o avançar da idade**, eles precisam de mais cálcio e vitaminas...

a) À medida que a idade vai avançando.

b) Conquanto a idade avance.

c) Se a idade for avançando.

d) Ainda que a idade vá avançando.

e) Em comparação à idade que avança.

18. (CONSULPLAN) **Enquanto** o primeiro é regido por valores como amor e lealdade, o segundo tem como marca indexadores monetários e contratos. Assinale a alternativa que poderia substituir Enquanto no período anterior, sem modificação de sentido.

a) Como

b) Já que

c) Ao passo que

d) Quando

LÍNGUA PORTUGUESA

SINTAXE BÁSICA DA ORAÇÃO E DO PERÍODO

Gabaritos

01	D	10	B
02	A	11	A
03	C	12	B
04	C	13	A
05	E	14	B
06	C	15	C
07	D	16	E
08	C	17	A
09	C	18	C

7. CONCORDÂNCIA VERBAL E NOMINAL

Trata-se do processo de flexão dos termos a fim de se relacionarem harmoniosamente na frase. Quando se pensa sobre a relação do verbo com os demais termos da oração, o estudo focaliza a concordância verbal. Quando a análise se volta para a relação entre pronomes, substantivos, adjetivos e demais termos do grupo nominal, diz-se que o foco é concordância nominal.

Fique de olho aberto para a relação do sujeito com o verbo. Uma boa noção de Sintaxe é importantíssima para entender esse segmento do conteúdo.

7.1 Concordância Verbal

Regra Geral

O verbo concorda com o sujeito em número e pessoa.

O **primeiro-ministro** russo **acusou** seus inimigos.

Dois **parlamentares rebateram** a acusação.

Contaram-se **mentiras** no telejornal.

Vós sois os responsáveis por vosso destino.

Regras para Sujeito Composto[1]

Anteposto (colocado antes do verbo): o verbo vai para o plural:

Eu e meus irmãos vamos à praia.

Posposto (colocado após o verbo): o verbo concorda com o mais próximo ou vai para o plural:

Morreu (morreram), no acidente, **o prefeito e o vereador**.

Formado por pessoas (gramaticais) diferentes: plural da predominante.

Eu, você e os alunos **estudaremos** para o concurso. (a primeira pessoa é a predominante, por isso, o verbo fica na primeira pessoa do plural)

Com núcleos em correlação: concorda com o mais próximo ou fica no plural:

O professor assim como o monitor auxilia(m) os estudantes.

Ligado por NEM: verbo concordará:

No singular: se houver exclusão.

Nem Josias nem Josué **percebeu** o perigo iminente.

No singular: quando se pretende individualizar a ação, aludindo a um termo em específico.

Nem os esportes nem a leitura **o entretém**.

No plural: quando não houver exclusão, ou seja, quando a intenção for aludir ao sujeito em sua totalidade.

Nem a minha rainha nem o meu mentor **serão** tão convincentes a ponto de me fazerem mudar de ideia.

Ligado por COM: verbo concorda com o antecedente do COM ou vai para o plural:

O vocalista com os demais integrantes da banda **realizaram (realizou)** o show.

---
[1] As gramáticas registram um sem-número de regras de concordância. Selecionamos as mais relevantes para o universo do concurso público.

Ligado por OU: verbo no singular (se houver exclusão) ou no plural (se não houver exclusão):

Ou Pedro Amorim ou Jurandir Leitão **será** eleito vereador da cidade.

O aviso ou o ofício **deveriam** ser expedidos antes da data prevista.

Se o sujeito for construído com os termos:

Um e outro, nem um nem outro: verbo no singular ou plural, dependendo do sentido pretendido.

Um e outro **passou (passaram)** no concurso.

Um ou outro: verbo no singular.

Um ou outro fez a lição.

Expressões partitivas seguidas de nome plural: verbo no singular ou plural.

A maior parte das pessoas **fez (fizeram)** o exercício recomendado.

Coletivo geral: verbo no singular.

O cardume **nadou** rio acima.

Expressões que indicam quantidade aproximada seguida de numeral: Verbo concorda com o substantivo.

Aproximadamente 20 % dos eleitores compareceram às urnas.

Aproximadamente 20% do eleitorado **compareceu** às urnas.

Pronomes (indefinidos ou interrogativos) seguidos dos pronomes "nós" e/ou "vós": verbo no singular ou plural.

Ex.: Quem de nós **fará (faremos)** a diferença?

Palavra QUE (pronome relativo): verbo concorda com o antecedente do pronome "que".

Ex.: Fui eu que **fiz** a diferença.

Palavra QUEM: verbo na 3ª pessoa do singular.

Ex.: Fui eu *quem* **fez** a diferença.

Pela repetida utilização errônea, algumas gramáticas já toleram a concordância do verbo com a pessoa gramatical distinta da terceira, no caso de se utilizar um pronome pessoal como antecedente do "quem".

Um dos que: verbo no singular ou plural.

Ele foi *um dos que* **fez (fizeram)** a diferença.

Palavras sinônimas: verbo concorda com o mais próximo ou fica no plural.

Ex.: *A ruindade, a maldade, a vileza* **habita (habitam)** a alma do ser humano.

Quando os verbos estiverem acompanhados da palavra "SE": fique atento à função da palavra "SE".

SE - na função de pronome apassivador: verbo concorda com o sujeito paciente.

Vendem-se casas e sobrados em Alta Vista.

Presenteou-se o aluno aplicado com uma gramática.

SE - na função de índice de indeterminação do sujeito: verbo fica sempre na 3ª pessoa do singular.

Precisa-se de empregados com capacidade de aprender.

CONCORDÂNCIA VERBAL E NOMINAL

Vive-se muito bem na riqueza.

A dica é ficar de olho na transitividade do verbo. Se o verbo for VTI, VI ou VL, o termo "SE" será índice de indeterminação do sujeito.

Casos de concordância com o verbo "ser":

Quando indicar tempo ou distância: Concorda com o predicativo.

Amanhã **serão** 7 de fevereiro.

São 890 quilômetros daqui até Florianópolis.

Quando houver sujeito que indica quantidade e predicativo que indica suficiência ou excesso: Concorda com o predicativo.

Vinte milhões **era** muito por aquela casa.

Sessenta centavos **é** pouco por aquele lápis.

O verbo dar, no sentido de bater ou soar, acompanhado do termo hora(s): concorda com o sujeito.

Deram cinco horas no relógio do juiz.

Deu cinco horas o relógio juiz.

Verbo "parecer" – Concordância estranha.

Verbo "parecer" somado a infinitivo: Flexiona-se um dos dois.

Os alunos **pareciam** estudar novos conteúdos.

Os alunos **parecia estudarem** novos conteúdos.

Quando houver sujeito construído com nome no plural: com artigo no singular ou sem artigo: o verbo fica no singular.

Memórias Póstumas de Brás Cubas **continua** sendo lido por jovens estudantes.

Minas Gerais **é** um lindo lugar.

Com artigo plural: o verbo fica no plural.

Os Estados Unidos **aceitaram** os termos do acordo assinado.

7.2 Concordância Nominal

A concordância nominal está relacionada aos termos do grupo nominal. Ou seja, entram na dança o substantivo, o pronome, o artigo, o numeral e o adjetivo. Vamos à regra geral para a concordância.

Regra Geral

O artigo, o numeral, o adjetivo e o pronome adjetivo devem concordar com o substantivo a que se referem em gênero e número.

Meu belíssimo e **antigo** carro **amarelo** quebrou, ontem, em **uma** rua **estreita.**

Os termos destacados acima, mantém uma relação harmoniosa com o núcleo de cada expressão. Relação tal que se estabelece em questões de gênero e de número.

A despeito de a regra geral dar conta de grande parte dos casos de concordância, devemos considerar a existência de casos particulares, que merecem atenção.

Casos que Devem ser Estudados

Dependendo da intencionalidade de quem escreve, pode-se realizar a concordância atrativa, primando por concordar com apenas um termo de uma sequência ou com toda a sequência. Vejamos:

Vi um carro e uma **moto** *vermelha*. (concordância apenas com o termo "moto")

Vi um carro e uma **moto** *vermelhos*. (concordância com ambos os elementos)

Bastante ou Bastantes?

Se "bastante" é pronome adjetivo, será variável; se for advérbio (modificando o verbo), será invariável, ou seja, não vai para o plural.

Há *bastantes* **motivos** para sua ausência. (adjetivo)

Os alunos **falam** *bastante*. (advérbio)

Troque a palavra "bastante" por "muito". Se "muito" for para o plural, "bastante" também irá.

Anexo, incluso, apenso, obrigado, mesmo, próprio: são adjetivos que devem concordar com o substantivo a que se referem.

O *relatório* segue **anexo** ao documento.

Os *documentos* irão **apensos** ao relatório.

A expressão "em anexo" é invariável (não vai para plural nem para o feminino).

As planilhas irão **em anexo**.

É bom, é necessário, é proibido, é permitido: variam somente se o sujeito vier antecedido de um artigo ou outro termo determinante.

Maçã **é bom** para a voz. / A maçã **é boa** para a voz.

É necessário **aparecer** na sala. / É necessária **sua aparição** na sala.

Menos / alerta. São sempre invariáveis, contanto que respeitem sua classe de origem - advérbio: se forem derivadas para substantivo, elas poderão variar.

Encontramos **menos** alunos na escola. / Encontramos **menos** alunas na escola.

O policial ficou **alerta**. / Os policiais ficaram **alerta**.

Só / sós. Variam apenas quando forem adjetivos: quando forem advérbios, serão invariáveis.

Pedro apareceu **só** (sozinho) na sala. / Os meninos apareceram **sós** (sozinhos) na sala. (adjetivo)

Estamos **só** (somente) esperando sua decisão. (advérbio)

A expressão "a sós" é invariável.

A menina ficou **a sós** com seus pensamentos.

Troque "só" por "sozinho" (vai para o plural) ou "somente" (fica no singular).

44

Questões

01. (FCC) O verbo indicado entre parênteses deverá ser obrigatoriamente flexionado numa forma do plural para preencher de modo correto a frase:
a) Quanto mais interesses ...... (haver) em jogo, mais contundentes serão as iniciativas da máquina neoliberal.
b) A não ...... (ser) pelas miragens que alimenta, muitas pessoas não conseguiriam sustentar o ânimo de viver.
c) O que não lhes ...... (dever) convir é abandonar todos esses sonhos que ajudam a viver.
d) Nunca me ...... (sobrevir), como agora, os sobressaltos que cada sonho traz consigo.
e) ......-se (dever) a essas miragens o esforço com que muitos conduzem seu trabalho.

02. (FCC) O verbo indicado entre parênteses deverá flexionar-se numa forma do singular para preencher corretamente a lacuna da frase:
a) Aquele a quem ...... (sensibilizar) os fatos do noticiário deve poupar-se de acompanhá-los todos os dias.
b) Não ...... (dever) mover a ninguém as esperanças ou a crença em que o mundo se torne mais discreto e silencioso.
c) Em qualquer notícia que provenha do nosso íntimo não mais ...... (haver) de se ocultar as verdades que fingimos desconhecer.
d) As pessoas a quem ...... (impor) a TV, diuturnamente, notícias de toda espécie perdem a capacidade de discriminar o que é ou não importante.
e) As novidades que dentro de mim se ...... (mascarar) só se revelarão mediante uma análise introspectiva.

03. (FCC) O verbo entre parênteses deverá flexionar-se em uma forma do plural para preencher de modo correto a lacuna da frase:
a) Aos sentimentos do menino ...... (corresponder) um gesto bonito, pelo qual se materializou o amor filial.
b) Não se ...... (atribuir) ao gesto do menino quaisquer intentos que não tivessem raiz em sua generosidade.
c) A nenhum dos parentes ...... (ocorrer) alimentar suspeitas acerca das preocupações do menino.
d) Não ...... (faltar) aos brinquedos antigos a magia que as engenhocas eletrônicas exercem hoje sobre os pequenos.
e) ...... (ter) ocorrido aos pais que os gestos do filho estariam ocultando algum segredo?

04. (FCC) Para cada uma dessas questões, assinale a alternativa que preenche corretamente, na ordem, as lacunas da frase apresentada.
O cientista ......, com base em dados que lhe haviam sido ...... , que a pesquisa ...... resultados importantes para a fauna da região.
a) previu - entregues - traria
b) previu - entregados - trazeria
c) preveu - entregues - trazeria
d) preveu - entregados - traria
e) previu - entregues - trazeria

05. (FCC) ...... tomar medidas que ...... a sobrevivência de algumas espécies de aves na região.
a) Eram necessários - garantissem
b) Eram necessárias - garantissem
c) Era necessário - garantisse
d) Eram necessárias - garantisse
e) Era necessário - garantissem

06. (FCC) A frase em que as regras de concordância estão plenamente respeitadas é:
a) Contam-se que o poeta Manuel Bandeira ficou extasiado e impressionado ao ouvirem as novas batidas do violão de João Gilberto.
b) As canções de Caetano Veloso, cuja letra costumam despertar discussões acaloradas, são considerados por muitos grandes poemas da literatura nacional.
c) Já se passou vários anos do surgimento da bossa nova, mas Chega de saudade, de João Gilberto, continua a encantar os ouvidos ao redor do mundo.
d) Além de uma canção de João Gilberto, Chega de saudade é o título do livro de Ruy Castro em que o autor relembra os protagonistas da bossa nova.
e) Imagina-se que, embora pouco estudados, deve existir motivos sociais para a indiferença com que as camadas superiores durante muito tempo via o samba.

07. O verbo que se mantém corretamente **no singular**, mesmo com as alterações propostas entre parênteses para o segmento grifado, está em:
a) Quando a peste negra varreu populações inteiras (**as epidemias**)
b) Quanto mais gente houvesse no mundo (**mais habitantes**)
c) Tom alarmista acerca do crescimento populacional arrefeceu (**As profecias**)
d) A humanidade terá de colocar toda sua inventividade à prova (**Os homens**)
e) Existe um consenso (**hipóteses diversas**)

08. (FCC) A frase em que **ambos** os elementos sublinhados são complementos verbais é:
a) Assim vos confesso que entendo de arquitetura, apesar das muitas opiniões em contrário.
b) Ninguém se impressiona tanto com um velho porão como este velho cronista, leitor amigo.
c) O porão deverá jazer sob os pés da família como jazem os cadáveres num cemitério.
d) Que atração exercem sobre o cronista as gravatas manchadas, quando desce a um porão...
e) Já não se fazem porões, hoje em dia, já não há qualquer mistério ou evocação mágica numa casa moderna.

09. (FCC) Substituindo-se o elemento grifado pelo segmento que está entre parênteses, o verbo que deverá flexionar-se no **plural** está em:
a) Clarice (**Juntamente com o marido, Clarice**) se encontrava no exterior...
b) A voz nova e solitária (**A voz que poucos conheciam**) em seguida iria encontrar obstáculos ...
c) O nome de Clarice (**A ficção de autoras intimistas**) [...] tinha aqui pequena repercussão.
d) ... como está dito por toda parte (**em todos os jornais**).
e) Ao contrário do que se (**os desavisados**) pensa ...

10. (FCC) Em épocas passadas, alguns poetas se ...... atrelados a convenções literárias tão rígidas que, em alguns casos, os ...... de encontrar uma voz original e única
Preenchem corretamente as lacunas da frase acima, na ordem dada:
a) Mantém - impedirão
b) Manteram - impediam
c) Mantiveram - impediram
d) Manteriam - impedira
e) Mantinham - impedia

CONCORDÂNCIA VERBAL E NOMINAL

11. (FCC) Estão plenamente observadas as normas de concordância verbal em:
    a) À noite, davam-se aos trabalhos de poucos e à diversão de muitos uma trégua oportuna, para tudo recomeçar na manhã seguinte.
    b) Aos esforços brutais da jubarte não correspondiam qualquer efeito prático, nenhum avanço obtinha o gigante encalhado na areia.
    c) Sempre haverá de aparecer aqueles que, diante de um espetáculo trágico, logram explorá-lo como oportunidade de comércio.
    d) Como se vê, cabe aos bons princípios ecológicos estimular a salvação das baleias, seja no alto-mar, seja na areia da praia.
    e) Da baleia encalhada em 1966 não restou, lembra-nos o autor, senão as postas em que a cruel voracidade dos presentes retalhou o animal

12. (CESGRANRIO) Em uma mensagem de e-mail bastante formal, enviada para alguém de cargo superior numa empresa, estaria mais adequada, por seguir a norma-padrão, a seguinte frase:
    a) Anexo vão os documentos.
    b) Anexas está a planilha e os documentos
    c) Seguem anexos os documentos
    d) Em anexos vão as planilhas.
    e) Anexa vão os documentos e a planilha.

13. (CESGRANRIO) Em que sentença a concordância segue os parâmetros da norma-padrão?
    a) Paguei a dívida e fiquei quites com minhas obrigações.
    b) A secretária disse que ela mesmo ia escrever a ata.
    c) Junto com o contrato, segue anexo a procuração.
    d) A vizinha adotou uma atitude pouca amistosa.
    e) Após a queda, a criança ficou meio chorosa.

14. A concordância verbal está de acordo com a norma-padrão em:
    a) Cada um dos curadores foram responsáveis por um tema.
    b) Muitos cartões vem decorados com guirlandas de flores.
    c) A maior parte dos cartões expostos encantou os visitantes.
    d) Está acontecendo diversos eventos sobre meios de comunicação na cidade.
    e) Haviam poucos estudantes interessados em meios de comunicação do passado.

15. (CESGRANRIO) O plural, de acordo com a norma-padrão, do trecho "Foi um momento mágico, pois, apesar de bastante jovem, eu já vinha de uma experiência de vida cheia de mudanças e recomeços." é:
    a) Foi momentos mágicos, pois, apesar de bastante jovens, nós já vínhamos de uma experiência de vida cheia de mudanças e recomeços.
    b) Foi um momento mágico, pois, apesar de bastante jovem, eu já vinha de uma experiência de vidas cheias de mudanças e recomeços.
    c) Foi um momento mágico, pois, apesar de bastante jovem, eu já vinha de experiências de vidas cheia de mudanças e recomeços.
    d) Foram momentos mágicos, pois, apesar de bastante jovens, nós já vínhamos de experiências de vida cheias de mudanças e recomeços.
    e) Foram dois momentos mágicos, pois, apesar de bastante jovem, eu já vinha de uma experiência de vida cheia de mudanças e recomeços.

16. (CESGRANRIO) O chefe de vários departamentos identifica a mudança no cenário da informática.
    Considere a frase a cima. *A palavra **identifica** pode ser substituída, mantendo o sentido da sentença, pelo verbo ver, flexionado de acordo com a norma-padrão, por*
    a) Vêm
    b) Veem
    c) Vem
    d) Vê
    e) Viram

Gabaritos

01	D	09	E
02	D	10	C
03	B	11	D
04	A	12	C
05	E	13	E
06	D	14	C
07	B	15	D
08	A	16	D

8. ACENTUAÇÃO GRÁFICA

Antes de começar o estudo, é importante que você entenda quais são os padrões de tonicidade da Língua Portuguesa e quais são os encontros vocálicos presentes na Língua. Assim, fica mais fácil entender quais são as regras e como elas surgem.

Padrões de Tonicidade

Palavras oxítonas: última sílaba tônica (so**fá**, ca**fé**, ji**ló**)

Palavras paroxítonas: penúltima sílaba tônica (fer**ru**gem, a**du**bo, sa**ú**de)

Palavras proparoxítonas: antepenúltima sílaba tônica (**â**nimo, **ví**tima, **á**timo)

Encontros Vocálicos

Hiato (encontro vocálico que se separa):
> Pi - **a** - no; sa - **ú** - de.

Ditongo (encontro vocálico que permanece unido na sílaba):
> cha - p**éu**; to - n**éis**.

Tritongo (encontro vocálico que permanece unido na sílaba):
> sa - g**uão**; U - ru - g**uai**.

8.1 Regras Gerais

Quanto às Proparoxítonas

Acentuam-se todas as palavras:
> **Ví**tima, **â**nimo, Hiper**bó**lico

Quanto às Paroxítonas

Não se acentuam as terminadas em A, E, O (seguidas ou não de S) M e ENS.
> Cas**te**lo, gra**na**da, pa**ne**la, pe**pi**no, **pa**jem, i**ma**gens etc.

Acentuam-se as terminadas em R, N, L, X, I ou IS, US, UM, UNS, PS, Ã ou ÃS e DITONGOS.
> Susten**tá**vel, **tó**rax, **hí**fen, **tá**xi, **ál**bum, **bí**ceps, prin**cí**pio etc.

Fique de olho em alguns casos particulares, como as palavras terminadas em OM / ON / ONS
> I**ân**dom; **pró**ton, **nêu**trons etc.

Nova Ortografia – olho aberto! Deixam de se acentuarem as paroxítonas com OO e EE
> "Voo, enjoo, perdoo, magoo."
> "Leem, veem, deem, creem."

Quanto às Oxítonas

São acentuadas as terminadas em:
> **A** ou **AS**: So**fá**, Pa**rá**;
> **E** ou **ES**: Ra**pé**, Ca**fé**;
> **O** ou **OS**: A**vô**, Ci**pó**;
> **EM** ou **ENS**: Tam**bém**, Para**béns**.

Acentuação de Monossílabos

Acentuam-se os monossílabos tônicos terminados em **A**, **E** e **O**, seguidos ou não de **S**.
> Pá, pó, pé, já, lá, fé, só.

Acentuação dos Hiatos

Acentuam-se os hiatos quando forem formados pelas letras **I** ou **U**, sozinhas ou seguidas de **S**:
> Sa**ú**va, Ba**ú**, Bala**ús**tre, Pa**ís**.

Exceções:
> Seguidas de **NH**: Ta**i**nha
> Paroxítonas antecedidas de ditongo: Fe**i**ura
> Com o **i** duplicado: Xi**i**ta

Ditongos Abertos

Serão acentuados os ditongos abertos **ÉU**, **ÉI** e **ÓI**, com ou sem **S**, quando forem oxítonos ou monossílabos.
> Chap**éu**, R**éu**, Ton**éis**, Her**ói**, Past**éis**, Hot**éis**, Lenç**óis**.

Novo Acordo Ortográfico – fique de olho! Caiu o acento do ditongo aberto em posição de paroxítona.

> "Ideia, Onomatopeia, Jiboia, Paranoia, Heroico etc."

Formas Verbais com Hífen

Para saber se há acento em uma forma verbal com hífen, deve-se analisar o padrão de tonicidade de cada bloco da palavra:
> Aju**dá**-lo (oxítona terminada em "a" / monossílabo átono)
> Con**tar**-lhe (oxítona terminada em "r" / monossílabo átono)
> Convi**dá**-la-íamos. (oxítona terminada em "a" / proparoxítona)

Verbos "ter" e "vir"

Quando escritos na 3ª pessoa do singular, não serão acentuados:
> Ele tem / ele vem.

Quando escritos na 3ª **pessoa do plural**, receberão o **acento circunflexo**:
> Eles **têm** / **vêm**

Nos verbos derivados das formas acima:
> Acento agudo para singular - Contém / convém.
> Acento circunflexo para o plural - Contêm / convêm.

Acentos Diferenciais

Alguns permanecem:
> pôde / pode (pretérito perfeito / presente simples);
> pôr / por (verbo / preposição);
> fôrma[1] / forma (substantivo / verbo ou ainda substantivo).

Caiu o acento diferencial de:
> para - pára (preposição / verbo);
> pelo - pêlo (preposição + artigo / substantivo);
> polo - pólo (preposição + artigo / substantivo);
> pera - pêra (preposição + artigo / substantivo).

---

1 Nesse caso, é facultativo o acento.

LÍNGUA PORTUGUESA

ACENTUAÇÃO GRÁFICA

Questões

01. É preciso corrigir deslizes relativos à ortografia oficial e à acentuação gráfica da frase:
    a) As obras modernistas não se distinguem apenas pela temática inovadora, mas igualmente pela apreensão do ritmo alucinante da existência moderna.
    b) Ainda que celebrassem as máquinas e os aparelhos da civilização moderna, a ficção e a poesia modernista também valorizavam as coisas mais quotidianas e prosaicas.
    c) Longe de ser uma excessão, a pintura modernista foi responsável, antes mesmo da literatura, por intênsas polêmicas entre artistas e críticos conservadores.
    d) No que se refere à poesia modernista, nada parece caracterizar melhor essa extraordinária produção poética do que a opção quase incondicional pelo verso livre.
    e) O escândalo não era apenas uma consequência da produção modernista: parecia mesmo um dos objetivos precípuos de artistas dispostos a surpreender e a chocar.

02. Assinale a palavra que **NÃO** tenha sido acentuada pelo mesmo motivo que as demais.
    a) Substituído
    b) Polícia
    c) Jurisprudência
    d) Saqueável

03. Em qual das frases abaixo, a palavra destacada está de acordo com as regras de acentuação gráfica oficial da língua portuguesa?
    a) Vende-se **cocô** gelado.
    b) Se **amássemos** mais, a humanidade seria diferente.
    c) É importante que você estude pelo **ítem** do edital.
    d) Estavam deliciosas as **larânjas** que comprei.
    e) A empresa **têm** procurado um novo empregado.

04. Todas as palavras são acentuadas graficamente pelo mesmo motivo em:
    a) Água, município, edifício, Guaíra
    b) Estádios, superfície, Baía, média
    c) Paraná, será, vulcânica
    d) Cúbicos, espetáculo, energético
    e) Insuperável, quilômetro, três

05. Assinale a alternativa em que todos os substantivos devem ser acentuados.
    a) Lapis - bonus - bainha
    b) Serie - aspecto - torax
    c) Alcool - moinho - sucuri
    d) Urubu - egoismo - magoa
    e) Armazem - orgao - carater

06. Assinale a alternativa em que o termo tenha sido acentuado seguindo regra distinta dos demais.
    a) Difíceis
    b) Próprio
    c) Concluída
    d) Consequências
    e) Solidários

07. Que palavra obedece à mesma regra de acentuação que país?
    a) Compôs
    b) Baú
    c) Índio
    d) Negócios
    e) Águia

08. Cada alternativa a seguir apresenta um princípio ortográfico seguido de dois exemplos. A exemplificação está correta somente em:
    a) São acentuadas todas as palavras oxítonas terminadas em a, e, o, em seguidas ou não de "s": também e já.
    b) Todas as palavras proparoxítonas são acentuadas: década e porém.
    c) Acentua-se a segunda vogal tônica do hiato: subtraídas e ótimo.
    d) Acentuam-se os monossílabos tônicos terminados em a, e, o (s): há e só.
    e) Acentuam-se com acento agudo os ditongos tônicos éi, éu, ói: vídeo e sério.

09. "Dedicar-se **à** relação é importante..." É correto afirmar que o sinal gráfico empregado na palavra destacada nessa frase é denominado:
    a) Trema.
    b) Acento agudo.
    c) Crase.
    d) Acento circunflexo.
    e) Acento grave.

10. Assinale a alternativa em que a palavra tenha sido acentuada seguindo regra distinta das demais.
    a) Consciência
    b) Juízos
    c) Pretório
    d) Episódios
    e) Importância

11. Assinale a alternativa em que a palavra tenha sido acentuada seguindo regra distinta das demais.
    a) Previdência
    b) Diária
    c) Vítima
    d) Declínio
    e) Óbvia

12. As palavras "é", "média", "até" e "líderes", obedecem, respectivamente, às mesmas regras de acentuação gráfica de:
    a) Há, salários, paletós e técnico.
    b) Já, próprio, júnior e acadêmico
    c) É, consultório, convém e infindáveis.
    d) Mês, universitário, papéis e público
    e) Só, líder, escritório e sênior.

13. Assinale a alternativa que traz toda a acentuação correta:
    a) Não duvida o órfão que tal benção no tatú é doida.
    b) Coçá-lo é bem doído; é seriíssimo, sem dúvida.
    c) Vanglória-te dos girassois cultivados no paraíso.
    d) Favor apôr sua rubrica no documento, sem desdem.
    e) O edil foi habil ao comprar toda a maquinária.

14. Nas alternativas a seguir, os acentos foram omitidos propositadamente. Assinale a alternativa em que todas as palavras deveriam ser graficamente acentuadas
    a) Rubrica, diluvio, viuva.
    b) Ambar, heroi, ilustra-lo.
    c) Protons, forceps, releem.
    d) Dificilmente, Piaui, misantropo.
    e) Perdoo, atribuimos, caiste.

15. Assinale a série que apresenta somente palavras paroxítonas:
    a) Enciclopédia – página – relatório.
    b) Conteúdo – brechós – catálogo.
    c) Além – lá – bônus.
    d) Histórias – enciclopédia – bônus.

16. A alternativa em que o uso do acento gráfico obedece à mesma regra é:
    a) Panóptico, ótima, úteis
    b) Óleo, ótima, Ásia
    c) Óleo, Ásia, delícia
    d) Aliás, já, biguá
    e) Chapéu, vocês, aí

17. As palavras mês, está e água, respectivamente, recebem acento pelo mesmo motivo que:
    a) Baú, sofá, possível.
    b) Até, já, ausência.
    c) Nós, até, canário.
    d) Caí, será, última.
    e) Pés, saúde, notícia.

 Gabaritos

01	C	11	C
02	A	12	A
03	B	13	B
04	D	14	B
05	E	15	D
06	C	16	C
07	B	17	C
08	D		
09	E		
10	B		

COLOCAÇÃO PRONOMINAL

9. COLOCAÇÃO PRONOMINAL

Esta parte do conteúdo é relativa ao estudo da posição dos pronomes oblíquos átonos em relação ao verbo. Antes de iniciar o estudo, trate de memorizar os pronomes em questão, do contrário, você não progredirá.

Pronomes Oblíquos Átonos
me
te
o, a, lhe, se
nos
vos
os, as, lhes, se

Quatro casos de colocação:

Próclise (anteposto ao verbo)

Nunca **o** vi.

Mesóclise (medial em relação ao verbo)

Dir-**te**-ei algo.

Ênclise (posposto ao verbo)

Passa-**me** a resposta.

Apossínclise (intercalação de uma ou mais palavras entre o pronome e o verbo)

Talvez tu **me** já não creias.

9.1 Regras de Próclise

Palavras ou expressões negativas:

Não **me** deixe aqui neste lugar!

Ninguém **lhe** disse que seria fácil.

Pronomes relativos:

O material de que **me** falaste é muito bom.

Eis o conteúdo que **me** causa nojo.

Pronomes indefinidos:

Alguém **me** disse que você vai ser transferido.

Tudo **me** parece estranho.

Conjunções subordinativas:

Confiei neles, assim que **os** conheci.

Disse que **me** faltavam palavras.

Advérbios:

Sempre **lhe** disse a verdade.

Talvez **nos** apareça a resposta para essa questão.

Pronomes interrogativos:

Quem **te** contou a novidade?

Que **te** parece essa situação?

"Em + gerúndio"

Em **se** tratando de Gramática, eu gosto muito!

Nesta terra, em **se** plantando, tudo há de nascer.

Particípio

Ele havia avisado-**me** (errado)

Ele **me** havia avisado (certo)

Sentenças optativas

Deus **lhe** pague!

Deus **o** acompanhe!

9.2 Regras de Mesóclise

Emprega-se o pronome oblíquo átono no meio da forma verbal, quando ela estiver no futuro do presente ou no futuro simples do pretérito do indicativo.

Chamar-**te**-ei, quando ele chegar.

Se houver tempo, contar-**vos**-emos nossa aventura.

Contar-**te**-ia a novidade.

9.3 Regras de Ênclise

Não se inicia sentença, em Língua Portuguesa, por pronome oblíquo átono. Ou seja, não coloque o pronome átono no início da frase.

Formas verbais:

Do **infinitivo impessoal** (precedido ou não da preposição "a");

Do **gerúndio**;

Do **imperativo afirmativo**;

Alcança-**me** o prato de salada, por favor!

Urge obedecer-**se** às leis.

O garoto saiu da sala desculpando-**se**.

Tratando-**se** desse assunto, não gosto de pensar.

Dá-**me** motivos para estudar.

Se o gerúndio vier precedido da preposição "em", deve-se empregar a próclise.

Em **se** tratando de Gramática, eu gosto muito.

9.4 Casos Facultativos

Sujeito expresso, próximo ao verbo.

O menino se machucou **(-se)**.

Eu **me** refiro **(-me)** ao fato de ele ser idiota.

Infinitivo antecedido de "não" ou de preposição.

Sabemos que não se habituar **(-se)** ao meio causa problemas.

O público o incentivou a se jogar **(-se)** do prédio.

 Questões

01. (FUNCAB) A autora escreve "mas nos cingiremos a uma delas", e não "cingiremo-nos", para não infringir a mesma regra de colocação pronominal DESRESPEITADA em:

a) O livro havia sumido e eu queria que alguém procurasse-o.

b) Se não achasse o livro na estante, eu procuraria-o por toda a casa.

c) Aquele livro era ótimo, por isso tenho procurado-o com insistência.

d) Procure o livro para mim, que eu hoje não procuro-o mais.

e) Venho tentando achar o livro, mas quem disse que encontro-o?

02. (FUNCAB) A passagem em que se evitou a ênclise do pronome átono com base na mesma regra de colocação observada em: "Assim, o homem se tornaria menos consumidor e mais feliz" é a seguinte:
a) "... com argumentos de que se trata de uma economia limpa..."
b) "... fica evidente que poucos se perguntam sobre as consequências..."
c) "Para frear o drama ambiental planetário que se avizinha..."
d) "Os manipuladores da indústria da moda não se cansam de alternar tendências..."
e) "... uma maior consciência do nosso Eu Superior se refletirá num contato mais próximo coma natureza..."

03. (MS CONCURSOS - ADAPTADA) E quando Seu José, desesperado, fez saltar os miolos com uma bala, deixou esta frase escrita num pedaço de papel:
"Enquanto foi solteira, achava minha mulher que nenhum homem era digno de ser seu marido; depois de casada (por conveniência) achou que todos eles eram dignos de ser seus amantes. Mato-me".
Na oração final do texto: "Mato-me", a colocação pronominal está:
a) Correta, pois depois de verbo é obrigatória a ênclise.
b) Incorreta, pois depois de verbo é obrigatória a próclise.
c) Adequada, pois não se inicia frase ou oração com pronome oblíquo átono.
d) Adequada, pois não se inicia frase ou oração com pronome pessoal reto.

04. (CESGRANRIO) Observe os pronomes oblíquos destacados no texto abaixo.
Como já **se** sabia, o ser humano adapta-**se** rapidamente a novas condições de vida. O que a pesquisa da felicidade nos ensinou foi o fato de a nossa capacidade de adaptação ser ainda maior do que **se** imaginava. Acostumamo-**nos** a quase tudo e há coisas das quais nunca **nos** enfadamos.
Segundo a norma culta, é possível inverter a colocação do pronome apenas em:
a) Sabia-se.
b) Se adapta.
c) Imaginava-se.
d) Nos acostumamos.
e) Enfadamo-nos.

05. (CESGRANRIO) A colocação do pronome átono destacado está **INCORRETA** em:
a) Quando **se** tem dúvida, é necessário refletir mais a respeito.
b) Tudo **se** disse e nada ficou acordado.
c) Disse que, por vezes, temos equivocado-**nos** nesse assunto.
d) Alguém **nos** informará o valor do prêmio.
e) Não devemos preocupar-**nos** tanto com ela.

06. (FADESP - ADAPTADA) Quanto às normas de colocação pronominal, é correto afirmar que, no enunciado "agora se reivindica uma escola capaz de extrapolar a mera transmissão de conteúdos", a próclise justifica-se pelo(pela):
a) Uso do registro informal da língua.
b) Presença de um termo atrativo.
c) Ocorrência de forma verbal paroxítona.
d) Posição que o pronome ocupa na frase, não iniciando a oração.

07. (INSTITUTO CIDADES) A colocação pronominal no trecho "O país recusou-se a assinar o tratado" está **CORRETA** porque:
a) Não se deve usar pronome oblíquo átono antes de verbo.
b) Não há nenhuma palavra atrativa antes do verbo para que se desse a próclise.
c) Por estar no pretérito perfeito do indicativo, o pronome ocorre em ênclise.
d) Por tratar-se de uma locução verbal de infinitivo, essa é a única forma possível de colocação pronominal.

08. (FUNCAB) Marque a opção em que houve **ERRO** na colocação do pronome oblíquo átono.
a) Você realmente acha que me convenceu com esta história?
b) Pergunto-me frequentemente se há vida após a morte.
c) Ninguém me convenceria do contrário.
d) Jamais me submeteria a este tipo de interrogatório.
e) Sentiria-se tranquilo se tivesse certeza.

09. (IADES) Assinale a alternativa correta em relação à colocação pronominal em "E muitas delas, talvez a maioria das empresas manufatureiras, **se tornarão** simples fornecedoras (...)".
a) Está adequada uma vez que a vírgula funciona como fator de próclise.
b) Está inadequada, porque quando houver o emprego de verbos nos futuros do modo indicativo, seja futuro do presente ou futuro do pretérito, a colocação deve ser a mesóclise.
c) É inadequada, pois como não há fator atrativo deveria estar na posição enclítica.
d) Está adequada, já que não há justificativa para as demais posições: ênclise, mesóclise.

10. (TJ-SC) Em qual período a colocação pronominal está **INCORRETA**:
a) O cientista pretende desvendar como se formam os furacões, tornados, tsunamis e demais fenômenos naturais de inegável potência.
b) Adotarão-se medidas de urgência para minorar os efeitos do temporal.
c) Não se sabe ainda o valor do negócio, que, especula-se, ficou em torno de um bilhão de reais.
d) O advogado se referiu duas vezes ao mesmo assunto.
e) O dano moral é a lesão aos elementos individualizadores da pessoa, tais como a honra, a reputação e o prestígio, expressando-se por desequilíbrios no ânimo do lesado.

Gabaritos

01	B	06	B
02	E	07	B
03	C	08	E
04	B	09	B
05	C	10	B

REGÊNCIA VERBAL E NOMINAL

10. REGÊNCIA VERBAL E NOMINAL

Regência é a parte da Gramática Normativa que estuda a relação entre dois termos, verificando se um termo serve de complemento a outro e se nessa complementação há uma preposição.

Dividimos a Regência em:

Regência Verbal (ligada aos verbos).

Regência Nominal (ligada aos substantivos, adjetivos ou advérbios).

10.1 Regência Verbal

Deve-se analisar, nesse caso, a necessidade de complementação, a presença ou ausência da preposição e a possibilidade de mudança de sentido do texto.

Vamos aos casos:

Agradar e desagradar: São transitivos indiretos (com preposição a) nos sentidos de satisfazer, contentar:

A biografia de Aníbal Machado **agradou/desagradou** à maioria dos leitores.

A criança **agradava** ao pai por ser muito comportada.

Agradar: Pode ser transitivo direto (sem preposição) se significar acariciar, afagar:

Agradar a esposa.

Pedro passava o dia todo **agradando** os seus gatos.

Agradecer: Transitivo direto e indireto, com a preposição a, no sentido de demonstrar gratidão a alguém:

Agradecemos a Santo Antônio o milagre alcançado.

A**gradecemos-lhes** a benesse concedida.

O verbo em questão também pode ser transitivo direto no sentido de mostrar gratidão por alguma coisa:

Agradeço a dedicação de todos os estudantes.

Os pais **agradecem** a dedicação dos professores para com os alunos.

Aspirar: É transitivo indireto (preposição "a") nos sentidos de desejar, pretender ou almejar:

Sempre **aspirei** a um cargo público.

Manoel **aspirava** a ver novamente a família na Holanda.

Aspirar: É transitivo direto na acepção de inalar, sorver, tragar, ou seja, mandar para dentro:

Aspiramos o perfume das flores.

Vimos a empregada **aspirando** a poeira do sofá.

Assistir: É transitivo direto no sentido de ajudar, socorrer etc:

O professor **assistia** o aluno.

Devemos **assistir** os mais necessitados.

Assistir: É transitivo indireto (complemento regido pela preposição "a") no sentido de ver ou presenciar:

Assisti ao comentário da palestra anterior.

Você deve **assistir** às aulas do professor!

Assistir: É transitivo indireto (complemento regido pela preposição "a") no sentido de "ser próprio de", "pertencer a":

O direito à vida **assiste** ao ser humano.

Esse comportamento **assiste** às pessoas vitoriosas.

Assistir: É intransitivo no sentido de morar ou residir:

Maneco **assistira** em Salvador.

Chegar: É verbo intransitivo e possui os adjuntos adverbiais de lugar introduzidos pela preposição "a":

Chegamos a Cascavel pela manhã.

Este é o ponto a que pretendia **chegar**.

Caso a expressão indique posição em um deslocamento, admite-se a preposição em:

Cheguei no trem à estação.

Os verbos ir e vir têm a mesma regência de chegar:

Nós **iremos** à praia amanhã.

Eles **vieram** ao cursinho para estudar.

Custar: Ter valor ou preço: verbo transitivo direto:

O avião **custa** 100 mil reais.

Ter como resultado certa perda ou revés: verbo transitivo direto e indireto:

Essa atitude **custou**-lhe a vida.

Ser difícil ou trabalhoso: intransitivo:

Custa muito entender esse raciocínio.

Levar tempo ou demorar: intransitivo:

Custa a vida para aprender a viver.

Esquecer / lembrar: Possuem a seguinte regra - se forem pronominais, terão complemento regido pela preposição "de"; se não forem, não haverá preposição:

Lembrei-**me de** seu nome. / Esqueci-me de seu nome.

Lembrei seu nome. / Esqueci seu nome.

Gostar: É transitivo indireto no sentido de apreciar (complemento introduzido pela preposição "de"):

Gosto de estudar.

Gosto muito de minha mãe.

Gostar: Como sinônimo de experimentar ou provar é transitivo direto:

Gostei a sobremesa apenas uma vez e já adorei.

Gostei o chimarrão uma vez e não mais o abandonei.

Implicar: pode ser:

Transitivo direto (sentido de acarretar):

Cada escolha **implica** uma renúncia.

Transitivo direto e indireto (sentido de envolver alguém em algo):

Implicou a irmã no crime.

Transitivo indireto (sentido de rivalizar):

Joana estava **implicando** com o irmão menor.

O verbo informar é bitransitivo, ou seja, é transitivo direto e indireto. Quem informa, informa:

» Algo a alguém: **Informei** o acontecido para Jonas.

» Alguém de algo: **Informei**-o do acontecido.

» Alguém sobre algo: **Informei**-o sobre o acontecido.

52

Morar / Residir: Verbos intransitivos (ou, como preconizam alguns dicionários, transitivo adverbiado), cujos adjuntos adverbiais de lugar são introduzidos pela preposição "em":

José **mora** em Alagoas.

Há boas pessoas **residindo** em todos os estados do Brasil.

Obedecer: É um verbo transitivo indireto:

Os filhos **obedecem** aos pais.

Obedeça às leis de trânsito.

Embora transitivo indireto, admite forma passiva:

"Os pais são obedecidos pelos filhos."

O antônimo "desobedecer" também segue a mesma regra.

Perdoar: É transitivo direto e indireto, com objeto direto de coisa e indireto de pessoa:

Jesus **perdoou** os pecados aos pecadores.

Perdoava-lhe a desconsideração.

Perdoar admite a voz passiva:

"Os pecadores foram perdoados por Deus."

Precisar: É transitivo indireto (complemento regido pela preposição de) no sentido de "necessitar":

Precisaremos de uma nova Gramática.

Precisar: É transitivo direto no sentido de indicar com precisão:

Magali não soube **precisar** quando o marido voltaria da viagem.

Preferir É um verbo bitransitivo, ou seja, é transitivo direto e indireto, sempre exigindo a preposição a (preferir alguma coisa a outra):

Ex.: Adelaide **preferiu** o filé ao risoto.

Ex.: Prefiro estudar a ficar em casa descansando.

Ex.: Prefiro o sacrifício à desistência.

É incorreto reforçar o verbo "preferir" ou utilizar a locução "do que".

Proceder: É intransitivo na acepção de "ter cabimento":

Suas críticas são vazias, não **procedem**.

Proceder: É também intransitivo na acepção de "portar-se":

Todas as crianças **procederam** bem ao lavarem as mãos antes do lanche.

Proceder: No sentido de "ter procedência" é utilizado com a preposição de:

Acredito que a dúvida **proceda** do coração dos curiosos.

Proceder: É transitivo indireto exigindo a preposição a no sentido de "dar início":

Os investigadores **procederam** ao inquérito rapidamente.

Querer: É transitivo direto no sentido de "desejar":

Eu **quero** um carro novo.

Querer: É transitivo indireto (com o complemento de pessoa) no sentido de "ter afeto":

Quero muito a meus alunos que são dedicados.

Solicitar: É utilizado, na maior parte dos casos, como transitivo direto e indireto. Nada impede, entretanto, que se construa como transitivo direto:

O juiz **solicitou** as provas ao advogado.

Solicito seus documentos para a investidura no cargo.

Visar: É transitivo direto na acepção de mirar:

O atirador **visou** o alvo e disparou um tiro certeiro.

Visar: É transitivo direto também no sentido de "dar visto", "assinar":

O gerente havia **visado** o relatório do estagiário.

Visar: É transitivo indireto, exigindo a preposição a, na acepção de "ter em vista", "pretender", "almejar":

Pedro **visava** ao amor de Mariana.

As regras gramaticais **visam** à uniformidade da expressão linguística.

10.2 Regência Nominal

Alguns nomes (substantivos, adjetivos e advérbios) são comparáveis aos verbos transitivos indiretos: precisam de um complemento introduzido por uma preposição.

Acompanhemos os principais termos que exigem regência especial.

Substantivo		
Admiração a, por	Devoção a, para, com, por	Medo a, de
Aversão a, para, por	Doutor em	Obediência a
Atentado a, contra	Dúvida acerca de, em, sobre	Ojeriza a, por
Bacharel em	Horror a	Proeminência sobre
Capacidade de, para	Impaciência com	Respeito a, com, para com, por
Exceção a	Excelência em	Exatidão de, em
Dissonância entre	Divergência com, de, em, entre, sobre	Referencia a
Alusão a	Acesso a	Menção a

Adjetivos		
Acessível a	Diferente de	Necessário a
Acostumado a, com	Entendido em	Nocivo a
Afável com, para com	Equivalente a	Paralelo a
Agradável a	Escasso de	Parco em, de
Alheio a, de	Essencial a, para	Passível de
Análogo a	Fácil de	Preferível a
Ansioso de, para, por	Fanático por	Prejudicial a
Apto a, para	Favorável a	Prestes a
Ávido de	Generoso com	Propício a
Benéfico a	Grato a, por	Próximo a
Capaz de, para	Hábil em	Relacionado com
Compatível com	Habituado a	Relativo a
Contemporâneo a, de	Idêntico a	Satisfeito com, de, em, por

Língua Portuguesa

REGÊNCIA VERBAL E NOMINAL

Contíguo a	Impróprio para	Semelhante a
Contrário a	Indeciso em	Sensível a
Curioso de, por	Insensível a	Sito em
Descontente com	Liberal com	Suspeito de
Desejoso de	Natural de	Vazio de
Distinto de, em, por	Dissonante a, de, entre	Distante de, para

Advérbios		
Longe de	Perto de	Relativamente a
Contemporaneamente a	Impropriamente a	Contrariamente a

É provável que você encontre um grande número de listas com palavras e suas regências, porém a maneira mais eficaz de se descobrir a regência de um termo é fazer uma pergunta para ele e verificar se, na pergunta, há uma preposição. Havendo, descobre-se a regência.

Ex.: A descoberta era **acessível** a todos.

Faz-se a pergunta: algo que é acessível é acessível? (a algo ou a alguém). Descobre-se, assim, a regência de acessível.

Questões

01. (FCC) A frase em que a regência está em conformidade com o padrão culto escrito é:
    a) Em seu fingimento, só restou de que dissesse ao ex-sócio que sentia saudades dele.
    b) Tudo isso considerado, é necessário fazer que ele sinta o peso da responsabilidade.
    c) Em atenção por seu talento indiscutível, o pouparam as devidas multas.
    d) Passou os documentos a mão do técnico e não os perdeu de vista até ao final da reunião.
    e) Inconformado de que eles propalavam injúrias a seu respeito, decidiu denunciá-los.

02. (CESGRANRIO) A frase em que a presença ou ausência da preposição está de acordo com a norma-padrão é:
    a) A certeza que a sorte chegará para mim é grande.
    b) Preciso de que me arranjem um emprego.
    c) Convidei à Maria para vir ao escritório.
    d) A necessidade que ele viesse me ajudar me fez chamá-lo.
    e) Às dez horas em ponto, estarei à sua casa.

03. (FCC) ... de modo que ele próprio o anunciou no orçamento de 1925. Considerando-se o contexto, o verbo grifado acima está empregado como
    a) transitivo indireto pronominal.
    b) transitivo indireto.
    c) bitransitivo.
    d) transitivo direto.
    e) intransitivo.

04. (FCC) ... procurava incorporar à escrita o ritmo da fala...
    O verbo empregado no texto com a mesma regência do grifado acima está em:
    a) ... consagrar literariamente o vocabulário usual.
    b) ... dar estado de literatura aos fatos da civilização moderna.
    c) No Brasil, ele significou principalmente libertação dos modelos acadêmicos...
    d) ... que a sua contribuição maior foi a liberdade de criação e expressão.
    e) ... os modernistas promoveram uma valorização diferente do léxico...

05. (CESGRANRIO) Em qual das sentenças abaixo, a regência verbal está em **DESACORDO** com a norma-padrão:
    a) Esqueci-me dos livros hoje.
    b) Sempre devemos aspirar a coisas boas.
    c) Sinto que o livro não agradou aos alunos.
    d) Ele lembrou os filhos dos anos de tristeza.
    e) Fomos no cinema ontem assistir o filme

06. Em relação à regência verbal e nominal, o emprego do pronome relativo, segundo o registro culto e formal da língua, está **INCORRETO** em:
    a) A conclusão que chegamos é que o fracasso ensina ao homem como recomeçar
    b) O barco a cujos tripulantes me referi pode voltar a navegar
    c) O ideal por que lutamos norteia nossos projetos.
    d) O infortúnio a que está sujeito o empreendedor motiva-o
    e) Após o término da pesquisa, informei-lhe que tornasse cuidado para não errar.

 Gabaritos

01	B	04	B
02	B	05	E
03	D	06	A

11. CRASE

O acento grave é solicitado nas palavras quando há a união da preposição "a" com o artigo (ou a vogal dependendo do caso) feminino "a" ou com os pronomes demonstrativos (aquele, aquela, aquilo e "a").

Ex.: Mário foi **à** festa ontem.

Tem-se o "a" preposição e o "a" artigo feminino.

Quem vai, vai a algum lugar / festa é palavra feminina, portanto, admite o artigo "a".

Chegamos **àquele** assunto (a + aquele).

A gravata que eu comprei é semelhante **à** que você comprou (a + a).

Decore os casos em que não ocorre crase, pois a tendência da prova é perguntar se há crase ou não. Sabendo os casos proibitivos, fica muito fácil.

11.1 Crase Proibitiva

Não se pode usar acento grave indicativo de crase:

Antes de palavras masculinas.

Ex.: Fez uma pergunta **a** Mário.

Antes de palavras de sentido indefinido.

Ex.: Não vai **a** festas, **a** reuniões, **a** lugar algum.

Antes de verbos.

Ex.: Todos estão dispostos **a** colaborar.

De pronomes pessoais.

Ex.: Darei um presente **a ela**.

De nomes de cidade, estado ou país que não utilizam o artigo feminino.

Ex.: Fui **a** Cascavel. / Vou **a** Pequim.

Da palavra "casa" quando tem significado de próprio lar, ou seja, quando ela aparecer indeterminada na sentença.

Ex.: Voltei a casa, pois precisava comer algo.

Quando houver determinação da palavra casa, ocorrerá crase.

"Voltei à casa de meus pais"

Da palavra "terra" quando tem sentido de solo;

Ex.: Os tripulantes vieram a terra.

A mesma regra da palavra "casa" se aplica à palavra terra.

De expressões com palavras repetidas;

Dia a dia, mano a mano, face a face, cara a cara etc.

Diante de numerais cardinais referentes a substantivos que não estão determinados pelo artigo:

Ex.: Irei assistir a duas aulas de Língua Portuguesa.

No caso de locuções adverbiais que exprimem hora determinada e nos casos em que o numeral estiver precedido de artigo, acentua-se:

"Chegamos às oito horas da noite."

"Assisti às duas sessões de ontem."

No caso dos numerais, há uma dica para facilitar o entendimento dos casos de crase. Se houver o "a" no singular e a palavra posterior no plural, não ocorrerá o acento grave. Do contrário, ocorrerá.

11.2 Crase Obrigatória

Locução adverbial feminina.

Ex.: À noite, à tarde, às pressas, às vezes, à farta, à vista, à hora certa, à esquerda, à direita, à toa, às sete horas, à custa de, à força de, à espera de, à vontade, à toa.

Termos femininos ou masculinos com sentido da expressão "à moda de" ou "ao estilo de".

Ex.: Filé à milanesa, servir à francesa, brigar à portuguesa, gol à Pelé, conto à Machado de Assis, discurso à Rui Barbosa etc.

Locuções conjuntivas proporcionais.

Ex.: À medida que, à proporção que.

Locuções prepositivas.

Ex.: À procura de, à vista de, à margem de, à beira de, à custa de, à razão de, à mercê de, à maneira de etc.

Para evitar ambiguidade: receberá o acento o termo afetado pela ação do verbo (objeto direto preposicionado).

Ex.: Derrubou a menina **à panela**.

Ex.: Matou a vaca **à cobra**.

Diante da palavra distância quando houver determinação da distância em questão:

Ex.: Achava-se à **distância de cem** (ou de alguns) **metros**.

Antes das formas de tratamento "senhora", "senhorita" e "madame" = não há consenso entre os gramáticos, no entanto, opta-se pelo uso.

Ex.: Enviei lindas flores **à senhorita**.

Ex.: Josias remeteu uma carta **à senhora**.

11.3 Crase Facultativa

Após a preposição até:

As crianças foram até **à escola**.

Antes de pronomes possessivos femininos:

Ele fez referência **à nossa causa!**

Antes de nomes próprios femininos:

Mandei um SMS **à Joaquina**.

Antes da palavra Dona.

Remeti uma carta à **Dona Benta**.

Não se usa crase antes de nomes históricos ou sagrados:

"O padre fez alusão a Nossa Senhora."

"Quando o professor fez menção a Joana D'Arc, todos ficaram entusiasmados."

CRASE

  Questões

01. ... assim [ele] se via transportado de volta "à glória que foi a Grécia e à grandeza que foi Roma".

Ambos os sinais indicativos de crase devem ser mantidos caso o segmento sublinhado seja substituído por:
a) Enaltecia.
b) Louvava.
c) Aludia.
d) Mencionava.
e) Evocava.

02. A vida urbana ofereceu ...... condições ideais para o surgimento do detetive particular, personagem dedicado ...... elucidação dos mais variados mistérios, propenso ...... investigar delitos de todos os tipos.

Preenchem corretamente as lacunas da frase acima, na ordem dada:
a) as - à - a
b) às - a - à
c) as - a - à
d) as - à - a
e) às - a - a

03. A pesquisa, feita em terras destinadas ...... agricultura, teve por objetivo estudar ...... áreas que permitissem condições favoráveis de sobrevivência ...... aves.
a) à - às - as
b) à - as - as
c) à - as - às
d) a - as - as
e) a - às - às

04. ... e chegou à conclusão de que o funcionário passou o dia inteiro tomando café.

Do mesmo modo que se justifica o sinal indicativo de crase em destaque na frase acima, está correto o seu emprego em:
a) E chegou à uma conclusão totalmente inesperada.
b) E chegou então à tirar conclusões precipitadas.
c) E chegou à tempo de ouvir as conclusões finais.
d) E chegou finalmente à inevitável conclusão.
e) E chegou à conclusões as mais disparatadas.

05. ...os modernistas promoveram uma valorização diferente do léxico, paralela à renovação dos assuntos.

O sinal indicativo de crase presente na frase acima deve ser mantido em caso de substituição do segmento grifado por:
a) Muita inovação no repertório.
b) Uma grande reformulação dos temas.
c) Toda sorte de revigoramento do repertório.
d) Profundas mudanças temáticas.
e) Inevitável transformação temática.

06. A fidelidade ...... música e ...... fala do povo permitiram ...... Adoniran exprimir a sua cidade de modo completo e perfeito.

Antonio Cândido. Op. cit.

Preenchem corretamente as lacunas da frase acima, na ordem dada:
a) a - a - à
b) a - à - à
c) à - à - a
d) à - a - a
e) a - à - a

07. Não deixa de ser paradoxal o fato de o crescimento da descrença, que parecia levar ...... uma ampliação da liberdade, ter dado lugar ...... escalada do fundamentalismo religioso, ... que se associam manifestações profundamente reacionárias.

Preenchem corretamente as lacunas da frase acima, na ordem dada:
a) a - à - a
b) à - a - a
c) a - a - à
d) à - à - a
e) a - à - à

08. Em "Bem-vindos à Feira de Caruaru", a crase é obrigatória. Em qual das alternativas abaixo, o uso da crase É FACULTATIVO?
a) A Feira de Caruaru é atração devido à grande diversidade lá existente.
b) Na Feira de Caruaru, tudo está à venda.
c) Em feiras, como a de Caruaru, vendem-se coisas às pessoas de diferentes classes sociais
d) Nas cidades de pequeno comércio, há mais pagamentos à vista.
e) Todos os dias, os comerciantes da Feira de Caruaru permanecem até às 18h.

09. A parcela da população mundial que ascendeu ...... classe média nos últimos vinte anos passou ...... consumir mais, ... um ritmo acelerado, o que põe em risco a sustentabilidade do planeta.

As lacunas da frase acima estarão corretamente preenchidas, respectivamente, por:
a) à - a - a
b) à - à - a
c) à - a - à
d) a - a - à
e) a - a - a

10. Assinale a opção em que o espaço deve ser preenchido com À (preposição e pronome), como destacado em "(...) uma média semelhante À de um casal de classe média (...)".
a) ___ medida que caminhava, recordava-se da terra natal
b) Esta cena corresponde ___ que presenciei ontem.
c) Aproveite ___ oferta e se contente com a cor do tecido.
d) Referia-se, com certeza, ___ terra de seus pais.
e) Obedeceu ___ ordem dada, sem reclamar.

11. Assinale a alternativa em que o uso do acento grave é obrigatório.
a) Ficou a olhar para os peixes sobre a pia.
b) Abriu a torneira para ver o que acontecia.
c) Ela está lá do jeitinho que a deixei.
d) Juro; pode ir a cozinha ver os peixes.
e) Podia dar alguma coisa a ele.

12. ... levava à crença na contínua evolução da sociedade ...

O emprego do sinal de crase, exemplificado acima, estará correto, unicamente, em:

a) Aludir à felicidade geral.

b) Buscar à felicidade.

c) Propor à toda a população

d) Impor à esse grupo.

e) Discutir à obrigatoriedade da lei.

13. Leia o texto :

A preocupação com a herança que deixaremos as (1) gerações futuras está cada vez mais em voga. Ao longo da nossa história, crescemos em número e modificamos quase todo o planeta. Graças aos avanços científicos, tomamos consciência de que nossa sobrevivência na Terra está fortemente ligada a (2) sobrevivência das outras espécies e que nossos atos, relacionados a (3) alterações no planeta, podem colocar em risco nossa própria sobrevivência. Contudo, aliado ao desenvolvimento científico, temos o crescimento econômico que nem sempre esteve preocupado com questões ambientais. O que se almeja é o desenvolvimento sustentável, que é aquele viável economicamente, justo socialmente e correto ambientalmente, levando em consideração não só as (4) nossas necessidades atuais, mas também as (5) das gerações futuras, tanto nas comunidades em que vivemos quanto no planeta como um todo.

(Adaptado de A. P. FOLTZ, A Crise Ambiental e o Desenvolvimento Sustentável: o crescimento econômico e o meio ambiente. Disponível em http://www.iuspedia. com.br.22 jan. 2008)

Para que o texto acima respeite as regras gramaticais do padrão culto da Língua Portuguesa, é obrigatória a inserção do sinal indicativo de crase em:

a) 1, 2 e 3.

b) 1 e 2.

c) 1, 3 e 5.

d) 2 e 4.

e) 3, 4 e 5.

14. Institucionalizada ____ partir das lutas antiabsolutistas, no século 18, e da expansão dos movimentos constitucionalistas, no século 19, ____ democracia representativa foi consolidada ao longo de um processo histórico marcado pelo reconhecimento de três gerações de direitos humanos: os relativos ____ cidadania civil e política, os relativos ____ cidadania social e econômica e os relativos ____ cidadania "pós-material", que se caracterizam pelo direito ____ qualidade de vida, ____ um meio ambiente saudável, ____ tutela dos interesses difusos e ao reconhecimento da diferença e da subjetividade.

(Baseado em Mário Antônio Lobato de Paiva em www.ambitojurídico.com.br)

Marque o item que preenche de forma correta as lacunas do texto seguinte:

a) a, à, à, a, à, à, a, a.

b) a, a, à, à, à, à, a, à.

c) à, a, a, à, à, a, a, à.

d) à, a, a, à, à, à, a, à.

e) a, à, à, a, à, à, a, à.

15. "O movimento altermundialista deverá também responder à nova situação mundial nascida da crise escancarada da fase neoliberal da globalização capitalista."

No trecho acima, empregou-se corretamente o acento grave indicativo de crase. Assinale a alternativa em que isso não tenha ocorrido.

a) Eles visaram à premiação no concurso.

b) Sempre nos referimos à Florianópolis dos açorianos.

c) Nossos cursos vão de 8h às 18h.

d) A solução foi sair à francesa.

e) Fizemos uma longa visita à casa nova dos nossos amigos.

16. Os trechos abaixo compõem, sequencialmente, um texto adaptado do Editorial do jornal Zero Hora (RS) de 18/01/2010. Assinale a opção que está gramaticalmente correta quanto à ausência ou à presença do acento grave indicativo de crase.

a) O novo estímulo aos usineiros, também com pesado suporte de subsídios, levou à indústria automobilística a investir na produção não mais de carros movidos a álcool, mas de veículos flex, que permitem o uso dos dois combustíveis. No ano passado, as vendas de carros flex cresceram 14% em relação a 2008.

b) Apresentado nos anos 70 como opção à crise do petróleo, sob forte apoio governamental, o álcool perdeu relevância nas décadas de 80 e 90. A produção foi retomada e intensificada nos últimos anos, com a explosão nos preços internacionais dos derivados da energia fóssil.

c) As montadoras aplicaram recursos no desenvolvimento de tecnologias, e o consumidor se dispôs a pagar mais por veículos mais modernos. Ambos apostaram nas vantagens de um combustível que, além de reduzir à dependência da gasolina e do diesel, apresentava ainda as virtudes do ecologicamente correto, por ser menos poluente e renovável.

d) A partir do ano passado, com a queda nos preços do petróleo, outros fatores de mercado conspiraram contra o álcool, como a quebra na produção da cana e o aumento dos preços do açúcar. Mesmo que o álcool se submeta à oscilações de cotações, como qualquer outro produto, o que não se pode admitir é que essas variações façam com que a oferta do produto seja imprevisível e instável.

e) A sazonalidade e outras questões envolvidas não são suficientes para explicar a ausência de uma política que assegure, à fabricantes e consumidores, a certeza de que investiram em uma opção de combustível tratada com a seriedade que merece.

17. Assinale a alternativa em que o acento indicativo de crase está corretamente empregado.

a) O memorando refere-se à documentos enviados na semana passada.

b) Dirijo-me à Vossa Senhoria para solicitar uma audiência urgente.

c) Prefiro montar uma equipe de novatos à trabalhar com pessoas já desestimuladas.

d) O antropólogo falará apenas àquele aluno cujo nome consta na lista.

e) Quanto à meus funcionários, afirmo que têm horário flexível e são responsáveis.

18. O acento indicativo de crase foi corretamente empregado apenas em:

a) O cidadão não atende à apelos sem fundamento.

b) No artigo, o autor citou à necessária reforma do Estado.

c) Convencemos à todos da necessidade de um pacto social.

d) O debatedor não se rendeu àqueles discursos demagógicos.

e) Os governantes dispuseram-se à colaborar.

LÍNGUA PORTUGUESA

CRASE

Gabaritos

01	C	10	B
02	A	11	D
03	C	12	A
04	D	13	B
05	E	14	B
06	C	15	C
07	A	16	B
08	E	17	D
09	A	18	D

12. PONTUAÇÃO

A pontuação assinala a melodia de nossa fala, ou seja, as pausas, a ênfase etc.

12.1 Principais Sinais e Usos

Vírgula

É o sinal mais importante para concurso público.

Usa-se a vírgula para:

Separar termos que possuem mesma função sintática no período:

José, **Maria**, **Antônio** e **Joana** foram ao mercado. (função de núcleo do sujeito)

Isolar o vocativo:

Então, **minha cara**, não há mais o que se dizer!

Isolar um aposto explicativo (cuidado com essa regra, veja que não há verbo no aposto explicativo):

O João, **ex-integrante da comissão**, veio fazer parte da reunião.

Isolar termos antecipados, como: complemento, adjunto ou predicativo:

Na semana passada, comemos camarão no restaurante português. (antecipação de adjunto adverbial)

Separar expressões explicativas, conjunções e conectivos:

isto é, ou seja, por exemplo, além disso, pois, porém, mas, no entanto, assim etc.

Separar os nomes dos locais de datas:

Cascavel, 02 de maio de 2012.

Isolar orações adjetivas explicativas (pronome relativo + verbo + vírgula):

O Brasil, **que é um belíssimo país**, possui ótimas praias.

Separar termos de uma enumeração:

Vá ao mercado e traga **cebola, alho, sal, pimenta e coentro**.

Separar orações coordenadas:

Esforçou-se muito, **mas não venceu o desafio**. (oração coordenada sindética adversativa)

Roubou todo o dinheiro, **e ainda apareceu na casa**. (oração coordenada sindética aditiva).

A vírgula pode ser utilizada antes da conjunção aditiva "e" caso se queira enfatizar a oração por ela introduzida.

Omitir um termo, elipse (no caso da elipse verbal, chamaremos "zeugma"):

De dia era um anjo, de noite um **demônio**. (omissão do verbo "ser")

Separar termos de natureza adverbial deslocado dentro da sentença:

Na semana passada, trinta alunos foram aprovados no concurso. (locução adverbial temporal)

Se estudar muito, você será aprovado no concurso. (oração subordinada adverbial condicional)

Ponto final

Usa-se o ponto final:

Ao final de frases para indicar uma pausa total; é o que marca o fim de um período:

Depois de passar no concurso, comprarei um carro.

Em abreviaturas:

Sr., a. C., Ltda., num., adj., obs., máx., *bat., brit.* etc.

Ponto e vírgula

Usam-se ponto e vírgula para:

Separar itens que aparecem enumerados:

Uma boa dissertação apresenta:

Coesão;

Coerência;

Progressão lógica;

Riqueza lexical;

Concisão;

Objetividade;

Aprofundamento.

Separar um período que já se encontra dividido por vírgulas:

Não gostava de trabalhar; queria, no entanto, muito dinheiro no bolso.

Separar partes do texto que se equilibram em importância:

Os pobres dão pelo pão o trabalho; os ricos dão pelo pão a fazenda; os de espíritos generosos dão pelo pão a vida; os de nenhum espírito dão pelo pão a alma.(Vieira).

O capitalismo é a exploração do homem pelo homem; o socialismo é exatamente o contrário.

Dois Pontos

São usados dois pontos quando:

Se vai fazer uma citação ou introduzir uma fala:

José respondeu:

- Não, muito obrigado!

Se quer indicar uma enumeração:

Quero apenas uma coisa: que vocês sejam aprovados no concurso!

Aspas

São usadas aspas para indicar:

Citação presente no texto. Ex.:

"Há distinção entre categorias do pensamento" - disse o filósofo.

Expressões estrangeiras, neologismos, gírias. Ex.:

Na parede, haviam pintado a palavra "love". (expressão estrangeira)

Ficava "bailarinando", como diria Guimarães. (neologismo)

"Velho", esconde o "cano" aí e "deixa baixo". (gíria)

Língua Portuguesa

PONTUAÇÃO

Reticências

São usadas para indicar supressão de um trecho, interrupção na fala, ou dar ideia de continuidade ao que se estava falando. Ex.:

(...) Profundissimamente hipocondríaco Este ambiente me causa repugnância Sobe-me à boca uma ânsia análoga à ânsia Que se escapa pela boca de um cardíaco(...)

Eu estava andando pela rua quando...

Eu gostei da nova casa, mas da garagem...

Parênteses

São usados quando se quer explicar melhor algo que foi dito ou para fazer simples indicações. Ex.:

Foi o homem que cometeu o crime (o assassinato do irmão).

Travessão

Indica a fala de um personagem:

Ademar falou. Ex.:

- Amigo, preciso contar algo para você.

Isola um comentário no texto. Ex.:

O estudo bem realizado - **diga-se de passagem, que quase ninguém faz** - é o primeiro passo para a aprovação.

Isola um aposto na sentença. Ex.:

A Semântica – **estudo sobre as relações de sentido** - é importantíssima para o entendimento da Língua.

Reforçar a parte final de um enunciado. Ex.:

Para passar no concurso, é preciso estudar muito — **muito mesmo.**

Trocas

A Banca, eventualmente, costuma perguntar sobre a possibilidade de troca de termos, portanto, atenção!

» Vírgulas, travessões e parênteses, quando isolarem um aposto, podem ser trocadas sem prejuízo para a sentença;

» Travessões podem ser trocados por dois pontos, a fim de enfatizar um enunciado.

Regra de ouro

Na ordem natural de uma sentença, é proibido:

→ Separar Sujeito e Predicado com vírgulas:

"Aqueles maravilhosos velhos ensinamentos de meu pai foram de grande utilidade. (certo) Aqueles maravilhosos velhos ensinamentos de meu pai, foram de grande utilidade. (errado)."

→ Separar Verbo de Objeto:

"O presidente do maravilhoso país chamado Brasil assinou uma lei importante. (certo) O presidente do maravilhoso país chamado Brasil assinou, uma lei importante. (errado)"

 Questões

01. (CESGRANRIO) Leia o trecho:

É uma pena que haja tamanha displicência em relação ao seu uso. Poucos se dão conta de que ela é a chave que abre as portas mais emperradas, que ela facilita negociações, encurta caminhos, cria laços, aproxima as pessoas. Tanta gente nasce e morre sem dialogar com a vida. Contam coisas, falam por falar, mas não conversam, não usam a palavra como elemento de troca. Encantam-se pelo som da própria voz e, nessa onda narcísica, qualquer palavra lhes serve.

Mas não. Não serve qualquer uma.

O trecho "Mas não. Não serve qualquer uma." pode ter sua pontuação alterada, sem modificar-lhe o sentido original, em:

a) Mas não: não serve qualquer uma.
b) Mas, não; não, serve qualquer uma.
c) Mas não; não serve, qualquer uma.
d) Mas: não, não. Serve qualquer uma.
e) Mas não - não; serve qualquer uma.

02. (CESGRANRIO) Atente para as afirmações abaixo sobre a pontuação empregada em segmentos transcritos do texto.

I. Eis aí duas culturas, a grega e a romana, que na Antiguidade se reuniram para criar uma civilização comum... **A substituição das vírgulas por travessões redundaria em prejuízo para a correção e a lógica.**

II. Se Grécia e Roma foram, para Poe, uma espécie de casa... **A retirada simultânea das vírgulas não implicaria prejuízo para a correção e a lógica.**

III. ... a primeira, em suma, a tornar-se letrada no pleno sentido deste termo, e a transmitir-nos o seu conhecimento letrado. **A vírgula colocada imediatamente depois de termo é facultativa.**

Está correto o que consta APENAS em:

a) I.
b) I e II.
c) I e III.
d) II e III.
e) III.

03. (CESGRANRIO) O uso de sinais (aspas e travessão) está adequado à norma-padrão, que deve ser observada em uma correspondência oficial, na seguinte frase:

a) O artigo sobre o "processo de desregulamentação" foi publicado na Folha de São Paulo.
b) As chuvas de verão — fenômenos que se repetem desde há muito tempo podem ser previstas.
c) "Mutatis mutandis", as novas diretrizes da direção em nada alteram as antigas.
d) O cuidado com a saúde — meta prioritária do governo, será ainda maior.
e) — O diretor disse: Demita-se o funcionário.

04. (FCC) A pesquisa também chama a atenção para o novo Código Florestal, que prevê a redução de algumas áreas – *hoje legalmente protegidas, como matas ciliares e topos de morros* –, para serem utilizadas para a agropecuária. "Ficamos receosos de que as mudanças nas áreas protegidas possam ser terríveis para as aves e para outros animais, que vão perder ambientes naturais. E aquelas que não conseguem sobreviver nas plantações tendem a se tornar raras ou até mesmo a desaparecer", prevê o professor.

O segmento isolado pelos travessões, constitui:

a) Repetição desnecessária de uma mesma informação.
b) Introdução de um novo assunto no texto
c) Transcrição exata das palavras do pesquisador.
d) Determinação de uma área a ser explorada.
e) Informação com exemplos esclarecedores.

05. (FCC) Na escala de valores, popular, mais que um adjetivo, era um estigma. Daí o escândalo do sarau de d. Nair de Tefé. Primeira-dama, ela própria artista, afrontou a conspícua Velha República.

Mantendo-se, em linhas gerais, o sentido original, uma redação alternativa para as frases acima, em que se respeitam as regras de pontuação, é:

a) Popular, era na escala de valores mais que um adjetivo, um estigma. Daí o escândalo do sarau da primeira-dama, d. Nair de Tefé, ela própria artista, que, afrontou a conspícua Velha República.
b) Popular era, na escala de valores, mais que um adjetivo, um estigma. Daí o escândalo do sarau da primeira-dama, d. Nair de Tefé, ela própria artista, que afrontou a conspícua Velha República.
c) Popular, era na escala de valores mais que um adjetivo: um estigma. Daí o escândalo do sarau da primeira-dama, d. Nair de Tefé ela própria artista, que afrontou a conspícua, Velha República.
d) Popular era, na escala de valores, mais que um adjetivo, um estigma, daí o escândalo do sarau da primeira-dama d. Nair de Tefé ela própria, artista que afrontou a conspícua Velha República.
e) Popular era, na escala de valores, mais que um adjetivo um estigma; daí o escândalo do sarau, da primeira-dama d. Nair de Tefé, ela própria, artista que afrontou, a conspícua Velha República.

06. (FCC) Está plenamente correta a pontuação do seguinte período:

a) Confessando não sem ironia, que entende de arquitetura, o cronista Rubem Braga, mestre do gênero propõe uma receita de casa, em que o porão, área frequentemente desprezada, ganha ares de profundidade e mistério.
b) Confessando, não sem ironia, que entende de arquitetura o cronista, Rubem Braga, mestre do gênero, propõe uma receita de casa, em que, o porão, área frequentemente desprezada, ganha ares de profundidade e mistério.
c) Confessando não sem ironia que entende de arquitetura, o cronista Rubem Braga, mestre do gênero, propõe: uma receita de casa em que, o porão área frequentemente desprezada, ganha ares de profundidade, e mistério.
d) Confessando, não sem ironia que, entende de arquitetura, o cronista Rubem Braga – mestre do gênero – propõe uma receita, de casa, em que o porão (área frequentemente desprezada), ganha ares de profundidade e mistério.
e) Confessando, não sem ironia, que entende de arquitetura, o cronista Rubem Braga, mestre do gênero, propõe uma receita de casa em que o porão, área frequentemente desprezada, ganha ares de profundidade e mistério.

07. (FCC - ADAPTADA) Leia o Texto:

Por mais que tudo isso venha desaparecendo dos nossos olhos e se dissolvendo em passado, em antiguidade, em raridade de museu, continua a ser parte do espírito do Rio de Janeiro. Pois as cidades são como as pessoas, em cujo espírito nada do que se passou deixa inteiramente de ser. O Rio descaracterizado de hoje guarda no seu íntimo para os que, como Gastão Cruls, sabem vê-lo histórica e sentimentalmente, uma riqueza de característicos irredutíveis ou indestrutíveis, que as páginas de Aparência do Rio de Janeiro nos fazem ver ou sentir. E este é o maior encanto do guia da cidade que o autor de A Amazônia que eu vi acaba de **escrever: dar-nos**, através da aparência do Rio de Janeiro, traços essenciais do passado e do caráter da gente carioca. Comunicar-nos do Rio de Janeiro que Gastão Cruls conhece desde seus dias de menino de morro ilustre – menino nascido à sombra do Observatório – alguma coisa de essencial. Alguma coisa do que a cidade parece ter de eterno e que vem de certa harmonia misteriosa a que tendem o branco, o preto, o roxo e o moreno – principalmente o moreno – da cor da pele dos seus homens e das suas mulheres, com o azul e o verde quente de suas águas e de suas matas.

Os dois-pontos que aparecem no trecho destacado denotam:

a) Inclusão de segmento especificativo.
b) Interrupção intencional do fluxo expositivo.
c) Intercalação de ideia isolada no contexto.
d) Constatação de fatos pertinentes ao assunto.
e) Enumeração de elementos da cidade e do povo.

Gabaritos

01	A	06	E
02	D	07	A
03	C		
04	E		
05	B		

TIPOLOGIA TEXTUAL

13. TIPOLOGIA TEXTUAL

O conteúdo relativo à tipologia textual é, deveras, fácil. Precisamos, apenas, destacar alguns elementos estruturantes a cada tipo de texto. Dessa forma, você conseguirá responder quaisquer questões relacionadas a essa temática.

O primeiro item que se deve ter em mente na hora de analisar um texto segundo sua tipologia é o caráter da predominância. Isso quer dizer que um mesmo agrupamento textual pode possuir características de diversas tipologias distintas, porém as questões costumam focalizar qual é o "tipo" predominante, o que mais está evidente no texto. Um pouco de bom-senso e uma pequena dose de conhecimento relativo ao assunto são necessários para obter sucesso nesse conteúdo.

Trabalharemos com três tipologias básicas: **narração, dissertação e descrição.** Vamos ao trabalho:

13.1 Narração

Facilmente identificável, a tipologia narrativa guarda uma característica básica: contar algo, transmitir a ocorrência de fatos e/ou ações que possuam um registro espacial e temporal. Quer dizer, a narração necessita, também, de um espaço bem marcado e de um tempo em que as ações narradas ocorrem. Discorramos sobre cada aspecto separadamente.

São elementos de uma NARRAÇÃO:

Personagem: Quem pratica ação dentro da narrativa, é claro. Deve-se observar que os personagens podem possuir características físicas (altura, aparência, cor do cabelo etc.) e psicológicas (temperamento, sentimentos, emoções etc.), as quais podem ser descritas ao longo do texto.

Espaço: Trata-se do local em que a ação narrativa ocorre.

Tempo: É o lapso temporal em que a ação é descrita. Não se engane, o tempo pode ser enunciado por um simples "era uma vez".

Ação: Não existe narração sem ação! Ou seja, os personagens precisam fazer algo, ou sofrer algo para que haja ação narrativa.

Narrador: Afinal, como será contada uma estória sem uma voz que a narre? Portanto, este é outro elemento estruturante da tipologia narrativa. O narrador pode estar inserido na narrativa ou apenas "observar" e narrar os acontecimentos.

Note-se que, na tipologia narrativa, os verbos flexionados no pretérito são mais evidentes.

Eis um exemplo de narração, tente observar os elementos descritos acima, no texto:

Um Apólogo

Machado de Assis

Era uma vez uma agulha, que disse a um novelo de linha:

— Por que está você com esse ar, toda cheia de si, toda enrolada, para fingir que vale alguma cousa neste mundo?

— Deixe-me, senhora.

— Que a deixe? Que a deixe, por quê? Porque lhe digo que está com um ar insuportável? Repito que sim, e falarei sempre que me der na cabeça.

— Que cabeça, senhora? A senhora não é alfinete, é agulha. Agulha não tem cabeça. Que lhe importa o meu ar? Cada qual tem o ar que Deus lhe deu. Importe-se com a sua vida e deixe a dos outros.

— Mas você é orgulhosa.

— Decerto que sou.

— Mas por quê?

— É boa! Porque coso. Então os vestidos e enfeites de nossa ama, quem é que os cose, senão eu?

— Você? Esta agora é melhor. Você é que os cose? Você ignora que quem os cose sou eu e muito eu?— Você fura o pano, nada mais; eu é que coso, prendo um pedaço ao outro, dou feição aos babados...

— Sim, mas que vale isso? Eu é que furo o pano, vou adiante, puxando por você, que vem atrás obedecendo ao que eu faço e mando...

— Também os batedores vão adiante do imperador.

— Você é imperador?

— Não digo isso. Mas a verdade é que você faz um papel subalterno, indo adiante; vai só mostrando o caminho, vai fazendo o trabalho obscuro e ínfimo. Eu é que prendo, ligo, ajunto...

Estavam nisto, quando a costureira chegou à casa da baronesa. Não sei se disse que isto se passava em casa de uma baronesa, que tinha a modista ao pé de si, para não andar atrás dela. Chegou a costureira, pegou do pano, pegou da agulha, pegou da linha, enfiou a linha na agulha, e entrou a coser. Uma e outra iam andando orgulhosas, pelo pano adiante, que era a melhor das sedas, entre os dedos da costureira, ágeis como os galgos de Diana — para dar a isto uma cor poética. E dizia a agulha:

— Então, senhora linha, ainda teima no que dizia há pouco? Não repara que esta distinta costureira só se importa comigo; eu é que vou aqui entre os dedos dela, unidinha a eles, furando abaixo e acima...

A linha não respondia; ia andando. Buraco aberto pela agulha era logo enchido por ela, silenciosa e ativa, como quem sabe o que faz, e não está para ouvir palavras loucas. A agulha, vendo que ela não lhe dava resposta, calou-se também, e foi andando. E era tudo silêncio na saleta de costura; não se ouvia mais que o plic-plic-plic-plic da agulha no pano. Caindo o sol, a costureira dobrou a costura, para o dia seguinte. Continuou ainda nessa e no outro, até que no quarto acabou a obra, e ficou esperando o baile.

Veio a noite do baile, e a baronesa vestiu-se. A costureira, que a ajudou a vestir-se, levava a agulha espetada no corpinho, para dar algum ponto necessário. E enquanto compunha o vestido da bela dama, e puxava de um lado ou outro, arregaçava daqui ou dali, alisando, abotoando, acolchetando, a linha para mofar da agulha, perguntou-lhe:

— Ora, agora, diga-me, quem é que vai ao baile, no corpo da baronesa, fazendo parte do vestido e da elegância? Quem é que vai dançar com ministros e diplomatas, enquanto você volta para a caixinha da costureira, antes de ir para o balaio das mucamas? Vamos, diga lá.

Parece que a agulha não disse nada; mas um alfinete, de cabeça grande e não menor experiência, murmurou à pobre agulha:

— Anda, aprende, tola. Cansas-te em abrir caminho para ela e ela é que vai gozar da vida, enquanto aí ficas na caixinha de costura. Faze como eu, que não abro caminho para ninguém. Onde me espetam, fico.

Contei esta história a um professor de melancolia, que me disse, abanando a cabeça:

— Também eu tenho servido de agulha a muita linha ordinária!

13.2 Dissertação

O texto dissertativo, também chamado por alguns de informativo, possui a finalidade de discorrer sobre determinado assunto, apresentando fatos, opiniões de especialista, dados quantitativos ou mesmo informações sobre o assunto da dissertação. É preciso entender que nem sempre a dissertação busca persuadir o seu interlocutor, ela pode simplesmente transmitir informações pertinentes ao assunto dissertado.

Quando a persuasão é objetivada, o texto passa a ter também características argumentativas. A rigor, as questões de concurso público focalizam a tipologia, não seus interstícios, portanto, não precisa ficar desesperado com o fato de haver diferença entre texto dissertativo-expositivo e texto dissertativo-argumentativo. Importa saber que ele é dissertativo.

Toda boa dissertação possui a **Introdução** do tema, o **Desenvolvimento** coeso e coerente, que está vinculado ao que se diz na introdução, e uma **Conclusão** lógica do texto, evidenciando o que se permite compreender por meio da exposição dos parágrafos de desenvolvimento.

A tipologia dissertativa pode ser facilmente encontrada em editoriais, textos de divulgação acadêmica, ou seja, com caráter científico, ensaios, resenhas, artigos científicos e textos pedagógicos.

Exemplo de dissertação:

Japão foi avisado sobre problemas em usinas dois anos antes, diz Wikileaks

O Wikileaks, site de divulgação de informações consideradas sigilosas, vazou um documento que denuncia que o governo japonês já havia sido avisado pela vigilância nuclear internacional que suas usinas poderiam não ser capazes de resistir a terremotos. O relatório, assinado pelo embaixador Thomas Schieffer obtido pelo WikiLeaks foi publicado hoje pelo jornal britânico, The Guardian.

O documento revela uma conversa de dezembro de 2008 entre o então deputado japonês, Taro Kono, e um grupo diplomático norte-americano durante um jantar. Segundo o relatório, um membro da Agência Internacional de Energia Atômica (AIEA) disse que as normas de segurança estavam obsoletas para aguentar os fortes terremotos, o que significaria "um problema grave para as centrais nucleares". O texto diz ainda que o governo do Japão encobria custos e problemas associados a esse ramo da indústria.

Diante da recomendação da AIEA, o Japão criou um centro de resposta de emergência em Fukushima, capaz de suportar, apenas, tremores até magnitude 7,0.

13.3 Descrição

Em um texto descritivo, faz-se um tipo de retrato por escrito de um lugar, uma pessoa, um animal ou um objeto. Os adjetivos são abundantes nessa tipologia, uma vez que a sua função de caracterizar os substantivos é extremamente exigida nesse contexto. É possível existir um texto descritivo que enuncie características de sensações ou sentimentos, porém não é muito comum em provas de concurso público. Não há relação temporal na descrição. Os verbos relacionais são mais presentes, para poder evidenciar aspectos e características. Significa "criar" com palavras uma imagem.

Exemplo de texto descritivo:

Texto extraído da prova do BRB (2010) – Banca CESPE/UnB

Nome científico: Ginkgo biloba L.
Nome popular: Nogueira-do-japão
Origem: Extremo Oriente
Aspecto: as folhas dispõem-se em leque e são semelhantes ao trevo; a altura da árvore pode chegar a 40 metros; o fruto lembra uma ameixa e contém uma noz que pode ser assada e comida

 # 14. COMPREENSÃO E INTERPRETAÇÃO DE TEXTOS

É bastante comum e compreensível que os concursandos tenham algum tipo de dificuldade nas questões de compreensão e interpretação de textos. Isso é oriundo do próprio histórico de leituras que o candidato possui, uma vez que grande parte dos concursandos querem gabaritar uma prova, ou mesmo conseguir um cargo público, sem possuir o menor hábito de leitura. Ou seja, você precisa adquirir (se ainda não possui) o bom costume de ler.

Por "ler", entende-se buscar os meandros de um texto, de uma canção, de qualquer coisa com que entremos em contato. Mesmo um discurso ou um diálogo podem ser "lidos". O grande problema fica a cargo de que o bom brasileiro gosta de fazer

COMPREENSÃO E INTERPRETAÇÃO DE TEXTOS

qualquer coisa, menos de ler. Parece até que aquilo que era uma diversão, um bom entretenimento virou um pesadíssimo "fardo". Você não pode pensar desse modo. Ler deve ser uma prática constante.

E na hora do concurso? Como proceder?

Há três elementos fundamentais para boa interpretação:

Eliminação dos vícios de leitura ;

Organização;

"Malandragem".

Vícios de leitura

A pior coisa que pode acontecer com o concursando, quando recebe aquele texto "capetótico" para ler e interpretar, é cair num vício de leitura. Veja se você possui algum deles. Caso possua, tente eliminar o quanto antes.

O Movimento:

Como tudo inicia. O indivíduo pega o texto para ler e não para quieto. Troca a maneira de sentar, troca a posição do texto, nada está bom, nada está confortável. Em casa, senta para estudar e o que acontece? Fome. Depois? Sede. Então, a pessoa fica se mexendo para pegar comida, para tomar água, para ficar mais sossegado e o fluxo de leitura vai para o espaço. FIQUE QUIETO! O conceito é militar! Sente-se e permaneça assim até acabar a leitura, do contrário, vai acabar com a possibilidade de entender o que está escrito. Estudar com televisão, rádio, *msn* e qualquer coisa dispersiva desse gênero só vai atrapalhar você.

O Apoio:

Não é aconselhável utilizar apoios para a leitura, tais como: réguas, acompanhar a linha com a caneta, ler em voz baixa, passar o dedo pelo papel etc. Basta pensar que seus olhos são muito mais rápidos que qualquer movimento ou leitura em voz alta. Gaguejou, escorregou no papel, dançou.

O Garoto da Borboleta:

Se você possui os vícios "a" e "b", certamente é um "garoto da borboleta" também. Isso quer dizer que é um desatento que fica facilmente (fatalmente) disperso. Tudo chama sua atenção: caneta batendo na mesa, o concorrente barulhento, a pessoa estranha que está em sua frente, o tempo passando etc. Você vai querer ficar voltando ao início do texto porque não conseguiu compreender nada e, finalmente, vai perder as questões de interpretação.

Organização da leitura

Para que ocorra organização, é necessário compreender que todo texto possui:

Posto: aquilo que é dito no texto. O conteúdo expresso.

Pressuposto: aquilo que não está dito, mas que é facilmente compreendido.

Subentendido: o que se pode interpretar por uma soma de dito com não-dito.

Veja um exemplo:

Alguém diz: "felizmente, meu tio parou de beber." É certo que o dito se compõe pelo conteúdo da mensagem: o homem parou de beber. O não-dito, ou pressuposto, fica a cargo da ideia de que meu tio "bebia", agora, não bebe mais. Por sua vez, o subentendido pode ser abstraído como "meu tio possuía problemas com a bebida e eu assumo isso por meio da sentença que profiro". Não é difícil! É necessário, no entanto, possuir uma certa "malandragem linguística" para perceber isso de início. Veremos isso ao longo do texto.

As dicas de organização não são novas, mas são eficazes, vamos lá:

Ler mais de uma vez o texto (quando for curtinho, é lógico):

A primeira leitura é para tomar contato com o assunto, a segunda, para observar como o texto está articulado.

Ao lado de cada parágrafo, escreva a principal ideia (tópico frasal) ou argumento mais forte do trecho. Isso ajuda você a ter clareza da temática e como ela está sendo desenvolvida.

Se o texto for muito longo, recomenda-se ler primeiro a questão de interpretação, para, então, buscá-la na leitura.

Observar as relações entre parágrafos:

Observar que há relações de exemplificação, oposição, causalidade entre os parágrafos do texto, por isso, tente compreender as relações intratextuais nos parágrafos.

Ficar de olho aberto para as conjunções adversativas: no entanto, contudo, entretanto, etc.

Atentar para o comando da questão:

Responda àquilo que foi pedido.

> » **Dica**: entenda que modificar e prejudicar o sentido não são a mesma coisa.

Palavras de alerta (polarizadoras):

Sublinhar palavras como: erro, incorreto, correto e exceto, para não se confundir no momento de responder à questão.

Inaceitável, incompatível e incongruente também podem aparecer.

Limitar os horizontes:

Não imaginar que você sabe o que o autor quis dizer, mas sim entender o que ele disse: o que ele escreveu. Não extrapolar a significação do texto. Para isso, é importante prestar atenção no significado das palavras.

Pode até ser coerente o que você concluiu, mas se não há base textual, descarte.

> » **Ex**.: O homem **pode** morrer de infarto. / O homem **deve** morrer de infarto.

Busque o tema central do texto:

Geralmente aparece no primeiro parágrafo do texto.

Desenvolvimento:

Se o enunciado mencionar a argumentação do texto, você deve buscar entender o que ocorre com o desenvolvimento dos parágrafos.

Verificar se o desenvolvimento ocorre por:

> » Causa e consequência;
> » Enumeração de fatos;
> » Retrospectiva histórica;
> » Fala de especialista;
> » Resposta a um questionamento;

» Sequência de dados;

» Estudo de caso;

» Exemplificação.

Relatores:

Atentar para os pronomes relativos e demonstrativos no texto. Ele auxiliam o leitor a entender como se estabelece a coesão textual.

Alguns deles:

» Que;

» Cujo;

» O qual;

» Onde;

» Esse;

» Este;

» Isso;

» Isto.

Entender se a questão é de interpretação ou de compreensão:

Interpretação

Parte do texto para uma conclusão. As questões que solicitam uma inferência apresentam as seguintes estruturas:

» É possível entender que...

» O texto possibilita o entendimento de que...

» O texto encaminha o leitor para...

» O texto possibilita deduzir que...

» Depreende-se do texto que...

» Com apoio no texto, infere-se que...

» Entende-se que...

» Compreende-se que...

Compreensão

Buscam-se as informações solicitadas pela questão no texto. As questões dessa natureza possuem as seguintes estruturas:

» De acordo com o texto, é possível afirmar....

» Segundo o texto...

» Conforme o autor...

» No texto...

» Conforme o texto...

Tomar cuidado com as generalizações.

Na maior parte das vezes, o elaborador da prova utiliza a generalização para tornar a questão incorreta.

Atenção para as palavras "sempre, nunca, exclusivamente, unicamente, somente".

O que você não deve fazer!

"Viajar" no texto: interpretar algo para além do que o texto permite.

Ser "mão-de-vaca": interpretar apenas um trecho do texto.

Dar uma de "Zé Mané" e entender o contrário: fique atento a palavras como "pode", "não", "deve" etc.

"Malandragem da banca"

Talvez seja essa a característica mais difícil de se desenvolver no concursando, pois ela envolve o conhecimento do tipo de interpretação e dos limites estabelecidos pelas bancas. Só há uma maneira de ficar "malandro" estudando para concurso público: realizando provas! Pode parecer estranho, mas depois de resolver 200 questões da mesma banca, você já consegue prever como será a próxima questão. Prever é garantir o acerto! Então, faça exercícios até cansar e, quando cansar, faça mais um pouco. Assim você fica "malandro" na banca!

Vamos trabalhar com alguns exemplos agora:

Exemplo I

Entre os maiores obstáculos ao pleno desenvolvimento do Brasil, está a educação. Este é o próximo grande desafio que deve ser enfrentado com paciência, mas sem rodeios. É a bola da vez dentro das políticas públicas prioritárias do Estado. Nos anos 90 do século passado, o país derrotou a inflação — que corroía salários, causava instabilidade política e irracionalidade econômica. Na primeira década deste século, os avanços deram-se em direção a uma agenda social, voltada para a redução da pobreza e da desigualdade estrutural. Nos próximos anos, a questão da melhoria da qualidade do ensino deve ser uma obrigação dos governantes, sejam quais forem os ungidos pelas decisões das urnas.

Jornal do Brasil, Editorial, 21/1/2010 (com adaptações).

Agora o mesmo texto, devidamente marcado.

Entre **os maiores obstáculos** ao pleno desenvolvimento do Brasil, está a educação. Este é o **próximo grande desafio** que deve ser enfrentado com paciência, mas sem rodeios. É a **bola da vez** dentro das políticas públicas prioritárias do Estado. **Nos anos 90 do século passado,** o país derrotou a inflação — que corroía salários, causava instabilidade política e irracionalidade econômica. **Na primeira década deste século**, os avanços deram-se em direção a uma agenda social, voltada para a redução da pobreza e da desigualdade estrutural. **Nos próximos anos**, a questão da melhoria da qualidade do ensino deve ser uma **OBRIGAÇÃO DOS GOVERNANTES**, sejam quais forem os ungidos pelas decisões das urnas.

Comentário: Observe que destacamos para você elementos que podem surgir, posteriormente como questões. O texto inicia falando que há mais obstáculos além da educação. Também argumenta, posteriormente, que já houve outros desafios além desse que ele chama de "próximo grande desafio". Utilizando uma expressão de sentido **Conotativo** (bola da vez), o escritor anuncia que a educação ocupa posição de destaque quando o assunto se volta para as políticas públicas prioritárias do Estado.

No decorrer do texto, que se desenvolve por um tipo de retrospectiva histórica (veja o que está sublinhado), o redator traça um panorama dessas políticas públicas ao longo da história do país, fazendo uma previsão para os anos vindouros (o que foi destacado em caixa alta).

Exemplo II

Um passo fundamental para que não nos enganemos quanto à **natureza do capitalismo contemporâneo** e o significado das políticas empreendidas pelos países centrais para enfrentar a

PARÁFRASE UM RECURSO PRECIOSO

recente **crise econômica** é problematizarmos, com cuidado, o termo **neoliberalismo**: "começar pelas palavras talvez não seja coisa vã", escreve Alfredo Bosi em Dialética da Colonização.

A partir da década de 1980, buscando exprimir a natureza do capitalismo contemporâneo, muitos, principalmente os críticos, utilizaram esta palavra que, por fim, se generalizou. Mas o que, de fato, significa? O prefixo neo quer dizer novo; portanto, novo liberalismo. Ora, durante o século **XIX DEU-SE A CONSTRUÇÃO DE UM LIBERALISMO** que viria encontrar a sua crise definitiva na I Guerra Mundial em 1914 e na crise de 1929. Mas desde o período entre guerras e, sobretudo, depois, com o término da II Guerra Mundial, em 1945, tomou corpo um novo modelo, principalmente na Europa, que de certa forma se contrapunha ao velho liberalismo: era **O MUNDO DA SOCIALDEMOCRACIA**, da presença do Estado na vida econômica, das ações políticas inspiradas na reflexão teórica do economista britânico John Keynes, um crítico do liberalismo econômico clássico que viveu na primeira metade do século XX. Quando esse modelo também entrou em crise, no princípio da década de 1970, surgiu a perspectiva de **RECONSTRUÇÃO DA ORDEM LIBERAL**. Por isso, novo liberalismo, neoliberalismo.

(Grupo de São Paulo, disponível em http://www.correiocidadania.com.br/content/view/5158/9/, acesso em 28/10/2010)

Exemplo III
Em Defesa do Voto Obrigatório

O voto, direito duramente conquistado, **deve ser considerado um dever** cívico, sem o exercício do qual o **direito se descaracteriza ou se perde**, afinal liberdade e democracia são fins e não apenas meios. Quem vive em uma comunidade política não pode estar **DESOBRIGADO** de opinar sobre os rumos dela. Nada contra a desobediência civil, recurso legítimo para o protesto cidadão, que, no caso eleitoral, se pode expressar no voto nulo (cuja tecla deveria constar na máquina utilizada para votação). Com o **voto facultativo**, o direito de votar e o de não votar ficam inscritos, em pé de igualdade, no corpo legal. Uma parte do eleitorado deixará voluntariamente de opinar sobre a constituição do poder político. O desinteresse pela política e a descrença no voto são registrados como mera "escolha", sequer como desobediência civil ou protesto. **A consagração da alienação política** como um direito legal interessa aos conservadores, reduz o peso da soberania popular e desconstitui o sufrágio como universal.

Para o **cidadão ativo,** que, além de votar, se organiza para garantir os direitos civis, políticos e sociais, o enfoque é inteiramente outro. O tempo e o **TRABALHO DEDICADOS AO ACOMPANHAMENTO CONTINUADO DA POLÍTICA NÃO SE APRESENTAM COMO RESTRITIVOS DA LIBERDADE INDIVIDUAL.** Pelo contrário, são obrigações auto-assumidas no esforço de construção e aprofundamento da democracia e de vigília na defesa das liberdades individuais e públicas. A ideia de que a democracia se constrói nas lutas do dia a dia se contrapõe, na essência, ao modelo liberal. O cidadão escolado na disputa política sabe que a liberdade de não ir votar é uma armadilha. Para que o sufrágio continue universal, para que todo poder emane do povo e não, dos donos do poder econômico, o voto, além de ser um direito, **deve conservar a sua condição de dever cívico.**

Exemplo IV
Madrugada na aldeia

Madrugada na aldeia nervosa,
com as glicínias escorrendo orvalho,
os figos prateados de orvalho,
as uvas multiplicadas em orvalho,
as últimas uvas miraculosas.

O silêncio está sentado pelos corredores,
encostado às paredes grossas,
de sentinela.

E em cada quarto os cobertores peludos envolvem o sono:
poderosos animais benfazejos, encarnados e negros.
Antes que um sol luarento
dissolva as frias vidraças,
e o calor da cozinha perfume a casa
com lembrança das árvores ardendo,
a velhinha do leite de cabra desce as pedras da rua
antiquíssima, antiquíssima,
e o pescador oferece aos recém-acordados
os translúcidos peixes,
que ainda se movem, procurando o rio.

(Cecília Meireles. Mar absoluto, in Poesia completa. Rio de Janeiro: Nova Aguilar, 1994, p.311)

15. PARÁFRASE UM RECURSO PRECIOSO

Parafrasear, em sentido lato, significa reescrever uma sequência de texto sem alterar suas informações originais. Isso quer dizer que o texto resultante deve apresentar o mesmo sentido do texto original, modificando, evidentemente, apenas a ordem frasal ou o vocabulário. Há algumas exigências para uma paráfrase competente. São elas:

Usar a mesma ordem das ideias que aparecem no texto original.
Em hipótese alguma é possível omitir informações essenciais.
Não tecer comentários acerca do texto original, apenas parafrasear, sem frescura.
Usar construções sintáticas e vocabulares que, apesar de manterem o sentido original, sejam distintas das do texto base.

Os passos da paráfrase

Vamos entender que há alguns recursos para parafrasear um texto. Apresentarei alguns com a finalidade de clarear mais o assunto em questão.

A utilização de termos sinônimos.

O presidente assinou o documento, **mas** esqueceu-se de pegar sua caneta. / O presidente assinou o documento, **contudo** esqueceu-se de pegar sua caneta.

O uso de palavras antônimas, valendo-se de palavra negativa.

> José era um **covarde.**
>
> José **não** era um **valente.**

Emprego de termos anafóricos.

> São Paulo e Palmeiras são dois times brasileiros. O São Paulo venceu o Palmeiras na semana passada. / São Paulo e Palmeiras são dois times brasileiros. **Aquele** (São Paulo) venceu **este** (Palmeiras) na semana passada.

Permuta de termo verbal por nominal, e vice-versa.

> É importante que chegue cedo. / **Sua chegada** é importante.

Deixar termos elípticos.

> Eu preciso da colaboração de todos. / Preciso da colaboração de todos.

Alteração da ordem frasal.

> Adalberto venceu o último desafio de sua vida ontem. / Ontem, Adalberto venceu o último desafio de sua vida.

Transposição de voz verbal.

> Joel cortou a seringueira centenária. / A seringueira centenária foi cortada por Joel.

Troca de discurso.

> Naquela manhã, Oséas dirigiu-se ao pai dizendo: "Cortarei a grama sozinho." (discurso direto).
>
> Naquela manhã, Oséas dirigiu-se ao pai dizendo que cortaria a grama sozinho. (discurso indireto).

Troca de palavras por expressões perifrásticas.

> **O Rei do Futebol** esteve presente durante as celebrações. / **Pelé** esteve presente durante as celebrações.

Troca de locuções por palavras de mesmo sentido:

> A turma **da noite** está comprometida com os estudos. / A turma **noturna** está mais comprometida com os estudos.

 Questões

01. Leia o texto

O que passa na cabeça deles?

Quem tem um bicho de estimação sabe muito bem: seu gato, cachorro, papagaio, hamster ou o que seja é o mais esperto do mundo. Até meados do século passado, porém, a inteligência animal era considerada inexistente. Suas atitudes e ações eram descritas como simples respostas instintivas ou estratégias de sobrevivência, sem nenhuma relação com a cognição, que se acreditava ser exclusiva do ser humano. Foi só a partir dos anos 1960 que estudos de longo prazo começaram a produzir pistas de que, sim, os animais pensam, são capazes de resolver problemas, aprender com seus erros e se adaptar a novas situações, assim como os seres humanos. Mas o que se passa na cabeça deles? Algumas espécies têm autoconsciência? Quão inteligentes são os animais? Apesar dos avanços nas pesquisas, estas e outras perguntas permanecem sem resposta, gerando controvérsias entre os especialistas. – O que existe hoje são várias linhas de entendimento do que vem a ser a inteligência animal. Há estudos feitos em ambiente natural, mas também tem muita coisa sendo feita em laboratórios – o que nos é contado pelo biólogo Salvatore Siciliano, pesquisador da Escola Nacional de Saúde da Fundação Oswaldo Cruz (Fiocruz). As pesquisas podem levar anos para chegar a conclusões bem simples, mas, à medida que aumenta o esforço de observação e amostragem, estamos passando a perceber que os animais são, sim, algo inteligentes. Quando elaborou sua Teoria da Evolução, no século XIX, Charles Darwin a estendeu para o desenvolvimento do cérebro humano. Como outros aspectos da nossa fisiologia, a inteligência teria evoluído a partir de organismos mais simples em resposta a desafios comuns a quase todos os animais, como as necessidades de se alimentar, reproduzir e interagir com o ambiente. Atualmente, faz parte do senso comum considerar que grandes primatas como os chimpanzés, cujo DNA é 99% igual ao dos seres humanos, apresentam um certo grau de inteligência, assim como outros mamíferos mais desenvolvidos, como cetáceos (baleias e golfinhos) e elefantes. Surpreendente, no entanto, foi verificar que mesmo espécies mais longe da escala e árvore evolutivas, como pássaros e polvos, também demonstram sinais de inteligência.

César Baima – O Globo, Planeta Terra, outubro 2010 (adaptado)

Sobre o título dado ao texto, pode-se fazer, de forma adequada, a seguinte afirmação:

a) A pergunta não é respondida no texto;
b) Trata-se de uma questão sobre a qual a ciência ainda não apresenta todas as respostas;
c) Representa uma interrogação feita pelos proprietários de animais domésticos;
d) O pronome eles se refere exclusivamente aos animais domésticos;
e) A pergunta fala sobre as preocupações dos donos de animais.

02. (NCE – UFRJ) - "...é o mais esperto do mundo." Esse pensamento representa:

a) Uma antiga forma de pensar sobre a inteligência animal;
b) Um pensamento corrente sobre os animais selvagens;
c) Um conceito errado sobre os animais domésticos;
d) Um carinhoso modo de pensar sobre animais de estimação;
e) Um falso pensamento fundamentado apenas nas aparências.

03. (NCE – UFRJ) A presença do biólogo no texto tem a seguinte utilidade textual:

a) Mostrar que a publicação é internacional;
b) Dar mais autoridade e credibilidade ao texto;
c) Demonstrar atualização brasileira no tema estudado;
d) Indicar pessoas que demonstram interesse pelo tema estudado;
e) Convencer o leitor de que o tema é importante.

04. (NCE – UFRJ) O texto desta prova deve ser caracterizado como:

a) Informativo sobre conhecimentos atuais no tema analisado;
b) Narrativo de uma sequência de fatos ocorridos nos últimos anos;
c) Descritivo de um conjunto de ideias científicas sobre os animais;
d) Argumentativo a respeito de prós e contras das recentes descobertas;
e) Publicitário sobre os trabalhos da Fiocruz.

05. (FCC) Leia o texto:

Como declaração de princípios que é, a Declaração Universal dos Direitos Humanos não cria obrigações legais aos Estados, salvo se as respectivas Constituições estabelecem que os direitos fundamentais e as liberdades nelas reconhecidos serão interpretados de acordo com a Declaração. Todos sabemos, porém, que esse reconhecimento formal pode acabar por ser desvirtuado ou mesmo denegado na ação política, na gestão econômica e na realidade social. A Declaração Universal é geralmente considerada pelos poderes

LÍNGUA PORTUGUESA

PARÁFRASE UM RECURSO PRECIOSO

econômicos e pelos poderes políticos, mesmo quando presumem de democráticos, como um documento cuja importância não vai muito além do grau de boa consciência que lhes proporcione.

Nesses cinquenta anos não parece que os governos tenham feito pelos direitos humanos tudo aquilo a que, moralmente, quando não por força da lei, estavam obrigados. As injustiças multiplicam-se no mundo, as desigualdades agravam-se, a ignorância cresce, a miséria alastra. A mesma esquizofrênica humanidade que é capaz de enviar instrumentos a um planeta para estudar a composição das suas rochas assiste indiferente à morte de milhões de pessoas pela fome. Chega-se mais facilmente a Marte neste tempo do que ao nosso próprio semelhante.

Alguém não anda a cumprir o seu dever. Não andam a cumpri-lo os governos, seja porque não sabem, seja porque não podem, seja porque não querem. Ou porque não lho permitem os que efetivamente governam, as empresas multinacionais e pluricontinentais cujo poder, absolutamente não democrático, reduziu a uma casca sem conteúdo o que ainda restava de ideal de democracia. Mas também não estão a cumprir o seu dever os cidadãos que somos. Foi-nos proposta uma Declaração Universal dos Direitos Humanos e com isso julgamos ter tudo, sem repararmos que nenhuns direitos poderão subsistir sem a simetria dos deveres que lhes correspondem, o primeiro dos quais será exigir que esses direitos sejam não só reconhecidos, mas também respeitados e satisfeitos. Não é de esperar que os governos façam nos próximos cinquenta anos o que não fizeram nestes que comemoramos. Tomemos, então, nós, cidadãos comuns, a palavra e a iniciativa. Com a mesma veemência e a mesma força com que reivindicamos os nossos direitos, reivindiquemos também o dever dos nossos deveres. Talvez o mundo possa começar a tornar-se um pouco melhor.

(Trecho do discurso de José Saramago no banquete de encerramento da entrega do Prêmio Nobel, em 10 de dezembro de 1998. Transcrição segundo as normas brasileiras de ortografia.)

No texto, o autor

a) Reconhece o esforço empreendido por governos, mesmo os não democráticos, no sentido de respeitar integralmente os postulados da Declaração Universal dos Direitos Humanos.

b) Aponta a necessidade de participação de toda a sociedade, em todos os países, na aplicação efetiva dos princípios constantes da Declaração Universal dos Direitos Humanos.

c) Detém-se na história da elaboração da Declaração Universal dos Direitos Humanos, documento importante para a afirmação dos direitos e liberdades fundamentais do homem.

d) Relata as dificuldades encontradas em alguns países e regiões como justificativa para o fato de que os princípios da Declaração Universal ainda não estejam sendo respeitados integralmente.

e) Defende o respeito que deve merecer uma Constituição, como norma legal maior em cada Estado, para nortear toda possível ação política e até mesmo econômica.

Gabaritos

01	A
02	D
03	A
04	B
05	B

16. ORTOGRAFIA

A ortografia é a parte da Gramática que estuda a escrita correta das palavras. O próprio nome da disciplina já designa tal função. É oriunda das palavras gregas **ortho** que significa "correto" e **graphos** que significa "escrita". Neste capítulo, vamos estudar alguns aspectos da correta grafia das palavras: o emprego de algumas letras que apresentam dificuldade para os falantes do Português.

Atualmente, há um confusão a respeito do sistema ortográfico vigente. O último sistema foi elaborado em 1990, com base em um sistema de 1986, e será implantado em todos os países de língua lusófona. No Brasil, a adesão ao acordo se deu em 2009 e, como leva 4 anos para ser implantado, teríamos dois sistemas oficiais até 31 de dezembro de 2013. Bem, seria isso, se não houvesse a prorrogação do prazo até o ano de 2016. A partir de então, vale apenas o Novo Acordo Ortográfico.

Por certo, dúvidas pairam pela cabeça do aluno: que sistema devo usar? Qual sistema devo aprender? O melhor é estudar o sistema antigo, aprendendo quais foram as atualizações, assim, garante-se que não errará pela novidade ou pela tradição. A banca deve avisar no edital do concurso ou no comando da questão qual sistema ortográfico está levando em consideração. Como as maiores alterações estão no terreno de acentuação e emprego do hífen (para o Português falado no Brasil, evidentemente), não teremos grandes surpresas neste capítulo. Vamos ao trabalho.

O Alfabeto

As letras K, W e Y foram inseridas no alfabeto devido a uma grande quantidade de palavras que são grafadas com tais letras e não podem mais figurar como termos exóticos em relação ao português. Eis alguns exemplos de seu emprego:

Em abreviaturas e em símbolos de uso internacional:

Kg - quilograma / **w** - watt /

Em palavras estrangeiras de uso internacional, nomes próprios estrangeiros e seus derivados:

Kremlin, Kepler, Darwin, Byron, byroniano.

O alfabeto, também conhecido como abecedário, é formado (a partir do novo acordo ortográfico) por 26 letras.

Forma Maiúscula		Forma Minúscula	
A	B	a	b
C	D	c	d
E	F	e	f
G	H	g	h
I	J	i	j
K	L	k	l
M	N	m	n
O	P	o	p
Q	R	q	r
S	T	s	t
U	V	u	v
W	X	w	x
Y	Z	y	z

O emprego da letra "H"

A letra H demanda um pouco de atenção. Apesar de não possui verdadeiramente sonoridade, utilizamo-la, ainda, por convenção histórica. Seu emprego, basicamente, está relacionado às seguintes regras:

No início de algumas palavras, por sua origem:

Ex.: Hoje, hodierno, haver, Helena, helênico.

No fim de algumas interjeições:

Ah! Oh! Ih! Uh!

No interior de palavra compostas que preservam o hífen, nas quais o segundo elemento se liga ao primeiro:

Super-homem, pré-história, sobre-humano.

Nos dígrafos NH, LH e CH:

Tainha, lhama, chuveiro.

O emprego de "E" e "I"

Existe uma curiosidade a respeito do emprego dessas letras nas palavras que escrevemos: o fato de o "e", no final da palavra, ser pronunciado como uma semivogal faz com que muitos falantes sintam aquela vontade de grafar a palavra com "i". Bem, veremos quais são os principais aspectos do emprego dessas letras.

Escreveremos com "e"

Palavras formadas com o prefixo ante- (que significa antes, anterior):

Antebraço, antevéspera, antecipar, antediluviano etc.

A sílaba final de formas conjugadas dos verbos terminados em –OAR e –UAR (quando estiverem no subjuntivo). Ex.:

Abençoe (abençoar)

Continue (continuar)

Pontue (pontuar)

Algumas palavras, por sua origem: arrepiar, cadeado, creolina, desperdiçar, desperdício, destilar, disenteria, empecilho, indígena, irrequieto, mexerico, mimeógrafo, orquídea, quase, sequer, seringa, umedecer etc.

Escreveremos com "i"

Palavras formadas com o prefixo anti- (que significa contra). Ex.:

Antiaéreo, anticristo, antitetânico, anti-inflamatório.

A sílaba final de formas conjugadas dos verbos terminados em –AIR, -OER e –UIR:

Cai (cair)

Sai (sair)

Diminui (diminuir)

Dói (doer)

Os ditongos AI, OI, ÓI, UI:

Pai

Foi

Herói

Influi.

ORTOGRAFIA

As seguintes palavras: aborígine, chefiar, crânio, criar, digladiar, displicência, escárnio, implicante, impertinente, impedimento, inigualável, lampião, pátio, penicilina, privilégio, requisito etc.

Vejamos alguns casos em que o emprego das letras "E" e "I" pode causar uma alteração semântica:

Escrito com "e"
Arrear = pôr arreios
Área = extensão de terra, local
Delatar = denunciar
Descrição = ação de descrever
Descriminação = absolver
Emergir = vir à tona
Emigrar = sair do país ou do local de origem
Eminente = importante

Escrito com "i"
Arriar = abaixar, desistir
Ária = peça musical
Dilatar = alargar, aumentar
Discrição = qualidade do discreto
Discriminar = separar, estabelecer diferença
Imergir = mergulhar
Imigrar = entrar em um país estrangeiro
Iminente = próximo, prestes e ocorre

O Novo Acordo Ortográfico explica que, agora, escreve-se com "i" antes de sílaba tônica. Veja alguns exemplos: acriano (admite-se, por ora, acreano), rosiano (de Guimarães Rosa), camoniano, nietzschiano (de Nietzsche) etc.

O emprego de O e U

Vejamos como empregar essas letras, a fim de que não mais possamos errar.

Apenas por exceção, palavras em Português com sílabas finais átonas (fracas) terminam por us; o comum é que se escreva com o ou os. Veja os exemplos: carro, aluno, abandono, abono, chimango etc.

Exemplos das exceções a que aludimos: bônus, vírus, ônibus etc.

Em palavras proparoxítonas ou paroxítonas com terminação em ditongo, são comuns as terminações –UA, -ULA, -ULO:

Tábua, rábula, crápula, coágulo.

As terminações –AO, -OLA, -OLO só aparecem em algumas palavras: mágoa, névoa, nódoa, agrícola1, vinícola, varíola etc.

Fique de olho na grafia destes termos:

Com a letra O: abolir, boate, botequim, bússola, costume, engolir, goela, moela, moleque, mosquito etc.

Com a letra U: bulício, buliçoso, bulir, camundongo, curtume, cutucar, jabuti, jabuticaba, rebuliço, urtiga, urticante etc.

---

1 Em razão da construção íncola (quem vive, habitante), por isso, silvícola, terrícola etc.

O emprego de G e J

Essas letras, por apresentarem o mesmo som eventualmente, costumam causar problemas de ortografia. Vamos tentar facilitar o trabalho: a letra "g" só apresenta o som de "j" diante das letras "e" e "i": gesso, gelo, agitar, agitador, agir, gíria.

Escreveremos com "G"

Palavras terminadas em - AGEM, -IGEM, -UGEM. Ex.:

Garagem, vertigem, rabugem, ferrugem, fuligem etc.

Exceções: pajem, lambujem (doce ou gorjeta), lajem (pedra da sepultura).

As palavras terminadas em –ÁGIO, ÉGIO, ÍGIO, ÓGIO, ÚGIO:

Contágio, régio, prodígio, relógio, refúgio.

As palavras derivadas de outras que já possuem a letra "g".

Viagem - viageiro

Ferrugem - ferrugento

Vertigem - vertiginoso

Regime - regimental

Selvagem - selvageria

Regional - regionalismo

Em geral, após a letra "r"

Ex.: Aspergir, divergir, submergir, imergir etc.

As palavras:

De origem latina: agir, gente, proteger, surgir, gengiva, gesto etc.

De origem árabe: álgebra, algema, ginete, girafa, giz etc.

De origem francesa: estrangeiro, agiotagem, geleia, sargento etc.

De origem italiana: gelosia, ágio etc.

Do castelhano: gitano.

Do inglês: gim.

Escreveremos com "J"

Os verbos terminados em –JAR ou –JEAR e suas formas conjugadas:

Gorjear: gorjeia (lembre-se das "aves"), gorjeiam, gorjearão.

Viajar: viajei, viaje, viajemos, viajante.

Cuidado para não confundir os termos viagem (substantivo) com viajem (verbo "viajar"). Vejamos o emprego.

"Ele fez uma bela viagem."

"Tomara que eles viajem amanhã."

Palavras derivadas de outras terminadas em –JA.

Granja: granjeiro, granjear.

Loja: lojista, lojinha.

Laranja: laranjal, laranjeira.

Lisonja: lisonjeiro, lisonjeador.

Sarja: sarjeta.

Palavras cognatas (raiz em comum) ou derivadas de outras que possuem o "j".

Laje: lajense, lajedo.

Nojo: nojento, nojeira.

Jeito: jeitoso, ajeitar, desajeitado.

Nas palavras: conjetura, ejetar, injeção, interjeição, objeção, objeto, objetivo, projeção, projeto, rejeição, sujeitar, sujeito, trajeto, trajetória, trejeito.

Palavras de origem ameríndia (geralmente tupi-guarani) ou africana: canjerê, canjica, jenipapo, jequitibá, jerimum, jia, jiboia, jiló, jirau, Moji, pajé, pajéu.

Nas palavras: berinjela, cafajeste, jeca, jegue, Jeremias, jerico, jérsei, majestade, manjedoura, ojeriza, pegajento, rijeza, sujeira, traje, ultraje, varejista.

Orientações sobre a grafia do fonema /s/

Podemos representar o fonema /s/ por:

S: ânsia, cansar, diversão, farsa.

SS: acesso, assar, carrossel, discussão.

C, Ç: acetinado, cimento, açoite, açúcar.

SC, SÇ: acréscimo, adolescente, ascensão, consciência, nasço, desça

X: aproximar, auxiliar, auxílio, sintaxe.

XC: exceção, exceder, excelência, excepcional.

Como se grafa, então?

Escreveremos com s:

A correlação nd - ns:

Pretender - pretensão, pretenso;

Expandir - expansão, expansivo.

A correlação rg - rs:

Aspergir - aspersão;

Imergir - imersão;

Emergir - emersão .

A correlação rt - rs:

Divertir - diversão;

Inverter - inversão.

O sufixo - ense:

paranaense;

cearense;

londrinense.

Escreveremos com ss:

A correlação ced - cess:

Ceder - cessão;

Interceder - intercessão;

Retroceder - retrocesso .

A correlação gred - gress

Agredir - agressão, agressivo;

Progredir - progressão, progresso.

A correlação prim - press

Imprimir - impressão, impresso;

Oprimir - opressão, opressor;

Reprimir - repressão, repressivo.

A correlação meter - miss

Submeter - submissão;

Intrometer - intromissão.

Escreveremos com c ou com "Ç"

Palavras de origem tupi ou africana. Ex.:

Açaí, araçá, Iguaçu, Juçara, muçurana, Paraguaçu, caçula, cacimba.

O "ç" só será usado antes das vogais a, o, u.

Com os sufixos:

aça: barcaça;

ação: armação;

çar: açuçar;

ecer: esmaecer;

iça: carniça;

nça: criança;

uça: dentuça.

Palavras derivadas de verbos terminados em –ter (não confundir com a regra do –meter / s):

Abster -> abstenção;

Reter -> retenção;

Deter -> detenção.

Depois de ditongos:

Feição;

louça;

traição.

Palavras de origem árabe:

açúcar;

açucena;

cetim;

muçulmano.

Emprego do SC

Escreveremos com sc palavras que são termos emprestados do latim:

adolescência;

ascendente;

consciente;

crescer;

descer;

fascinar;

fescenino.

Grafia da letra s com som de "Z"

Escreveremos com "S":

Terminações –ês, -esa, -isa, que indicam nacionalidade, título ou origem:

ORTOGRAFIA

Japonês - japonesa;

Marquês - marquesa;

Camponês - camponesa.

Após ditongos:

causa;

coisa;

lousa;

Sousa.

As formas dos verbos pôr e querer e de seus compostos:

Eu pus, nós pusemos, pusésseis etc.

Eu quis, nós quisemos, quisésseis etc.

As terminações –oso e –osa, que indicam qualidade:

gostoso;

garboso;

fervorosa;

talentosa.

O prefixo trans-:

transe;

transação;

transoceânico.

Em diminutivos cujo radical termine em "*S*":

Rosa - rosinha;

Teresa - Teresinha;

Lápis - lapisinho.

A correlação "*d*" - "*s*":

Aludir - alusão, alusivo;

Decidir - decisão, decisivo;

Defender - defesa, defensivo.

Verbos derivados de palavras cujo radical termina em s:

Análise - analisar;

Presa - apresar;

Êxtase - extasiar.

Português - aportuguesar

Os substantivos com os sufixos gregos –esse, isa, -ose:

catequese;

diocese;

poetisa;

virose.

(obs.: "catequizar" com "z")

Os nomes próprios:

Baltasar;

Heloísa;

Isabel;

Isaura;

Luísa;

Sousa;

Teresa.

As palavras:

análise;

cortesia;

hesitar;

reses;

vaselina;

avisar;

defesa;

obséquio;

revés;

vigésimo;

besouro;

fusível;

pesquisa;

tesoura;

colisão;

heresia;

querosene;

vasilha.

Emprego da letra "Z"

Escreveremos com "z"

As terminações - ez, -eza de substantivos abstratos derivados de adjetivos:

Belo - beleza;

Rico - riqueza;

Altivo - altivez;

Sensato - sensatez.

Os verbos formados com os sufixo - izar e palavras cognatas:

balizar;

inicializar;

civilizar.

As palavras derivadas em:

zal: cafezal, abacaxizal;

zeiro: cajazeiro, açaizeiro;

zito: avezita.

zinho: cãozinho, pãozinho, pezinho

Os derivados de palavras cujo radical termina em z:

Cruzeiro;

Esvaziar.

As palavras:

azar;

aprazível;

baliza;

buzina;

bazar;

cicatriz;

ojeriza;
prezar;
proeza;
vazamento;
vizinho;
xadrez;
xerez.

Emprego do X e do CH

A letra X pode representar os seguintes fonemas:

/ch/: xarope;
/cx/: sexo, tóxico;
/z/: exame;
/ss/: máximo;
/s/: sexto.

Escreveremos com "X"

Em geral, após um ditongo:

Caixa, peixe, ameixa, rouxinol, caixeiro (exceções: recauchutar e guache)

Geralmente, depois de sílaba iniciada por -em:

enxada;
enxerido;
enxugar;
enxurrada.

Encher (e seus derivados); palavras que iniciam por ch e recebem o prefixo en- "encharcar, enchumaçar, enchiqueirar, enchumbar". "Enchova" também é uma exceção.

Em palavras de origem indígena ou africana:

abacaxi;
xavante;
xará;
orixá;
xinxim.

Após a sílaba me no início da palavra:

mexerica;
mexerico;
mexer;
mexida.
(exceção: mecha de cabelo)

Nas palavras:

bexiga;
bruxa;
coaxar;
faxina;
graxa;
lagartixa;
lixa;

praxe;
vexame;
xícara;
xale;
xingar;
xampu.

Escreveremos com "CH"

→ As seguintes palavras, em razão de sua origem:

chave;
cheirar;
chuva;
chapéu;
chalé;
charlatão;
salsicha;
espadachim;
chope;
sanduíche;
chuchu;
cochilo;
fachada;
flecha;
mecha;
mochila;
pechincha.

Atente para a divergência de sentido com os seguintes elementos

bucho - estômago	buxo - espécie de arbusto
cheque - ordem de pagamento	xeque - lance do jogo de xadrez
tacha - pequeno prego	taxa - imposto

 Questões

01. (ESAF) O texto abaixo foi transcrito com adaptações. Assinale a opção que corresponde a erro gramatical ou de grafia de palavra.

Em alguns países mais afetados pela crise global, como os Estados Unidos, a indústria buscou aumentar sua competitividade por meio da forçada redução dos custos de produção, **o que** (1) implicou demissões em massa. Mesmo com menos trabalhadores, a indústria manteve ou ampliou a produção, alcançando ganhos notáveis de produtividade. Mesmo que **aceitasse** (2) arcar com um custo social tão alto, dificilmente o Brasil **alcançaria**(3) resultados econômicos tão rápidos. O aumento da produtividade do trabalhador brasileiro é limitado, entre outros fatores, pela **defazagem** (4) nos investimentos em educação. Com **escassez** (5) de trabalhadores qualificados, exigidos cada vez mais pelo mercado de trabalho, os salários de determinadas funções tendem a subir bem mais do que a produtividade média do setor, que afeta o preço dos bens finais.

(Editorial, O Estado de S. Paulo, 24/3/2012)

ORTOGRAFIA

a) 1
b) 2
c) 3
d) 4
e) 5

02. (ESAF) O texto abaixo foi transcrito com adaptações. Assinale a opção que corresponde a erro gramatical ou de grafia de palavra.

Poucos dias depois de **estender** (1) a cobrança de 6% do Imposto sobre Operações Financeiras – IOF para os empréstimos externos de cinco anos (antes eram taxados apenas os de três anos), como parte da guerrilha que **mantém** (2) para conter a valorização do real frente **ao** (3) dólar, o ministro da Fazenda não apenas reconheceu que sacrifica sua fé no câmbio flutuante, como admitiu haver efeitos colaterais da medida que terão de ser **mitigados** (4).De fato, o aumento do custo desse tipo de empréstimo ajuda o governo a rejeitar o capital oportunista, que aqui vem apenas para tirar vantagem de nossas taxas de juros elevadas, mas **ingeta** (5) problema na veia dos exportadores que precisam financiar suas operações no exterior. Ele fez questão de reforçar sua disposição de continuar atirando com todas as armas contra o excesso de liquidez mundial, provocado pelo tsunami cambial promovido pelos bancos centrais europeu e norte-americano.

(Editorial, Correio Braziliense,15/3/2012)

a) 1
b) 2
c) 3
d) 4
e) 5

03. Há alguns substantivos grafados com ç que são derivados de verbos, como produção, redução, desaceleração, projeção. Os verbos a seguir formam substantivos com a mesma grafia:
a) admitir, agredir, intuir
b) discutir, emitir, aferir
c) inquirir, imprimir, perseguir
d) obstruir, intervir, conduzir
e) reduzir, omitir, extinguir

04. Assinale a alternativa gramaticalmente correta de acordo com a ortografia.
a) A última paralização ocorreu há cerca de dois anos.
b) A última paralizassão ocorreu acerca de dois anos.
c) A última paralização ocorreu a cerca de dois anos.
d) A última paralisação ocorreu há cerca de dois anos.
e) A última paralisação ocorreu a cerca de dois anos.

05. (FCC) Os ...... para a conclusão da pesquisa estavam próximos e exigiam ...... na ...... dos dados já obtidos.
a) prazos - rapidês – análize
b) prazos – rapidez – análise
c) prazos – rapidez – análize
d) prasos – rapidez – análise
e) prasos – rapidês – análise

06. (FCC) É preciso corrigir deslizes relativos à ortografia oficial e à acentuação gráfica da frase:
a) As obras modernistas não se distinguem apenas pela temática inovadora, mas igualmente pela apreensão do ritmo alucinante da existência moderna.

b) Ainda que celebrassem as máquinas e os aparelhos da civilização moderna, a ficção e a poesia modernista também valorizavam as coisas mais quotidianas e prosaicas.
c) Longe de ser uma excessão, a pintura modernista foi responsável, antes mesmo da literatura, por intênsas polêmicas entre artistas e críticos concervadores.
d) No que se refere à poesia modernista, nada parece caracterizar melhor essa extraordinária produção poética do que a opção quase incondicional pelo verso livre.
e) O escândalo não era apenas uma consequência da produção modernista: parecia mesmo um dos objetivos precípuos de artistas dispostos a surpreender e a chocar.

07. (CESGRANRIO) Em qual das frases abaixo, todas as palavras são adequadas à ortografia oficial da língua portuguesa?
a) A discução sobre o português mais correto rerpercutiu bastante da mídia.
b) A discussão sobre o português mais correto repecutiu bastante na mídia.
c) A discussão sobre o português mais correto repercutiu bastante na mídia.
d) A discução sobre o português mais correto respercutiu bastante na mídia.
e) A discursão sobre o português mais correto respercutiu bastante na mídia.

08. (ESAF) A frase correta do ponto de vista da grafia é:
a) Era grande a insidência de casos de enjoo quando era servido aquele alimento, por isso o episódio não foi tratado como exceção, atitude que garantiu o êxito das providências.
b) Em meio a tanta opulência da mansão leiloada, encontrou a geringonça que, tratada criativamente por ele, garantiu por anos seu apoio a entidades beneficientes.
c) Seus gestos desarmônicos às vezes eram mal compreendidos, mas seu jeito afável de falar, sem resquícios de mágoa, revelava sua intenção de restabelecer a paz entre os familiares.
d) Defendeu-se dizendo que nunca pretendeu axincalhar ninguém, mas as suas caçoadas realmente humilhavam e incitavam à maledicência.
e) Sempre ansiosos, desenrolaram no saguão apinhado a faixa com que brindavam os recém-formados, com os seguintes dizeres: "Viagem bastante e divirtam-se, nobres doutores".

09. A palavra corretamente grafada é
a) admissão
b) distenção
c) discusão
d) excessão
e) extenção

10. A frase que está em conformidade com a ortografia oficial é:
a) Não interessa recaptular a indesejável dissensão, mas sim aliviar as tensões agudizadas pelo desnecessário enxerto de questões polêmicas.
b) Sempre quis ser assessora de moda em lojas, mas eram tantos os empecilhos, que acabou por vencer a ojeriza de coser sob encomenda e, com isso, tornou-se grande costureira.
c) Endoidescia o marido com seus gastos extravagantes, pois acreditava que o tão desejado charme era questão de plumas e brilhos esplendorosos, de preferência, vindos do exterior.

d) Quando disse que não exitaria em abandonar o emprego de sopetão e ir relaxar numa praia distante, lhe disseram que seria sandice, mas não conseguiram vencer o fascínio da aventura.

e) Representava na peça um cafageste que tratava a todos com escárneo, mas sua atuação era sempre tão fascinante que diariamente angariava a simpatia de toda a platéia.

Gabaritos

01	D	06	C
02	E	07	C
03	D	08	C
04	D	09	A
05	B	10	B

17. ACORDO ORTOGRÁFICO DA LÍNGUA PORTUGUESA

O Novo Acordo Ortográfico busca simplificar as regras ortográficas da Língua Portuguesa e unificar a nossa escrita e a das demais nações de língua portuguesa: Portugal, Angola, Moçambique, Cabo Verde, Guiné-Bissau, São Tomé e Príncipe e Timor-Leste.

Sua implementação no Brasil passou por algumas etapas:

> 2009 – vigência ainda não obrigatória
> 2010 a 2015: adaptação completa às novas regras
> A partir de 1º de janeiro de 2016: emprego obrigatório, o novo acordo ortográfico passa a ser o único formato da língua reconhecido no Brasil.

Entre as mudanças na língua portuguesa decorrentes da reforma ortográfica, podemos citar o fim do trema, alterações da forma de acentuar palavras com ditongos abertos e que sejam hiatos, supressão dos acentos diferencias e dos acentos tônicos, novas regras para o emprego do hífen e inclusão das letras w, k e y ao idioma.

Entre a proposta (em 1990) e a entrada em vigor (2016) são 16 anos. Esse processo foi longo porque era necessário que fossem alcançadas as três decisões para que o acordo fosse cumprido. Em 2006, São Tomé e Príncipe e Cabo Verde se uniram ao Brasil e ratificaram o novo acordo. Em maio de 2008, Portugal também ratificou o acordo para unificar a ortografia em todas as nações de língua portuguesa.

17.1 Trema

Não se usa mais o trema (¨), sinal colocado sobre a letra u para indicar que ela deve ser pronunciada nos grupos gue, gui, que, qui.

aguentar, bilíngue, cinquenta, delinquente, eloquente, ensanguentado, frequente, linguiça, quinquênio, sequência, sequestro, tranquilo.

Obs.: o trema permanece apenas nas palavras estrangeiras e em suas derivadas. Exemplos: Müller, mülleriano.

17.2 Regras de Acentuação

Ditongos abertos em paroxítonas

Não se usa mais o acento dos ditongos abertos éi e ói das palavras paroxítonas (palavras que têm acento tônico na penúltima sílaba).

alcateia, androide, apoia, apoio (verbo), asteroide, boia, celuloide, claraboia, colmeia, Coreia, debiloide, epopeia, estoico, estreia, geleia, heroico, ideia, jiboia, joia, odisseia, paranoia, paranoico, plateia, tramoia.

Obs.: a regra é somente para palavras paroxítonas. Assim, continuam a ser acentuadas as palavras oxítonas e os monossílabos tônicos terminados em éi(s), ói(s). Exemplos: papéis, herói, heróis, dói (verbo doer), sóis etc.

A palavra ideia não leva mais acento, assim como heroico. Mas o termo herói é acentuado.

I e U tônicos depois de um ditongo

Nas palavras paroxítonas, não se usa mais o acento no i e no u tônicos quando vierem depois de um ditongo.

baiuca, bocaiuva (tipo de palmeira), cauila (avarento)

Obs.:

> se a palavra for oxítona e o i ou o u estiverem em posição final (ou seguidos des), o acento permanece. Exemplos: tuiuiú, tuiuiús, Piauí;
> se o i ou o u forem precedidos de ditongo crescente, o acento permanece. Exemplos: guaíba, Guaíra.

Hiatos EE e OO

Não se usa mais acento em palavras terminadas em eem e oo(s).

abençoo, creem, deem, doo, enjoo, leem, magoo, perdoo, povoo, veem, voos, zoo

Acento Diferencial

Não se usa mais o acento que diferenciava os pares pára/para, péla(s)/pela(s), pêlo(s)/pelo(s), pólo(s)/polo(s) e pêra/pera.

Exs.:

Ele para o carro.

Ele foi ao polo Norte.

Ele gosta de jogar polo.

Esse gato tem pelos brancos.

Comi uma pera.

Obs.:

> Permanece o acento diferencial em pôde/pode. Pôde é a forma do passado do verbo poder (pretérito perfeito do indicativo), na 3ª pessoa do singular. Pode é a forma do presente do indicativo, na 3ª pessoa do singular.

Ontem, ele não pôde sair mais cedo, mas hoje ele pode.

> Permanece o acento diferencial em pôr/por. Pôr é verbo. Por é preposição. Exemplo: Vou pôr o livro na estante que foi feita por mim.

> Permanecem os acentos que diferenciam o singular do plural dos verbos ter e vir, assim como de seus derivados (manter, deter, reter, conter, convir, intervir, advir etc.).

Exs.:

Ele tem dois carros. / Eles têm dois carros.

Ele vem de Sorocaba. / Eles vêm de Sorocaba.

Ele mantém a palavra. / Eles mantêm a palavra.

Ele convém aos estudantes. / Eles convêm aos estudantes.

Ele detém o poder. / Eles detêm o poder.

Ele intervém em todas as aulas. / Eles intervêm em todas as aulas.

> É facultativo o uso do acento circunflexo para diferenciar as palavras forma/fôrma. Em alguns casos, o uso do acento deixa a frase mais clara. Veja este exemplo: Qual é a forma da fôrma do bolo?

Acento agudo no u tônico

Não se usa mais o acento agudo no u tônico das formas (tu) arguis, (ele) argui, (eles) arguem, do presente do indicativo dos verbos arguir e redarguir.

17.3 Hífen com Compostos

Palavras Compostas sem Elementos de Ligação

Usa-se o hífen nas palavras compostas que não apresentam elementos de ligação.

guarda-chuva, arco-íris, boa-fé, segunda-feira, mesa-redonda, vaga-lume, joão-ninguém, porta-malas, porta-bandeira, pão-duro, bate-boca.

Exceções: Não se usa o hífen em certas palavras que perderam a noção de composição, como girassol, madressilva, mandachuva, pontapé, paraquedas, paraquedista, paraquedismo.

Compostos com Palavras Iguais

Usa-se o hífen em compostos que têm palavras iguais ou quase iguais, sem elementos de ligação.

reco-reco, blá-blá-blá, zum-zum, tico-tico, tique-taque, cri--cri, glu-glu, rom-rom, pingue-pongue, zigue-zague, esconde-esconde, pega-pega, corre-corre.

Compostos com Elementos de Ligação

Não se usa o hífen em compostos que apresentam elementos de ligação.

pé de moleque, pé de vento, pai de todos, dia a dia, fim de semana, cor de vinho, ponto e vírgula, camisa de força, cara de pau, olho de sogra.

Obs.: Incluem-se nesse caso os compostos de base oracional.

maria vai com as outras, leva e traz, diz que diz que, deus me livre, deus nos acuda, cor de burro quando foge, bicho de sete cabeças, faz de conta.

Exceções: água-de-colônia, arco-da-velha, cor-de-rosa, mais-que-perfeito, pé-de-meia, ao deus-dará, à queima-roupa.

Topônimos

Usa-se o hífen nas palavras compostas derivadas de topônimos (nomes próprios de lugares), com ou sem elementos de ligação.

Exs.:

Belo Horizonte: belo-horizontino

Porto Alegre: porto-alegrense

Mato Grosso do Sul: mato-grossense-do-sul

Rio Grande do Norte: rio-grandense-do-norte

África do Sul: sul-africano

17.4 Uso do Hífen com Palavras Formadas por Prefixos

Casos Gerais

Antes de H

Usa-se o hífen diante de palavra iniciada por h.

Exs.:

anti-higiênico

anti-histórico

macro-história

mini-hotel

proto-história

sobre-humano

super-homem

ultra-humano

Letras Iguais

Usa-se o hífen se o prefixo terminar com a mesma letra com que se inicia a outra palavra.

Exs.:

micro-ondas

anti-inflacionário

sub-bibliotecário

inter-regional

Letras Diferentes

Não se usa o hífen se o prefixo terminar com letra diferente daquela com que se inicia a outra palavra.

Exs.:

autoescola

antiaéreo

intermunicipal

supersônico

superinteressante

agroindustrial

aeroespacial

semicírculo

Obs.: Se o prefixo terminar por vogal e a outra palavra começar por r ou s, dobram-se essas letras.

Exs.:

minissaia

antirracismo

ultrassom

semirreta

LÍNGUA PORTUGUESA

ACORDO ORTOGRÁFICO DA LÍNGUA PORTUGUESA

Casos particulares

Prefixos SUB e SOB

Com os prefixos sub e sob, usa-se o hífen também diante de palavra iniciada por r.

Exs.:
sub-região
sub-reitor
sub-regional
sob-roda

Prefixos CIRCUM e PAN

Com os prefixos circum e pan, usa-se o hífen diante de palavra iniciada por m, n e vogal.

Exs.:
circum-murado
circum-navegação
pan-americano

Outros prefixos

Usa-se o hífen com os prefixos ex, sem, além, aquém, recém, pós, pré, pró, vice.

Exs.:
além-mar
além-túmulo
aquém-mar
ex-aluno
ex-diretor
ex-hospedeiro
ex-prefeito
ex-presidente
pós-graduação
pré-história
pré-vestibular
pró-europeu
recém-casado
recém-nascido
sem-terra
vice-rei

Prefixo CO

O prefixo co junta-se com o segundo elemento, mesmo quando este se inicia por o ou h. Neste último caso, corta-se o h. Se a palavra seguinte começar com r ou s, dobram-se essas letras.

Exs.:
coobrigação
coedição
coeducar
cofundador
coabitação
coerdeiro
corréu
corresponsável
cosseno

Prefixos PRE e RE

Com os prefixos pre e re, não se usa o hífen, mesmo diante de palavras começadas por e.

Exs.:
preexistente
preelaborar
reescrever
reedição

Prefixos AB, OB e AD

Na formação de palavras com ab, ob e ad, usa-se o hífen diante de palavra começada por b, d ou r.

Exs.:
ad-digital
ad-renal
ob-rogar
ab-rogar

Outros Casos do Uso do Hífen

NÃO e QUASE

Não se usa o hífen na formação de palavras com não e quase.

Exs.:
(acordo de) não agressão
(isto é um) quase delito

MAL

Com mal*, usa-se o hífen quando a palavra seguinte começar por vogal, h ou l.

Exs.:
mal-entendido
mal-estar
mal-humorado
mal-limpo

Obs.: Quando mal significa doença, usa-se o hífen se não houver elemento de ligação.

Exs.:
mal-francês.

Se houver elemento de ligação, escreve-se sem o hífen.
mal de lázaro, mal de sete dias.

Tupi-guarani

Usa-se o hífen com sufixos de origem tupi-guarani que representam formas adjetivas: açu, guaçu, mirim.:

Exs.:

capim-açu

amoré-guaçu

anajá-mirim

Combinação Ocasional

Usa-se o hífen para ligar duas ou mais palavras que ocasionalmente se combinam, formando não propriamente vocábulos, mas encadeamentos vocabulares.

Exs.:

ponte Rio-Niterói

eixo Rio-São Paulo

Hífen e Translineação

Para clareza gráfica, se no final da linha a partição de uma palavra ou combinação de palavras coincidir com o hífen, ele deve ser repetido na linha seguinte.

Exs.:

Na cidade, conta-

-se que ele foi viajar.

O diretor foi receber os ex-

-alunos.

guarda-

-chuva

Por favor, diga-

-nos logo o que aconteceu.

17.5 Síntese das Principais Regras do Hífen

	Síntese do Hífen	
Letras diferentes	Não use hífen	Infraestrutura, extraoficial, supermercado
Letras iguais	Use hífen	Anti-inflamatório, contra-argumento, inter-racial, hiper-realista
Vogal + r ou s	Não use hífen (duplique r ou s)	Corréu, cosseno, minissaia, autorretrato
Bem	Use hífen	Bem-vindo, bem-humorado

17.6 Quadro Resumo do Emprego do Hífen com Prefixos

Prefixos	Letra que inicia a palavra seguinte
Ante-, Anti-, Contra-, Entre-, Extra-, Infra-, Intra-, Sobre-, Supra-, Ultra-	H / VOGAL IDÊNTICA À QUE TERMINA O PREFIXO Exemplos com H: ante-hipófise, anti-higiênico, anti-herói, contra-hospitalar, entre-hostil, extra-humano, infra-hepático, sobre-humano, supra-hepático, ultra-hiperbólico. Exemplos com vogal idêntica: anti-inflamatório, contra-ataque, infra-axilar, sobre-estimar, supra-auricular, ultra-aquecido.
Ab-, Ad-, Ob-, Sob-	B – R – D (Apenas com o prefixo "Ad") Exemplos: ab-rogar (pôr em desuso), ad-rogar (adotar) ob-reptício (astucioso), sob-roda ad-digital
Circum-, Pan-	H / M / N / VOGAL Exemplos: circum-meridiano, circum-navegação, circum-oral, pan-americano, pan-mágico, pan-negritude.
Ex- (no sentido de estado anterior), Sota-, Soto-, Vice-, Vizo-	DIANTE DE QUALQUER PALAVRA Exemplos: ex-namorada, sota-soberania (não total), soto-mestre (substituto), vice-reitor, vizo-rei.
Hiper-, Inter-, Super-	H / R Exemplos: hiper-hidrose, hiper-raivoso, inter-humano, inter-racial, super-homem, super-resistente.
Pós-, Pré-, Pró- (tônicos e com significados próprios)	DIANTE DE QUALQUER PALAVRA Exemplos: pós-graduação, pré-escolar, pró-democracia. Obs.: se os prefixos não forem autônomos, não haverá hífen. Exemplos: predeterminado, pressupor, pospor, propor.
Sub-	B – H – R Exemplos: sub-bloco, sub-hepático, sub-humano, sub-região. Obs.: "subumano" e "subepático" também são aceitas.
Pseudoprefixos (diferem-se dos prefixos por apresentarem elevado grau de independência e possuírem uma significação mais ou menos delimitada, presente à consciência dos falantes.) Aero-, Agro-, Arqui-, Auto-, Bio-, Eletro-, Geo-, Hidro-, Macro-, Maxi-, Mega-, Micro-, Mini-, Multi-, Neo-, Pluri-, Proto-, Pseudo-, Retro-, Semi-, Tele-	H / VOGAL IDÊNTICA À QUE TERMINA O PREFIXO Exemplos com H: geo-histórico, mini-hospital, neo-helênico, proto-história, semi-hospitalar. Exemplos com vogal idêntica: arqui-inimigo, auto-observação, eletro-ótica, micro-ondas, micro-ônibus, neo-ortodoxia, semi-interno, tele-educação.

LÍNGUA PORTUGUESA

ACORDO ORTOGRÁFICO DA LÍNGUA PORTUGUESA

01. Não se utilizará o hífen em palavras iniciadas pelo prefixo 'co-'.
    Ex.: coadministrar, coautor, coexistência, cooptar, coerdeiro corresponsável, cosseno.

02. *Prefixos des- e in- + segundo elemento sem o "h" inicial.*
    Ex.: *desarmonia, desumano, desumidificar, inábil, inumano, etc.*

03. Não se utilizará o hífen com a palavra não.
    Ex.: não violência, não agressão, não comparecimento.

04. Não se utiliza o hífen em palavras que possuem os elementos "bi", "tri", "tetra", "penta", "hexa", etc.
    Ex.: bicampeão, bimensal, bimestral, bienal, tridimensional, trimestral, triênio, tetracampeão, tetraplégico, pentacampeão, pentágono, etc.

05. Em relação ao prefixo "hidro", em alguns casos pode haver duas formas de grafia.
    Ex.: hidroelétrica e hidrelétrica

06. No caso do elemento "socio", o hífen será utilizado apenas quando houver função de substantivo (= de associado).
    Ex.: sócio-gerente / socioeconômico

 Questões

01. Nas alternativas a seguir, os acentos foram omitidos propositadamente. Assinale a alternativa em que todas as palavras deveriam ser graficamente acentuadas
a) rubrica, diluvio, viuva.
b) ambar, heroi, ilustra-lo.
c) protons, forceps, releem.
d) dificilmente, Piaui, misantropo.
e) perdoo, atribuimos, caiste.

02. Observe as frases abaixo e responda a seguir.
01. Fiz toda a janta usando só o _____.
02. Na _____, os homens viviam em cavernas.
03. Meu _____ é _____.
As palavras que completam corretamente as lacunas em (1), (2) e (3) são, respectivamente:
a) micro-ondas / pré-história / microcomputador / seminovo.
b) microondas / préhistória / microcomputador / seminovo.
c) micro-ondas / pré-história / microcomputador / semi-novo.
d) microndas / preistoria / microcomputador / seminovo.
e) micro-ondas / pré-história / micro-computador / seminovo.

03. Assinale a alternativa correta, segundo o novo acordo ortográfico:
"O pronunciamento do parlamentar na _____ da peça de teatro teve repercussão na impressa, de modo que o outro deputado, ao desembarcar do seu _____ rumo à cidade de _____, no estado do _____ também falou sobre o assunto: Os que _____ jornais saberão do que estou falando".
a) Estréia – vôo – Parnaíba – Piauí – lêem
b) Estreia – vôo – Parnaiba – Piaui – lêem
c) Estreia – voo – Parnaíba – Piauí – leem
d) Estreia – voo – Parnaíba – Piauí – leem
e) Estreia – voo – Parnaíba – Piauí – lêem

04. Assinale a opção em o emprego do hífen, segundo as regras do mais recente Acordo Ortográfico, está incorreto.
a) Vamos comprar um anti-inflamatório porque ela está superresfriada.
b) O quadro foi protegido com vidro antirreflexo
c) Ele era corréu na acusação de ter assassinado o contrarregra
d) O grupo antissequestro já participa da investigação.
e) Trata-se de uma informação semioficial.

05. De acordo com a Nova Ortografia da Língua Portuguesa, no trecho "Apoiou ditaduras, avalizou políticas antipopulares, fingiu não ver os desmandos de aliados (...)" o termo destacado
I. deveria ter sido grafado com hífen, como em anti-higiênico e anti-inflacionário.
II. está adequadamente grafado, obedecendo à regra em que prefixo terminado em vogal se junta com a palavra iniciada por consoante.
III. está adequadamente grafado, assim como em antiaéreo e antiprofissional.
IV. tem como facultativo o emprego do hífen, visto que o Novo Acordo Ortográfico ainda é recente.
V. obedece à mesma regra que palavras formadas por prefixos como super-, ultra- e sub-.
Estão CORRETAS as proposições
a) II, III, IV e V.
b) I, II e IV.
c) II, III e V.
d) I, II e III.
e) I, II, III, IV e V.

06. Assinale a opção em que há quatro palavras INCORRETAS:
a) coronéis; micro-ondas; hipersensível; super-resistente; anti-horário; bem-vindo.
b) acessor; atraso; infringir; jus; excessão; ascenção; aridês; vírus; excesso; viuvez.
c) canalizar, pesquisar, analisar, balizar, sintetizar; dialisar; atualizar; bisar; prezar.
d) ideia, chapéu, herói, plateia, condói, céu, perdoo, voo, geo-história, subsolo.

07. "O idioma tornou-se multicultural, multiétnico, pois a maior parte dos falantes da África e da Índia é bilíngue ou multilíngue." A ortografia, nesse trecho, respeita as regras determinadas pelo novo acordo ortográfico, assim como em todas as palavras de qual alternativa? Assinale-a.
a) O sóciogerente participou da reunião com a pré-comissão do evento.
b) A infraestrutura está protegida por um eficiente sistema de para-raios.
c) O médico solicitou exames pre-cirúrgicos, como ultrassom e coleta de sangue para análise.
d) Houve efeitos que indicaram a interrelação dos elementos presentes na estrutura pré-moldada.

08. Assinale a opção em que a palavra não está de acordo com o Novo Acordo Ortográfico:
a) Ideia;
b) Inter-relação;
c) Microeletrônica;
d) Minissérie;
e) Auto-ajuda.

80

09. Leia o cartoon.

Disponível em: https://ciberduvidas.iscte-iul.pt/Images/AOCartoon2.jpg.
Acesso em 05 de mar. de 2016

O efeito de humor no cartoon é produzido devido a uma mudança na grafia da palavra "microondas" de acordo com o Novo Acordo Ortográfico. Segundo esse documento

a) O hífen deve ser usado em dois casos: quando a segunda parte da palavra começar com s ou r (contra-regra permanece com hífen), e quando a primeira parte da palavra termina com vogal e a segunda parte começa com vogal (auto-estrada).

b) Já o acento agudo permanece nos ditongos abertos "ei" e "oi" (antes "éi" e "ói"), na grafia de palavras como colméia e jibóia.

c) O hífen deve ser usado se o prefixo do primeiro elemento terminar com a mesma vogal que inicia o segundo.

d) O acento circunflexo foi mantido nas palavras terminadas em "êem", como nas formas verbais lêem, crêem, vêem e em substantivos como enjôo e vôo.

e) Não se usa hífen nas palavras cujo prefixo for "ex" (no sentido de estado anterior) e "vice".

Gabaritos

01	B	06	B
02	A	07	B
03	D	08	E
04	A	09	C
05	C		

18. INTERPRETAÇÃO DE TEXTOS

18.1 Ideias Preliminares sobre o Assunto

Independentemente de quem seja o professor de Língua Portuguesa, é muito comum ele ouvir alguns alunos falando que até gostam da matéria em questão, mas que possuem muita dificuldade com a interpretação dos textos. Isso é algo totalmente normal, principalmente porque costumamos fazer algo terrível chamado de "leitura dinâmica" que poderia ser traduzido da seguinte maneira: procedimento em que você olha as palavras mas não entende o significado do que está lá escrito.

Para interpretar um texto, o indivíduo precisa de muita atenção e de muito treino. Interpretar pode ser comparado com disparar uma arma: apenas temos chance de acertar o alvo se treinarmos muito e soubermos combinar todos os elementos externos ao disparo: velocidade do ar, direção, distância etc.

Quando o assunto é texto, o primordial é estabelecer uma relação contextual com aquilo que estamos lendo. Montar o contexto significa associar o que está escrito no texto base com o que está disposto nas questões. Lembre-se de que há uma questão montada com a intenção de testar você, ou seja, deve ficar atento para todas as palavras e para todas as possibilidades de mudança de sentido que possa haver nas questões.

É preciso, para entender as questões de interpretação de qualquer banca, buscar o raciocínio que o elaborador da questão emprega na redação da questão. Usualmente, objetiva-se a depreensão dos sentidos do texto. Para tanto, destaque os itens fundamentais (as ideias principais contidas nos parágrafos) para poder refletir sobre tais itens dentro das questões.

18.2 Semântica ou Pragmática?

Existe uma discussão acadêmica sobre o que possa ser considerado como semântica e como pragmática. Em que pese o fato de os universitários divergirem a respeito do assunto, vamos estabelecer uma distinção simples, apenas para clarear nossos estudos.

Semântica: disciplina que estuda o significado dos termos. Para as questões relacionadas a essa área, o comum é que se questione acerca da troca de algum termo e a manutenção do sentido original da sentença.

Pragmática: disciplina que estuda o sentido que um termo assume dentro de determinado contexto. Isso quer dizer que a identificação desse sentido depende do entorno linguístico e da intenção de quem exprime a sentença.

Para exemplificar essa situação, vejamos o exemplo abaixo:

Pedro está na geladeira.

Nesse caso, é possível que uma questão avalie a capacidade de o leitor compreender que há, no mínimo, dois sentidos possíveis para essa sentença: um deles diz respeito ao fato de a expressão "na geladeira" poder significar algo como "ele foi até a geladeira buscar algo", o que – coloquialmente – significaria uma expressão indicativa de lugar. O outro sentido diz respeito ao fato de "na geladeira" significar que "foi apartado de alguma coisa para receber algum tipo de punição".

A questão sobre semântica exigiria que o candidato percebesse a possibilidade de trocar a palavra "geladeira" por "refrigerador" – havendo, nesse caso, uma relação de sinonímia.

A questão de pragmática exigiria que o candidato percebesse a relação contextualmente estabelecida, ou seja, a criação de uma figura de linguagem (um tipo de metáfora) para veicular um sentido particular.

18.3 Questão de Interpretação?

Como se faz para saber que uma questão de interpretação é uma questão de interpretação? É uma mera intuição que surge na hora da prova ou existe uma "pista" a ser seguida para a identificação da natureza da questão?

Respondendo a essa pergunta, entende-se que há pistas que identificam a questão como pertencente ao rol de questões para interpretação. Os indícios mais precisos que costumam aparecer nas questões são:

Reconhecimento da intenção do autor.

Ponto de vista defendido.

Argumentação do autor.

Sentido da sentença.

Apesar disso, não são apenas esses os indícios de que uma questão é de intepretação. Dependendo da banca, podemos ter a natureza interpretativa distinta, principalmente porque o critério de intepretação é mais subjetivo que objetivo. Algumas bancas podem restringir o entendimento do texto; outras podem extrapolá-lo.

18.4 Tipos de Texto - O Texto e suas Partes

Um texto é um todo. Um todo é constituído de diversas partes. A interpretação é, sobremaneira, uma tentativa de reconhecer as intenções de quem comunica recompondo as partes para uma visão global do todo.

Para podermos interpretar, é necessário termos o conhecimento prévio a respeito dos tipos de texto que, fortuitamente, podemos encontrar em um concurso. Vejamos quais são as distinções fundamentais com relação aos tipos de texto.

18.5 O Texto Dissertativo

Nas acepções mais comuns do dicionário, o verbo "dissertar" significa "discorrer ou opinar sobre algum tema". O texto dissertativo apresenta uma ideia básica que começa a ser desdobrada em subitens ou termos menores. Cabe ressaltar que não existe apenas um tipo de dissertação, há mais de uma maneira de o autor escrever um texto dessa natureza.

Conceituar, polemizar, questionar a lógica de algum tema, explicar ou mesmo comentar uma notícia são estratégias dissertativas. Vamos dividir essa tipologia textual em dois tipos essencialmente diferentes: o **dissertativo-expositivo** e o **dissertativo-argumentativo**.

Padrão Dissertativo-Expositivo

A característica fundamental do padrão expositivo da dissertação é utilizar a estrutura da prosa não para convencer alguém de alguma coisa, e sim para apresentar uma ideia, apresentar um conceito. O princípio do texto expositivo não é a persuasão, é a informação e, justamente por tal fato, ficou conhecido como informativo. Para garantir uma boa interpretação desse padrão textual, é importante buscar a ideia principal (que deve estar presente na introdução do texto) e, depois, entender quais serão os aspectos que farão o texto progredir.

Onde posso encontrar esse tipo de texto? Jornais revistas, sites sobre o mundo de economia e finanças. Diz-se que esse tipo de texto focaliza a função referencial da linguagem.

Como costuma ser o tipo de questão relacionada ao texto dissertativo-expositivo? Geralmente, os elaboradores questionam sobre as informações veiculadas pelo texto. A tendência é que o elaborador inverta as informações contidas no texto.

Como resolver mais facilmente? Toda frase que mencionar o conceito ou a quantidade de alguma coisa deve ser destacada para facilitar a consulta.

Padrão Dissertativo-Argumentativo

No texto do padrão dissertativo-argumentativo, existe uma opinião sendo defendida e existe uma posição ideológica por detrás de quem escreve o texto. Se analisarmos a divisão dos parágrafos de um texto com características argumentativas, perceberemos que a introdução apresenta sempre uma tese (ou hipótese) que é defendida ao longo dos parágrafos.

Uma vez feito isso, o candidato deve entender qual é a estratégia utilizada pelo produtor do texto para defender seu ponto de vista. Na verdade, agora é o momento de colocar "a mão na massa" para valer, uma vez que aqueles enunciados que iniciam com "infere-se da argumentação do texto", "depreende-se dos argumentos do autor" serão vencidos caso se observem os fatores de interpretação corretos.

Quais são esses fatores, então?

A conexão entre as ideias do texto (atenção para as conjunções).

Articulação entre as ideias do texto (atenção para a combinação de argumentos).

Progressão do texto.

Os Recursos Argumentativos:

Quando o leitor interage com uma fonte textual, deve observar - tratando-se de um texto com o padrão dissertativo-argumentativo - que o autor se vale de recursos argumentativos para construir seu raciocínio dentro do texto. Vejamos alguns recursos importantes:

Argumento de autoridade: baseado na exposição do pensamento de algum especialista ou alguma autoridade no assunto. Citações, paráfrases e menções ao indivíduo podem ser tomadas ao longo do texto. Tome cuidado para não cair na armadilha: saiba diferenciar se a opinião colocada em foco é a do autor ou se é a do indivíduo que ele cita ao longo do texto.

Argumento com base em consenso: parte de uma ideia tomada como consensual, o que "carrega" o leitor a entender apenas aquilo que o elaborador mostra. Sentenças do tipo todo mundo sabe que, é de conhecimento geral que identificam esse tipo de argumentação.

Argumento com fundamentação concreta: basear aquilo que se diz em algum tipo de pesquisa ou fato que ocorre com certa frequência.

Argumento silogístico (com base em um raciocínio lógico): do tipo hipotético - Se...então.

Argumento de competência linguística: consiste em adequar o discurso ao panorama linguístico de quem é tido como possível leitor do texto.

Argumento de exemplificação: utilizar casos, ou pequenos relatos para ilustrar a argumentação do texto.

Questões

01. (VUNESP) Os aplicativos mencionados no texto têm, em comum, a finalidade de:
a) Oferecer aos usuários opções para contornarem os problemas no trânsito.
b) Substituir os órgãos públicos na fiscalização do tráfego de veículos.
c) Auxiliar os pedestres e acabar com os atropelamentos nas grandes cidades.
d) Orientar os motoristas que desconhecem as principais leis de trânsito.
e) Reduzir o número de carros por habitante na cidade de São Paulo.

02. (VUNESP) Uri Levine e Noel Rocha idealizaram os aplicativos Waze e Alaga SP, respectivamente, a partir:
a) Da conversa com amigos que reclamavam do trânsito.
b) De suas experiências concretas como motoristas.
c) De situações em que se viram presos em engarrafamentos.
d) Da impossibilidade de viajar devido a alagamentos.
e) Da cópia de aplicativos idênticos que faziam sucesso no mercado.

03. (VUNESP) "Quando paro com meu carro no semáforo, já olho se o caminho que vou fazer está congestionado. Se estiver, pego uma alternativa e, se também estiver travada, uso o aplicativo para avisar os outros motoristas."
Considerando as descrições dos aplicativos apresentadas no texto, pode-se concluir que esse comentário se refere ao uso do:
a) Waze.
b) Alaga SP.
c) Moovit.
d) Maplink.
e) Apontador Rodoviário.

04. (VUNESP) Leia o primeiro parágrafo:
Em uma cidade com tantos problemas no trânsito como São Paulo, a indústria de apps – os aplicativos para celulares e tablets - encontrou **terreno fértil** para se desenvolver.

LÍNGUA PORTUGUESA

INTERPRETAÇÃO DE TEXTOS

A expressão **terreno fértil** pode ser substituída, sem alteração da mensagem, por:
a) Necessidade restrita.
b) Cenário conturbado.
c) Condições propícias.
d) Ferramentas exóticas.
e) Momento contraditório.

Observe a passagem do terceiro parágrafo: Criado em Israel, é uma mistura de rede social com GPS, em que motoristas compartilham as condições do trânsito e pontos **críticos** de congestionamento.

05. (VUNESP) O termo **críticos**, em destaque, é empregado com o sentido de:
a) Distintos.
b) Provisórios.
c) Sugestivos.
d) Problemáticos.
e) Analíticos.

Gabaritos

01	A	04	C
02	B	05	D
03	A	06	E

O novo milênio - designado como era do conhecimento, da informação - é marcado por mudanças de relevante importância e por impactos econômicos, políticos e sociais. Em épocas de transformações tão radicais e abrangentes como essa, caracterizada pela transição de uma era industrial para uma baseada no conhecimento, aumenta-se o grau de indefinições e incertezas. Há, portanto, que se fazer esforço redobrado para identificar e compreender esses novos processos - o que exige o desenvolvimento de um novo quadro conceitual e analítico que permita captar, mensurar e avaliar os elementos que determinam essas mudanças - e para distinguir, entre as características e tendências emergentes, as que são mais duradouras das que são transitórias, ou seja, lidar com a necessidade do que Milton Santos resumiu como distinguir o modo da moda.

No novo padrão técnico-econômico, notam-se a crescente inovação, intensidade e complexidade dos conhecimentos desenvolvidos e a acelerada incorporação desses nos bens e serviços produzidos e comercializados pelas organizações e pela sociedade. Destacam-se, sobretudo, a maior velocidade, a confiabilidade e o baixo custo de transmissão, armazenamento e processamento de enormes quantidades de conhecimentos codificados e de outros tipos de informação.

Helena Maria Martins Lastres et al. Desafios e oportunidades da era do conhecimento. In: São Paulo em Perspectiva, 16(3), 2002, p. 60-1 (com adaptações).

A partir das ideias e dos argumentos suscitados pelo texto, julgue os itens subsequentes.

06. (CESGRANRIO) No Texto I, Michael Herrmann, consultor do Fundo de População das Nações Unidas, afirma que tratar o crescimento populacional de forma adequada significa:
a) Enfrentar o problema de forma localizada e evitar soluções globalizantes.
b) Permitir a proliferação dos padrões de vida do cidadão americano e rechaçar a miséria.
c) Evitar o enriquecimento dos países emergentes e incentivar a preservação ambiental nos demais.
d) Implementar uma política de controle populacional compulsório e garantir acesso à educação e aos serviços de saúde reprodutiva.
e) Promover o bem-estar da população e assegurar o uso sustentável dos recursos naturais.

19. INTERPRETAÇÃO DE TEXTO POÉTICO

Cada vez mais comum em provas de concursos públicos, o texto poético possui suas particularidades. Nem todas as pessoas possuem a capacidade de ler um texto poético, quanto mais interpretá-lo. Justamente por esse fato, ele tem sido o predileto dos examinadores que querem dificultar a vida dos candidatos.

Antes de passar à interpretação propriamente dita, é preciso identificar a nomenclatura das partes de um poema. Cada "linha" do poema é chamada de "**verso**", o conjunto de versos é chamado de "**estrofe**". A primeira sugestão para quem pretende interpretar um poema é segmentar a interpretação por estrofe e anotar o sentido trazido ao lado e cada trecho.

Geralmente as bancas pecam ao diferenciar **autor** de **eu-lírico**. O primeiro é realmente a pessoa por detrás da pena, ou seja, é quem efetivamente escreve o texto; o segundo é a "voz" do poema, a "pessoa" fictícia, abstrata que figura como quem traz o poema para o leitor.

Outro problema muito comum na hora de fazer algo dessa natureza é a leitura do texto. Como o texto está em uma disposição que não é mais tão usual, as pessoas têm dificuldade para realizar a leitura. Eis uma dica fundamental: só interrompa a leitura quando chegar a um ponto ou a uma vírgula, porque é dessa maneira que se lê um texto poético. Além disso, é preciso que, mesmo mentalmente, o indivíduo tente dar ênfase na leitura, pois isso pode ajudar na intepretação.

Comumente, o vocabulário do texto poético não é acessível e, em razão disso, costuma haver notas explicativas com o significado das palavras, jamais ignore essa informação! Pode ser a salvação para a interpretação do texto lido.

Veja um exemplo:

Nel mezzo del camin (Olavo Bilac)

"Cheguei. Chegaste. Vinhas fatigada
E triste, e triste e fatigado eu vinha.
Tinhas a alma de sonhos povoada,
E a alma de sonhos povoada eu tinha...

E paramos de súbito na estrada
Da vida: longos anos, presa à minha
A tua mão, a vista deslumbrada
Tive da luz que teu olhar continha.

Hoje, segues de novo... Na partida
Nem o pranto os teus olhos umedece,
Nem te comove a dor da despedida.

E eu, solitário, volto a face, e tremo,
Vendo o teu vulto que desaparece
Na extrema curva do caminho extremo."

Existe outro fator extremamente importante na hora de tentar entender o conteúdo de um texto poético: o **título**! Nem todo poema possui um título, é claro, mas os que possuem ajudam, e muito, na compreensão do "assunto" do poema.

É claro que ter conhecimento do autor e do estilo de escrita por ele adotado é a ferramenta mais importante para que o candidato compreenda com profundidade o que está sendo veiculado pelo texto, porém, como grande parte das bancas ainda não chegou a esse nível de aprofundamento interpretativo, apenas o reconhecimento da superfície do texto já é suficiente para responder às questões.

Vejamos alguns textos para explanar melhor:

Bem no fundo (Paulo Leminski)

No fundo, no fundo,
Bem lá no fundo,
A gente gostaria
De ver nossos problemas
Resolvidos por decreto

A partir desta data,
Aquela mágoa sem remédio
É considerada nula
E sobre ela – silêncio perpétuo

Extinto por lei todo o remorso,
Maldito seja quem olhar pra trás,
Lá pra trás não há nada,
E nada mais

Mas problemas não se resolvem,
Problemas têm família grande,
E aos domingos saem todos passear
O problema, sua senhora
E outros pequenos probleminhas

Interpretação: por mais que trabalhemos para resolvermos nossos problemas, a única certeza é a de que eles continuarão, pois é isso que nos move.

19.1 Tradução de Sentido

As questões de tradução de sentido costumam ser o "calcanhar de Aquiles" dos candidatos. Nem sempre aparecem nas provas, mas quando surgem, é celeuma garantida. A maneira mais eficaz de resolvê-las é buscar relações de sinonímia em ambos os lados da sentença. Com isso, fica mais fácil acertar a questão.

Consideremos a relação de sinonímia presente entre "alegria" e "felicidade". Esses dois substantivos não significam, rigorosamente, a mesma coisa, mas são considerados sinônimos contextuais, se considerarmos um texto. Disso, entende-se que o sinônimo é identificado contextualmente e não depende, necessariamente, do conhecimento do sentido de todas as palavras.

Seria bom se fosse sempre dessa maneira. Ocorre que algumas bancas tentam selecionar de maneira não rigorosa os candidatos que acabam por cobrar o chamado "conhecimento que não é básico" dos candidatos. O melhor exemplo é pedir o significado da palavra "adrede", o qual pouquíssimas pessoas conhecem.

LÍNGUA PORTUGUESA

INTERPRETAÇÃO DE TEXTO POÉTICO

19.2 Organização de Texto (Texto Embaralhado)

Em algumas bancas, é comum haver questões que apresentam um texto desordenado, para que o candidato o reordene, garantido a coesão e a coerência. Além disso, não é raro haver trecho de texto com lacunas para preencher com alguns parágrafos. Para que isso ocorra, é mister saber o que significa coesão e coerência. Vamos a algumas definições simples.

Coesão é o conjunto de procedimentos e mecanismos que estabelecem conexão dentro do texto, o que busca garantir a progressão daquilo que se escreve nas sentenças. Pronomes, perífrases e sinônimos estão entre os mecanismos de coesão que podem ser empregados na sentença.

Coerência diz respeito à organização de significância do texto, ou seja, o sentido daquilo que se escreve. A sequência temporal e o princípio de não contradição são os dispostos mais emergentes da coerência.

Em questões dessa natureza, busque analisar as sequências de entrada e saída dos textos. Veja se há definições e conectivos que encerram ideias, ou se há pronomes que buscam sequenciar as sentenças. Desse modo, fica mais fácil acertar a questão.

19.3 Significação das Palavras

Compreensão, Interpretação, Intelecção

O candidato que é concurseiro de longa data sabe que, dentre as questões de interpretação de texto, é muito comum surgirem nomenclaturas distintas para fenômenos não tão distintos assim. Quer dizer que se no seu edital há elementos como leitura, compreensão, intelecção ou interpretação de texto, no fundo, o conceito é o mesmo. Ocorre que, dentro desse processo de interpretação, há elementos importantes para a resolução dos certames.

O que se diz e o que se pode ter dito:

Sempre que há um momento de enunciação, o material linguístico serve de base para que os interlocutores negociem o sentido daquilo que está na comunicação. Isso ocorre por meio de vários processos, sendo que é possível destacar alguns mais relevantes:

Dito: consiste na superfície do enunciado. O próprio material linguístico que se enuncia.

Não-dito: consiste naquilo que se identifica imediatamente, quando se trabalha com o que está posto (o dito).

Subentendido: consiste nos sentidos ativados por um processo inferencial de análise e síntese do material linguístico somado ao não-dito.

» Vejamos isso em uma sentença para compreendermos a teoria.
» "A eleição de Barack Obama não é um evento apenas americano."

Dito: é o próprio conteúdo da sentença – o fato de a eleição em questão não ser um evento apenas americano.

Não-dito: alguém poderia pensar que a eleição teria importância apenas para os americanos.

Subentendido: pode-se concluir que a eleição em questão terá grandes repercussões, a um nível global.

19.4 Inferência

Assunto muitíssimo delicado e ainda não resolvido na linguística. Não vou me dispor a teorizar sobre isso, pois seria necessário o espaço de um livro para tanto. Para a finalidade dos concursos públicos, vamos considerar que a inferência é o resultado do processamento na leitura, ou seja, é aquilo que se pode "concluir" ou "depreender" da leitura de um texto.

No momento de responder a uma questão dessa natureza, recomenda-se prudência. Existe um conceito que parece fundamental para facilitar a resolução dessas questões. Ele se chama **ancoragem lexical.** Basicamente, entende-se como A. L. a inserção de algum elemento que dispara pressuposições e fomenta inferências, ou seja, se alguma questão pedir se é possível inferir algo, o candidato só poderá responder afirmativamente, se houve uma palavra ou uma expressão (âncora lexical) que permita associar diretamente esses elementos.

Semântica (Sentido)

Evidentemente, o conteúdo relativo à significação das palavras deve muito a uma boa leitura do dicionário. Na verdade, o vocabulário faz parte do histórico de leitura de qualquer pessoa: quanto mais você lê, maior é o número de palavras que você vai possuir em seu "HD" mental. Como é impossível receitar a leitura de um dicionário, podemos arrolar uma lista com palavras que possuem peculiaridades na hora de seu emprego. Falo especificamente de **sinônimos, antônimos, homônimos e parônimos**. Mãos à obra!

Sinônimos:

Sentido aproximado: não existem sinônimos perfeitos:

Feliz (Alegre / Contente).
Palavra (Vocábulo).
Professor (Docente).

Professor Mário chegou à escola. O **docente** leciona matemática.

Antônimos:

Oposição de sentido:

Bem (Mal).
Bom (Mau).
Igual (Diferente).

Homônimos:

Homônimos são palavras com escrita ou pronúncia iguais (semelhantes), porém com significado (sentido) diferente:

Adoro comer **manga** com sal.
Derrubei vinho na **manga** da camisa.

Há três tipos de homônimos: homógrafos, homófonos e homônimos perfeitos.

Homógrafos – palavras que possuem a mesma grafia, mas o som é diferente.

O meu **olho** está doendo.
Quando eu **olho** para você, dói.

Homófonos – apresentam grafia diferente, mas o som é semelhante.

A **cela** do presídio foi incendiada.

A **sela** do cavalo é novinha.

Homônimos perfeitos – possuem a mesma grafia e o mesmo som.

O **banco** foi assaltado.

O **banco** da praça foi restaurado ontem.

Ele não **para** de estudar.

Ele olhou **para** a prova.

Parônimos:

Parônimos – são palavras que possuem escrita e pronúncia semelhantes, mas com significado distinto.

O professor fez a **descrição** do conteúdo.

Haja com muita **discrição**, Marivaldo.

Aqui vai uma lista para você se precaver quanto aos sentidos desses termos:

Ascender (subir).

Acender (pôr fogo, alumiar).

Quando Nero **ascendeu** em Roma, ele **acendeu** Roma.

Acento (sinal gráfico).

Assento (lugar de sentar-se).

O **acento** grave indica crase.

O **assento** 43 está danificado.

Acerca de (a respeito de).

Cerca de (aproximadamente).

Há cerca de (faz aproximadamente).

Falamos **acerca de** Português ontem.

José mora **cerca de** mim.

Há cerca de 10 anos, leciono Português.

Afim (semelhante a).

A fim de (com a finalidade de).

Nós possuímos ideias **afins**.

Nós estamos estudando **a fim** de passar.

Aprender (instruir-se).

Apreender (assimilar).

Quando você **apreender** o conteúdo, saberá que **aprendeu** o conteúdo.

Área (superfície).

Ária (melodia, cantiga).

O tenor executou a ária.

A polícia cercou a área.

Arrear (pôr arreios).

Arriar (abaixar, descer).

Precisamos **arrear** o cavalo.

Joaquim **arriou** as calças.

Caçar (apanhar animais).

Cassar (anular).

O veado foi **caçado**.

O deputado teve sua candidatura **cassada**.

Censo (recenseamento).

Senso (raciocínio).

Finalizou-se o **censo** no Brasil.

Argumentou com bom-**senso**.

Cerração (nevoeiro).

Serração (ato de serrar).

Nos dias de chuva, pode haver **cerração**.

Rolou a maior **serração** na madeireira ontem.

Cerrar (fechar).

Serrar (cortar).

Cerrou os olhos para a verdade.

Marina **serrou**, acidentalmente, o nariz na serra.

Cessão (ato de ceder).

Seção (divisão).

Secção (corte).

Sessão (reunião).

O órgão pediu a **cessão** do espaço.

Compareça à **seção** de materiais.

Fez-se uma **secção** no azulejo.

Assisti à **sessão** de cinema ontem. Passava "A Lagoa Azul".

Concerto (sessão musical).

Conserto (reparo).

Vamos ao **concerto** hoje.

Fizeram o **conserto** do carro.

Mal (antônimo de bem).

Mau (antônimo de bom).

O homem **mau** vai para o inferno.

O **mal** nunca prevalece sobre o bem.

Ratificar (confirmar).

Retificar (corrigir).

O documento **ratificou** a decisão.

O documento **retificou** a decisão.

Tacha (pequeno prego, mancha).

Taxa (imposto, percentagem).

Comprei uma tacha.

Paguei outra taxa.

Continuação da lista:

Bucho (estômago)

Buxo (arbusto)

Calda (xarope)

Cauda (rabo)

Cela (pequeno quarto)

Sela (arreio)

Chá (bebida)

Xá (Título do soberano da Pérsia, atual Irã, antes da revolução islâmica)

Língua Portuguesa

INTERPRETAÇÃO DE TEXTO POÉTICO

Cheque (ordem de pagamento)
Xeque (lance do jogo de xadrez)
Comprimento (extensão)
Cumprimento (saudação)
Conjetura (hipótese)
Conjuntura (situação)
Coser (costurar)
Cozer (cozinhar)
Deferir (costurar)
Diferir (distinguir-se)
Degredado (desterrado, exilado)
Degradado (rebaixado, estragado)
Descrição (ato de descrever)
Discrição (reserva, qualidade de discreto)
Descriminar (inocentar)
Discriminar (distinguir)
Despensa (lugar de guardar mantimentos)
Dispensa (isenção, licença)
Despercebido (não notado)
Desapercebido (desprovido, despreparado)
Emergir (vir à tona)
Imergir (mergulhar)
Eminente (notável, célebre)
Iminente (prestes a acontecer)
Esbaforido (ofegante, cansado)
Espavorido (apavorado)
Esperto (inteligente)
Experto (perito)
Espiar (observar)
Expiar (sofrer castigo)
Estada (ato de estar, permanecer)
Estadia (permanência, estada por tempo limitado)
Estático (imóvel)
Extático (pasmo)
Estrato (tipo de nuvem)
Extrato (resumo)
Flagrante (evidente)
Fragrante (perfumado)
Fluir (correr)
Fruir (gozar, desfrutar)
Incidente (episódio)
Acidente (acontecimento grave)
Incipiente (principiante)
Insipiente (ignorante)
Inflação (desvalorização do dinheiro)
Infração (violação, transgressão)

Infligir (aplicar castigo)
Infringir (transgredir)
Intercessão (ato de interceder)
Interseção ou intersecção (ato de cortar)
Laço (nó)
Lasso (frouxo)
Mandado (ordem judicial)
Mandato (período político)
Ótico (relativo ao ouvido)
Óptico (relativo à visão)
Paço (palácio)
Passo (passada)
Peão (empregado / peça de xadrez)
Pião (brinquedo)
Pequenez (pequeno)
Pequinês (ração de cão, de Pequim)
Pleito (disputa)
Preito (homenagem)
Proeminente (saliente)
Preeminente (nobre, distinto)
Prescrição (ordem expressa)
Proscrição (eliminação, expulsão)
Prostrar-se (humilhar-se)
Postar-se (permanecer por muito tempo)
Ruço (grisalho, desbotado)
Russo (da Rússia)
Sexta (numeral cardinal)
Cesta (utensílio)
Sesta (descanso depois do almoço)
Sortido (abastecido)
Surtido (produzido, causado)
Sortir (abastecer)
Surtir (efeito ou resultado)
Sustar (suspender)
Suster (sustentar)
Tilintar (soar)
Tiritar (tremer)
Tráfego (trânsito)
Tráfico (comércio ilícito)
Vadear (passa a pé ou a cavalo, atravessar o rio)
Vadiar (vagabundear)
Viagem (substantivo)
Viajem (verbo)
Vultoso (volumoso, grande vulto)
Vultuoso (inchado)

88

Questões

01. (FUNRIO)

Vaidade – Florbela Espanca
Sonho que sou a Poetisa eleita,
Aquela que diz tudo e tudo sabe,
Que tem a inspiração pura e perfeita,
Que reúne num verso a imensidade!

Sonho que um verso meu tem claridade
Para encher todo o mundo! E que deleita
Mesmo aqueles que morrem de saudade!
Mesmo os de alma profunda e insatisfeita!

Sonho que sou Alguém cá neste mundo...
Aquela de saber vasto e profundo,
Aos pés de quem a terra anda curvada!

E quando mais no céu eu vou sonhando,
E quando mais no alto ando voando,
Acordo do meu sonho...
E não sou nada!...

No primeiro verso do poema, encontramos o eu poético feminino afirmando seu sonho de ser "a Poetisa eleita". Outro de seus sonhos é que:

a) Sua inspiração lhe diga tudo o que sabe.
b) Seus versos encham todo o mundo.
c) A terra ande curvada aos seus pés.
d) A imensidade lhe seja pura e perfeita.
e) A claridade de seus versos deleite os mortos.

02. (FUNRIO) Sobre as rimas que ocorrem nas duas primeiras estrofes do poema, é correto afirmar que elas são feitas

a) Entre verbos no gerúndio e substantivos concretos.
b) Em posição interna e externa nos oito versos.
c) Com palavras paroxítonas terminadas em vogal átona.
d) Sem simetria apenas na primeira estrofe.
e) De modo aleatório, com pouca regularidade.

03. (CEFET)

Coisas da Terra

Todas as coisas de que falo estão na cidade entre o céu e a terra. São todas elas coisas perecíveis e eternas como o teu riso a palavra solidária minha mão aberta ou este esquecido cheiro de cabelo que volta e acende sua flama inesperada no coração de maio. Todas as coisas de que falo são de carne como o verão e o salário. Mortalmente inseridas no tempo, estão dispersas como o ar no mercado, nas oficinas, nas ruas, nos hotéis de viagem. São coisas, todas elas, cotidianas, como bocas e mãos, sonhos, greves, denúncias, acidentes do trabalho e do amor. Coisas, de que falam os jornais às vezes tão rudes às vezes tão escuras que mesmo a poesia as ilumina com dificuldade. Mas é nelas que te vejo pulsando, mundo novo, ainda em estado de soluços e esperança.

Identifique os itens verdadeiros.

A primeira estrofe do poema (Texto II) é marcada pela presença de:

I. Elementos antitéticos.
II. Imagens sensoriais.
III. Ideias hiperbólicas.
IV. Termos de valor metafórico.
V. Ambiguidade de signos linguísticos.

A alternativa em que todos os itens verdadeiros estão corretamente indicados é a:

a) I e III.
b) II e V.
c) III e IV.
d) I, II e IV.
e) II, III e V.

04. (FCC) Considerando-se o contexto, traduz-se adequadamente o sentido de um segmento em:

a) Trepidam as engrenagens = Ajustam-se as peças.
b) Luz imponderável = chama impetuosa.
c) Um híbrido estranho = um mestiço inolvidável.
d) Perturbam a frieza = abalam a impassibilidade.
e) Reflexos flamejantes = imagens enérgicas.

05. (FCC) Considerado o contexto, o segmento cujo sentido está adequadamente expresso em outras palavras é:

a) Manejar a lâmina da ironia = lidar com o cortante da blasfêmia.
b) Sem apelo ideológico = desprovido de ideias revolucionárias.
c) Se alimentava da matula = se nutria da provisão.
d) Pelo atalho do senso de humor = através de um muxoxo.
e) Tratam o forasteiro = referem-se ao salteador.

06. (FCC) Considerando-se o contexto, o segmento cujo sentido está adequadamente expresso em outras palavras é:

a) Partisse os laços com a tradição = quebrasse o condão sagrado.
b) Galgou ao comando de um continente = sobrelevou o ordenamento europeu.
c) Pela causa da liberdade contra a tirania = pelo motivo da insubmissão versus rigorismo.
d) Os próprios clichês o denunciam = os próprios lugares-comuns o evidenciam.
e) O mecanismo das instituições francesas = a articulação dos institutos galeses.

07. (FCC) ... estudou para ser monge beneditino no Colégio São Bento, em São Paulo, onde chegou a escrever um livro sobre a **ordem**. No entanto, acabou seguindo o caminho da poesia – em meio à **agitação** cultural e política dos anos 1960 e 1970. (1º parágrafo).

Considerado o contexto, o sentido dos elementos grifados acima pode ser adequadamente reproduzido, na ordem dada, por:

a) Disposição - tumulto.
b) Escola - confronto.
c) Equilíbrio - burburinho.
d) Congregação - efervescência.
e) Prudência - radicalismo.

08. (FCC) Considerando-se o contexto, o segmento cujo sentido está adequadamente expresso em outras palavras é:

a) Semelhante à tensão típica = parecida com a inquietude disseminada.
b) Eletricidade que emanava da interpretação = impulso que transcendia a encenação.
c) Misto de respeito e estranhamento = mistura de reverência e espanto.
d) Energia que vibrava da vontade = força que celebrava o anseio.
e) Carga de emoção que era única = voltagem sentimental que era usual.

Língua Portuguesa

INTERPRETAÇÃO DE TEXTO POÉTICO

09. (FCC) Considere as definições abaixo:

I. **Senso** (estético): capacidade de apreciar a beleza pelo prazer que ela proporciona. **Censo** (demográfico): conjunto de dados característicos dos habitantes de uma localidade ou país.

II. **Cobre**: forma flexionada do verbo cobrir. **Cobre**: metal usado em condutores de eletricidade.

III. **Manto**: veste feminina, larga, comprida e sem mangas, usada por cima do vestido. **Manto**: por extensão, o que cobre, revestimento.

Constitui exemplo de homonímia o par que se encontra em:

a) III, apenas.
b) I e II, apenas.
c) I e III, apenas.
d) II e III, apenas.
e) I, II e III.

Gabaritos

01	D	06	D
02	D	07	C
03	C	08	C
04	D	09	D
05	D		

20. ESTRUTURA E FORMAÇÃO DE PALAVRAS

20.1 Estrutura das Palavras

Para compreender os termos da Língua Portuguesa, deve-se observar, nos vocábulos, a presença de algumas estruturas como raiz, desinências e afixos:

Raiz ou Radical (morfema lexical): parte que guarda o sentido da palavra.

    Pedreiro
    Pedrada
    Em**pedr**ado
    Pedregulho.

Desinências (fazem a flexão dos termos)
Nominais:
    Gênero: Jogador / Jogadora.
    Número: Aluno / Alunos.
    Grau: Cadeira / Cadeirinha.
Verbais:
    Modo-tempo: Cantá**va**mos / Vendê**ra**mos.
    Número-pessoa: Fize**mos** / Compra**stes**.

Afixos (conectam-se às raízes dos termos)
    » Prefixos: colocados antes da raiz
    Infeliz, **des**fazer, **re**tocar.
    » Sufixos: colocados após a raiz
    Feliz**mente**, capac**idade**, igual**dade**.

Também é importante ficar atento aos termos de ligação. São eles:

Vogal de ligação:
    Gas**ô**metro / Bar**ô**metro / Cafe**i**cultura / Carn**í**voro
Consoante de ligação:
    Girass**ol** / Cafe**t**eira / Paul**ada** / Chal**eira**

20.2 Processos de Formação de Palavras

Há dois processos mais fortes (presentes) na formação de palavras em Língua Portuguesa: a composição e a derivação. Vejamos suas principais características.

Composição: é muito mais uma criação de vocábulo. Pode ocorrer por:
    Justaposição (sem perda de elementos):
    » Guarda-chuva, girassol, arranha-céu etc.
    Aglutinação (com perda de elementos):
    » Embora, fidalgo, aguardente, planalto, boquiaberto etc.
    Hibridismo (união de radicais oriundos de línguas distintas:
    » Automóvel (latim e grego); Sambódromo (tupi e grego).

Derivação: é muito mais uma transformação no vocábulo. Pode ocorrer das seguintes maneiras:
    Prefixal (prefixação)
    » Reforma, anfiteatro, cooperação
    Sufixal (sufixação)
    » Pedreiro, engenharia, florista
    Prefixal – sufixal
    » Infelizmente, ateísmo, desordenamento
    Parassintética: prefixo e sufixo simultaneamente, sem a possibilidade de remover umas das partes.
    » Avermelhado, anoitecer, emudecer, amanhecer
    Regressão (regressiva) ou deverbal: advinda de um verbo.
    » Abalo (abalar), luta (lutar), fuga (fugir)
    Imprópria (conversão): mudança de classe gramatical.
O jantar, um não, o seu sim, o pobre.

Estrangeirismo
    Pode-se entender como um empréstimo linguístico
Com aportuguesamento: abajur (do francês "abat-jour"), algodão (do árabe "al-qutun"), lanche (do inglês "lunch") etc.
Sem aportuguesamento: networking, software, pizza, show, shopping etc.

Acrônimo ou Sigla
Silabáveis: podem ser separados em sílabas.
    Infraero (Infraestrutura Aeroportuária), **Petrobras** (Petróleo Brasileiro) etc.
Não-silabáveis: não podem ser separados em sílabas.
    FMI, MST, SPC, PT, INSS, MPU etc.

Onomatopeia ou reduplicação
Onomatopeia: tentativa de representar um som da natureza.
Pow, paf, tum, psiu, argh.
Reduplicação: repetição de palavra com fim onomatopaico.
Reco-reco, tique-taque, pingue-pongue.

Redução ou abreviação
    Eliminação do segmento de alguma palavra
Fone (telefone), cinema (cinematógrafo), pneu (pneumático) etc.

 Questões

01. Marque a alternativa cujo sentido do sufixo e/ou prefixo formador da palavra está corretamente indicado.
    a) Estadual - proveniência, origem.
    b) Responsabilidade - propriedade.
    c) Construção - lugar ou instrumento da ação.
    d) Pavimentadas - referência, semelhança.
    e) Transversais - movimento para além de.

ESTRUTURA E FORMAÇÃO DE PALAVRAS

02. (VUNESP) O sentido expresso pelo prefixo na palavra desafinado também está presente na palavra destacada em:
a) Eles teriam de cooperar com a nova administração do prédio.
b) Trabalhou tanto e não salvou o documento, por isso o refez.
c) No subtítulo do texto, havia uma palavra que não conhecia.
d) Ele era incapaz de resolver um problema com agilidade.
e) Era preciso esfriar o leite antes de acrescentar-lhe o café.

03. Considerando o processo de formação de palavras, assinale a alternativa em que se encontra um prefixo e um sufixo.
a) Reconstrução
b) Idealizadas
c) Diariamente
d) Heroicizadas
e) Veracidade

04. Assim como em "desimpedido", o prefixo indica oposição, negação ou falta em:
a) desgastada.
b) embuste.
c) investimento.
d) independente.
e) retificar.

05. Assinale a alternativa correta. Com relação à palavra AMAR, pode-se afirmar que:
a) "am-" é o radical e "-a-" é a vogal temática, sendo "-r" a desinência do infinitivo.
b) "am" é o prefixo verbal e "-ar" o radical que indica o tema verbal.
c) "am" é o radical e "-ar" é o sufixo verbal que indica verbo no gerúndio.
d) "am" é o radical e "-a-" é o determinante de gênero feminino, sendo "-r" a consoante de ligação.
e) "a-" é o prefixo verbal e "-ma-" o radical, sendo "-r" a desinência de ligação.

06. Assinale a alternativa em que "infra" NÃO é prefixo.
a) Infracitado.
b) Infrato.
c) Inframedíocre.
d) Infraglótico.
e) Infracolocado.

Brasília comemorou seu aniversário com uma superfesta. A cinquentona planejada por Lúcio Costa é hoje uma metrópole que oferece alta qualidade de vida.

(Fonte: O Globo, 21/04/2010, com adaptações)

07. Na notícia do jornal, as palavras "superfesta" e "cinquentona" exemplificam, respectivamente, casos de formação de palavras por
a) Hibridismo e neologismo.
b) Justaposição e aglutinação.
c) Composição e derivação.
d) Prefixação e sufixação.
e) Conversão e regressão.

08. (CESPE) A palavra "trem-bala" é composta por justaposição, tal qual o vocábulo:
a) governança.
b) ilimitado.
c) passatempo.
d) superprodução.
e) faturamento.

09. Em "...que serão dignos de seu sobrenome...", o substantivo grifado foi formado pelo processo de:
a) composição por justaposição;
b) composição por aglutinação;
c) derivação prefixal;
d) derivação sufixal;
e) derivação parassintética.

10. A palavra grifada no trecho: "...pesquisas frequentes ajudam a estimular o debate." foi formada pelo processo de:
a) composição por aglutinação.
b) composição por justaposição.
c) derivação parassintética.
d) derivação regressiva.
e) derivação prefixal.

 Gabaritos

01	E	06	B
02	D	07	D
03	A	08	C
04	D	09	C
05	A	10	D

21. FIGURAS DE LINGUAGEM

Para iniciar o estudo deste capítulo, é importante, retomar alguns conceitos: ao falar de figuras de linguagem, estamos, também, falando de **funções da linguagem** e de **semântica**.

As figuras de linguagem (também chamadas de figuras de pensamento) são construções que se relacionam com a função **poética da linguagem**, ou seja, estão articuladas em razão de modificar o código linguístico para dar ênfase no sentido de uma frase.

É comum vermos exemplos de figuras de linguagem em propagandas publicitárias, poemas, músicas etc. Essas figuras estão presentes em nossa fala cotidiana, principalmente na fala de registro **informal**.

O registro dito informal é aquele que não possui grande preocupação com a situação comunicativa, uma vez que não há tensão para a comunicação entre os falantes. Gírias, erros de concordância e subtração de termos da frase são comuns nesse baixo nível de formalidade comunicativa. Até grandes poetas já escreveram textos sobre esse assunto, veja o exemplo do escritor Oswald de Andrade, que discute a norma gramatical em relação à fala popular do brasileiro:

Pronominais

Dê-me um cigarro
Diz a gramática
Do professor e do aluno
E do mulato sabido
Mas o bom negro e o bom branco
Da Nação Brasileira
Dizem todos os dias
Deixa disso camarada
Me dá um cigarro

Oswald de Andrade
(1890-1954)

Os Cem Melhores Poemas Brasileiros do Século - Seleção e Organização de Ítalo Moriconi, Editora Objetiva, Rio de Janeiro, 2001 (In Pau-Brasil - Poesia - Oswald de Andrade, São Paulo, Globo)

21.1 Conotação X Denotação

É interessante, quando se estuda o conteúdo de figuras de linguagem, ressaltar a distinção conceitual entre o sentido conotativo e o sentido denotativo da linguagem. Vejamos como se opera essa distinção:

Sentido CONOTATIVO: figurado, ou abstrato. Relaciona-se com as figuras de linguagem.

Adalberto **entregou sua alma a Deus**.

A ideia de entregar a alma a Deus é figurada, ou seja, não ocorre literalmente, pois não há um serviço de entrega de almas. Essa é uma figura que convencionamos chamar de **metáfora**.

Sentido DENOTATIVO: literal, ou do dicionário. Relaciona-se com a função **referencial** da linguagem.

Adalberto **morreu**.

Quando dizemos função referencial, entende-se que o falante está preocupado em transmitir precisamente o fato ocorrido, sem apelar para figuras de pensamento. Essa frase do exemplo serviu para mostrar o sinônimo da figura de linguagem anterior.

Vejamos agora algumas das principais figuras de linguagem que costumam ser cobradas em provas de concursos públicos:

Metáfora: uma figura de linguagem, que consiste na comparação de dois termos sem o uso de um conectivo.

> Rosa **é uma flor**. (A pessoa é como uma flor: perfumada, delicada, bela etc.)
> Seus olhos **são dois oceanos**. (Os olhos possuem a profundidade do oceano, a cor do oceano etc.)
> João **é fera**. (João é perito em alguma coisa, desempenha determinada tarefa muito bem etc.)

Metonímia: figura de linguagem que consiste utilização de uma expressão por outra, dada a semelhança de sentido ou a possibilidade de associação lógica entre elas.

Há vários tipos de metonímia, vejamos alguns deles:

Efeito pela causa:

O carrasco ergueu **a morte**. (O efeito é a morte, a causa é o machado).

Marca pelo produto:

Vá ao mercado e traga um **Nescau**. (achocolatado em pó).

Autor pela obra:

Li **Camões** com entusiasmo. (Quem leu, leu a obra, não o autor).

Continente pelo conteúdo:

Comi **dois pratos de feijão**. (Comeu o feijão, ou seja, o conteúdo do prato)

Parte pelo todo:

Peço sua **mão em casamento**. (Pede-se, na verdade, o corpo todo).

Possuidor pelo possuído:

Mulher, vou **ao médico**. (Vai-se ao consultório que pertence ao médico, não ao médico em si).

Antítese: figura de linguagem que consiste na exposição de ideias opostas.

"**Nasce** o Sol e não dura mais que um **dia**
Depois da **Luz** se segue à **noite** escura
Em tristes sombras morre a formosura,
Em contínuas **tristezas** e **alegrias**."

(Gregório de Matos)

Os termos em negrito evidenciam relações semânticas de distinção (oposição). Nascer é o contrário de morrer, assim como sombra é o contrário de luz. Essa figura foi muito utilizada na poesia brasileira, em especial pelo autor dos versos acima: Gregório de Matos Guerra.

Paradoxo: expressão que contraria o senso comum. Ilógica.

"Amor é fogo que **arde sem se ver**;
É ferida que **dói e não se sente**;
É um **contentamento descontente**;
É **dor que desatina sem doer**."

(Luís de Camões)

FIGURAS DE LINGUAGEM

A construção semântica acima é totalmente ilógica, pois é impossível uma ferida doer e não ser sentida, assim como não é possível o contentamento ser descontente.

Perífrase: expressão que tem por função substituir semanticamente um termo:

>**A última flor do Lácio** anda muito judiada. (Português é a última flor do Lácio)

>**O país do futebol** é uma grande nação. (Brasil)

>**O Bruxo do Cosme Velho** foi um grande escritor. (Machado de Assis era conhecido como o Bruxo do Cosme Velho)

>**O anjo de pernas tortas** foi o melhor jogador do mundo. (Garrincha)

Eufemismo: figura que consiste em atenuar uma expressão desagradável:

>José **pegou emprestado sem avisar**; (roubou).

>Maurício **entregou a alma a Deus**; (morreu).

>Coitado, só porque **é desprovido de beleza**. (feio)

Disfemismo: contrário ao Eufemismo, é a figura de linguagem que consiste em tornar uma expressão desagradável em algo ainda pior.

>O homem **abotoou o paletó de madeira**. (morreu)

>**Está chupando cana pela raiz**. (morreu)

>**Sentou no colo do capeta**. (morreu)

Prosopopeia: atribuição de características animadas a seres inanimados.

>**O vento sussurrou em meus ouvidos**.

>Parecia que a **agulha odiava o homem**.

Hipérbole: exagero proposital de alguma característica.

>**Estou morrendo de rir.**

>**Chorou rios de lágrimas.**

Hipérbato: inversão sintática de efeito expressivo.

>**Ouviram do Ipiranga as margens plácidas**

>**De um povo heroico o brado e retumbante.**

Colocando na ordem direta:

>*As margens plácidas do Ipiranga ouviram o brado retumbante de um povo heroico.*

>**Da minha família, ninguém fala!**

Gradação: figura que consiste na construção de uma escala de termo que fazem parte do mesmo campo semântico.

>Plantou **a semente**, zelou pelo **broto**, regou a **planta** e colheu o **fruto**. (A gradação pode ser do campo semântico da palavra semente – broto, planta e fruto – ou da palavra plantar – zelar, regar, colher)

Ironia: figura que consiste em dizer o contrário do que se pensa.

>**Lamento por ter sido eu o vencedor dessa prova.** (Evidentemente a pessoa não lamenta ser o vencedor de alguma coisa)

Onomatopeia: tentativa de representar um som da natureza. Figura muito comum em histórias em quadrinhos.

>Pof, tic-tac, click, bum, vrum!

Sinestesia: confusão dos sentidos do corpo humano para produzir efeitos expressivos.

>Ouvi uma **voz suave** saindo do quarto.

>O seu **perfume doce** é extremamente inebriante.

21.2 Vícios de Linguagem

Em um âmbito geral, vício de linguagem é toda expressão contrária à lógica da norma gramatical. Vejamos quais são os principais deslizes que se transformam em vícios.

Pleonasmo vicioso: consiste na repetição desnecessária de ideias.

>**Subir para cima.**

>**Descer para baixo.**

>**Entrar para dentro.**

>**Cardume de peixes.**

>**Enxame de abelhas.**

>**Elo de ligação.**

>**Fato real.**

Observação: pode existir o plágio expressivo em um texto poético. Na frase "ele penetrou na escura treva" há pleonasmo, mas não é vicioso.

Ambiguidade: ocorre quando a construção frasal permite que a sentença possua dois sentidos.

>Tenho que buscar **a cadela da sua irmã**.

>A empregada disse para o chefe que o cheque estava sobre **sua mesa**.

>**Como você**, também estou cansado. (conjunção "como" ou verbo "comer")

Cacofonia: ocorre quando a pronúncia de determinadas palavras permite a construção de outra palavra.

>Dei um beijo na bo**ca dela**.

>Nos**so hino** é belo.

>Na **vez passada**, esca**pei de** uma.

Barbarismo: é um desvio na forma de falar ou grafar determinada palavra.

>Mortandela (em vez de mortadela).

>Poblema (em vez de problema).

>Mindingo (em vez de mendigo).

>Salchicha (em vez de salsicha).

Esse conteúdo costuma ser simples para quem pratica a leitura de textos poéticos, portanto devemos sempre ler poesia. Passemos à resolução de algumas questões.

Questões

01. (CESGRANRIO) As palavras podem assumir sentidos figurados, ou seja, significados diferentes das acepções e usos previstos pelos dicionários, embora facilmente compreensíveis no contexto específico em que se encontram. A passagem do texto em que uma palavra em sentido figurado está presente é:
a) "Daí esta avalanche, este tsunami de informações."
b) "O estado de nossas células cerebrais, as nossas emoções; tudo isso pode representar uma limitação para nossa capacidade de lembrar."
c) "Para quem, como eu, viaja bastante e tem de trabalhar em aviões ou em hotéis, é um recurso precioso."
d) "Mas não encontrei pen drive algum."
e) "Perguntei no aeroporto, entrei em contato com o táxi que me trouxera, liguei para casa: nada."

02. (UNICENTRO) O fragmento que ilustra a linguagem conotativa é o transcrito na alternativa:
a) "pelo uso dos aviões sequestrados como arma".
b) "A derrubada do Taleban, que governava o país centro-asiático, contribuiu de modo decisivo para debilitar aquele grupo terrorista."
c) "uma guerra injustificável contra o Iraque."
d) "como alegou então, por má-fé e paranoia, o governo americano."
e) "Produziu até agora apenas dois outros atentados de vulto".

03. (CEV-URCA) Em: "Chico passou por maus bocados, andou gastando mais de cinco litros de saliva para reconquistar a mulher" (linhas 40 e 41). A construção em destaque é própria da linguagem literária e caracteriza-se como:
a) Hipérbole.
b) Eufemismo.
c) Catacrese.
d) Anáfora.
e) Elipse.

04. (PaqTcPB) Leia o texto:
Tomar uma decisão envolve uma disputa com três participantes – dois deles (instinto e experiência) cuidam de seu presente, o outro (razão) pensa no seu futuro. Por isso, diante de uma encruzilhada, o melhor é tentar organizar essa briga. Antes de decidir se quer mesmo encarar uma mudança radical na carreira, talvez você resolva usar a razão. Ou não – talvez você esteja cansado da profissão que escolheu e prefira tentar um caminho novo. Tanto faz: em qualquer decisão, o importante é pensar se aquele problema merece uma consideração mais racional ou emotiva. E só aí começar a julgar as informações e os argumentos. Assim, o cérebro começa a movimentar as engrenagens sabendo qual delas interessa mais. E evita erros.

A utilização dos termos "participantes", "cuidam" e "pensa" (L. 2 e 3) contribui para estabelecer, no texto, uma relação de sentido denominada:
a) Ambiguidade.
b) Sinonímia.
c) Paráfrase.
d) Oposição.
e) Metáfora.

05. Pleonasmo é uma figura de linguagem que tem como marca a repetição de palavras ou expressões, aparentemente desnecessárias, para enfatizar uma ideia. No entanto, alguns pleonasmos são considerados "vícios de linguagem" por informarem uma obviedade e não desempenharem função expressiva no enunciado. Considerando esta afirmação, assinale a alternativa que possui exemplo de pleonasmo vicioso.
a) "(...) E então abriu a torneira: a água espalhou-se (...)"
b) "(...) O jeito era ir comprar um pão na padaria. (...)"
c) "(...) Matá-la, não ia; não, não faria isso. (...)"
d) "(...) Traíra é duro de morrer, nunca vi um peixe assim. (...)"
e) "(...) Tirou para fora os outros peixes: lambaris, chorões, piaus; (...)"

06. (FUNCAB) Assinale a figura de linguagem que predomina no trecho "Mas aquele pendão firme, vertical, beijado pelo vento do mar, veio enriquecer nosso canteirinho vulgar com uma força e uma alegria que me fazem bem."
a) hipérbole
b) eufemismo
c) prosopopeia
d) antítese
e) catacrese

07. (FUNRIO) Em um texto, as palavras e as expressões podem ser empregadas em sentido conotativo ou denotativo. No segmento "O segundo caminho, válido para profissionais liberais, é conquistar bons clientes e assumir a propriedade do próprio nariz.", a expressão "do próprio nariz" tem natureza conotativa. O termo ou expressão destacado(a) que está empregado(a) em sentido denotativo ocorre em:
a) Os jovens "lutam" aguerridamente para conseguir um bom emprego.
b) É educativo ensinar às pessoas a ganharem o dinheiro com o "suor do seu rosto".
c) Muitos jovens não conseguem ser "felizes" nas profissões que abraçaram.
d) Os profissionais financeiramente "mais bem sucedidos" são os médicos.
e) Os filhos podem ser "o braço direito" dos pais em empresas familiares.

08. (CESPE)
*"**Nasce** o Sol e não dura mais que um **dia***
*Depois da **Luz** se segue à **noite** escura*
*Em tristes **sombras morre** a formosura,*
*Em contínuas **tristezas e alegrias**."*

(Gregório de Matos)

Assinale a opção que apresenta a figura de linguagem predominante no trecho do poema acima.
a) sinestesia
b) comparação
c) antítese
d) eufemismo
e) hipérbole

09. (CONSUPLAN) Há sentido conotativo na seguinte alternativa:
a) "Será que uma bola é mais valiosa que um livro?"
b) "...aposentados choram pelo minguado aumento."
c) "Por que se concedem altos aumentos na política?"
d) "... hospitais deixam de atender ao mais simples diagnóstico..."
e) "Por que os salários não são igualitários?"

LÍNGUA PORTUGUESA

FIGURAS DE LINGUAGEM

10. Constitui exemplo de uso de linguagem figurada o elemento sublinhado na frase:

   I. Foi acusado de ser o cabeça do movimento.
   II. Ele emprega sempre a palavra literalmente atribuindo-lhe um sentido inteiramente inadequado.
   III. Ignoro o porquê de você se aborrecer comigo.
   IV. Seus pensamentos são fantasmagorias que não o deixam em paz.

   Atende ao enunciado APENAS o que está em:
   a) I e II.
   b) I e IV.
   c) II e III.
   d) III e IV.
   e) I e III.

Gabaritos

01	A	06	C
02	B	07	C
03	A	08	C
04	E	09	B
05	E	10	B

Acesse www.alfaconcursos.com.br e tenha acesso a um grande acervo on-line:
- Notícias
- Simulados
- Atualizações
- Notícias sobre concursos

Na aba Resgatar código, ao digitar o seu código de acesso, você será direcionado a um simulado específico para o seu concurso.

Comodidade e flexibilidade

Ao escolher o AlfaCon, o aluno tem flexibilidade na composição de seu cronograma de videoaulas e conta com diversos cursos que podem contribuir com seus estudos. Também são oferecidos cursos de disciplinas isoladas, bem como pacotes com matérias básicas e específicas.

Plano de estudos

Essa é uma estratégia idealizada pela equipe AlfaCon para que você consiga direcionar sua preparação. É uma ferramenta essencial de maximizar seu desempenho em provas de concursos.

Ampla acervo de materiais

O curso regular direciona você para a parte teórica das disciplinas dos editais. Com as turmas de exercícios, você aprende a técnica correta para resolver as questões de provas. Com os eventos, você relembra os tópicos mais importantes.

www.alfaconcursos.com.br

SUMÁRIO

1. TEORIA DOS CONJUNTOS 103
1.1 Definições 103
1.2 Subconjuntos 103
1.3 Operações com Conjuntos 104

2. CONJUNTOS NUMÉRICOS 106
2.1 Números Naturais 106
2.2 Números Inteiros 106
2.3 Números Racionais 106
2.4 Números Irracionais 108
2.5 Números Reais 108
2.6 Intervalos 108
2.7 Múltiplos e Divisores 109
2.8 Números Primos 109
2.9 MMC e MDC 109
2.10 Divisibilidade 109
2.11 Expressões Numéricas 109

3. SISTEMA LEGAL DE MEDIDAS 112
3.1 Medidas de Tempo 112
3.2 Sistema Métrico Decimal 112

4. RAZÕES E PROPORÇÕES 114
4.1 Grandeza 114
4.2 Razão 114
4.3 Proporção 114
4.4 Divisão em Partes Proporcionais 114
4.5 Regra das Torneiras 115
4.6 Regra de Três 115

5. PORCENTAGEM E JUROS 118
5.1 Porcentagem 118
5.2 Lucro e Prejuízo 118
5.3 Juros Simples 118
5.4 Juros Compostos 118
5.5 Capitalização 118

6. PROBABILIDADE 120
6.1 Definições 120
6.2 Fórmula da Probabilidade 120
6.3 Eventos Complementares 120

MATEMÁTICA

6.4 Casos Especiais de Probabilidade 121

7. FUNÇÕES, FUNÇÃO AFIM E FUNÇÃO QUADRÁTICA 123
7.1 Definições, Domínio, Contradomínio e Imagem 123
7.2 Plano Cartesiano...123
7.3 Funções Injetoras, Sobrejetoras e Bijetoras..123
7.4 Funções Crescentes, Decrescentes e Constantes 124
7.5 Funções Inversas e Compostas 124
7.6 Função Afim 124

8. FUNÇÃO EXPONENCIAL E FUNÇÃO LOGARÍTMICA 128
8.1 Equação e Função Exponencial 128
8.2 Equação e Função Logarítmica...128

9. TRIGONOMETRIA 131
9.1 Triângulos...131
9.2 Trigonometria no Triângulo Retângulo 131
9.3 Trigonometria num Triângulo Qualquer 131
9.4 Medidas dos Ângulos 131
9.5 Ciclo Trigonométrico 132
9.6 Funções Trigonométricas 133
9.7 Identidades e Operações Trigonométricas...134
9.8 Bissecção de Arcos ou Arco Metade 134

10. GEOMETRIA PLANA.. 136
10.1 Semelhanças de Figuras...136
10.2 Relações Métricas nos Triângulos 136
10.3 Quadriláteros..137
10.4 Polígonos Regulares 138
10.5 Círculos e Circunferências 139
10.6 Polígonos Regulares Inscritos e Circunscritos...140
10.7 Perímetros e Áreas dos Polígonos e Círculos..141

11. MATRIZES, DETERMINANTES E SISTEMAS LINEARES 144
11.1 Matrizes..144
11.2 Multiplicacao de Matrizes 145
11.3 Determinantes...146
11.4 Sistemas Lineares 149

SUMÁRIO

1. TEORIA DOS CONJUNTOS

Frequentemente, usa-se a noção de conjunto. O principal exemplo de conjunto são os conjuntos numéricos, que, advindos da necessidade de contar ou quantificar as coisas ou objetos, foram adquirindo características próprias que os diferem. Os componentes de um conjunto são chamados de elementos. Costuma-se representar um conjunto nomeando os elementos um a um, colocando-os entre chaves e separando-os por vírgula; é o que chamamos de representação por extensão. Para nomear um conjunto, usa-se geralmente uma letra maiúscula. Exemplos:

$$A = \{1,2,3,4,5\} \rightarrow \text{conjunto finito}$$

$$B = \{1,2,3,4,5,...\} \rightarrow \text{conjunto infinito}$$

1.1 Definições

Ex.: Se quisermos montar o conjunto das vogais do alfabeto, os *elementos* serão a, e, i, o, u.

A nomenclatura dos conjuntos é formada pelas letras maiúsculas do alfabeto.

Ex.: Conjunto dos estados da região Sul do Brasil: A = {Paraná, Santa Catarina, Rio Grande do Sul}.

Representação dos Conjuntos

Os conjuntos podem ser representados tanto em **chaves** como em **diagramas**.

ATENÇÃO! Quando é dada uma propriedade característica dos elementos de um conjunto, diz-se que ele está representado por compreensão. Vejamos:

$$A = \{x \mid x \text{ é um múltiplo de dois maior que zero}\}$$

Representação em chaves

Conjuntos dos estados brasileiros que fazem fronteira com o Paraguai:

B = {Paraná, Mato Grosso do Sul}.

Representação em diagramas

Ex.: Conjuntos das cores da bandeira do Brasil:

Elementos e Relação de Pertinência

Quando um elemento está em um conjunto, dizemos que ele pertence a esse conjunto. A relação de pertinência é representada pelo símbolo ∈ (pertence).

Ex.: Conjunto dos algarismos pares: **G** = {2, 4, 6, 8, 0}.

Observe que:

$4 \in G$ $\qquad\qquad 7 \notin G$

Conjunto Unitário, Conjunto Vazio e Conjunto Universo

Conjunto unitário: possui um só elemento.

Ex.: Conjunto da capital do Brasil: K = {Brasília}

Conjunto vazio: simbolizado por ∅ ou {}, é o conjunto que não possui elemento.

Ex.: Conjunto dos estados brasileiros que fazem fronteira com o Chile: M = ∅.

Conjunto universo: Em inúmeras situações é importante estabelecer o conjunto U ao qual pertencem os elementos de todos os conjuntos considerados. Esse conjunto é chamado de conjunto universo. Assim:

> Quando se estuda as letras, o conjunto universo das letras é o Alfabeto

> Quando se estuda a população humana, o conjunto universo é constituído de todos os seres humanos.

Para descrever um conjunto A por meio de uma propriedade característica p de seus elementos, deve-se mencionar, de modo explícito ou não, o conjunto universo U no qual se está trabalhando:

Ex.: $A = \{x \in R \mid x > 2\}$, onde $U = R \rightarrow$ forma explícita

$A = \{x \mid x > 2\} \rightarrow$ forma implícita.

1.2 Subconjuntos

Diz-se que B é um subconjunto de A se, e somente se, todos os elementos de B pertencem a A.

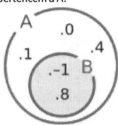

Deve-se notar que A = {-1,0,1,4,8} e B = {-1,8}, ou seja, todos os elementos de B também são elementos do conjunto A.

Nesse caso, diz-se que B está contido em A ou B é subconjunto de A. (B ⊂ A). Pode-se dizer também que A contém B. (A ⊃ B).

OBSERVAÇÕES:

> Se A ⊂ B e B ⊂ A, então A = B.

> Os símbolos ⊂ (contido), ⊃ (contém), ⊄ (não está contido) e ⊅ (não contém) são utilizados para relacionar conjuntos.

> Para todo conjunto A, tem-se A ⊂ A.

> Para todo conjunto A, tem-se ∅ ⊂ A, onde ∅ representa o conjunto vazio.

> Todo conjunto é subconjunto de si próprio (D ⊂ D);

> O conjunto vazio é subconjunto de qualquer conjunto (∅ ⊂ D);

> Se um conjunto A possui "p" elementos, então ele possui 2^p subconjuntos;

> O conjunto formado por todos os subconjuntos de um conjunto A, é denominado conjunto das partes de A. Assim, se A = {4, 7}, o conjunto das partes de A, é dado por {∅, {4}, {7}, {4, 7}}.

1.3 Operações com Conjuntos

União de conjuntos: a união de dois conjuntos quaisquer será representada por "A ∪ B" e terá os elementos que pertencem a A "ou" a B, ou seja, TODOS os elementos.

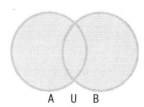

Interseção de conjuntos: a interseção de dois conjuntos quaisquer será representada por "A ∩ B". Os elementos que fazem parte do conjunto interseção são os elementos COMUNS aos dois conjuntos.

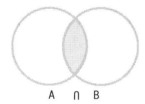

Conjuntos disjuntos: Se dois conjuntos não possuem elementos em comum, diz-se que eles são disjuntos. Simbolicamente, escreve-se A ∩ B = ∅. Nesse caso, a união dos conjuntos A e B é denominada união disjunta. O número de elementos A ∩ B nesse caso é igual a zero.

$$n (A ∩ B) = 0.$$

Ex.:

Seja A = {1, 2, 3, 4, 5}, B = {1, 5, 6, 3}, C = {2, 4, 7, 8, 9} e D = {10, 20}. Tem-se:

A ∪ B = {1,2,3,4,5,6}

B ∪ A = {1,2,3,4,5,6}

A ∩ B = {1,3,5}

B ∩ A = {1,3,5}

A ∪ B ∪ C = {1,2,3,4,5,6,7,8,9} e

A ∩ D = ∅.

É possível notar que A, B e C são todos disjuntos com D, mas A, B e C não são dois a dois disjuntos.

Diferença de conjuntos: a diferença de dois conjuntos quaisquer será representada por "A − B" e terá os elementos que pertencem somente a A, mas não pertencem a B, ou seja, que são EXCLUSIVOS de A.

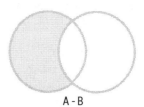

Complementar de um conjunto: se A está contido no conjunto universo U, o complementar de A é a diferença entre o conjunto universo e o conjunto A, será representado por "$C_U^{(A)}$ = U − A" e terá todos os elementos que pertencem ao conjunto universo, menos os que pertencem ao conjunto A.

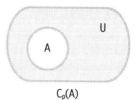

 Questões

01. Dados os conjuntos A = {1, 2, 3, 4, 6}, B = {1, 2, 3, 5, 7} e C = {3, 4, 5, 8, 9}, determine o conjunto X sabendo que X ⊂ C e C − X = B ∩ C.
a) X = {3, 5}
b) X = {1, 2, 7}
c) X = {2, 3, 4}
d) X = {3, 4, 7}
e) X = {4, 8, 9}

02. (EPCAR) Para uma turma de 80 alunos do CPCAR, foi aplicada uma prova de Matemática valendo 9,0 pontos distribuídos igualmente em 3 questões sobre:

1ª FUNÇÃO

2ª GEOMETRIA

3ª POLINÔMIOS

Sabe-se que:

Apesar de 70% dos alunos terem acertado a questão sobre **função**, apenas 1/10 da turma conseguiu nota 9,0;

20 alunos acertaram as questões sobre **função** e **geometria**;

22 acertaram as questões sobre **geometria** e **Polinômios**;

18 acertaram as questões sobre **função** e **polinômios**.

A turma estava completa nessa avaliação, ninguém tirou nota zero, no critério de correção não houve questões com acertos parciais e o número de acertos apenas em **geometria** é o mesmo que o número de acertos apenas em **polinômios**.

Nessas condições, é correto afirmar que:

a) O número de alunos que só acertaram a 2ª questão é o dobro do número de alunos que acertaram todas as questões.
b) Metade da turma só acertou uma questão.
c) Mais de 50% da turma errou a terceira questão.
d) Apenas 3/4 da turma atingiu a média maior ou igual a 5,0.

Teoria dos Conjuntos

03. (UPENET) Se A, B e C são conjuntos não vazios, sendo N(X) = número de elementos do conjunto X, é CORRETO afirmar que das afirmativas abaixo:
I. A ∩ (B ∪ C) = (A ∩ B) ∪ (A ∩ C);
II. N (A ∩ B) = N (A ∪ B) - N(A) + N(B);
III. Se A ∩ B = Ø, então, obrigatoriamente, A = B = Ø.
a) I é verdadeira.
b) I e II são verdadeiras.
c) III é verdadeira.
d) I, II e III são verdadeiras.
e) II e III são verdadeiras.

04. (CESGRANRIO) 1000 pessoas responderam a uma pesquisa sobre a frequência do uso de automóvel. 810 pessoas disseram utilizar automóvel em dias de semana, 880 afirmaram que utilizam automóvel nos finais de semana e 90 disseram que não utilizam automóveis. Do total de entrevistados, quantas pessoas afirmaram que utilizam automóvel durante a semana e, também, nos fins de semana?
a) 580
b) 610
c) 690
d) 710
e) 780

05. (FCC) Dos 36 funcionários de uma agência bancária, sabe-se que: apenas 7 são fumantes, 22 são do sexo masculino e 11 são mulheres que não fumam. Com base nessas afirmações, é correto afirmar que o:
a) Número de homens que não fumam é 18.
b) Número de homens fumantes é 5.
c) Número de mulheres fumantes é 4.
d) Total de funcionários do sexo feminino é 15.
e) Total de funcionários não fumantes é 28.

06. (CESGRANRIO) Considere os conjuntos A, B e C, seus respectivos complementares AC, BC e CC e as seguintes declarações:
I. A ∪ (B ∩ C) = (A ∩ B) ∪ (A ∩ C);
II. A ∩ (B ∪ C) = (A ∪ B) ∩ (A ∪ C);
III. (B ∩ C)C = BC ∩ CC.
Para esses conjuntos e seus respectivos complementares, está(ão) correta(s) a(s) declaração(ões):
a) II, somente.
b) III, somente.
c) I e II, somente.
d) I e III, somente.
e) I, II e III.

07. (FUMARC) Em minha turma da Escola, tenho colegas que falam, além do Português, duas línguas estrangeiras: Inglês e Espanhol. Tenho, também, colegas que só falam Português. Assim:
4 colegas só falam Português;
25 colegas, além do Português, só falam Inglês;
6 colegas, além do Português, só falam Espanhol;
10 colegas, além do Português, falam Inglês e Espanhol.
Diante desse quadro, quantos alunos há na minha turma?
a) 46
b) 45
c) 44
d) 43
e) 42

08. (CESGRANRIO) Em um grupo de 48 pessoas, 9 não têm filhos. Dentre as pessoas que têm filhos, 32 têm menos de 4 filhos e 12, mais de 2 filhos. Nesse grupo, quantas pessoas têm 3 filhos?
a) 4
b) 5
c) 6
d) 7
e) 8

09. (CESGRANRIO) Se A e B são conjuntos quaisquer e C (A, B) = A - (A ∩ B) então C (A, B) é igual ao conjunto:
a) Ø
b) B
c) B - A
d) A - B
e) (A ∪ B) - A

10. (CEPERJ) Dois conjuntos B e C são subconjuntos de um conjunto A, porém A também é subconjunto de B e contém os elementos de C. Desse modo, pode-se afirmar que:
a) A = B e C ⊂ B
b) A ⊃ B e C ⊃ B
c) A ∈ B e C ⊃ B
d) A ∈ B e C = B
e) A = B e B = C

Gabaritos

01	E	06	B
02	C	07	A
03	A	08	B
04	E	09	D
05	A	10	A

2. CONJUNTOS NUMÉRICOS

Os números surgiram da necessidade de contar ou quantificar coisas ou objetos. Com o passar do tempo, foram adquirindo características próprias.

2.1 Números Naturais

É o primeiro dos conjuntos numéricos. Representado pelo símbolo $\mathbb{N}$. É formado pelos seguintes elementos:

$\mathbb{N} = \{0, 1, 2, 3, 4, 5, 6, 7, 8, 9, 10, 11, 12, 13, ... + \infty\}$

O símbolo ∞ significa infinito, o + quer dizer positivo, então $+\infty$ quer dizer infinito positivo.

2.2 Números Inteiros

Esse conjunto surgiu da necessidade de alguns cálculos não possuírem resultados, pois esses resultados eram negativos.

Representado pelo símbolo $\mathbb{Z}$, é formado pelos seguintes elementos:

$\mathbb{Z} = \{-\infty, ..., -3, -2, -1, 0, 1, 2, 3, ..., +\infty\}$

Operações e Propriedades dos Números Naturais e Inteiros

As principais operações com os números naturais e inteiros são: adição, subtração, multiplicação, divisão, potenciação e radiciação (as quatro primeiras são também chamadas operações fundamentais).

Adição

Na adição, a soma dos termos ou parcelas resulta naquilo que se chama **total**.

Ex.: $2 + 2 = 4$

As propriedades da adição são:

Elemento Neutro: qualquer número somado ao zero tem como total o próprio número.

Ex.: $+ 0 = 2$

Comutativa: a ordem dos termos não altera o total.

Ex.: $2 + 3 = 3 + 2 = 5$

Associativa: o ajuntamento de parcelas não altera o total.

Ex.: $2 + 0 = 2$

Subtração

Operação contrária à adição, também conhecida como diferença.

Os termos ou parcelas da subtração, assim como o total, têm nomes próprios:

M – N = P; em que M = minuendo, N = subtraendo e P = diferença ou resto.

Ex.: $7 - 2 = 5$

Quando o subtraendo for maior que o minuendo, a diferença será negativa.

Multiplicação

Nada mais é do que a soma de uma quantidade de parcelas fixas. Ao resultado da multiplicação chama-se produto. Os símbolos que indicam a multiplicação são o **"x"** (sinal de vezes) ou o **"·"** (ponto).

Exs.: $4 \times 7 = 7 + 7 + 7 + 7 = 28$

$7 . 4 = 4 + 4 + 4 + 4 + 4 + 4 + 4 = 28$

As propriedades da multiplicação são:

Elemento Neutro: qualquer número multiplicado por 1 terá como produto o próprio número.

Ex.: $5 . 1 = 5$

Comutativa: ordem dos fatores não altera o produto.

Ex.: $3 \cdot 4 = 4 \cdot 3 = 12$

Associativa: o ajuntamento dos fatores não altera o resultado.

Ex.: $2 \cdot (3 \cdot 4) = (2 \cdot 3) \cdot 4 = 24$

Distributiva: um fator em evidência multiplica todas as parcelas dentro dos parênteses.

Ex.: $2 \cdot (3 + 4) = (2 \cdot 3) + (2 \cdot 4) = 6 + 8 = 14$

Na multiplicação existe "jogo de sinais", que fica assim:

Parcela	Parcela	Produto
+	+	+
+	–	–
–	+	–
–	–	+

Exs.: $2 \cdot -3 = -6$
$-3 \cdot -7 = 21$

Divisão

É o inverso da multiplicação. Os sinais que a representam são: "÷", ":", "/" ou a fração.

Exs.: $14 \div 7 = 2$

$25 : 5 = 5$

$36/12 = 3$

Por ser o inverso da multiplicação, a divisão também possui o "jogo de sinal".

2.3 Números Racionais

Com o passar do tempo alguns cálculos não possuíam resultados inteiros, a partir daí surgiram os números racionais, que são representados pela letra $\mathbb{Q}$ e são os números que podem ser escritos sob forma de frações.

Conjuntos Numéricos

$\mathbb{Q} = \frac{a}{b}$ (com "b" diferente de zero → b ≠ 0); em que "a" é o numerador e "b" é o denominador.

Fazem parte desse conjunto também as dízimas periódicas (números que apresentam uma série infinita de algarismos decimais, após a vírgula) e os números decimais (aqueles que são escritos com a vírgula e cujo denominador são as potências de 10).

Toda fração cujo numerador é menor que o denominador é chamada de fração própria.

Operações com os Números Racionais

Adição e subtração

Para somar frações deve-se estar atento se os denominadores das frações são os mesmos. Caso sejam iguais, basta repetir o denominador e somar (ou subtrair) os numeradores, porém se os denominadores forem diferentes é preciso fazer o M.M.C. (assunto que será visto adiante) dos denominadores, constituir novas frações equivalentes às frações originais e, assim, proceder com o cálculo.

$$\frac{2}{7} + \frac{4}{7} = \frac{6}{7}$$

$$\frac{2}{3} + \frac{4}{5} = \frac{10}{15} + \frac{12}{15} = \frac{22}{15}$$

Multiplicação

Para multiplicar frações basta multiplicar numerador com numerador e denominador com denominador.

$$\frac{3}{4} \cdot \frac{5}{7} = \frac{15}{28}$$

Divisão

Para dividir frações basta fazer uma multiplicação da primeira fração com o inverso da segunda fração.

$$\frac{2}{3} \div \frac{4}{5} = \frac{2}{3} \cdot \frac{5}{4} = \frac{10}{12} = \frac{5}{6} \text{ (Simplificando por 2)}$$

Toda vez que for possível deve-se simplificar a fração até sua fração irredutível (aquela que não pode mais ser simplificada).

Potenciação

Se a multiplicação é soma de uma quantidade de parcelas fixas, a potenciação é a multiplicação de uma quantidade de fatores fixos, tal quantidade indicada no expoente que acompanha a base da potência.

A potenciação é expressa por: a^n, cujo "a" é a base da potência e o "n" é o expoente.

Ex.: $4^3 = 4 \cdot 4 \cdot 4 = 64$

As propriedades das potências são:

$a^0 = 1$

$3^0 = 1$

$a^1 = a$

$5^1 = 5$

$a^{-n} = 1/a^n$

$2^{-3} = \frac{1}{2^3} = 1/8$

$a^m \cdot a^n = a^{(m+n)}$

$3^2 \cdot 3^3 = 3^{(2+3)} = 3^5 = 243$

$a^m : a^n = a^{(m-n)}$

$4^5 : 4^3 = 4^{(5-3)} = 4^2 = 16$

$(a^m)^n = a^{m \cdot n}$

$(2^2)^4 = 2^{2 \cdot 4} = 2^8 = 256$

$a^{m/n} = \sqrt[n]{a^m}$

$7^{2/3} = \sqrt[3]{7^2} = \sqrt[3]{49}$

Não confunda: (am)n ≠ am n

Não confunda também: (-a)n ≠ -an.

Radiciação

É a expressão da potenciação com expoente fracionário.

A representação genérica da radiciação é: $\sqrt[n]{a}$; cujo "n" é o índice da raiz, o "a" é o radicando e "$\sqrt{}$" é o radical.

Quando o índice da raiz for o 2 ele não precisa aparecer e essa raiz será uma raiz quadrada.

As propriedades das "raízes" são:

→ $\sqrt[n]{a^m} = (\sqrt[n]{a})^m = a^{m/n}$

→ $\sqrt[m]{\sqrt[n]{a}} = {}^m \cdot \sqrt[n]{a}$

→ $\sqrt[m]{a^m} = a = am/m = a1 = a$

Racionalização: se uma fração tem em seu denominador um radical, faz-se o seguinte:

$$\frac{1}{\sqrt{a}} = \frac{1}{\sqrt{a}} \cdot \frac{\sqrt{a}}{\sqrt{a}} = \frac{\sqrt{a}}{\sqrt{a^2}} = \frac{\sqrt{a}}{a}$$

Transformando Dízima Periódica em Fração

Para transformar dízimas periódicas em fração, é preciso atentar-se para algumas situações:

> Verifique se depois da vírgula só há a parte periódica, ou se há uma parte não periódica e uma periódica.

> Observe quantas são as "casas" periódicas e, caso haja, as não periódicas. Lembrado sempre que essa observação só será para os números que estão depois da vírgula.

> Em relação à fração, o denominador será tantos "9" quantos forem as casas do período, seguido de tantos "0" quantos forem as casas não periódicas (caso haja e depois da vírgula). Já o numerador será o número sem a vírgula até o primeiro período "menos" toda a parte não periódica (caso haja).

Exs.: $0{,}6666\ldots = \frac{6}{9}$

$0{,}36363636\ldots = \frac{36}{99}$

$0{,}123333\ldots = \frac{123-12}{900} = \frac{111}{900}$

$2{,}8888\ldots = \frac{28-2}{9} = \frac{26}{9}$

$3{,}754545454\ldots = \frac{3754-37}{990} = \frac{3717}{990}$

Transformando Número Decimal em Fração

Para transformar número decimal em fração, basta contar quantas "casas" existem depois da vírgula; então o denominador da fração será o número 1 acompanhado de tantos zeros quantos forem o número de "casas", já o numerador será o número sem a "vírgula".

Exs.: $0,3 = \dfrac{3}{10}$

$2,45 = \dfrac{245}{100}$

$49,586 = \dfrac{49586}{1000}$

2.4 Números Irracionais

São os números que não podem ser escritos na forma de fração.

O conjunto é representado pela letra $\mathbb{I}$ e tem como elementos as dízimas não periódicas e as raízes não exatas.

2.5 Números Reais

Simbolizado pela letra $\mathbb{R}$, é a união do conjunto dos números racionais com o conjunto dos números irracionais.

Representado, tem-se:

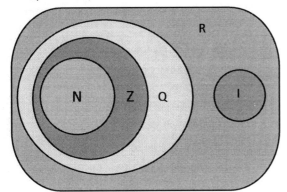

Colocando todos os números em uma reta, tem-se:

As desigualdades ocorrem em razão de os números serem maiores ou menores uns dos outros.

Os símbolos das desigualdades são:

$\geq$ maior ou igual a;

$\leq$ menor ou igual a;

$>$ maior que;

$<$ menor que.

Dessas desigualdades surgem os intervalos, que nada mais são do que um espaço dessa reta, entre dois números.

Os intervalos podem ser abertos ou fechados, depende dos símbolos de desigualdade utilizados.

Intervalo aberto ocorre quando os números não fazem parte do intervalo e os sinais de desigualdade são:

$>$ maior que;

$<$ menor que.

Intervalo fechado ocorre quando os números fazem parte do intervalo e os sinais de desigualdade são:

$\geq$ maior ou igual a;

$\leq$ menor ou igual a.

2.6 Intervalos

Os intervalos numéricos podem ser representados das seguintes formas:

Com os Símbolos $<, >, \leq, \geq$

Quando forem usados os símbolos < ou >, os números que os acompanham não fazem parte do intervalo real. Já quando forem usados os símbolos $\leq$ ou $\geq$ os números farão parte do intervalo real.

Exs.:

$2 < x < 5$: o 2 e o 5 não fazem parte do intervalo.

$2 \leq x < 5$: o 2 faz parte do intervalo, mas o 5 não.

$2 \leq x \leq 5$: o 2 e o 5 fazem parte do intervalo.

Com os Colchetes

Quando os colchetes estiverem voltados para os números, significa que farão parte do intervalo. Porém, quando os colchetes estiverem invertidos, significa que os números não farão parte do intervalo.

Exs.:

$]2;5[$: o 2 e o 5 não fazem parte do intervalo.

$[2;5[$: o 2 faz parte do intervalo, mas o 5 não faz.

$[2;5]$: o 2 e o 5 fazem parte do intervalo.

Sobre uma Reta Numérica

Intervalo aberto $2<x<5$:

Em que 2 e 5 não fazem parte do intervalo numérico, representado pela marcação aberta (sem preenchimento - O).

Intervalo fechado e aberto $2\leq x<5$:

Em que 2 faz parte do intervalo, representado pela marcação fechada (preenchida - ●) em que 5 não faz parte do intervalo, representado pela marcação aberta (O).

Intervalo fechado $2\leq x\leq 5$:

Em que 2 e 5 fazem parte do intervalo numérico, representado pela marcação fechada (●).

2.7 Múltiplos e Divisores

Os múltiplos são resultados de uma multiplicação de dois números naturais.

Ex.: Os múltiplos de 3 são: 0, 3, 6, 9, 12, 15, 18, 21, 24, 27, 30... (os múltiplos são infinitos).

Os divisores de um "número" são os números cuja divisão desse "número" por eles será exata.

Ex.: Os divisores de 12 são: 1, 2, 3, 4, 6, 12.

Números quadrados perfeitos são aqueles que resultam da multiplicação de um número por ele mesmo.
Ex.: $4 = 2 \cdot 2$
$25 = 5 \cdot 5$

2.8 Números Primos

São os números que têm apenas dois divisores, o 1 e ele mesmo (alguns autores consideram os números primos aqueles que tem 4 divisores, sendo o 1, o -1, ele mesmo e o seu oposto – simétrico).

Veja alguns números primos:

2 (único primo par), 3, 5, 7, 11, 13, 17, 19, 23, 29, 31, 37, 41, 43, 47, 53, 59, ...

Os números primos servem para decompor outros números.

A decomposição de um número em fatores primos serve para fazer o MMC (mínimo múltiplo comum) e o MDC (máximo divisor comum).

2.9 MMC e MDC

O MMC de um, dois ou mais números é o menor número que, ao mesmo tempo, é múltiplo de todos esses números.

O MDC de dois ou mais números é o maior número que pode dividir todos esses números ao mesmo tempo.

Para calcular, após decompor os números, o MMC de dois ou mais números será o produto de todos os fatores primos, comuns e não comuns, elevados aos maiores expoentes. Já o MDC será apenas os fatores comuns a todos os números elevados aos menores expoentes.

Exs.: $6 = 2 \cdot 3$
$18 = 2 \cdot 3 \cdot 3 = 2 \cdot 3^2$
$35 = 5 \cdot 7$
$144 = 2 \cdot 2 \cdot 2 \cdot 2 \cdot 3 \cdot 3 = 2^4 \cdot 3^2$
$225 = 3 \cdot 3 \cdot 5 \cdot 5 = 3^2 \cdot 5^2$
$490 = 2 \cdot 5 \cdot 7 \cdot 7 = 2 \cdot 5 \cdot 7^2$
$640 = 2 \cdot 2 \cdot 2 \cdot 2 \cdot 2 \cdot 2 \cdot 2 \cdot 5 = 2^7 \cdot 5$
MMC de 18 e 225 = $2 \cdot 3^2 \cdot 5^2 = 2 \cdot 9 \cdot 25 = 450$
MDC de 225 e 490 = 5

Para saber a quantidade de divisores de um número basta, depois da decomposição do número, pegar os expoentes dos fatores primos, somar "+1" e multiplicar os valores obtidos.

Exs.: $225 = 3^2 \cdot 5^2 = 3^{2+1} \cdot 5^{2+1} = 3 \cdot 3 = 9$

Nº de divisores = $(2 + 1) \cdot (2 + 1) = 3 \cdot 3 = 9$ divisores. Que são: 1, 3, 5, 9, 15, 25, 45, 75, 225.

2.10 Divisibilidade

As regras de divisibilidade servem para facilitar a resolução de contas, para ajudar a descobrir se um número é ou não divisível por outro. Veja algumas dessas regras.

Divisibilidade por 2: para um número ser divisível por 2 basta que o mesmo seja par.

Exs.: 14 é divisível por 2.
17 não é divisível por 2.

Divisibilidade por 3: para um número ser divisível por 3, a soma dos seus algarismos tem que ser divisível por 3.

Exs.: 174 é divisível por 3, pois $1 + 7 + 4 = 12$
188 não é divisível por 3, pois $1 + 8 + 8 = 17$

Divisibilidade por 4: para um número ser divisível por 4, ele tem que terminar em 00 ou os seus dois últimos números devem ser múltiplos de 4.

Exs.: 300 é divisível por 4.
532 é divisível por 4.
766 não é divisível por 4.

Divisibilidade por 5: para um número ser divisível por 5, ele deve terminar em 0 ou em 5.

Exs.: 35 é divisível por 5.
370 é divisível por 5.
548 não é divisível por 5.

Divisibilidade por 6: para um número ser divisível por 6, ele deve ser divisível por 2 e por 3 ao mesmo tempo.

Exs.: 78 é divisível por 6.
576 é divisível por 6.
652 não é divisível por 6.

Divisibilidade por 9: para um número ser divisível por 9, a soma dos seus algarismos deve ser divisível por 9.

Exs.: 75 é não divisível por 9.
684 é divisível por 9.

Divisibilidade por 10: para um número ser divisível por 10, basta que ele termine em 0.

Exs.: 90 é divisível por 10.
364 não é divisível por 10.

2.11 Expressões Numéricas

Para resolver expressões numéricas, deve-se sempre seguir a ordem:

> Resolva os (parênteses), depois os [colchetes], depois as {chaves}, nessa ordem;

> Dentre as operações resolva primeiro as potenciações e raízes (o que vier primeiro), depois as multiplicações e divisões (o que vier primeiro) e por último as somas e subtrações (o que vier primeiro).

Calcule o valor da expressão:

Ex.: 8 – {5 – [10 – (7 – 3 . 2)] ÷ 3}

Resolução:

8 – **{5 – [10 – (7 – 6)] ÷ 3}**

8 – **{5 – [10 – (1)] ÷ 3}**

8 – **{5 – [9] ÷ 3}**

8 – {5 – 3}

8 – {2}

6

 Questões

01. (MB) Considere x = 10 e y = 20. Calcule o valor de (x + y)² – 2xy.
a) 900
b) 600
c) 500
d) 300
e) 200

02. O conjunto A = {-4, -3, -2, -1, 0, 1} pode ser representado por:
a) {x ∈ Z | -4 < x < 1}
b) {x ∈ Z | -4 < x ≤ 1}
c) {x ∈ Z | -4 ≤ x ≤ 1}
d) {x ∈ Z | -4 ≤ x < 1}
e) {x ∈ Z | +4 < x < 1}

03. (FCC) O valor da expressão $\dfrac{A^2 - B^3}{A^B + B^A}$, para A = 2 e B = -1 é um número compreendido entre:
a) -2 e 1.
b) 1 e 4.
c) 4 e 7.
d) 7 e 9.
e) 9 e 10.

04. (TJ-PR) Um historiador comentou em sala de aula: "Meu tataravô nasceu no século 18. O ano em que nasceu era um cubo perfeito. O ano em que morreu era um quadrado perfeito. O quanto viveu, também era um quadrado perfeito." Quantos anos viveu o tataravô do historiador?
a) 36
b) 30
c) 32
d) 34
e) 40

05. (CEFET) Os restos das divisões de 247 e 315 por x são 7 e 3, respectivamente. Os restos das divisões de 167 e 213 por y são 5 e 3, respectivamente. O maior valor possível para a soma x + y é:
a) 36
b) 34
c) 30
d) 25

06. (FCC) Sejam x e y números naturais, e △ e □ símbolos com os seguintes significados:

– x △ y é igual ao maior número dentre x e y, com x ≠ y;

– x □ y é igual ao menor número dentre x e y, com x ≠ y;

– se x = y, então x △ y = x □ y = x = y.

De acordo com essas regras, o valor da expressão [64 □ (78 △ 64) □ {92 △[(43 □21) △21]} é:
a) 92.
b) 78.
c) 64.
d) 43.
e) 21.

07. (PUC-MG) O valor exato de

$$\dfrac{0,2929\ldots - 0,222\ldots}{0,555\ldots + 0,333\ldots} \text{ é:}$$

a) 3/25
b) 3/28
c) 4/34
d) 6/58
e) 7/88

08. Sejam x e y números reais dados por suas representações decimais:

$$\begin{cases} x = 0,111111\ldots \\ y = 0,999999\ldots \end{cases}$$

Pode-se afirmar que:
a) x + y = 1
b) x - y = 8 / 9
c) xy = 0,9
d) 1 / (x + y) = 0,9
e) xy = 1

09. (ESPP) Sejam as afirmações:
I. A soma entre dois números irracionais é sempre um número irracional.
II. Toda dízima periódica pode ser escrita com uma fração de denominador e numerador inteiros.
III. 7ϖ/4 > 11/2

Pode-se dizer que:
a) São corretas somente I e II.
b) Todas são corretas.
c) Somente uma delas é correta.
d) São corretas somente II e III.

CONJUNTOS NUMÉRICOS

10. (FGV) Analise as afirmativas a seguir:
    I. $\sqrt{6}$ é maior que $\dfrac{5}{2}$.
    II. 0,555... é um número racional.
    III. Todo número inteiro tem antecessor.

    Assinale:
    a) Se somente as afirmativas I e III estiverem corretas.
    b) Se somente a afirmativa II estiver correta.
    c) Se somente as afirmativas I e II estiverem corretas.
    d) Se somente a afirmativa I estiver correta.
    e) Se somente as afirmativas II e III estiverem corretas.

Gabaritos

01	C	06	C
02	C	07	E
03	B	08	D
04	A	09	C
05	C	10	E

3. SISTEMA LEGAL DE MEDIDAS

3.1 Medidas de Tempo

A unidade padrão do tempo é o segundo (s); mas devemos saber as seguintes relações:

1 min = 60 s

1h = 60 min = 3600 s

1 dia = 24 h = 1440 min = 86400 s

30 dias = 1 mês

2 meses = 1 bimestre

6 meses = 1 semestre

12 meses = 1 ano

10 anos = 1 década

100 anos = 1 século

Exs.: 5h47min18seg + 11h39min59s = 26h86min77s = 26h87min17s = 27h27min17s = 1dia3h27mim17s;

8h23min − 3h49min51seg = 7h83min − 3h49min51seg = 7h82min60seg − 3h49min51seg = 4h33min9seg.

Cuidado com as transformações de tempo, pois elas não seguem o mesmo padrão das outras medidas.

3.2 Sistema Métrico Decimal

Serve para medir comprimentos, distâncias, áreas e volumes. Tem como unidade padrão o metro (m). Veremos agora seus múltiplos, variações e algumas transformações.

Metro (m):

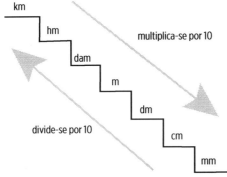

Para cada degrau descido da escada, multiplica-se por 10, e para cada degrau subido, divide-se por 10.

Exs.: Transformar 2,98km em cm = 2,98 · 100.000 = 298.000cm (na multiplicação por 10 ou suas potências, basta deslocar a "vírgula" para a direita);

Transformar 74m em km = 74 ÷ 1000 = 0,074km (na divisão por 10 ou suas potências, basta deslocar a "vírgula" para a esquerda).

O grama (g) e o litro (l) seguem o mesmo padrão do metro (m).

Metro quadrado (m^2):

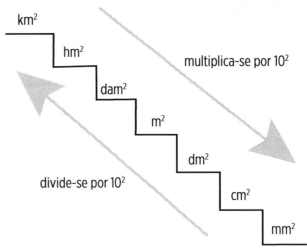

Para cada degrau descido da escada multiplica por 10^2 ou 100, e para cada degrau subido divide por 10^2 ou 100.

Exs.: Transformar 79,11m^2 em cm^2 = 79,11 · 10.000 = 791.100cm^2;

Transformar 135m^2 em km^2 = 135 ÷ 1.000.000 = 0,000135km^2.

Metro cúbico (m^3):

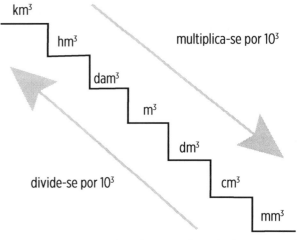

Para cada degrau descido da escada, multiplica-se por 10^3 ou 1000, e para cada degrau subido, divide-se por 10^3 ou 1000.

Exs.: Transformar 269dm^3 em cm^3 = 269 · 1.000 = 269.000cm^3

Transformar 4.831cm^3 em m^3 = 4.831 ÷ 1.000.000 = 0,004831m^3

O metro cúbico, por ser uma medida de volume, tem relação com o litro (l), e essa relação é:

$1m^3$ = 1000 litros

$1dm^3$ = 1 litro

$1cm^3$ = 1 mililitro

Sistema Legal de Medidas

Questões

01. (CESGRANRIO) José é funcionário de uma imobiliária e gosta muito de Matemática. Para fazer uma brincadeira com um colega, resolveu escrever as áreas de cinco apartamentos que estão à venda em unidades de medida diferentes, como mostra a tabela abaixo.

Apartamento	Área
I	0,000162 km²
II	180 m²
III	12.800 dm²
IV	950.000 cm²
V	100.000.000 mm²

Em seguida, pediu ao colega que organizasse as áreas dos cinco apartamentos em ordem crescente.

O colega de José respondeu corretamente ao desafio proposto apresentando a ordem:

a) I < II < III < IV < V
b) II < I < IV < V < III
c) IV < V < III < I < II
d) V < II < I < III < IV
e) V < IV < III < II < I

02. (CESGRANRIO) No modelo abaixo, os pontos A, B, C e D pertencem à mesma reta. O ponto A dista 65,8 mm do ponto D; o ponto B dista 41,9 mm do ponto D, e o ponto C está a 48,7 mm do ponto A.

```
A       B     C       D
•───────•─────•───────•
```

Qual é, em milímetros, a distância entre os pontos B e C?

a) 17,1
b) 23,1
c) 23,5
d) 23,9
e) 24,8

03. (CEPERJ) Uma pessoa levou 1 hora, 40 minutos e 20 segundos para realizar determinada tarefa. O tempo total de trabalho dessa pessoa, em segundos, vale:

a) 120
b) 1420
c) 3660
d) 4120
e) 6020

04. (FCC) Sabe-se que, num dado instante, a velocidade de um veículo era v = 0,0125 km/s. Assim sendo, é correto afirmar que, em metros por hora, v seria igual a:

a) 45 000.
b) 25 000.
c) 7 500.
d) 4 500.
e) 2 500.

05. (FCC) Considere que:
> 1 milissegundo (ms) = 10^{-3} segundo
> 1 microssegundo (μs) = 10^{-6} segundo
> 1 nanossegundo (ns) = 10^{-9} segundo
> 1 picossegundo (ps) = 10^{-12} segundo

Nessas condições, a soma 1 ms + 10 μs + 100 ns + 1 000 ps NÃO é igual a:

a) 1,010101 ms.
b) 0,001010101 s.
c) 1.010.101.000 ps.
d) 1.010.101 ns.
e) 10.101,01 μs.

06. (CPCAR) Três alunos A, B e C participam de uma gincana e uma das tarefas é uma corrida em pista circular. Eles gastam para esta corrida, respectivamente, 1,2 minutos, 1,5 minutos e 2 minutos para completarem uma volta na pista. Eles partem do mesmo local e no mesmo instante. Após algum tempo, os três alunos se encontram pela primeira vez no local de partida. Considerando os dados acima, assinale a alternativa correta.

a) Na terceira vez que os três se encontrarem, o aluno menos veloz terá completado 12 voltas.
b) O tempo que o aluno B gastou até que os três se encontraram pela primeira vez foi de 4 minutos.
c) No momento em que os três alunos se encontraram pela segunda vez, o aluno mais veloz gastou 15 minutos.
d) A soma do número de voltas que os três alunos completaram quando se encontraram pela segunda vez foi 24.

07. (CESGRANRIO) Aos domingos, é possível fazer um passeio de 7 km pela antiga Estrada de Ferro Madeira-Mamoré, indo de Porto Velho até Cachoeira de Santo Antônio. Esse passeio acontece em quatro horários: 9h, 10h30min, 15h e 16h30min. Um turista pretendia fazer o passeio no segundo horário da manhã, mas chegou atrasado à estação e, assim, teve que esperar 3 horas e 35 minutos até o horário seguinte. A que horas esse turista chegou à estação?

a) 10h 55min.
b) 11h 15min.
c) 11h 25min.
d) 11h 45min.
e) 11h 55min.

08. (FCC) A velocidade de 120 km/h equivale, aproximadamente, à velocidade de:

a) 33,33 m/s
b) 35 m/s
c) 42,5 m/s
d) 54,44 m/s
e) 60 m/s

09. (CESGRANRIO) Certo nadador levou 150 segundos para completar uma prova de natação. Esse tempo corresponde a:

a) Um minuto e meio.
b) Dois minutos.
c) Dois minutos e meio.
d) Três minutos.
e) Três minutos e meio.

10. (CESGRANRIO) Considere que 1 litro de óleo de soja pesa aproximadamente 960 gramas. Uma empresa exporta 6 contêineres contendo 32 toneladas de óleo de soja cada. Quantos metros cúbicos de óleo foram exportados por essa empresa?

a) 100
b) 200
c) 300
d) 400
e) 600

Gabaritos

01	C	06	D
02	E	07	C
03	E	08	A
04	A	09	C
05	E	10	B

4. RAZÕES E PROPORÇÕES

Neste capítulo, estão presentes alguns assuntos muito incidentes em provas: razões e proporções. É preciso que haja atenção no estudo desse conteúdo.

4.1 Grandeza

É tudo aquilo que pode ser contado, medido ou enumerado.

Ex.: Comprimento (distância), tempo, quantidade de pessoas e/ou coisas, etc.

Grandezas Diretamente Proporcionais: são aquelas em que o aumento de uma implica o aumento da outra.

Ex.: Quantidade e preço.

Grandezas Inversamente Proporcionais: são aquelas em que o aumento de uma implica a diminuição da outra.

Ex.: Velocidade e tempo.

4.2 Razão

É a comparação de duas grandezas. Essas grandezas podem ser de mesma espécie (com a mesma unidade) ou de espécies diferentes (unidades diferentes). Nada mais é do que uma fração do tipo $\frac{a}{b}$, com $b \neq 0$.

Nas razões, os numeradores são também chamados de antecedentes e os denominadores de consequentes.

Exs.:

Escala: comprimento no desenho comparado ao tamanho real.

Velocidade: distância comparada ao tempo.

4.3 Proporção

Pode ser definida como a igualdade de razões.

$$\frac{a}{b} = \frac{c}{d}$$

Dessa igualdade, tiramos a propriedade fundamental das proporções: "o produto dos meios igual ao produto dos extremos" (a chamada "multiplicação cruzada").

$$b \cdot c = a \cdot d$$

É basicamente essa propriedade que ajuda resolver a maioria das questões desse assunto.

Dados três números racionais a, b e c, não nulos, denomina-se <u>quarta proporcional</u> desses números um número x tal que:

$$\frac{a}{b} = \frac{c}{x}$$

Proporção contínua é toda proporção que apresenta os meios iguais.

De um modo geral, uma proporção contínua pode ser representada por:

$$\frac{a}{b} = \frac{b}{c}$$

As outras propriedades das proporções são:

Numa proporção, a soma dos dois primeiros termos está para o 2º (ou 1º) termo, assim como a soma dos dois últimos está para o 4º (ou 3º).

$$\frac{a+b}{b} = \frac{c+d}{d} \text{ ou } \frac{a+b}{a} = \frac{c+d}{c}$$

Numa proporção, a diferença dos dois primeiros termos está para o 2º (ou 1º) termo, assim como a diferença dos dois últimos está para o 4º (ou 3º).

$$\frac{a-b}{b} = \frac{c-d}{d} \text{ ou } \frac{a-b}{a} = \frac{c-d}{c}$$

Numa proporção, a soma dos antecedentes está para a soma dos consequentes, assim como cada antecedente está para o seu consequente.

$$\frac{a+c}{b+d} = \frac{c}{d} = \frac{a}{b}$$

Numa proporção, a diferença dos antecedentes está para a diferença dos consequentes, assim como cada antecedente está para o seu consequente.

$$\frac{a-c}{b-d} = \frac{c}{d} = \frac{a}{b}$$

Numa proporção, o produto dos antecedentes está para o produto dos consequentes, assim como o quadrado de cada antecedente está para quadrado do seu consequente.

$$\frac{a \cdot c}{b \cdot d} = \frac{a^2}{b^2} = \frac{c^2}{d^2}$$

A última propriedade pode ser estendida para qualquer número de razões.

$$\frac{a \cdot c \cdot e}{b \cdot d \cdot f} = \frac{a^3}{b^3} = \frac{c^3}{d^3} = \frac{e^3}{f^3}$$

4.4 Divisão em Partes Proporcionais

Para dividir um número em partes direta ou inversamente proporcionais, basta seguir algumas regras:

Divisão em Partes Diretamente Proporcionais

Divida o número 50 em partes diretamente proporcionais a 4 e a 6.

$4x + 6x = 50$
$10x = 50$
$x = \frac{50}{10}$
$x = 5$

x = constante proporcional

Então, $4x = 4 \cdot 5 = 20$ e $6x = 6 \cdot 5 = 30$

RAZÕES E PROPORÇÕES

Logo, a parte proporcional a 4 é o 20 e a parte proporcional ao 6 é o 30.

Divisão em Partes Inversamente Proporcionais

Divida o número 60 em partes inversamente proporcionais a 2 e a 3.

$$\frac{x}{2} + \frac{x}{3} = 60$$

$$\frac{3x}{6} + \frac{2x}{6} = 60$$

$$5x = 60 \cdot 6$$

$$5x = 360$$

$$x = \frac{360}{5}$$

$$x = 72$$

x = constante proporcional

Então, $\frac{x}{2} = \frac{72}{2} = 36$ e $\frac{x}{3} = \frac{72}{3} = 24$

Logo, a parte proporcional a 2 é o 36 e a parte proporcional ao 3 é o 24.

Perceba que, na divisão diretamente proporcional, quem tiver a maior parte ficará com o maior valor. Já na divisão inversamente proporcional, quem tiver a maior parte ficará com o menor valor.

4.5 Regra das Torneiras

Sempre que uma questão envolver uma "situação" que pode ser feita de um jeito em determinado tempo (ou por uma pessoa) e, em outro tempo, de outro jeito (ou por outra pessoa), e quiser saber em quanto tempo seria se fosse feito tudo ao mesmo tempo, usa-se a regra da torneira, que consiste na aplicação da seguinte fórmula:

$$t_T = \frac{t_1 \cdot t_2}{t_1 + t_2}$$

Em que "t" é o tempo.

Quando houver mais de duas "situações", é melhor usar a fórmula:

$$\frac{1}{t_T} = \frac{1}{t_1} + \frac{1}{t_2} + ... + \frac{1}{t_n}$$

Em que "n" é a quantidade de situações.

Uma torneira enche um tanque em 6h. Uma segunda torneira enche o mesmo tanque em 8h. Se as duas torneiras forem abertas juntas quanto tempo vão levar para encher o mesmo tanque?

$$t_T = \frac{t_1 \cdot t_2}{t_1 + t_2}$$

$$t_T = \frac{6 \cdot 8}{6 + 8} = \frac{48}{14} = 3h\ 25min\ e\ 43s$$

4.6 Regra de Três

Mecanismo prático e/ou método utilizado para resolver questões que envolvem razão e proporção (grandezas).

Regra de Três Simples

Aquela que só envolve duas grandezas.

Ex.: Durante uma viagem um carro consome 20 litros de combustível para percorrer 240km, quantos litros são necessários para percorrer 450km?

Primeiro, verifique se as grandezas envolvidas na questão são direta ou inversamente proporcionais, e monte uma estrutura para visualizar melhor a questão.

Distância	Litro
240	20
450	x

Ao aumentar a distância, a quantidade de litros de combustível necessária para percorrer essa distância também vai aumentar, então, as grandezas são diretamente proporcionais.

$$\frac{20}{x} = \frac{240}{450}$$

Aplicando a propriedade fundamental das proporções:

240x = 9000

$$x = \frac{9000}{240} = 37,5\ litros$$

Regra de Três Composta

Aquela que envolve mais de duas grandezas.

Ex.: Dois pedreiros levam nove dias para construir um muro com 2m de altura. Trabalhando três pedreiros e aumentando a altura para 4m, qual será o tempo necessário para completar esse muro?

Neste caso, deve-se comparar uma grandeza de cada vez com a variável.

Dias	Pedreiros	Altura
9	2	2
x	3	4

Note que, ao aumentar a quantidade de pedreiros, o número de dias necessários para construir um muro diminui, então as grandezas pedreiros e dias são inversamente proporcionais. No entanto, se aumentar a altura do muro, será necessário mais dias para construí-lo. Dessa forma as grandezas muro e dias são diretamente proporcionais. Para finalizar, basta montar a proporção e resolver, lembrando que quando uma grandeza for inversamente proporcional à variável sua fração será invertida.

$$\frac{9}{x} = \frac{3}{2} \cdot \frac{2}{4}$$

$$\frac{9}{x} = \frac{6}{8}$$

Ex.: Aplicando a propriedade fundamental das proporções:

6x = 72

$$X = \frac{72}{6} = 12\ dias$$

Questões

01. (FCC) Uma torneira enche um tanque, sozinha, em 2 horas enquanto outra torneira demora 4 horas. Em quanto tempo as duas torneiras juntas encherão esse mesmo tanque?
a) 1h10min
b) 1h20min
c) 1h30min
d) 1h50min
e) 2h

02. (EPCAR) Um reservatório possui 4 torneiras. A primeira torneira gasta 15 horas para encher todo o reservatório; a segunda, 20 horas; a terceira, 30 horas e a quarta, 60 horas. Abrem-se as 4 torneiras, simultaneamente, e elas ficam abertas despejando água por 5 horas. Após esse período fecham-se, ao mesmo tempo, a primeira e a segunda torneiras. Considerando que o fluxo de cada torneira permaneceu constante enquanto esteve aberta, é correto afirmar que o tempo gasto pelas demais torneiras, em minutos, para completarem com água o reservatório, é um número cuja soma dos algarismos é:
a) Par maior que 4 e menor que 10
b) Par menor ou igual a 4
c) Ímpar maior que 4 e menor que 12
d) Ímpar menor que 5

03. (ESAF) A taxa cobrada por uma empresa de logística para entregar uma encomenda até determinado lugar é proporcional à raiz quadrada do peso da encomenda. Ana, que utiliza, em muito, os serviços dessa empresa, pagou para enviar uma encomenda de 25kg uma taxa de R$ 54,00. Desse modo, se Ana enviar a mesma encomenda de 25kg dividida em dois pacotes de 16kg e 9kg, ela pagará o valor total de:
a) 54,32.
b) 54,86.
c) 76,40.
d) 54.
e) 75,60.

04. (ESAF) Dois trabalhadores, fazendo a jornada de 8 horas por dia cada um, colhem juntos 60 sacos de arroz. Três outros trabalhadores, fazendo a jornada de 10 horas por dia cada um, colhem juntos 75 sacos de arroz em 10 dias. Quanto tempo um trabalhador do primeiro grupo é mais ou menos produtivo que um trabalhador do segundo grupo?
a) O trabalhador do primeiro grupo é 10% menos produtivo.
b) O trabalhador do primeiro grupo é 10% mais produtivo.
c) O trabalhador do primeiro grupo é 25% mais produtivo.
d) As produtividades dos trabalhadores dos dois grupos é a mesma.
e) O trabalhador do primeiro grupo é 25% menos produtivo.

05. (FCC) Uma pesquisa realizada pelo Diretório Acadêmico de uma faculdade mostrou que 65% dos alunos são a favor da construção de uma nova quadra poliesportiva. Dentre os alunos homens, 11 em cada 16 manifestaram-se a favor da nova quadra e, dentre as mulheres, 3 em cada 5. Nessa faculdade, a razão entre o número de alunos homens e mulheres, nessa ordem, é igual a:
a) 4/3
b) 6/5
c) 7/4
d) 7/5
e) 9/7

06. (CESGRARIO) Uma herança no valor de R$ 168.000,00 foi dividida entre quatro irmãos em partes diretamente proporcionais às suas respectivas idades. Se as idades, em número de anos, são 32, 30, 27 e 23, a parte que coube ao mais novo dos irmãos é, em reais, igual a:
a) 23.000
b) 27.600
c) 28.750
d) 32.200
e) 34.500

07. (FCC) Ao serem contabilizados os dias de certo mês, em que três Técnicos Judiciários de uma Unidade do Tribunal Regional do Trabalho prestaram atendimento ao público, constatou-se o seguinte:
> a razão entre os números de pessoas atendidas por Jasão e Moisés, nesta ordem, era 3/5;
> o número de pessoas atendidas por Tadeu era 120% do número das atendidas por Jasão;
> o total de pessoas atendidas pelos três era 348.

Nessas condições, é correto afirmar que, nesse mês:
a) Tadeu atendeu a menor quantidade de pessoas.
b) Moisés atendeu 50 pessoas a mais que Jasão.
c) Jasão atendeu 8 pessoas a mais que Tadeu.
d) Moisés atendeu 40 pessoas a menos que Tadeu.
e) Tadeu atendeu menos que 110 pessoas.

08. (FCC) Suponha que certo medicamento seja obtido adicionando-se uma substância "A" a uma mistura homogênea Ω, composta de apenas duas substâncias X e Y. Sabe-se que:
> O teor de X em Ω é de 60%;
> Se pode obter tal medicamento retirando-se 15 de 50 litros de Ω e substituindo-os por 5 litros de A e 10 litros de Y, resultando em nova mistura homogênea.

Nessas condições, o teor de Y no medicamento assim obtido é de:
a) 52%.
b) 48%.
c) 45%
d) 44%.
e) 42%.

09. (FCC) Do total de pessoas que visitaram uma Unidade do Tribunal Regional do Trabalho de segunda a sexta-feira de certa semana, sabe-se que: 1/5 o fizeram na terça-feira e 1/6 na sexta-feira. Considerando que o número de visitantes da segunda-feira correspondia a 3/4 do de terça-feira e que a quarta-feira e a quinta-feira receberam, cada uma, 58 pessoas, então o total de visitantes recebidos nessa Unidade ao longo de tal semana é um número:
a) menor que 150.
b) múltiplo de 7.
c) quadrado perfeito.
d) divisível por 48.
e) maior que 250.

10. (AOCP) Se dois números na razão 5:3 são representados por 5x e 3x, assinale a alternativa que apresenta o item que expressa o seguinte: "duas vezes o maior somado ao triplo do menor é 57".
a) 10x = 9x + 57; x = 57; números: 285 e 171
b) 10x - 57 = 9x; x = 3; números: 15 e 6
c) 57 - 9x = 10x; x = 5; números: 15 e 9
d) 5x + 3x = 57; x = 7,125; números: 35,62 e 21,375
e) 10x + 9x = 57; x = 3; números: 15 e 9

Razões e Proporções

  Gabaritos

01	B	06	E
02	B	07	E
03	E	08	B
04	D	09	D
05	A	10	E

5. PORCENTAGEM E JUROS

O presente capítulo trata de uma pequena parte da matemática financeira, e também do uso das porcentagens, assuntos presentes no dia a dia de todos.

5.1 Porcentagem

É a aplicação da taxa percentual a determinado valor.

Taxa percentual: é o valor que vem acompanhado do símbolo %.

Para fins de cálculo, usa-se a taxa percentual em forma de fração ou em números decimais.

Ex.: 3% = 3/100 = 0,03

15% = 15/100 = 0,15

34% de 1200 = 34/100 . 1200 = 40800/100 = 408

65% de 140 = 0,65 . 140 = 91

5.2 Lucro e Prejuízo

Lucro e prejuízo são resultados de movimentações financeiras.

Custo (C): "Gasto".

Venda (V): "Ganho".

Lucro (L): quando se ganha mais do que se gasta.

$$L = V - C$$

Prejuízo (P): quando se gasta mais do que se ganha.

$$P = C - V$$

Basta substituir no lucro ou no prejuízo o valor da porcentagem, no custo ou na venda.

Ex.: Um computador foi comprado por R$ 3.000,00 e revendido com lucro de 25% sobre a venda. Qual o preço de venda?

Como o lucro foi na venda, então L = 0,25V:

L = V – C

0,25V = V – 3.000

0,25V – V = -3.000

-0,75V = -3.000 (-1)

0,75V = 3.000

$$V = \frac{3000}{0,75} = \frac{300000}{75} = 4.000$$

Logo, a venda se deu por R$ 4.000,00.

5.3 Juros Simples

Juros: atributos (ganhos) de uma operação financeira.

Juros simples: os valores são somados ao capital apenas no final da aplicação. Somente o capital rende juros.

Para o cálculo de juros simples, usa-se a seguinte fórmula:

$$J = C \cdot i \cdot t$$

Nas questões de juros, as taxas de juros e os tempos devem estar expressos pela mesma unidade.

> J = juros;
> C = capital;
> i = taxa de juros;
> t = tempo da aplicação.

Ex.: Um capital de R$ 2.500,00 foi aplicado a juros de 2% ao trimestre durante um ano. Quais os juros produzidos?

Em 1 ano há exatamente 4 trimestres, como a taxa está em trimestre, agora é só calcular:

J = C . i . t

J = 2.500 . 0,02 . 4

J = 200

5.4 Juros Compostos

Os valores são somados ao capital no final de cada período de aplicação, formando um novo capital, para incidência dos juros novamente. É o famoso caso de juros sobre juros.

Para o cálculo de juros compostos, usa-se a seguinte fórmula:

$$M = C \cdot (1 + I)^t$$

> M = montante;
> C = capital;
> i = taxa de juros;
> t = tempo da aplicação.

Um investidor aplicou a quantia de R$ 10.000,00 à taxa de juros de 2% a.m. durante 4 meses. Qual o montante desse investimento?

Aplicando a fórmula, já que a taxa e o tempo estão na mesma unidade:

Ex.: M = C · (1 + i)t

M = 10.000 · (1 + 0,02)4

M = 10.000 · (1,02)4

M = 10.000 · 1,08243216

M = 10.824,32

5.5 Capitalização

Capitalização: acúmulo de capitais (capital + juros).

Nos juros simples, calcula-se por: M = C + J.

Nos juros compostos, calcula-se por: J = M – C.

Em algumas questões terão que ser calculados os montantes do juro simples ou os juros do juro composto.

Porcentagem e Juros

Questões

01. (ESSA) Um par de coturnos custa na loja "Só Fardas" R$ 21,00 mais barato que na loja "Selva Brasil". O gerente da loja "Selva Brasil", observando essa diferença, oferece um desconto de 15% para que o seu preço se iguale ao de seu concorrente. O preço do par de coturnos, em reais, na loja "Só Fardas" é um número cuja soma dos algarismos é:
a) 9.
b) 11.
c) 10.
d) 13.
e) 12.

02. (EB) Um agricultor colheu dez mil sacas de soja durante uma safra. Naquele momento a soja era vendida a R$ 40,00 a saca. Como a expectativa do mercado era do aumento de preços, ele decidiu guardar a produção e tomar um empréstimo no mesmo valor que obteria se vendesse toda a sua produção, a juros compostos de 10% ao ano. Dois anos depois, ele vendeu a soja a R$ 50,00 a saca e quitou a dívida. Com essa operação ele obteve:
a) Prejuízo de R$ 20.000,00.
b) Lucro de R$ 20.000,00.
c) Prejuízo de R$ 16.000,00.
d) Lucro de R$ 16.000,00.
e) Lucro de R$ 60.000,00.

03. (EB) Um capital de R$ 1.000,00 foi aplicado a juros compostos a uma taxa de 44% a.a.. Se o prazo de capitalização foi de 180 dias, o montante gerado será de:
a) R$ 1.440,00.
b) R$ 1.240,00.
c) R$ 1.680,00.
d) R$ 1.200,00.
e) R$ 1.480,00.

04. (ESSA) O capital de R$ 360,00 foi dividido em duas partes, A e B. A quantia A rendeu em 6 meses o mesmo que a quantia B rendeu em 3 meses, ambos aplicados à mesma taxa no regime de juros simples. Nessas condições, pode-se afirmar que:
a) A = B
b) A = 2B
c) B = 2A
d) A = 3B
e) B = 3A

05. (ESSA) Uma loja de eletrodomésticos paga, pela aquisição de certo produto, o correspondente ao preço x (em reais) de fabricação, mais 5 % de imposto e 3 % de frete, ambos os percentuais calculados sobre o preço x. Vende esse produto ao consumidor por R$ 54,00, com lucro de 25 %. Então, o valor de x é:
a) R$ 36,00
b) R$ 38,00
c) R$ 40,00
d) R$ 41,80
e) R$ 42,40

06. (MB) Em um grupo de 20 pessoas, 40% são homens e 75% das mulheres são solteiras. O número de mulheres casadas é:
a) 3
b) 6
c) 7
d) 8
e) 9

07. (MB) Uma liga é composta por 70% de cobre, 20% de alumínio e 10% de zinco. Qual a quantidade, respectivamente, de cobre, alumínio e zinco em 800 g dessa liga?
a) 100 g, 250 g, 450 g
b) 400 g, 260 g, 140 g
c) 450 g, 250 g, 100 g
d) 560 g, 160 g, 80 g
e) 650 g, 100 g, 50 g

08. (MB) Qual das afirmativas é verdadeira?
a) Dois descontos sucessivos de 10% correspondem a um desconto de 20%.
b) Dois aumentos sucessivos de 15% correspondem a um aumento de 30%.
c) Um desconto de 10% e depois um aumento de 20% correspondem a um aumento de 8%.
d) Um aumento de 20% e depois um desconto de 10% correspondem a um aumento de 10%.
e) Um aumento de 15% e depois um desconto de 25% correspondem a um desconto de 5%.

09. (EPCAR) Lucas e Mateus ganharam de presente de aniversário as quantias x e y reais, respectivamente, e aplicaram, a juros simples, todo o dinheiro que ganharam, da seguinte forma:

Mateus aplicou a quantia y durante um tempo que foi metade do que esteve aplicado a quantia x de Lucas.

Mateus aplicou seu dinheiro a uma taxa igual ao triplo da taxa da quantia aplicada por Lucas.

No resgate de cada quantia aplicada, Lucas e Mateus receberam o mesmo valor de juros.

Se juntos os dois ganharam de presente 516 reais, então x − y é igual a:
a) R$ 103,20
b) R$ 106,40
c) R$ 108,30
d) R$ 109,60

10. (EPCAR) Um terreno que possui 2,5ha de área é totalmente aproveitado para o plantio de arroz. Cada m2 produz 5 litros de arroz que será vendido por 75 reais o saco de 50 kg. Sabe-se que o agricultor teve um total de despesas de 60000 reais, que houve uma perda de 10% na colheita e que vendeu todo o arroz colhido. Se cada litro de arroz corresponde a 800 g de arroz, é correto afirmar que 20% do lucro, em milhares de reais, é um número compreendido entre:
a) 1 e 10
b) 10 e 16
c) 16 e 22
d) 22 e 30

Gabaritos

01	B	06	A
02	D	07	D
03	D	08	C
04	C	09	A
05	C	10	B

6. PROBABILIDADE

A que temperatura a água entra em ebulição? Se largarmos uma bola, com que velocidade ela atinge o chão? Conhecidas certas condições, é perfeitamente possível responder a essas duas perguntas, antes mesmo da realização desses experimentos.

Esses experimentos são denominados determinísticos, pois neles os resultados podem ser previstos.

Considere agora os seguintes experimentos:

> No lançamento de uma moeda, qual a face voltada para cima?
> No lançamento de um dado, que número saiu?
> Uma carta foi retirada de um baralho completo. Que carta é essa?

Mesmo se esses experimentos forem repetidos várias vezes, nas mesmas condições, não poderemos prever o resultado.

Um experimento cujo resultado, mesmo que único, é imprevisível, é denominado experimento aleatório. E é justamente ele que nos interessa neste estudo. Um experimento ou fenômeno aleatório apresenta as seguintes características:

> Pode se repetir várias vezes nas mesmas condições;
> É conhecido o conjunto de todos os resultados possíveis;
> Não se pode prever o resultado.

A teoria da probabilidade surgiu para nos ajudar a medir a "chance" de ocorrer determinado resultado em um experimento aleatório.

6.1 Definições

Para o cálculo das probabilidades, temos que saber primeiro 3 (três) conceitos básicos acerca do tema:

Maneiras possíveis de se realizar determinado evento (análise combinatória)

≠ (diferente)

Chance de determinado evento ocorrer (probabilidade).

Experimento Aleatório: é o experimento em que não é possível GARANTIR o resultado, mesmo que esse seja feito diversas vezes nas mesmas condições.

Ex.: Lançamento de uma moeda: ao lançarmos uma moeda os resultados possíveis são o de cara e o de coroa, mas não tem como garantir qual será o resultado desse lançamento.

Ex.: Lançamento de um dado: da mesma forma que a moeda, não temos como garantir qual o resultado (1, 2, 3, 4, 5 e 6) desse lançamento.

Espaço Amostral - (Ω) ou (U): é o conjunto de todos os resultados possíveis para um experimento aleatório.

Ex.: Na moeda: o espaço amostral na moeda é Ω = 2, pois só temos dois resultados possíveis para esse experimento, que é ou CARA ou COROA.

Ex.: No "dado": o espaço amostral no "dado" é U = 6, pois temos do 1 (um) ao 6 (seis), como resultados possíveis para esse experimento.

Evento: Qualquer subconjunto do espaço amostral é chamado evento. No lançamento de um dado, por exemplo, em relação à face voltada para cima, podemos ter os eventos:

> O número par: {2, 4, 6}.
> O número ímpar: {1, 3, 5}.
> Múltiplo de 8: { }.

6.2 Fórmula da Probabilidade

Considere um experimento aleatório em que para cada um dos n eventos simples, do espaço amostral U, a chance de ocorrência é a mesma. Nesse caso o calculo da probabilidade de um evento qualquer dado pela fórmula:

$$P(A) = \frac{n(A)}{n(U)}$$

Na expressão acima, **n (U)** é o número de elementos do espaço amostral **U** e **n (A)**, o número de elementos do evento **A**.

$$P = \frac{evento}{espaço\ amostral}$$

Os valores da probabilidade variam de 0 (0%) a 1 (100%).

Quando a probabilidade é de 0 (0%), diz-se que o evento é impossível.

Ex.: Chance de você não passar num concurso.

Quando a probabilidade é de 1 (100%), diz-se que o evento é certo.

Ex.: Chance de você passar num concurso.

Qualquer outro valor entre 0 e 1, caracteriza-se como a probabilidade de um evento.

Na probabilidade também se usa o PFC, ou seja sempre que houver duas ou mais probabilidades ligadas pelo conectivo "e" elas serão multiplicadas, e quando for pelo "ou", elas serão somadas.

6.3 Eventos Complementares

Dois eventos são ditos **complementares** quando a chance do evento ocorrer somado à chance de ele não ocorrer sempre dá 1 (um).

$$P(A) + P(\bar{A}) = 1$$

Sendo:

P(A) = a probabilidade do evento ocorrer;

P(Ā) = a probabilidade do evento não ocorrer.

6.4 Casos Especiais de Probabilidade

A partir de agora veremos algumas situações típicas da probabilidade, que servem para não perdermos tempo na resolução das questões.

Eventos Independentes

Dois ou mais eventos são independentes quando não dependem uns dos outros para acontecer, porém ocorrem simultaneamente. Para calcular a probabilidade de dois ou mais eventos independentes, basta multiplicar a probabilidade de cada um deles.

Ex.: Uma urna tem 30 bolas, sendo 10 vermelhas e 20 azuis. Se sortearmos 2 bolas, 1 de cada vez e repondo a sorteada na urna, qual será a probabilidade de a primeira ser vermelha e a segunda ser azul?

Sortear uma bola vermelha da urna não depende de uma bola azul ser sorteada e vice-versa, então a probabilidade da bola ser vermelha é $\frac{10}{30}$, e para a bola ser azul a probabilidade é $\frac{20}{30}$. Dessa forma, a probabilidade de a primeira bola ser vermelha e a segunda azul é:

$$P = \frac{20}{30} \cdot \frac{10}{30}$$

$$P = \frac{200}{900}$$

$$P = \frac{2}{9}$$

Probabilidade Condicional

É a probabilidade de um evento ocorrer sabendo que já ocorreu outro, relacionado a esse.

A fórmula para o cálculo dessa probabilidade é:

$$P_{A/B} = \frac{P_{(A \cap B)}}{P_B}$$

$$P = \frac{\text{probabilidade dos eventos simultâneos}}{\text{probabilidade do evento condicional}}$$

Probabilidade da União de Dois Eventos

Assim como na teoria de conjuntos, faremos a relação com a fórmula do número de elementos da união de dois conjuntos. É importante lembrar que "ou" significa união.

A fórmula para o cálculo dessa probabilidade é:

$$P(A \cup B) = P(A) + P(B) - P(A \cap B)$$

Ex.: Ao lançarmos um dado, qual é a probabilidade de obtermos um número primo ou um número ímpar?

Os números primos no dado são 2, 3 e 5, já os números ímpares no dado são 1, 3 e 5, então os números primos e ímpares são 3 e 5. Aplicando a fórmula para o cálculo da probabilidade fica:

$$P_{(A \cup B)} = \frac{3}{6} + \frac{3}{6} - \frac{2}{6}$$

$$P_{(A \cup B)} = \frac{4}{6}$$

$$P_{(A \cup B)} = \frac{2}{3}$$

Probabilidade Binomial

Essa probabilidade é a chamada probabilidade estatística e será tratada aqui de forma direta e com o uso da fórmula.

A fórmula para o cálculo dessa probabilidade é:

$$P = C_{n,s} \cdot P_{\text{sucesso}}^{s} \cdot P_{\text{fracasso}}^{f}$$

Sendo:

C = o combinação;

n = o número de repetições do evento;

s = o números de "sucessos" desejados;

f = o número de "fracassos".

Questões

01. (CESPE) Nas eleições majoritárias, em certo estado, as pesquisas de opinião mostram que a probabilidade de os eleitores votarem no candidato X à presidência da República ou no candidato Y a governador do estado é igual a 0,7; a probabilidade de votarem no candidato X é igual a 0,51 e a probabilidade de votarem no candidato Y é igual a 0,39. Nessa situação, a probabilidade de os eleitores desse estado votarem nos candidatos X e Y é igual a:
a) 0,19
b) 0,2
c) 0,31
d) 0,39
e) 0,5

02. (CESPE) Em uma pesquisa de opinião, foram entrevistados 2.400 eleitores de determinado estado da Federação, acerca dos candidatos A, ao Senado Federal, e B, à Câmara dos Deputados, nas próximas eleições. Das pessoas entrevistadas, 800 votariam no candidato A e não votariam em B, 600 votariam em B e não votariam em A e 600 não votariam em nenhum desses dois candidatos.

Com base nessa pesquisa, a probabilidade de um eleitor desse estado, escolhido ao acaso:
a) Votar em apenas um desses dois candidatos será igual a 0,5.
b) Não votar no candidato A será igual a 1/3.
c) Votar no candidato A ou no candidato B será igual a 0,75.
d) Votar nos candidatos A e B será igual a 0,2.
e) Votar no candidato B e não votar no candidato A será igual a 1/3.

03. (CESGRANRIO) Dois dados comuns, "honestos", são lançados simultaneamente. A probabilidade do evento "a soma dos valores dos dados é ímpar e menor que 10" é igual a:
a) 4/11
b) 17/36
c) 4/9
d) 12/36
e) 3/8

04. (ESAF) As apostas na Mega-Sena consistem na escolha de 6 a 15 números distintos, de 1 a 60, marcados em volante próprio. No caso da escolha de 6 números tem-se a aposta mínima e no caso da escolha de 15 números tem-se a aposta máxima. Como ganha na Mega-Sena quem acerta todos os seis números sorteados, o valor mais próximo da probabilidade de um apostador ganhar na Mega-Sena ao fazer a aposta máxima é o inverso de:
a) 20.000.000
b) 3.300.000
c) 330.000
d) 100.000
e) 10.000

05. (ESAF) Em um experimento binomial com três provas, a probabilidade de ocorrerem dois sucessos é doze vezes a probabilidade de ocorrerem três sucessos. Desse modo, as probabilidades de sucesso e fracasso são, em percentuais, respectivamente, iguais a:
a) 80% e 20%
b) 30% e 70%
c) 60% e 40%
d) 20% e 80%
e) 25% e 75%

06. (FCC) Para disputar a final de um torneio internacional de natação, classificaram-se 8 atletas: 3 norte-americanos, 1 australiano, 1 japonês, 1 francês e 2 brasileiros. Considerando que todos os atletas classificados são ótimos e têm iguais condições de receber uma medalha (de ouro, prata ou bronze), a probabilidade de que pelo menos um brasileiro esteja entre os três primeiros colocados é igual a:
a) 5/14
b) 3/7
c) 4/7
d) 9/14
e) 5/7

Gabaritos

01	B	04	E
02	C	05	D
03	C	06	D

7. FUNÇÕES, FUNÇÃO AFIM E FUNÇÃO QUADRÁTICA

Neste capítulo será abordado um assunto de grande importância para a matemática: as funções.

7.1 Definições, Domínio, Contradomínio e Imagem

A função é uma relação estabelecida entre dois conjuntos A e B, em que exista uma associação entre cada elemento de A com um único de B por meio de uma lei de formação.

Matematicamente, podemos dizer que função é uma relação de dois valores, por exemplo: $f(x) = y$, sendo que x e y são valores, nos quais x é o domínio da função (a função está dependendo dele) e y é um valor que depende do valor de x, sendo a imagem da função.

As funções possuem um conjunto chamado domínio e outro chamado de imagem da função, além do contradomínio. No plano cartesiano, que o eixo x representa o domínio da função, enquanto no eixo y apresentam-se os valores obtidos em função de x, constituindo a imagem da função (o eixo y seria o contradomínio da função).

Demonstração:

Com os conjuntos A = {1, 4, 7} e B = {1, 4, 6, 7, 8, 9, 12} cria-se a função f: A ⟶ B definida por $f(x) = x + 5$, que também pode ser representada por $y = x + 5$. A representação, utilizando conjuntos, desta função é:

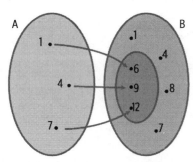

O conjunto A é o conjunto de saída e o B é o conjunto de chegada.

Domínio é um sinônimo para conjunto de saída, ou seja, para esta função o domínio é o próprio conjunto A = {1, 4, 7}.

Como, em uma função, o conjunto de saída (domínio) deve ter todos os seus elementos relacionados, não precisa ter subdivisões para o domínio.

O domínio de uma função também é chamado de campo de definição ou campo de existência da função, e é representado pela letra "D".

O conjunto de chegada "B", também possui um sinônimo, é chamado de contradomínio, representado por "CD".

Note que se pode fazer uma subdivisão dentro do contradomínio. Podemos ter elementos do contradomínio que não são relacionados com algum elemento do Domínio e outros que são. Por isso, deve-se levar em consideração esta subdivisão.

Este subconjunto é chamado de conjunto imagem, e é composto por todos os elementos em que as flechas de relacionamento chegam.

O conjunto Imagem é representado por "Im", e cada ponto que a flecha chega é chamado de imagem.

7.2 Plano Cartesiano

Criado por René Descartes, o plano cartesiano consiste em dois eixos perpendiculares, sendo o horizontal chamado de eixo das abscissas e o vertical de eixo das ordenadas. O plano cartesiano foi desenvolvido por Descartes no intuito de localizar pontos num determinado espaço.

As disposições dos eixos no plano formam quatro quadrantes, mostrados na figura a seguir:

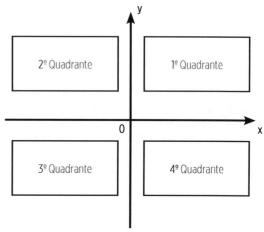

O encontro dos eixos é chamado de origem. Cada ponto do plano cartesiano é formado por um par ordenado (x, y), em que x: abscissa e y: ordenada.

Raízes

Em matemática, uma raiz ou "zero" da função consiste em determinar os pontos de interseção da função com o eixo das abscissas no plano cartesiano. A função f é um elemento no domínio de f tal que $f(x) = 0$.

Ex.: Considere a função:

$f(x) = x^2 - 6x + 9$

3 é uma raiz de f, porque:

$f(3) = 3^2 - 6 \cdot 3 + 9 = 0$

7.3 Funções Injetoras, Sobrejetoras e Bijetoras

Função Injetora

É toda a função em que cada x encontra um único y, ou seja, os elementos distintos têm imagens distintas.

Função Sobrejetora

Toda a função em que o conjunto imagem é exatamente igual ao contradomínio (y).

Função Bijetora

Toda a função que for Injetora e Sobrejetora ao mesmo tempo.

7.4 Funções Crescentes, Decrescentes e Constantes

Função Crescente

À medida que x "aumenta", as imagens vão "aumentando".

Com $x_1 > x_2$ a função é crescente para $f(x_1) > f(x_2)$, isto é, aumentando valor de x, aumenta o valor de y.

Função Decrescente

À medida que x "aumenta", as imagens vão "diminuindo" (decrescendo).

Com $x_1 > x_2$ a função é crescente para $f(x_1) < f(x_2)$, isto é, aumentando x, diminui o valor de y.

Função Constante

Em uma função constante qualquer que seja o elemento do domínio, eles sempre terão a mesma imagem, ao variar x encontra-se sempre o mesmo valor y.

7.5 Funções Inversas e Compostas

Função inversa

Dada uma função $f: A \rightarrow B$, se f é bijetora, se define a função inversa f^{-1} como sendo a função de B em A, tal que $f^{-1}(y) = x$.

Ex.: Determine a **inversa** da função definida por:

y = 2x + 3

Trocando as variáveis x e y:

x = 2y + 3

Colocando y em função de x:

2y = x - 3

$y = \dfrac{x-3}{2}$, que define a função inversa da função dada.

Função composta

Chama-se função composta (ou função de função) a função obtida substituindo-se a variável independente x por uma função.

Simbolicamente fica:

$fog(x) = f(g(x))$ ou $gof(x) = g(f(x))$

Ex.: Dadas as funções $f(x) = 2x + 3$ e $g(x) = 5x$, determine $g_o f(x)$ e $f_o g(x)$.

$g_o f(x) = g[f(x)] = g(2x+3) = 5(2x+3) = 10x + 15$

$f_o g(x) = f[g(x)] = f(5x) = 2(5x) + 3 = 10x + 3$

7.6 Função Afim

Chama-se função polinomial do 1º grau, ou função afim, a qualquer função f dada por uma lei da forma $f(x) = ax + b$, cujo a e b são números reais dados e $a \neq 0$.

Na função $f(x) = ax + b$, o número a é chamado de coeficiente de x e o número b é chamado termo constante.

Gráfico

O gráfico de uma função polinomial do 1º grau, y = ax + b, com a $\neq$ 0, é uma reta oblíqua aos eixos x e y.

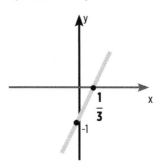

Zero e Equação do 1º grau

Chama-se zero ou raiz da função polinomial do 1º grau $f(x) = ax + b$, $a \neq 0$, o número real x tal que f(x) = 0.

Assim: $f(x) = 0 \Rightarrow ax + b = 0 \Rightarrow x = \dfrac{-b}{a}$

Crescimento e Decrescimento

A função do 1º grau $f(x) = ax + b$ é crescente quando o coeficiente de x é positivo (a > 0).

A função do 1º grau $f(x) = ax + b$ é decrescente quando o coeficiente de x é negativo (a < 0).

Sinal

Estudar o sinal de qualquer $y = f(x)$ é determinar os valor de x para os quais y é positivo, os valores de x para os quais y é zero e os valores de x para os quais y é negativo.

Considere uma função afim $y = f(x) = ax + b$, essa função se anula para a raiz $x = \dfrac{-b}{a}$.

Há então, dois casos possíveis:

a > 0 (a função é crescente)

$$y > 0 \Rightarrow ax + b > 0 \Rightarrow x > \dfrac{-b}{a}$$

$$Y < 0 \Rightarrow ax + b < 0 \Rightarrow x < \dfrac{-b}{a}$$

Logo, y é positivo para valores de x maiores que a raiz; y é negativo para valores de x menores que a raiz.

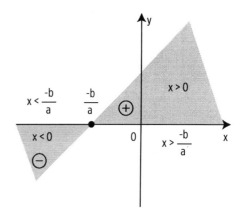

Funções, Função Afim e Função Quadrática

a < 0 (a função é decrescente)

$$y > 0 \Rightarrow ax + b > 0 \Rightarrow x < \frac{-b}{a}$$

$$y > 0 \Rightarrow ax + b > 0 \Rightarrow x < \frac{-b}{a}$$

Portanto, y é positivo para valores de x menores que a raiz; y é negativo para valores de x maiores que a raiz.

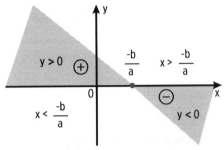

Equações e Inequações do 1º grau

Equação

Uma equação do 1º grau na incógnita x é qualquer expressão do 1º grau que pode ser escrita numa das seguintes formas:

$$ax + b = 0$$

Para resolver uma equação, basta achar o valor de "x".

Sistema de equação

Um sistema de equação de 1º grau com duas incógnitas é formado por: duas equações de 1º grau com duas incógnitas diferentes em cada equação.

Ex.:

$$\begin{cases} x + y = 20 \\ 3x + 4y = 72 \end{cases}$$

Para encontramos o par ordenado solução desse sistema, é preciso utilizar dois métodos para a sua solução. Esses dois métodos são: Substituição e Adição.

Método da Substituição

Esse método consiste em escolher uma das duas equações, isolar uma das incógnitas e substituir na outra equação.

Dado o sistema $\begin{cases} x + y = 20 \\ 3x + 4y = 72 \end{cases}$ enumeramos as equações.

$$\begin{cases} x + y = 20 & \text{①} \\ 3x + 4y = 72 & \text{②} \end{cases}$$

Escolhemos a equação 1 e isolamos o x:

x + y = 20
x = 20 - y

Equação 2 substituímos o valor de x = 20 - y.

3x + 4y = 72
3(20 - y) + 4y = 72
60 - 3y + 4y = 72
-3y + 4y = 72 - 60
y = 12

Para descobrir o valor de x, basta substituir y por 12 na equação:

x = 20 - y.
x = 20 - y
x = 20 - 12
x = 8

Portanto, a solução do sistema é S = (8, 12)

Método da Adição

Este método consiste em adicionar as duas equações de tal forma que a soma de uma das incógnitas seja zero. Para que isso aconteça, será preciso que multipliquemos algumas vezes as duas equações ou apenas uma equação por números inteiros para que a soma de uma das incógnitas seja zero.

Dado o sistema:

$$\begin{cases} x + y = 20 \\ 3x + 4y = 72 \end{cases}$$

Para adicionarmos as duas equações e a soma de uma das incógnitas de zero, teremos que multiplicar a primeira equação por -3.

$$\begin{cases} x + y = 20 \ (-3) \\ 3x + 4y = 72 \end{cases}$$

Agora, o sistema fica assim:

$$\begin{cases} -3x - 3y = -60 \\ 3x + 4y = 72 \end{cases}$$

Adicionando as duas equações:

- 3x - 3y = - 60
+ 3x + 4y = 72
y = 12

Para descobrir o valor de x, basta escolher uma das duas equações e substituir o valor de y encontrado:

x + y = 20
x + 12 = 20
x = 20 - 12
x = 8

Portanto, a solução desse sistema é: S = (8, 12)

Inequação

Uma inequação do 1º grau na incógnita x é qualquer expressão do 1º grau que pode ser escrita numa das seguintes formas:

ax + b > 0

ax + b < 0

ax + b ≥ 0

ax + b ≤ 0

Cujo a, b são números reais com a ≠ 0.

Ex.: -2x + 7 > 0

x - 10 ≤ 0

2x + 5 ≤ 0

12 - x < 0

Resolvendo uma inequação de 1º grau

Uma maneira simples de resolver uma equação do 1º grau é isolarmos a incógnita x em um dos membros da igualdade. Observe dois exemplos:

Ex.: Resolva a inequação -2x + 7 > 0:

-2x > -7 · (-1)

2x < 7

x < 7/2

Logo, a solução da inequação é x < 7/2

Resolva a inequação 2x - 6 < 0

2x < 6

x < 6/2

x < 3

Portanto, a solução da inequação é x < 3.

Pode-se resolver qualquer inequação do 1º grau por meio do estudo do sinal de uma função do 1º grau, com o seguinte procedimento:

Iguala-se a expressão ax + b a zero;

Localiza-se a raiz no eixo x;

Estuda-se o sinal conforme o caso.

Ex.: -2x + 7 > 0

-2x + 7 = 0

x = 7/2

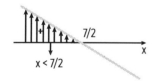

Ex.: 2x - 6 < 0

2x - 6 = 0

x = 3

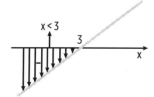

Questões

01. Dada a função $f: N \rightarrow R$, onde N é o conjunto de números naturais e R é o conjunto de números reais, definida por $f(x) = 2x^2 - 7x + 5$, calcule o valor de x para $f(x) = 0$ e marque a opção correta.
a) 0
b) 1
c) 5/2
d) 5
e) 11

02. Se f é uma função real definida por $f(x) = 2x - 3$ e g é a inversa de f, o valor de g(1) é:
a) 0
b) 1
c) 2
d) 3

03. (COPESE) A medição do consumo de energia elétrica é feita em Quilowatt-hora (kWh). Em uma determinada cidade, o valor da conta da energia elétrica é composto por três valores, a saber: o de kWh consumidos, o dos impostos sobre o valor dos kWh consumidos e o da taxa fixa de iluminação pública. Os valores dos kWh consumidos e dos impostos são obtidos, respectivamente, pelas funções E = 0,54 k e I = 0,17 E onde E é o valor consumo em Reais (R$), k a quantidade kWh consumidos no período e I o valor dos impostos. Sabendo-se que o valor da taxa fixa de iluminação pública é de R$ 2,50, então a função que calcula o valor da conta da energia elétrica C nesta cidade pode ser representada por:
a) C = 0,54k - 0,17E + 2,50
b) C = 0,54k + 0,17 + 2,50
c) C = (0,54) . (0,17E) + 2,50
d) C = 0,0918k + 2,50
e) C = 0,6318k + 2,50

04. (CEPERJ) Se $f(x) = \dfrac{2}{x-1}$ a raiz da equação f o f = 10 é:
a) 1/3
b) 4/3
c) 5/3
d) 7/3
e) 8/3

05. (CONSULPLAN) Sejam $f(x) = 2x + 5$ e $g(x) = -x + 2$. Qual é o valor de x para que $f^{-1}(x) = g^{-1}(x)$?
a) 3
b) 5
c) 4
d) 2
e) 1

06. (CESGRANRIO) A função geradora do gráfico abaixo é do tipo y = mx + n:

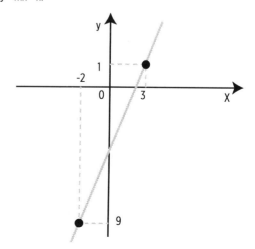

Então, o valor de m³ + n é:
a) 2
b) 3
c) 5
d) 8
e) 13

07. (FCC) Sendo x e y números reais, admita que o símbolo ♠ indique a seguinte operação entre x e y:

$$X ♠ Y = \frac{\frac{X}{Y} + \frac{Y}{X}}{X \cdot Y}$$

De acordo com a definição dada, $\sqrt{2}$ ♠ 2 é igual a:
a) 0,9
b) 0,75
c) 0,6
d) 0,45
e) 0,3

08. (ESAF) Se $\frac{x^2 + 2x - 200}{y - 200} = 0$, então é necessariamente verdade que:
a) $x^2 + 2x \neq 200$ e $y = 200$
b) $x^2 + 2x = 200$ e $y = 200$
c) $x^2 + 2x = 200$ e $y \neq 200$
d) $x = 0$ e $y \neq 0$
e) $x \neq 0$ e $y = 200$

09. (CONSULPLAN) Sejam f(x) = 2x + 5 e g(x) = - x + 2. Qual é o valor de x para que f⁻¹(x) = g⁻¹(x)?
a) 3
b) 5
c) 4
d) 2
e) 1

10. (CESGRANRIO) Uma loja de eletrodomésticos possui 1.600 unidades de liquidificadores em estoque. Uma recente pesquisa de mercado apontou que seriam vendidas 800 unidades a um preço de R$ 300,00, e que cada diminuição de R$ 5,00, no valor do produto, resultaria em 20 novas vendas. Qual valor de venda, em reais, permite que a receita seja máxima?
a) 230,00
b) 240,00
c) 250,00
d) 270,00
e) 280,00

Gabaritos

01	B	06	B
02	C	07	B
03	E	08	C
04	E	09	A
05	A	10	C

8. FUNÇÃO EXPONENCIAL E FUNÇÃO LOGARÍTMICA

8.1 Equação e Função Exponencial

Chama-se de equação exponencial toda equação na qual a incógnita aparece em expoente.

Para resolver equações exponenciais, devem-se realizar dois passos importantes:

Redução dos dois membros da equação a potências de mesma base;

Aplicação da propriedade:

$$a^m = a^n \Rightarrow m = n \; (a \neq 1 \; e \; a >)$$

Função Exponencial

Chamam-se de funções exponenciais aquelas nas quais temos a variável aparecendo em expoente.

A função $f: \mathbb{R} \to \mathbb{R}_+$, definida por $f(x) = a^x$, com $a \in \mathbb{R}+$ e $a \neq 1$, é chamada função exponencial de base a. O domínio dessa função é o conjunto $\mathbb{R}$ (reais) e o contradomínio é $\mathbb{R}_+$ (reais positivos, maiores que zero).

Gráfico Cartesiano da Função Exponencial

Há 2 casos a considerar:

Quando a>1;

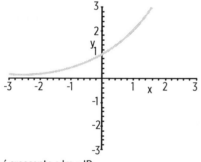

$f(x)$ é crescente e $Im = \mathbb{R}_+$

Para quaisquer x_1 e x_2 do domínio: $x_2 > x_1 \Rightarrow y_2 > y_1$ (as desigualdades têm mesmo sentido).

Quando 0 < a < 1.

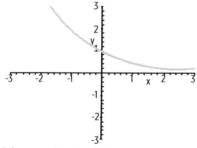

$f(x)$ é decrescente e $Im = \mathbb{R}_+$

Para quaisquer x_1 e x_2 do domínio: $x_2 > x_1 \Rightarrow y_2 < y_1$ (as desigualdades têm sentidos diferentes).

Nas duas situações, pode-se observar que:
> O gráfico nunca intercepta o eixo horizontal;
> A função não tem raízes; o gráfico corta o eixo vertical no ponto (0,1);
> Os valores de y são sempre positivos (potência de base positiva é positiva), portanto, o conjunto imagem é $Im = \mathbb{R}_+$.

Inequações Exponenciais

Chama-se de inequação exponencial toda inequação na qual a incógnita aparece em expoente.

Para resolver inequações exponenciais, deve-se realizar dois passos:

Redução dos dois membros da inequação a potências de mesma base;

Aplicação da propriedade:

$a > 1$

$a^m > a^n \Rightarrow m > n$

(as desigualdades têm mesmo sentido)

$0 < a < 1$

$a^m > a^n \Rightarrow m < n$

(as desigualdades têm sentidos diferentes)

8.2 Equação e Função Logarítmica

Logaritmo

$$a^x = b \Leftrightarrow \log_a b = x$$

Sendo $b > 0$, $a > 0$ e $a \neq 1$

Na igualdade $x = \log_a b$ tem:

a = base do logaritmo

b = logaritmando ou antilogaritmo

x = logaritmo

Consequências da Definição

Sendo $b > 0$, $a > 0$ e $a \neq 1$ e m um número real qualquer, há, a seguir, algumas consequências da definição de logaritmo:

$\log_a 1 = 0$

$\log_a a = 1$

$\log_a a^m = m$

$a^{\log_a b} = b$

$\log_a b = \log_a c \Leftrightarrow b = c$

Função Exponencial e Função Logarítmica

Propriedades Operatórias dos Logaritmos

$$\log_a(x.y) = \log_a x + \log_a y$$

$$\log_a\left(\frac{x}{y}\right) = \log_a x - \log_a y$$

$$\log_a x^m = m \cdot \log_a x$$

$$\log_a \sqrt[n]{x^m} = \log_a x^{\frac{m}{n}} = \frac{m}{n} \cdot \log_a x$$

Cologaritmo

$$\operatorname{colog}_a b = \log_a \frac{1}{b}$$

$$\operatorname{colog}_a b = -\log_a b$$

Mudança de Base

$$\log_a x = \frac{\log_b x}{\log_b a}$$

Função Logarítmica

A função $f: \mathbb{R}_+ \to \mathbb{R}$, definida por $f(x) = \log_a x$, com $a \neq 1$ e $a > 0$, é chamada função logarítmica de base a. O domínio dessa função é o conjunto $\mathbb{R}_+$ (reais positivos, maiores que zero) e o contradomínio é $\mathbb{R}$ (reais).

Gráfico Cartesiano da Função Logarítmica

Há dois casos a se considerar:

Quando a>1;

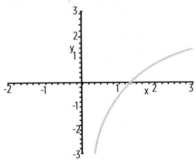

$f(x)$ é crescente e Im = IR

Para quaisquer x_1 e x_2 do domínio: $x_2 > x_1 \Rightarrow y_2 > y_1$ (as desigualdades têm mesmo sentido)

Quando 0<a<1.

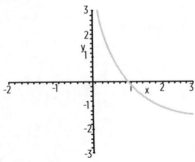

$f(x)$ é decrescente e Im = IR

Para quaisquer x_1 e x_2 do domínio: $x_2 > x_1 \Rightarrow y_2 < y_1$ (as desigualdades têm sentidos diferentes).

Nas duas situações, pode-se observar que:
> O gráfico nunca intercepta o eixo vertical;
> O gráfico corta o eixo horizontal no ponto (1,0);
> A raiz da função é x = 1;
> Y assume todos os valores reais, portanto, o conjunto imagem é Im = IR.

Equações Logarítmicas

Chama-se de equações logarítmicas toda equação que envolve logaritmos com a incógnita aparecendo no logaritmando, na base ou em ambos.

Inequações Logarítmicas

Chama-se de inequações logarítmicas toda inequação que envolve logaritmos com a incógnita aparecendo no logaritmando, na base ou em ambos.

Para resolver inequações logarítmicas, deve-se realizar dois passos:

Redução dos dois membros da inequação a logaritmos de mesma base;
Aplicação da propriedade:

$a > 1$

$\log_a m > \log_a n \Rightarrow m > n > 0$

(as desigualdades têm mesmo sentido)

$0 < a < 1$

$\log_a m > \log_a n \Rightarrow 0 < m < n$

(as desigualdades têm sentidos diferentes)

 Questões

01. Se $2^x + 2^{-x} = 10$, então, $4^x + 4^{-x}$ vale:
a) 40
b) 50
c) 75
d) 98
e) 100

02. Se $(0,4)^{4x+1} = \sqrt[3]{\frac{5}{2}}$, então, "x" vale:
a) $-\frac{1}{3}$
b) $-\frac{1}{2}$
c) $\frac{1}{2}$
d) $\frac{1}{5}$
e) $-\frac{1}{6}$

03. (CONSULPLAN) Qual é a soma dos valores de x que verifica a equação $3^{x^2-8x+12} = (9^{x+1})^{x-6}$?
a) 5
b) 2
c) 3
d) 8
e) 4

04. (CESGRANRIO) Na igualdade $2^{x-2} = 1.300$, x é um número real compreendido entre:
a) 8 e 9
b) 9 e 10
c) 10 e 11
d) 11 e 12
e) 12 e 13

05. (CESGRANRIO) Quando os alunos perguntaram ao professor qual era a sua idade, ele respondeu: "Se considerarmos as funções $f(x) = 1 + \log_3 x$ e $g(x) = \log_2 x$, e a igualdade $g(i) = f(243)$, i corresponderá à minha idade, em anos." Quantos anos tem o professor?
a) 32
b) 48
c) 56
d) 60
e) 64

06. (CESGRANRIO) Sendo a função $f(x) = 2 \cdot \log_5(\sqrt[3]{x/4})$, em que x é um número real positivo, $f(17)$ é um número real compreendido entre.
a) 1 e 2
b) 2 e 3
c) 3 e 4
d) 4 e 5
e) 5 e 6

07. (CONSULPLAN) A equação $n(t) = 20 + 15\log125(t+5)$ representa uma estimativa sobre o número de funcionários de uma Agência dos Correios de uma certa cidade, em função de seu tempo de vida, em que n(t) é o número de funcionários no tenésimo ano de existência dessa empresa(t = 0, 1, 2...). Quantos funcionários essa Agência possuía quando foi fundada?
a) 105
b) 11
c) 45
d) 65
e) 25

08. Considere uma aplicação financeira denominada UNI que rende juros mensais de $M = \log_{27}^{196}$ e outra aplicação financeira denominada DUNI que rende juros mensais de $N = -\log_{\frac{1}{9}}^{14}$.

A razão entre os juros mensais M e N, nessa ordem, é:
a) 70%
b) 2/3
c) 4/3
d) 80%

09. (ESSA) Aumentando-se um número x em 75 unidades, seu logaritmo na base 4 aumenta em 2 unidades. Pode-se afirmar que x é um número:
a) Irracional
b) Divisor de 8
c) Múltiplo de 3
d) Menor que 1
e) Maior que 4

10. Uma das raízes da equação $2^{2x} - 8 \cdot 2^x + 12 = 0$ é x = 1. A outra raiz é:

a) $1 + \log_{10}\left(\frac{3}{2}\right)$
b) $1 + \dfrac{\log 103}{\log 102}$
c) $\log_{10} 3$
d) $\dfrac{\log 106}{2}$
e) $\log_{10}\left(\frac{3}{2}\right)$

Gabaritos

01	D	06	C
02	A	07	E
03	B	08	C
04	E	09	E
05	E	10	B

9. TRIGONOMETRIA

Neste capítulo estudaremos sobre os triângulos e as relações que os envolvem.

9.1 Triângulos

O triângulo é uma das figuras mais simples e também uma das mais importantes da Geometria. O triângulo possui propriedades e definições de acordo com o tamanho de seus lados e medida dos ângulos internos.

Quanto aos lados, o triângulo pode ser classificado da seguinte forma:

Equilátero: possui os lados com medidas iguais.

Isósceles: possui dois lados com medidas iguais.

Escaleno: possui todos os lados com medidas diferentes.

Quanto aos ângulos, os triângulos podem ser denominados:

Acutângulo: possui os ângulos internos com medidas menores que 90°.

Obtusângulo: possui um dos ângulos com medida maior que 90°.

Retângulo: possui um ângulo com medida de 90°, chamado ângulo reto.

No triângulo retângulo existem importantes relações, uma delas é o **Teorema de Pitágoras**, que diz o seguinte: "A soma dos quadrados dos catetos é igual ao quadrado da hipotenusa".

$$a^2 = b^2 + c^2$$

A condição de existência de um triângulo é: um lado do triângulo seja sempre menor do que a soma dos outros dois lados e seja sempre maior do que a diferença desses dois lados.

9.2 Trigonometria no Triângulo Retângulo

As razões trigonométricas básicas são relações entre as medidas dos lados do triângulo retângulo e seus ângulos. As três funções básicas mais importantes da trigonometria são: seno, cosseno e tangente. O ângulo é indicado pela **letra x**.

Função	Notação	Definição
seno	sen(x)	medida do cateto oposto a x / medida da hipotenusa
cosseno	cos(x)	medida do cateto adjacente a x / medida da hipotenusa
tangente	tan(x)	medida do cateto oposto a x / medida do cateto adjacente a x

Relação fundamental: para todo ângulo x (medido em radianos), vale a importante relação:

$$\cos^2(x) + \sin^2(x) = 1$$

9.3 Trigonometria num Triângulo Qualquer

Os problemas envolvendo trigonometria são resolvidos em sua maioria por meio da comparação com triângulos retângulos. Mas no cotidiano algumas situações envolvem triângulos acutângulos ou triângulos obtusângulos. Nesses casos, necessitamos do auxílio da Lei dos Senos ou dos Cossenos.

Lei dos Senos

A Lei dos Senos estabelece relações entre as medidas dos lados com os senos dos ângulos opostos aos lados. Observe:

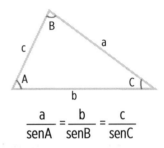

$$\frac{a}{\operatorname{sen}A} = \frac{b}{\operatorname{sen}B} = \frac{c}{\operatorname{sen}C}$$

Lei dos Cossenos

Nos casos em que não pode aplicar a Lei dos Senos, existe o recurso da Lei dos Cossenos. Ela permite trabalhar com a medida de dois segmentos e a medida de um ângulo. Dessa forma, se dado um triângulo ABC de lados medindo a, b e c, temos:

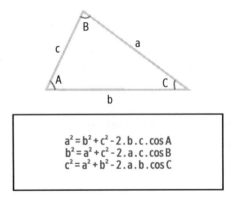

$$a^2 = b^2 + c^2 - 2 \cdot b \cdot c \cdot \cos A$$
$$b^2 = a^2 + c^2 - 2 \cdot a \cdot c \cdot \cos B$$
$$c^2 = a^2 + b^2 - 2 \cdot a \cdot b \cdot \cos C$$

9.4 Medidas dos Ângulos

Medidas em Grau

Sabe-se que uma volta completa na circunferência corresponde a 360°; se dividir em 360 arcos, haverá arcos unitários medindo 1° grau. Dessa forma, diz-se que a circunferência é simplesmente um arco de 360° com o ângulo central medindo uma volta completa ou 360°.

Também se pode dividir o arco de 1° grau em 60 arcos de medidas unitárias iguais a 1' (arco de um minuto). Da mesma forma podemos dividir o arco de 1' em 60 arcos de medidas unitárias iguais a 1" (arco de um segundo).

Medidas em Radianos

Dada uma circunferência de centro O e raio R, com um arco de comprimento s e α o ângulo central do arco, vamos determinar a medida do arco em radianos de acordo com a figura a seguir:

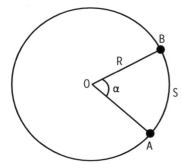

Diz-se que o arco mede um radiano se o comprimento do arco for igual à medida do raio da circunferência. Assim, para saber a medida de um arco em radianos, deve-se calcular quantos raios da circunferência são precisos para se ter o comprimento do arco. Portanto:

$$\alpha = \frac{S}{R}$$

Com base nessa fórmula, podemos expressar outra expressão para determinar o comprimento de um arco de circunferência:

$$s = \alpha \cdot R$$

De acordo com as relações entre as medidas em grau e radiano de arcos, vamos destacar uma regra de três capaz de converter as medidas dos arcos.

360° → 2π radianos (aproximadamente 6,28)
180° → π radiano (aproximadamente 3,14)
90° → π/2 radiano (aproximadamente 1,57)
45° → π/4 radiano (aproximadamente 0,785)

Medida em graus	Medida em radianos
180	π
x	a

9.5 Ciclo Trigonométrico

Considerando um plano cartesiano, representados nele um círculo com centro na origem dos eixos e raios.

Divide-se o ciclo trigonométrico em quatro arcos, obtendo quatro quadrantes.

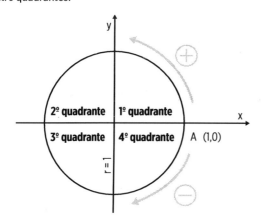

Dessa forma, obtêm-se as relações:

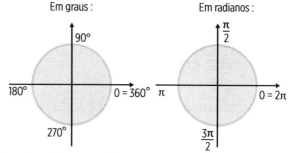

Razões Trigonométricas

As principais razões trigonométricas são:

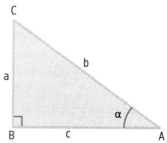

$$\text{sen } \alpha = \frac{\text{comprimento do cateto oposto}}{\text{comprimento da hipotenusa}} = \frac{a}{b}$$

$$\cos \alpha = \frac{\text{comprimento do cateto adjacente}}{\text{comprimento da hipotenusa}} = \frac{c}{b}$$

$$\text{tg } \alpha = \frac{\text{comprimento do cateto oposto}}{\text{comprimento do cateto adjacente}} = \frac{a}{c}$$

Outras razões decorrentes dessas são:

$$\text{tg } x = \frac{\text{sen } x}{\cos x}$$

$$\text{cotg } x = \frac{1}{\text{tg } x} = \frac{\cos x}{\text{sen } x}$$

$$\sec x = \frac{1}{\cos x}$$

$$\text{cossec } x = \frac{1}{\text{sen } x}$$

A partir da relação fundamental, encontram-se ainda as seguintes relações:

(sen x)² + (cos x)² = 1 = [relação fundamental da trigonometria]
1 + (cotg x)² = (cossec x)²
1 + (tg x)² = (sec x)²

Redução ao 1° Quadrante

sen(90° - α) = cos α
cos(90° - α) = sen α
sen(90° + α) = cos α
cos(90° + α) = -sen α
sen(180° - α) = sen α
cos(180° - α) = -cos α
tg(180° - α) = -tg α

TRIGONOMETRIA

sen(180° + α) = -sen α
cos(180° + α) = -cos α
sen(270° - α) = -cos α
cos(270° - α) = -sen α
sen(270° + α) = -cos α
cos(270° + α) = sen α
sen(-α) = -sen α
cos(-α) = cos α
tg(-α) = -tg α

9.6 Funções Trigonométricas

Função Seno

Chama-se função seno a função **$f(x) = \text{sen } x$**.

O domínio dessa função é R e a imagem é Im [-1,1]; visto que, na circunferência trigonométrica, o raio é unitário.

Então:

Domínio de $f(x)$ = sen x; D(sen x) = R.

Imagem de $f(x)$ = sen x; Im(sen x) = [-1,1] .

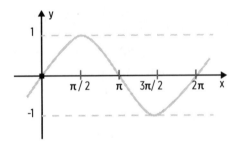

Sinal da Função

$f(x)$ = sen x é positiva no 1º e 2º quadrantes (ordenada positiva);

$f(x)$ = sen x é negativa no 3º e 4º quadrantes (ordenada negativa).

Quando $x \in \left[0, \frac{\pi}{2}\right]$, 1º quadrante, o valor de sen x cresce de 0 a 1.

Quando $x \in \left[\frac{\pi}{2}, \pi\right]$, 2º quadrante, o valor de sen x decresce de 1 a 0.

Quando $x \in \left[\pi, \frac{3\pi}{2}\right]$, 3º quadrante, o valor de sen x decresce de 0 a -1.

Quando $x \in \left[\frac{3\pi}{2}, 2\pi\right]$, 4º quadrante, o valor de sen x cresce de -1 a 0.

Função Cosseno

Chama-se função cosseno a função **$f(x) = \cos x$**.

O domínio dessa função também é R e a imagem é Im [-1,1]; visto que, na circunferência trigonométrica, o raio é unitário.

Então:

Domínio de $f(x)$ = cos x; D(cos x) = R.

Imagem de $f(x)$ = cos x; Im(cos x) = [-1,1].

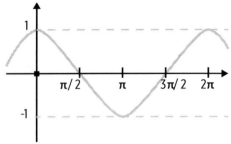

Sinal da Função

$f(x)$ = cos x é positiva no 1º e 4º quadrantes (abscissa positiva);

$f(x)$ = cos x é negativa no 2º e 3º quadrantes (abscissa negativa).

Quando $x \in \left[0, \frac{\pi}{2}\right]$, 1º quadrante, o valor do cos x decresce de 1 a 0.

Quando $x \in \left[\frac{\pi}{2}, \pi\right]$, 2º quadrante, o valor do cos x decresce de 0 a -1.

Quando $x \in \left[\pi, \frac{3\pi}{2}\right]$, 3º quadrante, o valor do cos x cresce de -1 a 0.

Quando, $x \in \left[\frac{3\pi}{2}, 2\pi\right]$, 4º quadrante, o valor do cos x cresce de 0 a 1.

Função Tangente

Chama-se função tangente a função **$f(x) = \text{tg } x$**.

Então:

Domínio de $f(x)$: o domínio dessa função são todos os números reais, exceto os que zeram o cosseno, pois não existe cos x = 0

Imagem de $f(x)$ = Im =] -∞, ∞[

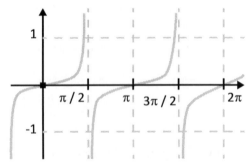

Sinal da função

$f(x)$ = tg x é positiva no 1º e 3º quadrantes (produto da ordenada pela abscissa positiva);

$f(x)$ = tg x é negativa no 2º e 4º quadrantes (produto da ordenada pela abscissa negativa).

Outras funções

Função secante

Denomina-se função secante a função:

$f(x) = \dfrac{1}{\cos x}$

Função cossecante

Denomina-se função cossecante a função:

$f(x) = \dfrac{1}{\text{sen } x}$

Função cotangente
Denomina-se função cossecante a função:
$$f(x) = \frac{1}{\operatorname{tg} x}$$

9.7 Identidades e Operações Trigonométricas

As mais comuns são as seguintes:

sen(a + b) = sen a · cos b + sen b · cos a
sen(a − b) = sen a · cos b − sen b · cos a
cos(a + b) = cos a · cos b − sen a · cos b
cos(a − b) = cos a · cos b + sen a · cos b

$$\operatorname{tg}(a+b) = \frac{\operatorname{tg}a + \operatorname{tg}b}{1 - \operatorname{tg}a \cdot \operatorname{tg}b}$$

$$\operatorname{tg}(a-b) = \frac{\operatorname{tg}a - \operatorname{tg}b}{1 + \operatorname{tg}a \cdot \operatorname{tg}b}$$

sen(2x) = 2 · sen(x) · cos(x)
cos(2x) = cos²(x) − sen²(x)

$$\operatorname{tg}(2x) = \left(\frac{2\cdot\operatorname{tg}(x)}{1-\operatorname{tg}^2(x)}\right)$$

$$\operatorname{sen}(x)+\operatorname{sen}(y) = 2\cdot\operatorname{sen}\left(\frac{x+y}{2}\right)\cdot\cos\left(\frac{x-y}{2}\right)$$

$$\operatorname{sen}(x)-\operatorname{sen}(y) = 2\cdot\operatorname{sen}\left(\frac{x-y}{2}\right)\cdot\cos\left(\frac{x+y}{2}\right)$$

$$\cos(x)+\cos(y) = 2\cdot\cos\left(\frac{x+y}{2}\right)\cdot\cos\left(\frac{x-y}{2}\right)$$

$$\cos(x)-\cos(y) = -2\cdot\operatorname{sen}\left(\frac{x+y}{2}\right)\cdot\operatorname{sen}\left(\frac{x-y}{2}\right)$$

9.8 Bissecção de Arcos ou Arco Metade

Também temos a fórmula do arco metade para senos, cossenos e tangentes:

1. $\sin\left(\frac{a}{2}\right) = \pm\sqrt{\frac{1-\cos(a)}{2}}$

2. $\cos\left(\frac{a}{2}\right) = \pm\sqrt{\frac{1+\cos(a)}{2}}$

3. $\tan\left(\frac{a}{2}\right) = \pm\sqrt{\frac{1-\cos(a)}{1+\cos(a)}}$

Questões

01. (MB) Em um triângulo retângulo, o seno de um de seus ângulos agudos é:
a) O inverso do cosseno desse ângulo.
b) O quadrado do cosseno desse ângulo.
c) A razão entre as medidas dos catetos do triângulo.
d) A razão entre a medida da hipotenusa e a medida do lado adjacente a esse ângulo.
e) A razão entre a medida do lado oposto a esse ângulo e a medida da hipotenusa.

02. (MB) Um triângulo possui as seguintes medidas de seus lados: 3, 12 e 14. Este triângulo possui:
a) Três ângulos obtusos.
b) Três ângulos agudos.
c) Um ângulo obtuso.
d) Um ângulo agudo.
e) Um ângulo reto.

03. Uma pessoa está na margem de um rio, onde existem duas árvores (B e C, na figura). Na outra margem, em frente a B, existe outra árvore, A, vista de C segundo um ângulo de 30°, com relação a B. Se a distância de B a C é 150m, qual é a largura do rio, aproximadamente, sendo √2 = 1,41 e √3 = 1,73?

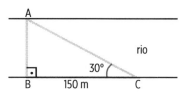

a) 129,75
b) 105,75
c) 100,25
d) 95,50
e) 86,50

04. Considerando tg 25° = 1/2, o valor de tg 20° será:
a) 1/6
b) 1/5
c) 1/4
d) 1/3

05. (FUNIVERSA) Investigações de um crime com arma de fogo indicam que um atirador atingiu diretamente dois pontos, B e C, a partir de um único ponto A. São conhecidas as distâncias: AC = 3m, AB = 2m e BC = 2,65m. A medida do ângulo formado pelas duas direções nas quais o atirador disparou os tiros é mais próxima de:
a) 30°
b) 45°
c) 60°
d) 75°
e) 90°

06. (COPESE) Para que o telhado de uma casa possa ser construído deve-se levar em consideração alguns fatores de dimensionamento, dentre os quais as especificações relacionadas com a largura e o ângulo de elevação do telhado. Conforme exemplo ilustrado na figura a seguir:

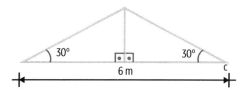

De acordo com as informações anteriormente indicadas no exemplo ilustrado, a medida da elevação do telhado é (considere duas casas decimais após a vírgula e tg 30° = 0,58)

a) 0,90m
b) 1,74m
c) 1,80m
d) 3,00m
e) 3,48m

07. Considerando-se que x é um arco com extremidade no segundo quadrante e que $\operatorname{sen} x = \dfrac{4}{5}$, então pode-se afirmar que o valor de $5\cos^2 x - 3\operatorname{tg} x$ é:

a) $-\dfrac{11}{5}$
b) $-\dfrac{29}{15}$
c) $\dfrac{11}{5}$
d) $\dfrac{45}{15}$
e) $\dfrac{29}{5}$

08. A figura representa parte do gráfico cartesiano da função $f(x)$ igual a:

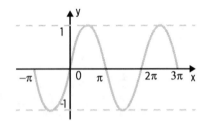

a) sen x
b) cos x
c) cotg x
d) tg x
e) tg² x

09. A expressão $y = \dfrac{1 - \cos x}{1 + \cos x}$ pode ser escrita como:
a) y = cos sec x - cot g x
b) y = sec x - cot g x
c) y = 1
d) y = (cos sec x - sen x)²
e) y = (cos sec x - cotg x)²

10. (FIP) Se sen x = 0,8 e $x \in = \left[0; \dfrac{\pi}{2}\right]$, então, quanto vale sen(2x)?
a) 0,65
b) 1,6
c) 0,55
d) 0,96
e) 0,72

Gabaritos

01	E	06	E
02	C	07	C
03	E	08	E
04	D	09	D
05	C	10	C

10. GEOMETRIA PLANA

Conceitos importantes:

Ceviana: as cevianas são segmentos de reta que partem do vértice do triângulo para o lado oposto.

Mediana: é o segmento de reta que liga um vértice deste triângulo ao ponto médio do lado oposto a este vértice. As medianas se encontram em um ponto chamado de baricentro.

Altura: altura de um triângulo é um segmento de reta perpendicular a um lado do triângulo ou ao seu prolongamento, traçado pelo vértice oposto. As alturas se encontram em um ponto chamado ortocentro.

Bissetriz: é o lugar geométrico dos pontos que equidistam de duas retas concorrentes e, por consequência, divide um ângulo em dois ângulos congruentes. As bissetrizes se encontram em um ponto chamado incentro.

Mediatrizes: são retas perpendiculares a cada um dos lados de um triângulo. As mediatrizes se encontram em um ponto chamado circuncentro.

10.1 Semelhanças de Figuras

Duas figuras (formas geométricas) são semelhantes quando satisfazem a duas condições: os seus ângulos têm o mesmo tamanho e os lados correspondentes são proporcionais.

Nos triângulos existem alguns casos de semelhanças bem conhecidos;

1º caso: LAL (lado, ângulo, lado): dois lados congruentes e o ângulo entre esses lados também congruentes.

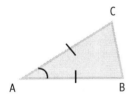 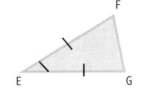

2º caso: LLL (lado, lado, lado): os três lados congruentes.

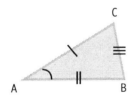 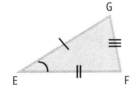

3º caso: ALA (ângulo, lado, ângulo): dois ângulos congruentes e o lado entre esses ângulos também congruente.

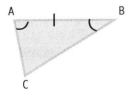 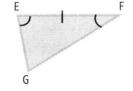

4º caso: LAA$_o$ (lado, ângulo, ângulo oposto): congruência do ângulo adjacente ao lado, e congruência do ângulo oposto ao lado.

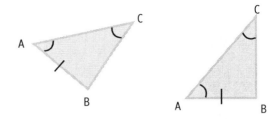

10.2 Relações Métricas nos Triângulos

O Triângulo Retângulo e suas Relações Métricas

Denomina-se triângulo retângulo o triângulo que tem um de seus ângulos retos, ou seja, um de seus ângulos mede 90°. O triângulo retângulo é formado por uma hipotenusa e dois catetos, a hipotenusa é o lado maior, o lado aposto ao ângulo de 90°, e os outros dois lados são os catetos.

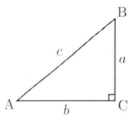

Na figura, podemos observar o triângulo retângulo de vértices A, B e C, e lados a, b e c. Como o ângulo de 90° está no vértice C, então a hipotenusa do triângulo é o lado c, e os catetos são os lados a e b.

Assim, podemos separar um triângulo em dois triângulos semelhantes:

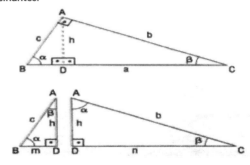

Neste segundo triângulo, podemos observar uma perpendicular à hipotenusa até o vértice A; essa é a altura h do triângulo, separando assim a hipotenusa em dois segmentos, o segmento m e o segmento n, separando esses dois triângulos obtemos dois triângulos retângulos, o triângulo △ABD e △ADC. Como os ângulos dos três triângulos são congruentes, então podemos dizer que os triângulos são semelhantes.

Com essa semelhança, ganhamos algumas relações métricas entre os triângulos:

$\dfrac{c}{a} = \dfrac{m}{c} \Rightarrow c^2 = am$

$\dfrac{c}{a} = \dfrac{h}{b} \Rightarrow cb = ah$

$\dfrac{b}{a} = \dfrac{n}{b} \Rightarrow b^2 = an$

$\dfrac{h}{m} = \dfrac{n}{h} \Rightarrow h^2 = mn$

Da primeira e da terceira equação, obtemos:

$c^2 + b^2 = am + an = a(m+n)$.

Como vimos na figura que m+n=a, então temos:

$c^2 + b^2 = aa = a^2$,

ou seja, trata-se do Teorema de Pitágoras.

Lei dos Cossenos

Para um triângulo qualquer demonstra-se que:

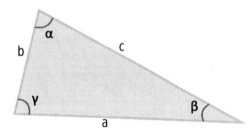

$$a^2 = b^2 + c^2 - 2 \cdot b \cdot c \cdot \cos\alpha$$

Note que o lado "a" do triângulo é oposto ao cosseno do ângulo α.

Lei dos Senos

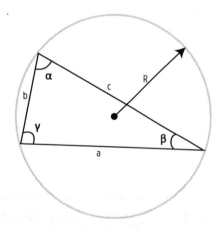

R é o raio da circunferência circunscrita a esse triângulo.

Neste caso, valem as seguintes relações, conforme a lei dos senos:

$$\dfrac{a}{\operatorname{sen}\alpha} = \dfrac{b}{\operatorname{sen}\beta} = \dfrac{c}{\operatorname{sen}\gamma} = 2R$$

10.3 Quadriláteros

Quadrilátero é um polígono de quatro lados. Eles possuem os seguintes elementos:

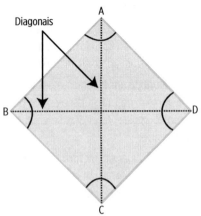

Vértices: A, B, C, e D.

Lados: AB, BC, CD, DA.

Diagonais: AC e BD.

Ângulos internos ou ângulos do quadrilátero ABCD: $\hat{A}, \hat{B}, \hat{C}$ e $\hat{D}$.

Todo quadrilátero tem duas diagonais.

O perímetro de um quadrilátero ABCD é a soma das medidas de seus lados, ou seja: AB + BC + CD + DA.

Quadriláteros Importantes

Paralelogramo

Paralelogramo é o quadrilátero que tem os lados opostos paralelos.

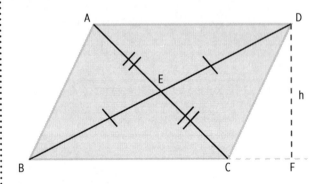

h é a altura do paralelogramo.

Num paralelogramo:

Os lados opostos são congruentes;

Cada diagonal o divide em dois triângulos congruentes;

Os ângulos opostos são congruentes;

As diagonais interceptam-se em seu ponto médio.

Retângulo

Retângulo é o paralelogramo em que os quatro ângulos são congruentes (retos).

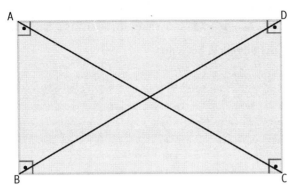

Losango

Losango é o paralelogramo em que os quatro lados são congruentes.

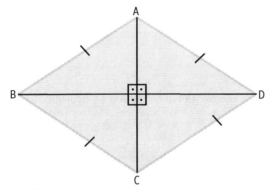

Quadrado

Quadrado é o paralelogramo em que os quatro lados e os quatro ângulos são congruentes.

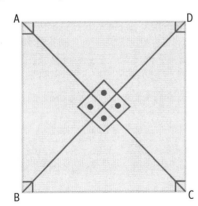

Trapézios

É o quadrilátero que apresenta somente dois lados paralelos chamados bases.

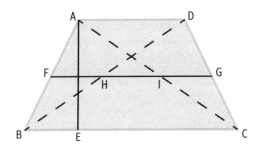

Trapézio retângulo

É aquele que apresenta dois ângulos retos.

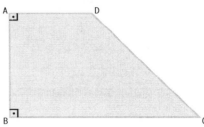

Trapézio isósceles

É aquele em que os lados não paralelos são congruentes.

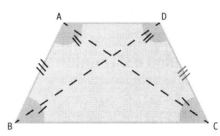

10.4 Polígonos Regulares

Um polígono é regular se todos os seus lados e todos os seus ângulos forem congruentes.

Os nomes dos polígonos dependem do critério que se utiliza para classificá-los. Usando **o número de ângulos** ou o **número de lados**, tem-se a seguinte nomenclatura:

Número de lados (ou ângulos)	Nome do Polígono Em função do número de ângulos	Em função do número de lados
3	triângulo	trilátero
4	quadrângulo	quadrilátero
5	pentágono	pentalátero
6	hexágono	hexalátero
7	heptágono	heptalátero
8	octógono	octolátero
9	eneágono	enealátero
10	decágono	decalátero
11	undecágono	undecalátero
12	dodecágono	dodecalátero
15	pentadecágono	pentadecalátero
20	icoságono	icosalátero

Nos polígonos regulares cada ângulo externo é dado por:

$$e = \frac{360°}{n}$$

A soma dos ângulos internos é dada por:

$$S_i = 180 \cdot (n-2)$$

E cada ângulo interno é dado por:

$$i = \frac{180(n-2)}{n}$$

Diagonais de um Polígono

O segmento que liga dois vértices não consecutivos de polígono é chamado de diagonal.

O número de diagonais de um polígono é dado pela fórmula:

$$d = \frac{n \cdot (n-3)}{2}$$

10.5 Círculos e Circunferências

Círculo

É a área interna a uma circunferência.

Circunferência

É o contorno do círculo. Por definição, é o lugar geométrico dos pontos equidistantes ao centro.

A distância entre o centro e o lado é o raio.

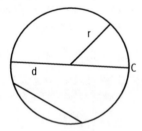

Corda

É o seguimento que liga dois pontos da circunferência.

A maior corda, ou corda maior de uma circunferência, é o diâmetro. Também dizemos que a corda que passa pelo centro é o diâmetro.

Posição relativa entre reta e circunferência

Secante   Tangente   Exterior

Uma reta é:
> **Secante**: distância entre a reta e o centro da circunferência é menor que o raio.
> **Tangente**: a distância entre a reta e o centro da circunferência é igual ao raio.
> **Externa**: a distância entre a reta e o centro da circunferência é maior que o raio.

Posição relativa entre circunferência

As posições relativas entre circunferência são basicamente 5.

Circunferência Secante

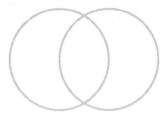

Característica: a distância entre os centros é menor que a soma dos raios das duas, porém, é maior que o raio de cada uma.

Externo

Característica: a distância entre os centros é maior que a soma do raio.

Tangente

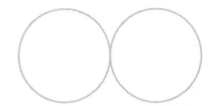

Característica: distância entre centro é igual à soma dos raios.

Interna

Característica: distância entre os centros mais o raio da menor é igual ao raio da maior.

Interior

Característica: distância entre os centros menos o raio da menor é menor que o raio da maior.

Ângulo central e ângulo inscrito

Central

Inscrito

Um ângulo central sempre é o dobro do ângulo inscrito de um mesmo arco.

As áreas de círculos e partes do círculo são:

Área do círculo $= \pi \cdot r^2 = \dfrac{1}{4} \cdot \pi \cdot D^2$

Área do setor círcular $= \pi \cdot r^2 \cdot \dfrac{\alpha}{360º} = \dfrac{1}{2} \cdot \alpha \cdot r^2$

Área da coroa = área do círculo maior − área do círculo menor

Os ângulos podem ser expressos em graus (360° = 1 volta) ou em radianos (2π = 1 volta)

10.6 Polígonos Regulares Inscritos e Circunscritos

As principais relações entre a circunferência e os polígonos são:
> Qualquer polígono regular é inscritível em uma circunferência.
> Qualquer polígono regular e circunscritível a uma circunferência.

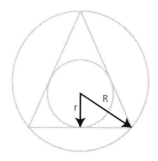

Polígono circunscrito a uma circunferência é o que possui seus lados tangentes à circunferência. Ao mesmo tempo, dizemos que esta circunferência está inscrita no polígono.

Já um polígono é inscrito em uma circunferência se cada vértice do polígono for um ponto da circunferência, e neste caso dizemos que a circunferência é circunscrita ao polígono.

Da inscrição e circunscrição dos polígonos nas circunferências podem-se ter as seguintes relações:

Apótema de um polígono regular é a distância do centro a qualquer lado. Ele é sempre perpendicular ao lado.

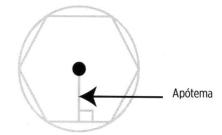
Apótema

Nos polígonos inscritos:

No Quadrado

Cálculo da medida do lado (L):

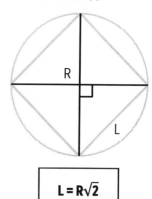

$$L = R\sqrt{2}$$

Cálculo da medida do apótema (a):

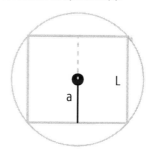

$$a = \dfrac{R\sqrt{2}}{2}$$

No Hexágono

Cálculo da medida do lado (L):

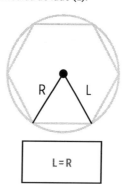

$$L = R$$

MATEMÁTICA

Cálculo da medida do apótema (a):

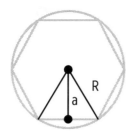

$$a = \frac{R\sqrt{3}}{2}$$

No Triângulo Equilátero
Cálculo da medida do lado (L):

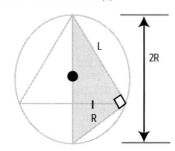

$$L = R\sqrt{3}$$

Cálculo da medida do apótema (a):

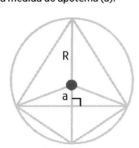

$$a = \frac{R}{2}$$

Nos polígonos circunscritos:

No Quadrado
Cálculo da medida do lado (L):

$$L = 2R$$

Cálculo da medida do apótema (a):

$$a = R$$

No Hexágono
Cálculo da medida do lado (L):

$$L = \frac{2R\sqrt{3}}{3}$$

Cálculo da medida do apótema (a):

$$a = R$$

No Triângulo Equilátero
Cálculo da medida do lado (L):

$$L = 2R\sqrt{3}$$

Cálculo da medida do apótema (a):

$$a = R$$

10.7 Perímetros e Áreas dos Polígonos e Círculos

Perímetro
Perímetro: É o contorno da figura ou seja, a soma dos lados da figura.

Para calcular o perímetro do círculo utilize: $P = 2\pi \cdot r$

Área
É o espaço interno, ou seja, a extensão que ela ocupa dentro do perímetro.

As principais áreas (S) de polígonos são:

Retângulo

$S = a \cdot b$

Quadrado

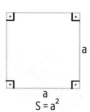

$S = a^2$

Paralelogramo

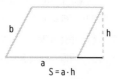

$S = a \cdot h$

Losango

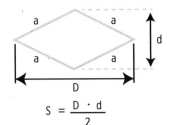

$$S = \frac{D \cdot d}{2}$$

Trapézio

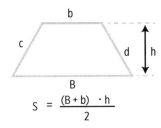

$$S = \frac{(B+b) \cdot h}{2}$$

Triângulo

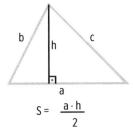

$$S = \frac{a \cdot h}{2}$$

Triângulo equilátero

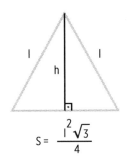

$$S = \frac{l^2 \sqrt{3}}{4}$$

Círculo

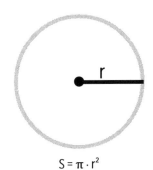

$$S = \pi \cdot r^2$$

 Questões

01. (ESSA) Um terreno de forma triangular tem frentes de 20 metros e 40 metros, em ruas que formam, entre si, um ângulo de 60°. Admitindo-se, a medida do perímetro do terreno, em metros, é:
a) 94
b) 93
c) 92
d) 91
e) 90

02. Um quadrado e um retângulo têm a mesma área. Os lados do retângulo são expressos por números naturais consecutivos, enquanto que o quadrado tem $2\sqrt{5}$ centímetros de lado. Assim, o perímetro, em centímetros, do retângulo é:
a) 12
b) 16
c) 18
d) 20
e) 24

03. (ESSA) As diagonais de um losango medem 48cm e 33cm. Se a medida da diagonal maior diminuir 4cm, então, para que a área permaneça a mesma, deve-se aumentar a medida da diagonal menor de:
a) 3cm
b) 5cm
c) 6cm
d) 8cm
e) 9cm

04. Qual o perímetro do polígono abaixo?

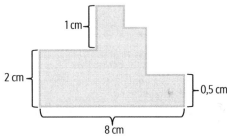

a) 15 cm
b) 18 cm
c) 20 cm
d) 22 cm
e) 23 cm

05. (VUNESP) Na figura, cujas dimensões estão em metros, a linha pontilhada representa uma grade que foi colocada em dois lados de um canteiro. A extensão total dessa grade é:

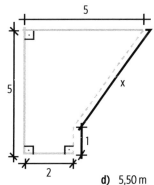

a) 6,00 m
b) 5,80 m
c) 5,75 m
d) 5,50 m
e) 5,00 m

Geometria Plana

06. (CESGRANRIO) Abaixo, temos a planta de um terreno retangular, de 810 m² de área cercado por um muro. Note que o terreno tem 36 m de comprimento, e que há um único portão de acesso com 2,5 m de largura.

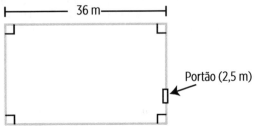

Qual é, em metros, o comprimento do muro que cerca esse terreno?

a) 113,0
b) 113,5
c) 114,5
d) 116,0
e) 117,0

07. (CEPERJ) Observe atentamente o retângulo abaixo, no interior do qual se encontra um polígono ABCD:

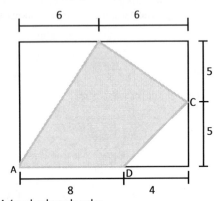

A área hachurada vale:

a) 55
b) 65
c) 90
d) 120
e) 150

08. (FUNCAB) A área de um triângulo isósceles cujos lados iguais medem 4, e dois de seus ângulos medem 45°, corresponde a:

a) 4 u.a.
b) 8 u.a.
c) 12 u.a.
d) 16 u.a.
e) 20 u.a.

09. (FUNIVERSA) A figura ilustra a planta, a vista superior, de um edifício. O quadrado CGHI corresponde ao corpo da edificação. O quadrado ABCD é uma área coberta cujo lado mede 8 m. A parte cinza da figura é um espelho d'água. DEFG é um quadrado tal que $EF^4 - GH^4 = 640 \text{ m}^4$.

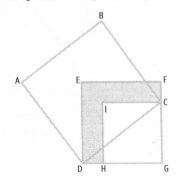

Qual é a medida da superfície do espelho d'água?

a) 80 m²
b) 64 m²
c) 18 m²
d) 10 m²
e) 8 m²

10. (FCC) Ultimamente tem havido muito interesse no aproveitamento da energia solar para suprir outras fontes de energia. Isso fez com que, após uma reforma, parte do teto de um salão de uma empresa fosse substituída por uma superfície retangular totalmente revestida por células solares, todas feitas de um mesmo material. Considere que células solares podem converter a energia solar em energia elétrica e que para cada centímetro quadrado de célula solar que recebe diretamente a luz do sol é gerada 0,01 Watt de potência elétrica;

A superfície revestida pelas células solares tem 3,5 m de largura por 8,4 m de comprimento.

Assim sendo, se a luz do sol incidir diretamente sobre tais células, a potência elétrica que elas serão capazes de gerar em conjunto, em Watts, é:

a) 294.000
b) 38.200
c) 29.400
d) 3.820
e) 2.940

 Gabaritos

01	A	06	C
02	C	07	B
03	A	08	B
04	D	09	D
05	A	10	E

11. MATRIZES, DETERMINANTES E SISTEMAS LINEARES

11.1 Matrizes

Matriz: é uma tabela que serve para organizar dados numéricos em linhas e colunas.

Nas matrizes, cada número é chamado de elemento da matriz, as filas horizontais são chamadas **linhas** e as filas verticais são chamadas **colunas**.

$$\begin{bmatrix} 1 & 4 & 7 \\ 13 & -1 & 18 \end{bmatrix} \rightarrow \text{Linha}$$
$$\downarrow \text{Coluna}$$

No exemplo, a matriz apresenta 2 linhas e 3 colunas. Dizemos que essa matriz é do tipo 2x3 (2 linhas e 3 colunas). Lê-se dois por três.

Representação de uma Matriz

Uma matriz pode ser representada por parênteses ( ) ou colchetes [ ], com seus dados numéricos inseridos dentro desses símbolos matemáticos. Cada um desses dados, ocupam uma posição definida por uma linha e coluna.

A nomenclatura da matriz se dá por uma letra maiúscula. De modo geral, uma matriz A de m linhas e n colunas (m x n) pode ser representada da seguinte forma:

$$A = \begin{bmatrix} a_{11} & a_{12} & a_{13} & \cdots & a_{1n} \\ a_{21} & a_{22} & a_{23} & \cdots & a_{2n} \\ a_{31} & a_{32} & a_{33} & \cdots & a_{3n} \\ \cdots & \cdots & \cdots & \cdots & \cdots \\ a_{m1} & a_{m2} & a_{m3} & & a_{mn} \end{bmatrix}_{m \times n} \text{com m, n} \in \mathbb{N}^*$$

Abreviadamente:

$$\boxed{A_{m \times n} = [a_{ij}]_{m \times n}}$$

Com:

"i" $\in \{1, 2, 3, ..., m\}$ e "j" $\in \{1, 2, 3, ..., n\}$

No qual, "a_{ij}" é o elemento da "i" linha com a "j" coluna.

$$B_{3 \times 2} = \begin{pmatrix} 4 & 7 \\ 6 & 8 \\ 18 & 10 \end{pmatrix} \text{matriz de ordem 3x2}$$

$$C_{2 \times 2} = \begin{pmatrix} 2 & 13 \\ 18 & 28 \end{pmatrix} \text{matriz quadrada de ordem 2x2, ou somente 2}$$

Lei de Formação de uma Matriz

As matrizes possuem uma lei de formação que define seus elementos a partir da posição (linha e coluna) de cada um deles na matriz, e podemos assim representar:

$D = (d_{ij})_{3x3}$ em que $d_{ij} = 2_i - j$

$$D = \begin{pmatrix} d_{11} = 2 \cdot (1) - 1 = 1 & d_{12} = 2 \cdot (1) - 2 = 0 & d_{13} = 2 \cdot (1) - 3 = -1 \\ d_{21} = 2 \cdot (2) - 1 = 3 & d_{22} = 2 \cdot (2) - 2 = 2 & d_{23} = 2 \cdot (2) - 3 = 1 \\ d_{31} = 2 \cdot (3) - 1 = 5 & d_{32} = 2 \cdot (3) - 2 = 4 & d_{33} = 2 \cdot (3) - 3 = 3 \end{pmatrix}$$

$$= \begin{pmatrix} 1 & 0 & -1 \\ 3 & 2 & 1 \\ 5 & 4 & 3 \end{pmatrix}$$

Logo:

$$D = \begin{pmatrix} 1 & 0 & -1 \\ 3 & 2 & 1 \\ 5 & 4 & 3 \end{pmatrix}$$

Tipos de Matrizes

Existem alguns tipos de matrizes mais comuns e usados nas questões de concursos:

Matriz linha

É aquela que possui somente uma linha.

$$A_{1 \times 3} = \begin{bmatrix} 4 & 7 & 10 \end{bmatrix}$$

Matriz coluna

É aquela que possui somente uma coluna.

$$B_{3 \times 1} = \begin{bmatrix} 6 \\ 13 \\ 22 \end{bmatrix}$$

Matriz nula

É aquela que possui todos os elementos nulos, ou zero.

$$C_{2 \times 3} = \begin{bmatrix} 0 & 0 & 0 \\ 0 & 0 & 0 \end{bmatrix}$$

Matriz quadrada

É aquela que possui o número de linhas **igual** ao número de colunas.

$$D_{3 \times 3} = \begin{bmatrix} 1 & 4 & 7 \\ 13 & 10 & 18 \\ 32 & 29 & 1 \end{bmatrix}$$

Características das Matrizes Quadradas:

Possuem diagonal principal e secundária.

$$A_{3 \times 3} = \begin{bmatrix} 1 & 2 & 3 \\ 2 & 4 & 6 \\ 3 & 6 & 9 \end{bmatrix} \text{diagonal principal}$$

$$A_{3 \times 3} = \begin{bmatrix} 1 & 2 & 3 \\ 2 & 4 & 6 \\ 3 & 6 & 9 \end{bmatrix} \text{diagonal secundária}$$

Matriz identidade

É toda a matriz quadrada que os elementos da diagonal principal são iguais a um e os demais são zeros:

$$A_{3 \times 3} = \begin{bmatrix} 1 & 0 & 0 \\ 0 & 1 & 0 \\ 0 & 0 & 1 \end{bmatrix}$$

Matrizes, Determinantes e Sistemas Lineares

Matriz diagonal

É toda a matriz quadrada que os elementos da diagonal principal são diferentes de zero e os de mais são zeros:

$$A_{3 \times 3} = \begin{bmatrix} 1 & 0 & 0 \\ 0 & 4 & 0 \\ 0 & 0 & 7 \end{bmatrix}$$

Matriz triangular

Aquela cujos elementos de um dos triângulos formados pela diagonal principal são zeros.

$$A_{3 \times 3} = \begin{bmatrix} 2 & 5 & 8 \\ 0 & 6 & 3 \\ 0 & 0 & 9 \end{bmatrix}$$

Matriz transposta (a^t)

É aquela em que ocorre a troca ordenada das linhas por colunas.

$$A = [a_{ij}]_{m \times n} = A^t = [a^t_{ji}]_{n \times m}$$

$$A_{2 \times 3} = \begin{bmatrix} 1 & 4 & 7 \\ 6 & 8 & 9 \end{bmatrix} \rightarrow A^t_{3 \times 2} = \begin{bmatrix} 1 & 6 \\ 4 & 8 \\ 7 & 9 \end{bmatrix}$$

Perceba que a linha 1 de A corresponde à coluna 1 de A^t e a coluna 2 de A corresponde à coluna 2 de A^t.

Matriz oposta

É toda matriz obtida trocando o sinal de cada um dos elementos de uma matriz dada.

$$A_{2 \times 2} = \begin{bmatrix} 4 & -1 \\ -6 & 7 \end{bmatrix} \rightarrow -A_{2 \times 2} = \begin{bmatrix} -4 & 1 \\ 6 & -7 \end{bmatrix}$$

Matriz simétrica: é toda a matriz quadrada que a $A^t = A$:

$$\left.\begin{array}{l} A \begin{bmatrix} 1 & 3 \\ 3 & 2 \end{bmatrix} \\ A_t \begin{bmatrix} 1 & 3 \\ 3 & 2 \end{bmatrix} \end{array}\right\} A = A^t$$

Operações com matrizes

Vamos ver agora as principais operações com as matrizes; fique atento para a multiplicação de duas matrizes.

Igualdade de matrizes

Duas matrizes são iguais quando possuem o mesmo número de linhas e colunas (mesma ordem), e os elementos correspondentes são iguais.

$$X = Y \rightarrow X_{2 \times 2} = \begin{pmatrix} 1 & 0 \\ 3 & 2 \end{pmatrix} \text{ e } Y_{2 \times 2} = \begin{pmatrix} 1 & 0 \\ 3 & 2 \end{pmatrix}$$

Soma de matrizes

Só é possível somar matrizes de mesma ordem. Para fazer o cálculo, basta somar os elementos correspondentes.

Ex.: S = X + Y (S = matriz soma de X e Y)

$$X_{2 \times 3} = \begin{bmatrix} 6 & 8 & 9 \\ 10 & 13 & 4 \end{bmatrix} \text{ e } Y_{2 \times 3} = \begin{bmatrix} 18 & 22 & 30 \\ 9 & 14 & 28 \end{bmatrix}$$

$$S = \begin{bmatrix} 6+18 & 8+22 & 9+30 \\ 10+9 & 13+14 & 4+28 \end{bmatrix}$$

$$S_{2 \times 3} = \begin{bmatrix} 24 & 30 & 39 \\ 19 & 27 & 32 \end{bmatrix}$$

Produto de uma constante por uma matriz

Basta multiplicar a constante por todos os elementos da matriz.

Ex.: P = 2Y

$$Y_{2 \times 2} = \begin{pmatrix} 7 & 4 \\ 13 & 25 \end{pmatrix}$$

$$P = \begin{pmatrix} 2 \cdot 7 & 2 \cdot 4 \\ 2 \cdot 13 & 2 \cdot 25 \end{pmatrix}$$

$$P_{2 \times 2} = \begin{pmatrix} 14 & 8 \\ 26 & 50 \end{pmatrix}$$

11.2 Multiplicacao de Matrizes

Para multiplicar matrizes, devemos "multiplicar linhas por colunas", ou seja, multiplica o 1º número da linha pelo 1º número da coluna, o 2º número da linha pelo 2º número da coluna e assim sucessivamente para todos os elementos das linhas e colunas.

Esse procedimento de cálculo só poderá ser feito se o número de colunas da 1ª matriz for igual ao número de linhas da 2ª matriz.

$$(A_{m \times n}) \cdot (B_{n \times p}) = C_{m \times p}$$

Ex.: M = A2 x 3 . B3 x 2

$$A_{2 \times 3} = \begin{bmatrix} 1 & 2 & 4 \\ 5 & 7 & 6 \end{bmatrix} \text{ e } B_{3 \times 2} = \begin{bmatrix} 2 & 3 \\ 8 & 1 \\ 4 & 9 \end{bmatrix}$$

$$M_{2 \times 2} = \begin{bmatrix} m_{11} & m_{12} \\ m_{21} & m_{22} \end{bmatrix}$$

$$M_{2 \times 2} = \begin{bmatrix} m_{11} = (1 \cdot 2 + 2 \cdot 8 + 4 \cdot 4) & m_{12} = (1 \cdot 3 + 2 \cdot 1 + 4 \cdot 9) \\ m_{21} = (5 \cdot 2 + 7 \cdot 8 + 6 \cdot 4) & m_{22} = (5 \cdot 3 + 7 \cdot 1 + 6 \cdot 9) \end{bmatrix}$$

$$M_{2 \times 2} = \begin{bmatrix} m_{11} = 34 & m_{12} = 41 \\ m_{21} = 90 & m_{22} = 76 \end{bmatrix}$$

$$M_{2 \times 2} = \begin{bmatrix} 34 & 41 \\ 90 & 76 \end{bmatrix}$$

Matriz Inversa (a^{-1})

Se existe uma matriz B, quadrada de ordem n, tal que $A \cdot B = B \cdot A = I_n$, dizemos que a matriz B é a inversa de A. Costumamos indicar a matriz inversa por A^{-1}. Assim $B = A^{-1}$.

Logo: $A \cdot A^{-1} = A^{-1} \cdot A = I_n$

Para melhor compreender essa definição, observe o exemplo:

Ex.: $A \cdot A^{-1} = In$

$$A_{2 \times 2} = \begin{pmatrix} 1 & -2 \\ 3 & 1 \end{pmatrix} e \ A^{-1}_{2 \times 2} = \begin{pmatrix} a & b \\ c & d \end{pmatrix}$$

Logo:

$$\begin{pmatrix} 1 & -2 \\ 3 & 1 \end{pmatrix} \cdot \begin{pmatrix} a & b \\ c & d \end{pmatrix} = \begin{pmatrix} 1 & 0 \\ 0 & 1 \end{pmatrix}$$

$$\begin{pmatrix} 1a - 2c & 1b - 2d \\ 3a + 1c & 3b + 1d \end{pmatrix} = \begin{pmatrix} 1 & 0 \\ 0 & 1 \end{pmatrix}$$

$$\begin{cases} 1a - 2c = 1 \\ 1b - 2d = 0 \\ 3a + 1c = 0 \\ 3b + 1d = 1 \end{cases} \rightarrow \begin{cases} I \begin{cases} 1a - 2c = 1 \\ 3a + 1c = 0 \end{cases} \\ II \begin{cases} 1b - 2d = 0 \\ 3b + 1d = 1 \end{cases} \end{cases}$$

Resolvendo o sistema I:

$$I \begin{cases} 1a - 2c = 1 \\ 3a + 1c = 0 \ (\cdot 2) \end{cases}$$

$$I \begin{cases} 1a - 2c = 1 \\ 6a + 2c = 0 \end{cases} + (somando\ as\ equações)$$

$$7a = 1$$
$$a = \frac{1}{7}$$

Substituindo-se "a" em uma das duas equações, temos:

$$3 \left(\frac{1}{7} \right) + 1c = 0$$

$$\frac{3}{7} + 1c = 0$$

$$c = \frac{-3}{7}$$

Resolvendo o sistema II:

$$II \begin{cases} 1b - 2d = 0 \ (\cdot -3) \\ 3b + 1d = 1 \end{cases}$$

$$II \begin{cases} -3b + 6d = 0 \\ 3b + 1d = 1 \end{cases} + (somando\ as\ equações)$$

$$7d = 1$$
$$d = \frac{1}{7}$$

Substituindo-se "d" em uma das duas equações, temos:

$$1b - 2 \left(\frac{1}{7} \right) = 0$$

$$b - \frac{2}{7} = 0$$

$$b = \frac{2}{7}$$

$a = 1/7; b = 2/7; c = -3/7; d = 1/7$

Logo:

$$A^{-1}_{2 \times 2} = \begin{pmatrix} 1/7 & 2/7 \\ -3/7 & 1/7 \end{pmatrix}$$

11.3 Determinantes

Determinante é um número real associado à matriz.

Só há determinante de matriz quadrada. Cada matriz apresenta um único determinante.

Cálculo dos Determinantes

Determinante de uma matriz de ordem 1 ou de 1ª ordem

Se a matriz é de 1ª ordem, significa que ela tem apenas uma linha e uma coluna, portanto, só um elemento, que é o próprio determinante da matriz.

$A_{1 \times 1}$ = [13]

Det A = 13

$B_{1 \times 1}$ = [-7]

Det B = -7

Determinante de uma matriz de ordem 2 ou de 2ª ordem

Será calculado pela **subtração** do produto dos elementos da diagonal principal pelo produto dos elementos da diagonal secundária.

$$A_{2 \times 2} = \begin{bmatrix} 2 & 4 \\ 3 & 7 \end{bmatrix}$$

Det A = (2 . 7) - (4 . 3)

Det A = (14) - (12)

Det A = 2

$$B_{2 \times 2} = \begin{bmatrix} 6 & -1 \\ 8 & 9 \end{bmatrix}$$

Ex.: Det B = (6 . 9) - (-1 . 8)

Det B = (54) - (-8)

Det B = 54 + 8

Det B = 62

Determinante de uma matriz de ordem 3 ou de 3ª ordem

Será calculado pela **Regra de Sarrus**, que consiste em:

1º passo: repetir as duas primeiras colunas ao lado da matriz.

2º passo: multiplicar os elementos da diagonal principal e das outras duas diagonais que seguem a mesma direção, e somá-los.

3º passo: multiplicar os elementos da diagonal secundária e das outras duas diagonais que seguem a mesma direção, e somá-los.

MATEMÁTICA

4º passo: o valor do determinante será dado pela subtração do resultado do 2º com o 3º passo.

$$A_{3 \times 3} = \begin{pmatrix} 2 & 4 & 7 \\ 3 & 5 & 8 \\ 1 & 9 & 6 \end{pmatrix} \begin{matrix} 2 & 4 \\ 3 & 5 \\ 1 & 9 \end{matrix}$$

$$A_{3 \times 3} = \begin{pmatrix} 2 & 4 & 7 \\ 3 & 5 & 8 \\ 1 & 9 & 6 \end{pmatrix} \begin{matrix} 2 & 4 \\ 3 & 5 \\ 1 & 9 \end{matrix}$$

Det A = (2.5.6 + 4.8.1 + 7.3.9) − (7.5.1 + 2.8.9 + 4.3.6)

Det A = (60 + 32 + 189) − (35 + 144 + 72)

Det A = (281) − (251)

Det A = 30

Se estivermos diante de uma matriz triangular ou matriz diagonal, o seu determinante será calculado, pelo produto dos elementos da diagonal principal, somente.

Matriz triangular

$$A_{3 \times 3} = \begin{pmatrix} 2 & 4 & 7 \\ 0 & 5 & 8 \\ 0 & 0 & 6 \end{pmatrix} \begin{matrix} 2 & 4 \\ 0 & 5 \\ 0 & 0 \end{matrix}$$

$$A_{3 \times 3} = \begin{pmatrix} 2 & 4 & 7 \\ 0 & 5 & 8 \\ 0 & 0 & 6 \end{pmatrix} \begin{matrix} 2 & 4 \\ 0 & 5 \\ 0 & 0 \end{matrix}$$

Det A = (2·5·6 + 4·8·0 + 7·0·0) − (7·5·0 + 2·8·0 + 4·0·6)

Det A = (60 + 0 + 0) − (0 + 0 + 0)

Det A = 60 (produto da diagonal principal = 2 x 5 x 6)

Matriz diagonal

$$B_{3 \times 3} = \begin{pmatrix} 2 & 0 & 0 \\ 0 & 5 & 0 \\ 0 & 0 & 6 \end{pmatrix} \begin{matrix} 2 & 0 \\ 0 & 5 \\ 0 & 0 \end{matrix}$$

$$B_{3 \times 3} = \begin{pmatrix} 2 & 0 & 0 \\ 0 & 5 & 0 \\ 0 & 0 & 6 \end{pmatrix} \begin{matrix} 2 & 0 \\ 0 & 5 \\ 0 & 0 \end{matrix}$$

Det B = (2·5·6 + 0·0·0 + 0·0·0) − (0·5·0 + 2·0·0 + 0·0·6)

Det B = (60 + 0 + 0) − (0 + 0 + 0)

Det B = 60 (produto da diagonal principal = 2 · 5 · 6)

Determinante de uma matriz de ordem superior a 3

Será calculado pela **Regra de Chió** ou **Teorema de Laplace**.

Regra de Chió

Escolha um elemento $a_{ij} = 1$.

Retirando a linha (i) e a coluna (j) do elemento $a_{ij} = 1$, obtenha o menor complementar (D_{ij}) do referido elemento – uma nova matriz com uma ordem a menos.

Subtraia de cada elemento dessa nova matriz menor complementar (D_{ij}) o produto dos elementos que pertenciam a sua linha e coluna e que foram retirados, formado outra matriz.

Calcule o determinante dessa última matriz e multiplique por $(-1)^{i+j}$, sendo que i e j pertencem ao elemento $a_{ij} = 1$.

$$A_{3 \times 3} = \begin{pmatrix} 2 & 4 & 7 \\ 3 & 5 & 8 \\ 1 & 9 & 6 \end{pmatrix} (I)$$

$$Det. A_{3 \times 3} = \begin{pmatrix} 2 & 4 & 7 \\ 3 & 5 & 8 \\ 1 & 9 & 6 \end{pmatrix} = \begin{pmatrix} 4 & 7 \\ 5 & 8 \end{pmatrix} (II)$$

$$Det. A_{3 \times 3} = \begin{pmatrix} 2 & 4 & 7 \\ 3 & 5 & 8 \\ 1 & 9 & 6 \end{pmatrix} = \begin{pmatrix} 4 - (2 \cdot 9) & 7 - (2 \cdot 6) \\ 5 - (3 \cdot 9) & 8 - (3 \cdot 6) \end{pmatrix} (III)$$

$$Det. A_{3 \times 3} = (-1)^{3+1} \cdot \begin{pmatrix} -14 & -5 \\ -22 & -10 \end{pmatrix} (IV)$$

$Det. A_{3 \times 3} = (1) \cdot (140 - 110)$

$Det. A = 30$

O Teorema de Laplace

Primeiramente, precisamos saber o que é um cofator. O cofator de um elemento aij de uma matriz é: $A_{ij} = (-1)^{i+j} \cdot D_{ij}$.

Agora, vamos ao teorema:

Escolha uma linha ou coluna qualquer do determinante:

$$A_{3 \times 3} = \begin{pmatrix} 2 & 4 & 7 \\ 3 & 5 & 8 \\ 1 & 9 & 6 \end{pmatrix}$$

Calcule o cofator de cada elemento dessa fila:

$a_{11} = A_{11} = (-1)^{1+1} \cdot \begin{pmatrix} 5 & 8 \\ 9 & 6 \end{pmatrix} = (1) \cdot (-42) = -42$

$a_{21} = A_{21} = (-1)^{2+1} \cdot \begin{pmatrix} 4 & 7 \\ 9 & 6 \end{pmatrix} = (-1) \cdot (-39) = 39$

$a_{31} = A_{31} = (-1)^{3+1} \cdot \begin{pmatrix} 4 & 7 \\ 5 & 8 \end{pmatrix} = (1) \cdot (-3) = -3$

Multiplique cada elemento da fila selecionada pelo seu respectivo cofator. O determinante da matriz será a soma desses produtos.

$Det. A_{3 \times 3} = a_{11} \cdot A_{11} + a_{21} \cdot A_{21} + a_{31} \cdot A_{31}$
$Det. A_{3 \times 3} = 2 \cdot (-42) + 3 \cdot 39 + 1 \cdot (-3)$
$Det. A_{3 \times 3} = (-84) + 117 + (-3)$
$Det. A_{3 \times 3} = 117 - 87$
$Det A = 30$

Propriedade dos Determinantes

As propriedades dos determinantes servem para facilitar o cálculo do determinante, uma vez que, com elas, diminuímos nosso trabalho nas resoluções das questões de concursos.

Determinante de matriz transposta

Se **A** é uma matriz de ordem "**n**" e **A**^{t} sua transposta, então: Det. At = Det. A

$$A_{2 \times 2} = \begin{bmatrix} 2 & 3 \\ 1 & 4 \end{bmatrix}$$

$$Det.\ A = 2 \cdot 4 - 3 \cdot 1$$

$$Det.\ A = 8 - 3$$

$$Det.\ A = 5$$

$$A^t_{2 \times 2} = \begin{bmatrix} 2 & 1 \\ 3 & 4 \end{bmatrix}$$

$$Det.\ A^t = 2 \times 4 - 1 \cdot 3$$

$$Det.\ A^t = 8 - 3$$

$$Det.\ A^t = 5$$

Determinante de uma matriz com fila nula

Se uma das filas (linha ou coluna) da matriz A for toda nula, então: Det. A = 0

Ex.: $A_{2 \times 2} = \begin{bmatrix} 2 & 3 \\ 0 & 0 \end{bmatrix}$

Det. A = 2 . 0 – 3 . 0

Det. A = 0 – 0

Det. A = 0

Determinante de uma matriz cuja fila foi multiplicada por uma constante

Se multiplicarmos uma fila (linha ou coluna) qualquer da matriz A por um número k, o determinante da nova matriz será k vezes o determinante de A.

Det. A' (k vezes uma fila de A) = k · Det. A

Ex.: $A_{2 \times 2} = \begin{bmatrix} 2 & 1 \\ 3 & 2 \end{bmatrix}$

Det. A = 2 . 2 – 1 . 3

Det. A = 4 – 3

Det. A = 1

$$A'_{2 \times 2} = \begin{bmatrix} 4 & 2 \\ 3 & 2 \end{bmatrix} \cdot 2 \ (k = 2)$$

Det. A' = 4 . 2 – 2 . 3

Det. A' = 8 – 6

Det. A' = 2

Det. A' = k . Det. A

Det. A' = 2 . 1

Det. A' = 2

Determinante de uma matriz multiplicada por uma constante

Se multiplicarmos toda uma matriz A de ordem "n" por um número k, o determinante da nova matriz será o produto (multiplicação) de k^n pelo determinante de A.

Det (k · A) = k^n · Det. A

Ex.: $A_{2 \times 2} = \begin{bmatrix} 2 & 1 \\ 4 & 3 \end{bmatrix}$

Det. A = 2 . 3 - = 1 . 4

Det. A = 6 - 4

Det. A = 2

$$3 \cdot A_{2 \times 2} = \begin{bmatrix} 6 & 3 \\ 12 & 9 \end{bmatrix}$$

Det. 3A = 6 . 9 – 3 . 12

Det. 3A = 54 – 36

Det. 3A = 18

Det (k . A) = k^n . Det. A

Det (3 . A) = 3^2 . 2

Det (3 . A) = 9 . 2

Det (3 . A) = 18

Determinante de uma matriz com filas paralelas iguais

Se uma matriz A de ordem n ≥ 2 tem duas filas paralelas com os elementos respectivamente iguais, então: Det. A = 0

Ex.: $A_{2 \times 2} = \begin{bmatrix} 2 & 3 \\ 2 & 3 \end{bmatrix}$

Det. A = 2 . 3 – 3 . 2

Det. A = 6 – 6

Det. A = 0

Determinante de uma matriz com filas paralelas proporcionais

Se uma matriz A de ordem n ≥ 2 tem duas filas paralelas com os elementos respectivamente proporcionais, então: Det. A = 0.

Ex.: $A_{2 \times 2} = \begin{bmatrix} 3 & 6 \\ 4 & 8 \end{bmatrix}$

Det. A = 3 . 8 – 6 . 4

Det. A = 24 – 24

Det. A = 0

Determinante de uma matriz com troca de filas paralelas

Se em uma matriz A de ordem n ≥ 2 trocarmos de posição duas filas paralelas, obteremos uma nova matriz B, tal que:

Det. A = – Det. B

Ex.: $A_{2 \times 2} = \begin{bmatrix} 5 & 4 \\ 2 & 3 \end{bmatrix}$

Det. A = 5 . 3 – 2 . 4

Det. A = 15 – 8

Det. A = 7

Matrizes, Determinantes e Sistemas Lineares

Ex.: $B_{2 \times 2} = \begin{bmatrix} 4 & 5 \\ 3 & 2 \end{bmatrix}$

Det. B = 4 · 2 - 5 · 3
Det. B = 8 - 15
Det. B = -7
Det. A = - Det. B
Det. A = - (-7)
Det. A = 7

Determinante do produto de matrizes

Se A e B são matrizes quadradas de ordem n, então:

Det. (A · B) = Det. A · Det. B

Ex.: $A_{2 \times 2} = \begin{bmatrix} 1 & 2 \\ 2 & 3 \end{bmatrix}$
Det. A = 1 . 3 - 2 . 2
Det. A = 3 - 4
Det. A = -1

$B_{2 \times 2} = \begin{bmatrix} 2 & 5 \\ 3 & 4 \end{bmatrix}$
Det. B = 2 . 4 - 5 . 3
Det. B = 8 - 15
Det. B = -7

$A \cdot B_{2 \times 2} = \begin{bmatrix} 8 & 13 \\ 13 & 22 \end{bmatrix}$
Det. (A . B) = 8 . 22 - 13 . 13
Det. (A . B) = 176 - 169
Det. (A . B) = 7
Det. (A . B) = Det. A . Det. B
Det. (A . B) = (-1) . (-7)
Det. (A . B) = 7

Determinante de uma matriz triangular

O determinante é igual ao produto dos elementos da diagonal principal.

Determinante de uma matriz inversa

Seja B a matriz inversa de A, então, a relação entre os determinantes de B e A é dado por:

$$\boxed{Det\ (B) = \frac{1}{Det\ (A)}}$$

Ex.: $A_{2 \times 2} = \begin{pmatrix} 1 & -2 \\ 3 & 1 \end{pmatrix}$
Det. A = 1 . 1 - (-2 . 3)
Det. A = 1 + 6
Det. A = 7

Ex.: $B = A^{-1}{}_{2 \times 2} = \begin{pmatrix} 1/7 & 2/7 \\ -3/7 & 1/7 \end{pmatrix}$

Det. B = (1/7 · 1/7) - (2/7 · -3/7)
Det. B = 1/49 + 6/49
Det. B = 7/49
Det. B = 1/7

$Det.\ B = \dfrac{1}{Det\ (A)}$

$Det.\ B = \dfrac{1}{7}$

$Det.\ B = \dfrac{1}{7}$

11.4 Sistemas Lineares

Equações Lineares: é toda equação do 1º grau com uma ou mais incógnitas.

Sistemas Lineares: é o conjunto de equações lineares.

Equação: 2x + 3y = 7

Sistema: $\begin{cases} 2x + 3y = 7 \\ 4x - 5y = 3 \end{cases}$

Equação: x + 2y + z = 8

Sistema: $\begin{cases} x + y - z = 4 \\ 2x - y + z = 5 \\ x + 2y + z = 8 \end{cases}$

Representação de um Sistema Linear em Forma de Matriz

Todo sistema linear pode ser escrito na forma de uma matriz.

Esse conteúdo será importante mais adiante para a resolução dos sistemas.

$\begin{cases} 2x + 3y = 7 \\ 4x - 5y = 3 \end{cases}$

Forma de matriz

$\begin{bmatrix} 2\ (\text{coeficiente de x}) & 3\ (\text{coeficiente de y}) \\ 4\ (\text{coeficiente de x}) & -5\ (\text{coeficiente de y}) \end{bmatrix} \cdot \begin{bmatrix} x \\ y \end{bmatrix} = \begin{bmatrix} 7 \\ 3 \end{bmatrix}$

↓ termos independentes

Matriz incompleta

$\begin{bmatrix} 2 & 3 \\ 4 & -5 \end{bmatrix}$

Matriz de x

$$\begin{bmatrix} 7 & 3 \\ 3 & -5 \end{bmatrix}$$

Substituem-se os coeficientes de x pelos termos independentes.

Matriz de y

$$\begin{bmatrix} 2 & 7 \\ 4 & 3 \end{bmatrix}$$

Substituem-se os coeficientes de y pelos termos independentes.

Resolução de um Sistema Linear

A Regra de Cramer só é possível quando o número de variáveis for igual ao número de equações.

Resolvem-se os sistemas pelo método dos determinantes, também conhecido como **Regra de Cramer.**

A regra consiste em: o valor das variáveis será calculado dividindo-se o **determinante da matriz da variável** pelo **determinante da matriz incompleta**, do sistema.

Então:

O valor de x é dado por:

$$x = \frac{\text{deteminante da matriz de X}}{\text{determinante da matriz incompleta}}$$

O valor de y é dado por:

$$y = \frac{\text{deteminante da matriz de Y}}{\text{determinante da matriz incompleta}}$$

O valor de z é dado por:

$$z = \frac{\text{deteminante da matriz de Z}}{\text{determinante da matriz incompleta}}$$

Se o determinante da matriz incompleta for diferente de zero (Det. In. ≠ 0), teremos sempre um sistema possível e determinado;

Se o determinante da matriz incompleta for igual a zero (Det. In. = 0), temos duas situações:

1ª: Se os determinantes de todas as matrizes das variáveis também forem iguais a zero (Det. X = 0 e Det. Y = 0 e Det. Z = 0), teremos um sistema possível e indeterminado;

2ª: Se o determinante de, pelo menos, uma das matrizes das variáveis for diferente de zero (Det. · ≠ 0 ou Det. Y ≠ 0 ou Det. Z ≠ 0), teremos um sistema impossível.

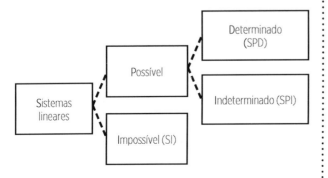

SPD: sistema possível e determinado (quando Det. In. ≠ 0).

SPI: sistema possível e indeterminado (quando Det. In. = 0, e Det. . = 0 e Det. Y = 0 e Det. Z = 0).

SI: sistema impossível (quando Det. In. = 0, e Det. . ≠ 0 ou Det. Y ≠ 0 ou Det. Z ≠ 0).

Ex.: $\begin{cases} x + y - z = 4 \\ 2x - y + z = 5 \\ x + 2y + z = 8 \end{cases}$

Matriz incompleta: $\begin{bmatrix} 1 & 1 & -1 \\ 2 & -1 & 1 \\ 1 & 2 & 1 \end{bmatrix}$ det. In. = -9

Matriz de X: $\begin{bmatrix} 4 & 1 & -1 \\ 5 & -1 & 1 \\ 8 & 2 & 1 \end{bmatrix}$ det. X = -27

Matriz de Y: $\begin{bmatrix} 1 & 4 & -1 \\ 2 & 5 & 1 \\ 1 & 8 & 1 \end{bmatrix}$ det. Y = -18

Matriz de Z: $\begin{bmatrix} 1 & 1 & 4 \\ 2 & -1 & 5 \\ 1 & 2 & 8 \end{bmatrix}$ det. Z = -9

Valor de x é: $x = \frac{-27}{-9} = 3 = 3$

Valor de y é: $y = \frac{-18}{-9} = 2 = 2$

Valor de z é: $z = \frac{-9}{-9} = 1 = 1$

Solução: x = 3, y = 2 e z = 1

 Questões

01. (ALFACON) O valor de **k real, para que o sistema**

$\begin{cases} kx + 2y - z = 2 \\ 2x - 8y + 2z = 0 \\ 2x + z = 4 \end{cases}$

seja possível e determinado é:

a) $k \neq -\frac{1}{2}$

b) $k = \frac{1}{2}$

c) $k \neq -\frac{1}{6}$

d) $k \neq -\frac{3}{2}$

e) $k \neq -\frac{7}{2}$

Matrizes, Determinantes e Sistemas Lineares

02. (ALFACON) Sendo $m = \begin{vmatrix} 0 & 2 \\ 4 & 6 \end{vmatrix}$ e $n = \begin{vmatrix} -1 & - \\ -5 & -7 \end{vmatrix} 3$, pode-se afirmar que:
a) m = n
b) m = -n
c) m = 2n
d) n = 2m

03. (ALFACON) Seja a matriz $A = (a_{ij})_{3x3}$, tal que $a_{ij} = (-1)^{i+j}$. A soma dos elementos a_{12} e a_{31} é:
a) -2.
b) -1.
c) 0.
d) 1.

04. (ALFACON) Considerando a matriz quadrada A abaixo, e det(A) seu determinante, calcule o valor de 5 . det(A).

$$A = \begin{vmatrix} 7 & -13 \\ 2 & 4 \end{vmatrix}$$

a) 10
b) -140
c) 270
d) 130
e) -35

05. (CEPERJ) São dadas as matrizes $A = \begin{vmatrix} 2 & -1 \\ 1 & 0 \end{vmatrix}$ e $B = \begin{vmatrix} 3 & 1 \\ 1 & 2 \end{vmatrix}$
A matriz X é tal que A . X = B.
A soma dos elementos da matriz X é:
a) 3
b) 5
c) 7
d) 9
e) 11

06. (COPEVE) Considere a seguinte matriz.

$$A = \begin{pmatrix} 1 & 2 & a \\ b & 4 & 5 \\ 3 & c & 6 \end{pmatrix}$$

Se a matriz A goza da seguinte propriedade: A = At, então a afirmativa incorreta é:
a) a + b + c = 10
b) det. A = -1
c) det . (A . A^t) = 1
d) det. A = 1
e) det. A^t = -1

07. (ESAF) Sabendo-se que a matriz $A = \begin{bmatrix} 1 & 1 \\ 0 & 1 \end{bmatrix}$ e que n ∈ N e n ≥ 1, então, o determinante da matriz A^n - A^{n-1} é igual a:
a) 0
b) -1
c) 1
d) n
e) n-1

08. (FCC) Considere as matrizes:

$$M = \begin{bmatrix} \frac{1}{3} & \frac{1}{2} \\ \frac{1}{5} & \frac{1}{4} \end{bmatrix} \text{ e } P = \begin{bmatrix} \frac{2}{5} & \frac{2}{3} \\ 1 & \frac{5}{4} \end{bmatrix}$$

Sendo Q o produto das matrizes M e P, nessa ordem, ou seja, Q = MP, o determinante da matriz Q é igual a:
a) $\frac{1}{720}$
b) $\frac{1}{540}$
c) $\frac{1}{360}$
d) $\frac{1}{240}$
e) $\frac{1}{180}$

09. (FEPESE) Encontre o valor de a para que o sistema linear

Não tenha solução: $\begin{cases} ax + y + z = 15 \\ 2y + 8z = 17 \\ x + 4z = 19 \end{cases}$

a) $-\frac{3}{4}$
b) 3/4
c) $-\frac{5}{4}$
d) 5/4
e) 1/4

10. (CESGRANRIO) Para que o sistema linear $\begin{cases} 5x - 6y = 1 \\ ax + 4y = b \end{cases}$ possua infinitas soluções, os valores de a e b devem ser tais que $\frac{a}{b}$ valha:
a) -5
b) -2
c) 0
d) 2
e) 5

 Gabaritos

01	D	06	D
02	A	07	A
03	C	08	C
04	C	09	A
05	B	10	E

Acesse www.alfaconcursos.com.br e tenha acesso a um grande acervo on-line:
- **Notícias**
- **Simulados**
- **Atualizações**
- **Notícias sobre concursos**

Na aba Resgatar código, ao digitar o seu código de acesso, você será direcionado a conteúdos online para seu concurso.

Comodidade e flexibilidade

Ao escolher o AlfaCon, o aluno tem flexibilidade na composição de seu cronograma de videoaulas e conta com diversos cursos que podem contribuir com seus estudos. Também são oferecidos cursos de disciplinas isoladas, bem como pacotes com matérias básicas e específicas.

Plano de estudos

Essa é uma estratégia idealizada pela equipe AlfaCon para que você consiga direcionar sua preparação. É uma ferramenta essencial de maximizar seu desempenho em provas de concursos.

Ampla acervo de materiais

O curso regular direciona você para a parte teórica das disciplinas dos editais. Com as turmas de exercícios, você aprende a técnica correta para resolver as questões de provas. Com os eventos, você relembra os tópicos mais importantes.

www.alfaconcursos.com.br

Sumário

1. **LINUX** 156
   1.1 Conceitos básicos 156

2. **SISTEMA WINDOWS 10** 158
   2.1 Requisitos mínimos 158
   2.2 Novidades 158

3. **BROFFICE WRITER – EDITOR DE TEXTO** 172
   3.1 Formatos de arquivos 172
   3.2 Formatação de texto 172
   3.3 Ferramentas 175
   3.4 Barra de Menus 176

4. **BROFFICE CALC – EDITOR DE PLANILHAS** 183
   4.1 Planilha 183
   4.2 Célula 183
   4.3 Operadores 184
   4.4 Elemento fixador 185
   4.5 Alça de Preenchimento 185
   4.6 Funções 186
   4.7 Formatos de células 188

5. **BROFFICE IMPRESS - EDITOR DE APRESENTAÇÃO** 191
   5.1 Janela do Programa 191
   5.2 Mestre 191
   5.3 Layouts 192
   5.4 Formatos de arquivos 192
   5.5 Modos de exibição 192
   5.6 Inserir slide 193
   5.7 Menu Apresentação de slides 194
   5.8 Impressão 195

6. **WORD 2016** 197
   6.1 Tela de Abertura 197
   6.2 Janela do Programa 197
   6.3 Menu Arquivo 198
   6.4 Aba Página Inicial 200
   6.5 Aba Inserir 205
   6.6 Aba Design 207
   6.7 Aba Layout 207
   6.8 Aba Referências 208

6.9 Aba Correspondências	209
6.10 Aba Revisão	209
6.11 Aba Exibir	210

7. EXCEL 2016 212

7.1 Janela Inicial	212
7.2 Formatos de Arquivos	212
7.3 Novidades	212
7.4 Operadores	213
7.5 Operadores de referência	214
7.6 Funções	215
7.7 Seleção de células	217
7.8 Alça de preenchimento	217
7.9 Endereçamento de células	218

8. POWERPOINT 2016 221

8.1 Tela de Abertura	221
8.2 Tela de Edição	221
8.3 Formato de arquivo	221
8.4 Aba Página Inicial	221
8.5 Aba Inserir	224
8.6 Aba Design	225
8.7 Aba Transações	225
8.8 Aba Animações	225
8.9 Aba Apresentação de Slides	226
8.10 Aba Revisão	226
8.11 Aba Exibir	226
8.12 Slide Mestre	227

9. REDES DE COMPUTADORES 229

9.1 Paradigma de comunicação	229
9.2 Dispositivos de rede	229
9.3 Topologia de rede	229
9.4 Firewall	230
9.5 Tipos de redes	230
9.6 Padrões de infraestrutura	231
9.7 Correio eletrônico	231
9.8 URL (*Uniform Resource Locator*)	232
9.9 Navegadores	232
9.10 Conceitos relacionados à internet	232

SUMÁRIO

10. SEGURANÇA DA INFORMAÇÃO 235

10.1 Princípios básicos da segurança da informação 235

10.2 Criptografia...235

10.3 Ataques 236

1. LINUX

Linux é um Sistema Operacional criado por Linus Torvald, com base na plataforma UNIX. Muitas bancas de concurso apenas o citam no edital de conteúdo programático. Uma parte dos conceitos cobrados relacionados ao Linux já foram vistos na seção Sistemas Operacionais, em que são apontadas características baseadas no seu funcionamento.

1.1 Conceitos básicos

Nesta seção são abordados os demais conceitos relacionados diretamente a algumas funcionalidades e definições do Linux.

Dual Boot

É possível instalar em um mesmo computador múltiplos sistemas operacionais, de forma que, ao ligar o computador, o usuário escolhe qual sistema deseja utilizar. A etapa de escolha do sistema é controlada por gerenciadores de boot; quando se instala o Linux, ele instala automaticamente um gerenciador de boot. Os gerenciadores de boot mais populares são o GRUB e o LILO.

Distribuições

Uma Distribuição é uma cópia modificada e compartilhada com a comunidade; o Linux possui várias distribuições diferentes. Isso se deve ao fato de ele ser um software livre e, assim, é permitido alterar uma distribuição e repassar a outras pessoas que, por sua vez, também podem efetuar as suas alterações.

No site da dristrowatch existem mais de 300 distribuições Linux registradas. As principais são:

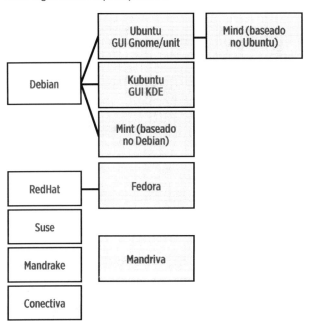

Estrutura de diretórios

A estrutura de diretórios define quais são as pastas do Sistema e quais as suas finalidades perante os programas e o próprio sistema operacional.

As questões sobre a estrutura de diretórios do Linux assumem um formato relacional, cabendo ao concursando associar as pastas às suas finalidades.

A estrutura de diretório do Linux, assim como a do Windows, possui caráter hierárquico que toma como partida a raiz do Sistema - no caso do Linux, a raiz do SO é o diretório / (barra). O termo raiz é atribuído, pois a estrutura de diretórios observada de forma inversa apresenta características de uma árvore que, a partir da raiz, possui seus galhos, as pastas e, por fim, suas folhas, os arquivos.

/dev	(devices): armazena os drivers/dev dos dispositivos.
/bin	(binaries): armazena os binários essenciais para o funcionamento do sistema. Como também comandos básicos do SO como rm, pwd, su, tar, entre outros.
/Sbin	(binaries): armazena os binários essenciais para o funcionamento do sistema que sejam vinculados ao Super Usuário (administrador).
/mnt	(Mount): conhecido como ponto de montagem padrão, é o local por meio do qual se tem acesso às unidades de armazenamento, CD-ROMs e Pendrives conectados no computador.
/etc	Armazena os arquivos de configuração do Sistema Operacional.
/boot	Arquivos necessários para o boot do sistema.
/tmp	Arquivos temporários.
/home	Armazena as pastas dos usuários.
/root	Diretório do administrador.

Gerenciadores de arquivos

Gerenciador de Arquivo é o programa que permite navegar entre as pastas do computador, como também realizar tarefas do tipo copiar, recortar, colar, renomear e mover arquivos e pastas.

O Nautilus é o gerenciador de arquivos utilizado nas distribuições Linux que trabalham com a interface gráfica Gnome, enquanto que as distribuições que utilizam o KDE têm como gerenciador de arquivos o Konqueror. O Konqueror também pode ser utilizado como navegador de Internet, já no Nautilus essa opção foi desabilitada por segurança.

Terminal Linux

O Shell é o aplicativo que permite operar com o Sistema Operacional Linux através de linhas de comandos, ou seja, é o responsável por ler e interpretar um comando do usuário. Ele é similar ao Prompt de comandos no Windows (DOS).

Comandos Linux

Embora o Linux possua várias interfaces gráficas que podem ser utilizadas, a boa e velha linha de comando ainda é o caminho mais prático e rápido para a execução de muitas tarefas.

Os comandos são cobrados no concurso justamente porque é a parte similar entre as diversas distribuições Linux. Mas você não precisa se desesperar, pois o que é pedido são apenas os comandos básicos e para que servem, ou seja, não é pedido a linha de comando e suas opções, mas apenas o comando. Assim, vejamos os principais comandos cobrados e suas ações:

LINUX

Comando	Descrição
cd	Permite navegar entre as pastas.
ls	Listar arquivos e pastas do diretório atual.
clear	Limpa a tela.
exit	Sair do terminal.
cp	Copiar um arquivo ou pasta especificado.
rm	Remover um arquivo ou pasta especificado.
init 0	Desliga o Computador (é necessário ser administrador para executar este comando).
init 6	Reinicia o Computador (é necessário ser administrador para executar este comando).
chmod	Permite alterar as permissões de arquivos e pastas.
mv	Mover arquivos e pastas. Também pode ser utilizado para renomear um arquivo ou pasta.
pwd	Mostra o diretório em que você está.
mkdir	Criar um diretório.
reboot	Reinicia o Sistema Operacional.
tar	Empacota os arquivos e pastas em um único arquivo. (não compacta).
gzip	Compacta os arquivos e/ou pastas em um mesmo arquivo.

Questões

01. (CETAP) Nos últimos anos, o sistema Linux tem sido cada vez mais adotado tanto para uso pessoal quanto para uso corporativo. Com relação ao sistema Linux, indique a alternativa CORRETA:
a) O Linux é um sistema operacional, portanto deve funcionar em conjunto com o sistema Microsoft Windows.
b) O acesso às funções do sistema Linux é feito somente através de linhas de comandos.
c) O Linux oferece funcionalidades para gerenciamento e acesso a arquivos, pastas e programas.
d) O Linux é um sistema utilitário para compactação de arquivos no formato ZIP.
e) O Linux é um software proprietário utilizado como alternativa ao Microsoft Word, Excel e Power Point.

02. (CESPE) Com relação ao sistema operacional Linux, assinale a opção correta:
a) Em uma distribuição do sistema Linux, é possível encontrar softwares destinados a diversas finalidades, como para prover serviço de acesso à Internet. No ambiente Linux, também se dispõe de uma área de trabalho (GUI) para uso do sistema operacional a partir de uma interface gráfica.
b) Pelo fato de ser um software proprietário, qualquer usuário pode fazer alterações no ambiente e colaborar para a melhoria do sistema Linux.
c) O código fonte do sistema operacional Linux não pode ser alterado; por essa razão ele não é distribuído sob a licença GPL ou GNU, que é pública e permite modificações no código.
d) KDE Control Center é a área de trabalho do Linux pela qual se faz acesso a aplicativos instalados no computador, como o BrOffice e outros.
e) O Linux não permite que sejam instalados outros sistemas operacionais na mesma máquina, pois isso afetaria o desempenho do computador, tornando-o lento.

03. (CESPE) A respeito do sistema operacional Linux, assinale a opção correta:
a) Kernel é a interface gráfica do Linux, que tem visual muito similar à interface do sistema operacional Windows XP.
b) O Linux funciona em dezenas de plataformas, desde mainframes até relógios de pulso, passando por várias arquiteturas e dispositivos.
c) O KDE é o navegador nativo do Linux que permite acesso à Internet e envio de e-mail.
d) O Linux adota a GPL, uma licença que permite aos interessados usá-lo, mas sem a possibilidade de redistribuí-lo.

04. (FGV) Nas distribuições Linux, as principais bibliotecas de sistema e os arquivos de configuração e scripts de inicialização ficam armazenados nos seguintes diretórios:
a) /bib e /cfg
b) /bib e /etc
c) /lib e /scr
d) /lib e /etc
e) /lib e /cfg

05. (FCC) Remove arquivos no Linux o comando:
a) pwd
b) mkdir
c) cd
d) rm
e) tar

 Gabaritos

01	C
02	A
03	B
04	D
05	D

2. SISTEMA WINDOWS 10

O Windows 10 é um sistema operacional da Microsoft lançado em 29 de julho de 2015. Essa versão trouxe inúmeras novidades, principalmente, por conta da sua portabilidade para celulares e também tablets.

2.1 Requisitos mínimos

Para instalar o Windows 10, o computador deve possuir no mínimo 1 GB de memória RAM para computadores com processador 32 bits de 1GHz, e 2GB de RAM para processadores de 32bits de 1GHz. Todavia, recomenda-se um mínimo de 4GB.

A versão 32 bits do Windows necessita, inicialmente, de 16GB de espaço livre em disco, enquanto o Windows 64 bits utiliza 20GB. A resolução mínima recomendada para o monitor é de 1024 x 768.

2.2 Novidades

O Windows 10 nasce com a promessa de ser o último Windows lançado pela Microsoft. Isso não significa que não será atualizado. A proposta da Microsoft é não lançar mais versões, a fim de tornar as atualizações mais constantes, sem a necessidade de aguardar para atualizar junto de uma versão enumerada. Com isso, ao passar dos anos, a empresa espera não usar mais a referência Windows 10, mas apenas Windows.

O novo sistema trouxe inúmeras novidades como também alguns retrocessos.

O objetivo do projeto do novo Windows foi baseado na interoperabilidade entre os diversos dispositivos como tablets, smartphones e computadores, de modo que a integração seja transparente, sem que o usuário precise, a cada momento, indicar o que deseja sincronizar.

A barra Charms, presente no Windows 8 e 8.1, foi removida, e a tela inicial foi fundida ao botão (menu) Iniciar.

Algumas outras novidades apresentadas pela Microsoft são:

> Xbox Live e o novo Xbox app que proporcionam novas experiências de jogo no Windows 10. O Xbox, no Windows 10, permite que jogadores e desenvolvedores acessem à rede de jogos do Xbox Live, tanto nos computadores Windows 10 quanto no Xbox One. Os jogadores podem capturar, editar e compartilhar seus melhores momentos no jogo com Game DVR, e disputar novos jogos com os amigos nos dispositivos, conectando a outros usuários do mundo todo. Os jogadores também podem disputar jogos no seu computador, transmitidos por stream diretamente do console Xbox One para o tablet ou computador Windows 10, dentro de casa.

> **Sequential Mode**: em dispositivos 2 em 1, o Windows 10 alterna facilmente entre teclado, mouse, toque e tablet. À medida que detecta a transição, muda convenientemente para o novo modo.

> **Novos apps universais**: o Windows 10 oferece novos aplicativos de experiência, consistentes na sequência de dispositivos, para fotos, vídeos, música, mapas, pessoas e mensagens, correspondência e calendário. Esses apps integrados têm design atualizado e uniformidade de app para app e de dispositivo para dispositivo. O conteúdo é armazenado e sincronizado por meio do OneDrive, e isso permite iniciar uma tarefa em um dispositivo e continuá-la em outro.

Área de Trabalho

A barra de tarefas do Windows 10 apresenta como novidade a busca integrada.

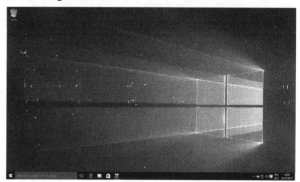

Cortana

Tal recurso opera junto ao campo de pesquisa localizado na barra de tarefas do Windows.

Está é uma ferramenta de execução de comandos por voz. Porém, ainda não conta com versão para o Português do Brasil. Outro ponto importante é a privacidade, pois tal ferramenta guarda os dados.

Continue de onde parou

Tal característica, presente no Windows 10, permite uma troca entre computador – tablet – celular, sem que o usuário tenha de salvar os arquivos e os enviar para os aparelhos; o próprio Windows se encarrega da sincronização.

Ao abrir um arquivo, por exemplo, em um computador e editá-lo, basta abri-lo em outro dispositivo, de modo que as alterações já estarão acessíveis (a velocidade e disponibilidade dependem da velocidade da conexão à Internet).

Desbloqueio imediato de usuário

Trata-se de um recurso disponível, após a atualização do Windows, que permite ao usuário que possua *webcam*, devidamente instalada, usar uma forma de reconhecimento facial para *logar* no sistema, sem a necessidade de digitar senha.

Múltiplas áreas de trabalho

Uma das novidades do Windows 10 é a possibilidade de manipular "múltiplas Áreas de Trabalho", uma característica que já estava há tempos presente no Linux e no MacOS. Ao usar o atalho Windows + Tab, é possível criar uma nova Área de Trabalho e arrastar as janelas desejadas para ela.

Botão Iniciar

Com essa opção em exibição, ao arrastar o mouse ligeiramente para baixo, são listados os programas abertos pela tela inicial. Programas abertos dentro do desktop não aparecem na lista, conforme ilustrado a seguir:

SISTEMA WINDOWS 10

Aplicativos

Os aplicativos podem ser listados clicando-se no botão presente na parte inferior do Botão Iniciar, mais à esquerda.

Acessórios

O Windows 10 reorganizou seus acessórios ao remover algumas aplicações para outro grupo (sistema do Windows).

Os aplicativos listados como acessórios são, efetivamente:

> Bloco de Notas;
> Conexão de Área de Trabalho Remota;
> Diário do Windows;
> Ferramenta de Captura;
> Gravador de Passos;
> Internet Explorer;
> Mapa de Caracteres;
> Notas Autoadesivas;
> Painel de Entrada de Expressões Matemática;
> Paint;
> Visualizador XPS;
> Windows Fax and Scan;
> Windows Media Player;
> Wordpad.

Bloco de Notas

O Bloco de Notas é um editor de texto simples, e apenas texto, ou seja, não aceita imagens ou formatações muito avançadas. A imagem a seguir ilustra a janela do programa.

Contudo, são possíveis algumas formatações de fonte:

> Tipo/nome da fonte;
> Estilo de fonte (Negrito Itálico);

156

➢ Tamanho da fonte.

Atenção, pois a cor da fonte não é uma opção de formatação presente. A janela a seguir ilustra as opções.

Conexão de Área de Trabalho Remota

A conexão remota do Windows não fica ativa por padrão, por questões de segurança.

Para habilitar a conexão, é necessário abrir a janela de configuração das Propriedades do Sistema, ilustrada a seguir. Tal opção é acessível pela janela Sistema do Windows.

A conexão pode ser limitada à rede por restrição de autenticação em nível de rede, ou pela Internet usando contas de e-mail da Microsoft.

A figura a seguir ilustra a janela da Conexão de Área de Trabalho Remota.

Diário do Windows

A ferramenta Diário do Windows é uma novidade no Windows 8. Ela permite que o usuário realize anotações como em um caderno.

Os recursos de formatação são limitados, de modo que o usuário pode escrever manuscritamente ou por meio de caixas de texto.

Ferramenta de Captura

A ferramenta de captura, presente desde o Windows 7, permite a captura de partes da tela do computador. Para tanto, basta selecionar a parte desejada usando o aplicativo.

Gravador de Passos

O Gravador de Passos é um recurso novo do Windows 8, muito útil para atendentes de suporte que precisam apresentar o passo a passo das ações que um usuário precisa executar para obter o resultado esperado.

A figura a seguir ilustra a ferramenta com um passo gravado para exemplificação.

INFORMÁTICA BÁSICA

SISTEMA WINDOWS 10

Mapa de Caracteres

Frequentemente, faz-se necessário utilizar alguns símbolos diferenciados. Esses símbolos são chamados de caracteres especiais. O Mapa de Caracteres permite listar os caracteres não presentes no teclado para cada fonte instalada no computador e copiá-los para a área de transferência do Windows.

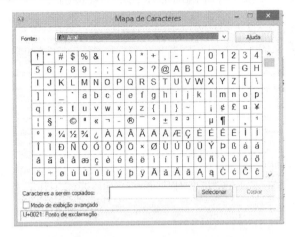

Notas Autoadesivas

Por padrão, as notas autoadesivas são visíveis na Área de Trabalho, elas se parecem com Post its.

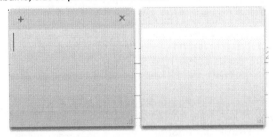

Painel de Entrada de Expressões Matemáticas

Esta ferramenta possibilita o usuário de desenhar, utilizando o mouse ou outro dispositivo de inserção como *tablet canetas*, fórmulas matemáticas como integrais e somatórios, e ainda colar o resultado produzido em documentos.

Paint

O tradicional editor de desenho do Windows, que salva seus arquivos no formato PNG, JPEG, JPG, GIF, TIFF e BMP (Bitmap), não sofreu mudanças em comparação com a versão presente no Windows 7.

WordPad

É um editor de texto que faz parte do Windows, ao contrário do MS Word, com mais recursos que o Bloco de Notas.

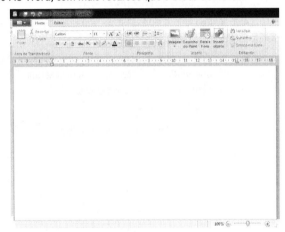

Facilidade de Acesso

Anteriormente conhecida como ferramentas de acessibilidade, são recursos que têm por finalidade auxiliar pessoas com dificuldades para utilizar os métodos tradicionais de interação com o computador.

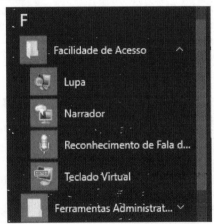

Lupa

Ao utilizar a lupa, pode-se ampliar a tela ao redor do ponteiro do mouse, como também é possível usar metade da tela do computador exibindo a imagem ampliada da área próxima ao ponteiro.

Narrador

O narrador é uma forma de leitor de tela que lê o texto das áreas selecionadas com o mouse.

Teclado Virtual

É preciso ter muito cuidado para não confundir o teclado virtual do Windows com o teclado virtual usado nas páginas de Internet Banking.

Outras ferramentas

O Windows 10 separou algumas ferramentas a mais que o Windows 8, tais como a calculadora e o calendário.

Calculadora

A calculadora do Windows 10 deixa de ser associada aos acessórios. Outra grande mudança é o fato de que sua janela pode ser redimensionada, bem como perde um modo de exibição, sendo eles:

> Padrão;
> Científica;
> Programador.

A calculadora do Windows 10 apresenta inúmeras opções de conversões de medidas, conforme ilustrado respectivamente ilustradas a seguir.

Painel de Controle

O Painel de Controle do Windows é o local onde se encontram as configurações do sistema operacional Windows.

Ele pode ser visualizado em dois modos: ícones ou categorias. As imagens a seguir representam, respectivamente, o modo ícones e o modo categorias.

No modo Categorias, as ferramentas são agrupadas de acordo com sua similaridade, como na categoria Sistema e Segurança, que envolve o Histórico de Arquivos e a opção Corrigir Problemas.

A opção para remover um programa possui uma categoria exclusiva chamada de Programas.

Na categoria Relógio, Idioma e Região, temos acesso às opções de configuração do idioma padrão do sistema. Por consequência, é possível também o acesso às unidades métricas e monetárias, como também alterar o layout do teclado ou botões do mouse.

Algumas das configurações também podem ser realizadas pela janela de configurações acessível pelo botão Iniciar.

Segurança e Manutenção

Dispositivos e Impressoras

SISTEMA WINDOWS 10

Firewall do Windows

Data e Hora

Contas de Usuário

Opções de Energia

Opções do Explorador de Arquivos

Programas e Recursos

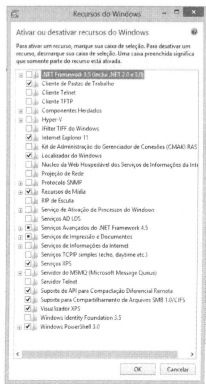

Programas Padrão

Sistema

Windows Defender

No Windows 10, o Windows Defender passou a ser também antivírus além de ser antispyware.

INFORMÁTICA BÁSICA

SISTEMA WINDOWS 10

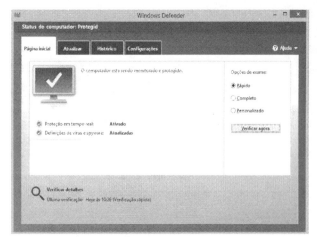

Estrutura de Diretórios

Uma estrutura de diretórios é como o Sistema Operacional organiza os arquivos, separando-os de acordo com sua finalidade.

O termo diretório é um sinônimo para pasta, que se diferencia apenas por ser utilizado, em geral, quando se cita alguma pasta Raiz de um dispositivo de armazenamento ou partição.

Quando citamos o termo Raiz, estamos fazendo uma alusão a uma estrutura que se parece com uma árvore que parte de uma raiz e cria vários ganhos, que são as pastas, e as folhas dessa árvore são os arquivos.

Dessa maneira, observamos que o **diretório Raiz do Windows** é o diretório **C:** ou **C:** enquanto que o **diretório Raiz do Linux** é o **/**.

Podemos ser questionados com relação à equivalência dos diretórios do Windows em relação ao Linux.

Principais Diretórios Windows

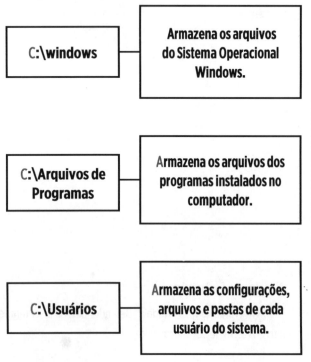

Ferramentas Administrativas

Limpeza de Disco

Apaga os arquivos temporários, por exemplo, arquivos da Lixeira, da pasta Temporários da Internet e, no caso do Windows, a partir da versão Vista, as miniaturas.

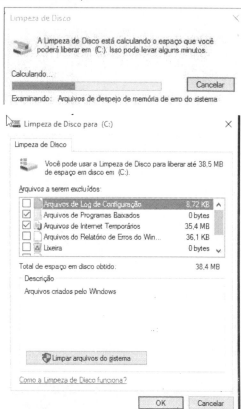

Lixeira

A capacidade da Lixeira do Windows é calculada. Assim, para HDs de até 40 GB, a capacidade é de 10%. Todavia, para discos rígidos maiores que 40 GB, o cálculo não é tão direto. Vamos a um exemplo: caso um HD possua o tamanho de 200 GB, então é necessário descontar 40 GB, pois até 40 GB a lixeira possui capacidade de 10%; assim, sobram 160 GB. A partir desse valor, deve-se calcular mais 5%, ou seja, 8 GB. Com isso, a capacidade total da lixeira do HD de 200 GB fica com 4 GB + 8 GB = 12 GB.

É importante, ainda, destacar que a capacidade da lixeira é calculada para cada unidade de armazenamento. Desse modo, se um HD físico de 500 GB estiver particionado, é necessário calcular separadamente a capacidade da lixeira para cada unidade.

A Lixeira é um local, e não uma pasta. Ela lista os arquivos que foram excluídos, porém nem todos arquivos excluídos vão para a Lixeira. Vejamos a lista de situações em que um arquivo não será movido para a lixeira:

> arquivos maiores do que a capacidade da Lixeira;
> arquivos que estão compartilhados na rede;
> arquivos de unidades removíveis;
> arquivos que foram removidos de forma permanente pelo usuário.

Desfragmentar e Otimizar Unidades

É responsabilidade do Desfragmentador organizar os dados dentro do HD de forma contínua/contígua para que o acesso às informações em disco seja realizado mais rapidamente.

Configuração do Sistema

A Configuração do Sistema é também acessível ao ser digitado o comando msconfig na janela Executar. Permite configurar quais serviços serão carregados com o Sistema. No entanto, para configurar quais programas serão carregados junto com o sistema operacional, deve-se proceder ao acesso pelo Gerenciador de Tarefas.

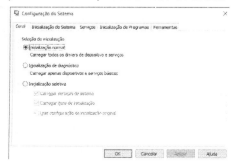

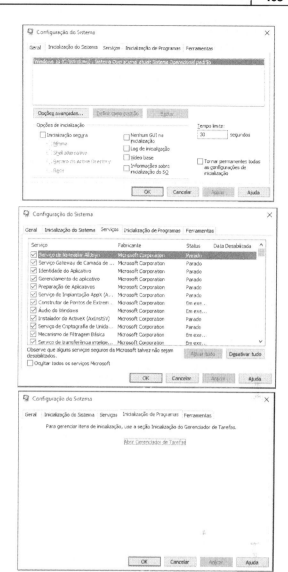

Monitor de Recursos

Permite monitorar os recursos do computador e qual o uso que está sendo realizado.

ScanDisk

O ScankDisk é o responsável por verificar o HD em busca de falhas de disco. Às vezes, ele consegue corrigi-las.

INFORMÁTICA BÁSICA

SISTEMA WINDOWS 10

Configurações

Uma novidade do Windows 10 é a opção Configurações, presente no Botão Iniciar, que apresenta uma estrutura similar ao Painel de Controle, inclusive realizando a separação por categorias de ferramentas, conforme ilustra a figura a seguir.

Opção Sistema

Nesta opção, são apresentadas as ferramentas de configuração de resolução de tela, definição de monitor principal (caso possua mais de um), modos de gestão de energia (mais utilizados em notebooks).

Também é possível encontrar a opção Mapas Offline, que permite o download de mapas para a pesquisa e o uso por GPS, principalmente usado em dispositivos móveis ou dotados de GPS.

Opção Dispositivos

A opção Dispositivos lista os dispositivos que foram instalados em algum momento no sistema, como as impressoras.

Opção Rede e Internet

Para configurar rapidamente o proxy de uma rede, ou ativar/desativar a wi-fi, a opção Rede e Internet oferece tais opções com facilidade, inclusive a opção para configurar uma VPN.

Opção Personalização

Para personalizar os temas de cores da Área de Trabalho do Windows e os papéis de parede, a opção de personalização pode ser acessada pelas Configurações. Também é possível clicar com o botão direito do mouse sobre uma área vazia da Área de Trabalho e selecionar a opção Personalizar.

Opção Contas

Opção Hora e Idioma

Opção Facilidade de Acesso

Além de contar com as ferramentas para acessibilidade, é possível configurar algumas características com Alto Contraste para melhorar o acesso ao uso do computador.

Opção Privacidade

Opção Atualização e Segurança

A opção Atualização e Segurança talvez seja uma das principais opções da janela de configurações, pois, como necessidade mínima para a segurança, o Sistema Operacional deve estar sempre atualizado, assim como precisa possuir um programa antivírus que também esteja atualizado.

Vale lembrar que a realização periódica de backups também é considerada como um procedimento de segurança.

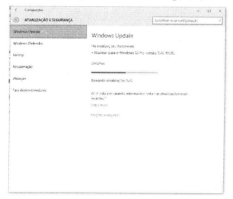

O Windows 10 realiza o backup dos arquivos usando a ferramenta Histórico de Arquivos (conforme ilustra a figura a seguir), embora ainda permita realizar backups como no Windows 7.

A opção Para desenvolvedores é uma novidade do Windows que assusta alguns usuários desavisados, pois, ao tentarem instalar algum aplicativo que não seja originário da Loja da Microsoft, não logram êxito. Esse impedimento ocorre por segurança. De qualquer forma, para poder instalar aplicativos "externos", basta selecionar a opção Sideload ou Modo Desenvolvedor.

Backup no Windows 10

Um backup consiste em uma cópia de segurança dos Arquivos, que deve ser feita periodicamente, preferencialmente em uma unidade de armazenamento separada do computador.

Apesar do nome cópia de segurança, um backup não impede que os dados sejam acessados por outros usuários. Ele é apenas uma salvaguarda dos dados para amenizar os danos de uma perda.

No Windows 8 e Windows 10, o backup é gerenciado pelo Histórico de Arquivos, ilustrado a seguir.

SISTEMA WINDOWS 10

Backup e Restauração (Windows 7)

Esta ferramenta existe para manter a compatibilidade com a versão anterior de backup do Windows.

Na sequência, são citados os tipos de backup e ferramentas de backup.

Backup da Imagem do Sistema

O Backup do Windows oferece a capacidade de criar uma imagem do sistema, que é uma imagem exata de uma unidade. Uma imagem do sistema inclui o Windows e as configurações do sistema, os programas e os arquivos. É possível usar uma imagem do sistema para restaurar o conteúdo do computador, se em algum momento o disco rígido ou o computador pararem de funcionar. Quando se restaura o computador a partir de uma imagem do sistema, trata-se de uma restauração completa; não é possível escolher itens individuais para a restauração, e todos os atuais programas, as configurações do sistema e os arquivos serão substituídos. Embora esse tipo de backup inclua arquivos pessoais, é recomendável fazer backup dos arquivos regularmente, usando o Backup do Windows, a fim de que seja possível restaurar arquivos e pastas individuais conforme a necessidade. Quando for configurado um backup de arquivos agendado, o usuário poderá escolher se deseja incluir uma imagem do sistema. Essa imagem do sistema inclui apenas as unidades necessárias à execução do Windows. É possível criar manualmente uma imagem do sistema, caso o usuário queira incluir unidades de dados adicionais.

Disco de Restauração

O disco de restauração armazena os dados mais importantes do sistema operacional Windows, em geral, o que é essencial para seu funcionamento. Esse disco pode ser utilizado quando o sistema vier a apresentar problemas, por vezes decorrentes de atualizações.

Tipos de Backup

Completo/Normal

Também chamado de Backup Total, é aquele em que todos os dados são salvos em uma única cópia de segurança. Ele é indicado para ser feito com menor frequência, pois é o mais demorado para ser processado, como também para ser recuperado. Contudo, localizar um arquivo fica mais fácil, pois se tem apenas uma cópia dos dados.

Diferencial

Este procedimento de backup grava os dados alterados desde o último backup completo. Assim, no próximo backup diferencial, somente serão salvos os dados modificados desde o último

backup completo. No entanto, esse backup é mais lento de ser processado do que o backup incremental, porém é mais rápido de ser restaurado do que o incremental, pois é necessário apenas restaurar o último backup completo e o último backup diferencial.

Incremental

Neste tipo de backup, são salvos apenas os dados que foram alterados após a última cópia de segurança realizada. Este procedimento é mais rápido de ser processado, porém leva mais tempo para ser restaurado, pois envolve restaurar todos os backups anteriores. Os arquivos gerados são menores do que os gerados pelo backup diferencial.

Backup Diário

Um backup diário copia todos os arquivos selecionados que foram modificados no dia de execução do backup diário. Os arquivos não são marcados como arquivos que passaram por backup (o atributo de arquivo não é desmarcado).

Backup de Cópia

Um backup de cópia copia todos os arquivos selecionados, mas não os marca como arquivos que passaram por backup (ou seja, o atributo de arquivo não é desmarcado). A cópia é útil caso o usuário queira fazer backup de arquivos entre os backups normal e incremental, pois ela não afeta essas outras operações de backup.

Explorador de Arquivos

Conhecido até o Windows 7 como Windows Explorer, o gerenciador de arquivos do Windows usa a chamada Interface Ribbon (por faixas) no Windows 8 e 10. Com isso, torna mais acessíveis algumas ferramentas como a opção para exibir as pastas e os arquivos ocultos.

A figura a seguir ilustra a janela Este Computador que apresenta os dispositivos e unidades de armazenamento locais como HDs e Drives de mídias ópticas, bem como as mídias removíveis.

Um detalhe interessante sobre o Windows 10 é que as bibliotecas, ilustradas na figura, não estão visíveis por padrão; o usuário precisa ativar sua exibição.

Na figura a seguir, é ilustrada a guia Exibir da janela Este Computador.

Ao selecionar arquivos ou pastas de determinados tipos, como imagens, algumas guias são exibidas como ilustra a série de figuras a seguir.

É possível notar que há opções específicas para facilitar o compartilhamento dos arquivos e pastas.

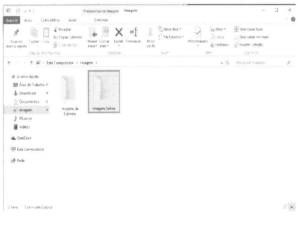

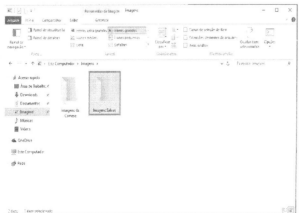

 Questões

01. (IESES) Assinale a alternativa que diz respeito à seguinte definição:
Este tipo de backup fornece um backup dos arquivos modificados desde que foi realizado um backup completo. Normalmente, salva somente os arquivos que são diferentes ou novos, desde o último backup completo, mas isso pode variar em diferentes programas de backup. Juntos, um backup completo e um backup desse tipo incluem todos os arquivos no computador, alterados e inalterados:
a) Backup incremental.
b) Backup de referência.
c) Backup normal.
d) Backup diferencial.

02. (ALFACON) O Windows 10 trouxe inúmeras novidades, bem como deixou de possuir outras. Assinale a alternativa que corresponda a recursos que não estão presentes no Windows 10:
a) Bibliotecas.
b) Botão Iniciar.
c) Calculadora.
d) Barra Charms.
e) Gerenciador de Arquivos.

03. (FMP/RS) O Sistema Operacional Windows possui um painel de controle que permite que se controlem dispositivos que ajudam na segurança do sistema, especialmente no acesso pela Internet. Entre esses dispositivos, estão o Firewall, atualizações automáticas e proteção contra vírus. Tal painel de controle é:
a) Ferramentas administrativas.
b) Opções de Internet.
c) Central de Ações.
d) Conexões de rede.
e) Opções de acessibilidade.

INFORMÁTICA BÁSICA

SISTEMA WINDOWS 10

04. (TJ/SC) O Windows Defender é:
   a) um software que verifica se a cópia do Windows instalada no computador é legítima.
   b) uma versão do Windows.
   c) um dispositivo de hardware que, instalado no computador, evita seu uso por pessoas não autorizadas.
   d) um software antispyware incluído no Windows.
   e) uma campanha de marketing da Microsoft incentivando os usuários a adquirirem cópias legítimas do Windows.

05. (FCC) Em uma repartição pública os funcionários necessitam conhecer as ferramentas disponíveis para realizar tarefas e ajustes em seus computadores pessoais.
   Dentre estes trabalhos, tarefas e ajustes estão:
   I. Utilizar ferramentas de colaboração on-line para melhoria do clima interno da repartição e disseminação do conhecimento.
   II. Aplicar os conceitos de organização e de gerenciamento de informações, arquivos, pastas e programas a fim de possibilitar a rápida e precisa obtenção das informações, quando necessário.
   III. Conhecer e realizar operações de inserção de elementos nos slides do PowerPoint, dentre outras.
   IV. Conhecer as formas utilizadas pelo Excel para realizar cálculos e também operações de arrastar valores de uma célula para a outra.
   V. Realizar pesquisas na Internet usando os sites de busca mais conhecidos.

   Para atender ao item II, uma recomendação prática e geralmente aceita, é organizar as pastas de arquivos por tipo. Isso significa que os arquivos comuns dentro de uma mesma pasta possuirão:
   a) a mesma extensão.
   b) a mesma data.
   c) o mesmo tamanho.
   d) o mesmo título.
   e) o mesmo autor.

06. (FAFIPA) Browser é um programa de computador que habilita seus usuários a interagirem com documentos virtuais da Internet. Assinale a alternativa que NÃO apresenta um browser:
   a) Windows Explorer.
   b) Mozilla Firefox.
   c) Safari.
   d) Flock.
   e) GoogleChrome.

07. (FAFIPA) Sobre atalhos no Windows Explorer, assinale a alternativa INCORRETA:
   a) A tecla F2 renomeia um arquivo selecionado.
   b) A tecla F5 atualiza exibição.
   c) A tecla Delete move um arquivo selecionado para a Lixeira.
   d) As teclas Ctrl+T selecionam todo conteúdo do diretório atual.
   e) As teclas Shift+Delete exclui permanentemente um arquivo selecionado.

08. (FAURGS) Assinale a alternativa correta a respeito da ferramenta de sistema identificada como Restauração do Sistema no Windows 10:
   a) Não é possível desfazer as alterações que a restauração do sistema faz no Registro do sistema.
   b) A operação padrão de restauração não atua sobre arquivos pessoais, não servindo para recuperar a última versão de um arquivo pessoal excluído.
   c) A operação de restauração sempre retorna à configuração da primeira instalação do Windows 7.
   d) Na instalação padrão do Windows 10, os pontos de restauração são criados apenas quando novos dispositivos, como impressoras e discos, são instalados no sistema.
   e) Os pontos de restauração são sempre criados automaticamente pelo sistema, não sendo possível criar um ponto de restauração manualmente.

 Gabaritos

01	D	05	A
02	D	06	A
03	C	07	D
04	D	08	B

3. BROFFICE WRITER – EDITOR DE TEXTO

3.1 Formatos de arquivos

Quando se fala nos editores do BrOffice (Libre Office), devemos conhecer seus formatos de arquivos padrões, ou seja, o formato com o qual será salvo um arquivo ao acionar a opção **Salvar Como**.

A suíte de aplicativos como um todo possui um formato genérico ODF (Open Document File – Formato de Documento Aberto). Assim, é possível no editor de texto, salvar neste formato, bem como no Calc e Impress.

No entanto, o formato específico do Writer é o ODT (Open Document Text). As provas costumam relacionar os formatos com as versões dos editores. Então, vale lembrar que o Word2003 não consegue trabalhar com esse formato de arquivo. Mas, pelo Writer, é possível salvar um documento de modo que ele possa ser aberto pelo Word 2003, ou seja, é possível salvar nos formatos DOC e DOCX. Em relação ao Word 2007 e 2010, por padrão, esses programas conseguem abrir e salvar arquivos no formato ODT.

3.2 Formatação de texto

A principal finalidade do Writer é editar textos. Portanto, suas principais ferramentas são para a formatação de documentos. Podemos encontrar essas opções de formatação por meio de quatro caminhos:

Barra de Ferramentas de Formatação

Menu Formatar

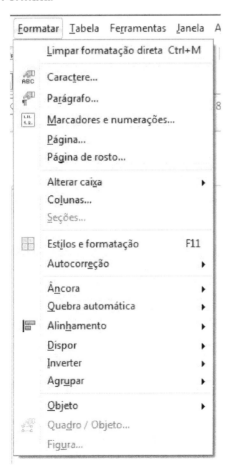

Atalhos

Botão Direito do Mouse

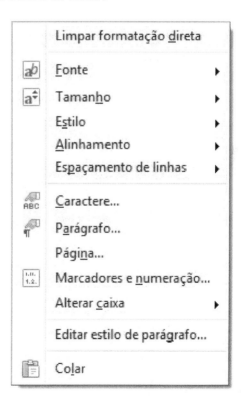

Menu Formatar

Caractere

Ao acionar esta opção, será aberta a janela ilustrada a seguir, por meio da qual podemos formatar as propriedades de fonte, como tipo/nome, estilo e tamanho e, pela aba Efeitos de Fonte, alterar a cor da fonte.

BROFFICE WRITER – EDITOR DE TEXTO

Parágrafo

As propriedades de Parágrafo englobam opções como recuos, espaçamento e alinhamentos, conforme ilustrado nas figuras na sequência:

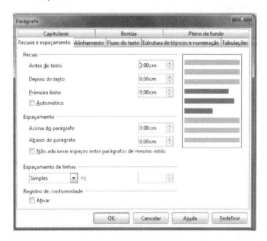

Marcadores e Numeração

Fique atento à identificação de uso deste recurso, pois, pelo menu Formatar, elas estão descritas em conjunto. Porém, na barra de Ferramentas padrão elas são apresentadas em dois botões separados.

Ao acionar a opção pelo menu Formatar, a janela aberta apresenta os Marcadores em uma guia e a numeração em outra, conforme ilustram as duas figuras da sequência:

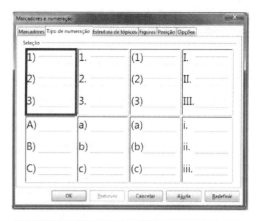

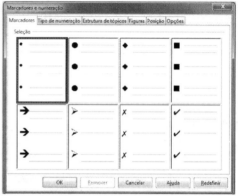

Página

Nesta opção, encontramos os recursos equivalentes aos encontrados na opção Configurar Página do Word, como dimensões das margens, dimensões de cabeçalho e rodapé, tamanho do papel e orientação da página. A imagem a seguir ilustra parte dessa janela:

Página de Rosto

Por meio deste recurso, é possível inserir páginas em uma seção separada, para que, de uma forma mais simples, sejam trabalhadas com cabeçalhos e rodapés diferentes em um mesmo documento, mais especificamente, no que tange à numeração de páginas.

Alterar Caixa ▶

Equivalente à opção Maiúsculas e Minúsculas do Word, essa opção permite alterar a forma do caractere de texto. É importante conhecer as cinco opções desse recurso, conforme ilustrado a seguir:

Estilos de Formatação (F11)

Por essa opção, podemos definir estilos de formatação para o texto selecionado, como título 1, título 2, título 3, entre outros, para que a edição do documento seja mais prática, além de favorecer a padronização.

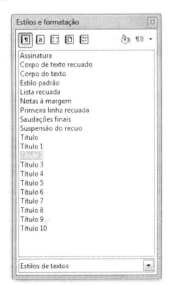

Ferramentas de Formatação

Caractere

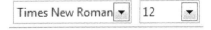

O campo descrito por Times New Roman define a grafia com que o texto será escrito, a exemplo: ARIAL, TIMES, Vivaldi. Este campo também é conhecido como Tipo/Nome da Fonte.

- Negrito (CTRL + B)
- Itálico (CTRL + I)
- Sublinhado (CTRL + U)
- Cor da fonte
- Realçar (exemplo do efeito)

Parágrafo

- Alinhamento à Esquerda (CTRL + L)
- Alinhamento Centralizado (CTRL + E)
- Alinhamento à Direita (CTRL + R)
- Alinhamento Justificado (CTRL + J)
- Ativar/Desativar Numeração (F12)
- Ativar/Desativar Marcadores (Shift + F12)
- Diminuir o Recuo
- Aumentar o Recuo

Tabulações

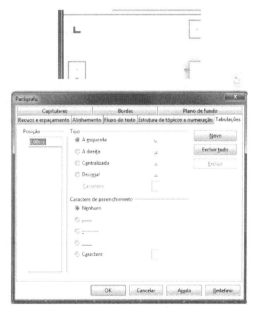

 Caracteres não imprimíveis (CTRL + F10)

Exibe as marcas de edição, que, como o próprio nome já informa, não aparecem na impressão. Essas marcações são úteis para um maior controle do documento em edição, como ilustrado a seguir. Os pontos à meia altura da linha representam um espaço

BROFFICE WRITER – EDITOR DE TEXTO

e o mesmo símbolo do botão indica o final de um parágrafo. Assim, no exemplo a seguir, existem dois parágrafos.

> Exemplo·de·exibição·de·caracteres·não·
> imprimíveis·no·Writer¶
> ¶

Cor do Plano de Fundo

Atenção para não confundir a cor do fundo do parágrafo com a ferramenta Realçar, pois a função Realçar aplica uma cor ao fundo do texto selecionado, enquanto que a opção do Plano de Fundo aplica ao parágrafo, mesmo que tenha sido selecionada apenas uma palavra.

Estilos e Formatação (F11)

Por meio deste botão ou pela tecla de atalho, é exibido o painel de estilos que oferece diversos estilos para a formatação do texto, por exemplo: Título 1, título 2, título 3, entre outros. A imagem a seguir ilustra o painel:

Além desse painel, também é possível escolher e aplicar um estilo por meio do Campo Estilos, ilustrado a seguir, presente na barra de ferramentas de formatação logo à esquerda do campo do tipo da fonte.

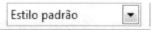

Os estilos de formatação são importantes estruturas na edição de um texto, principalmente se for necessário trabalhar com sumário, pois para utilizar o recurso de sumário, de forma que ele seja automático, é necessário utilizar os estilos de título.

Pincel de Estilo

A ferramenta de Pincel de Estilo serve para copiar apenas a formatação. Ela não copia textos, apenas as suas características, como cor da fonte, tamanho, tipo de fonte entre outras, com o intuito de aplicar em outro trecho de texto.

O funcionamento da ferramenta parte de uma seleção prévia do trecho de texto que possui a formatação desejada, clicar no botão pincel de estilo, na sequência selecionar o trecho de texto ao qual se deseja aplicar as mesmas formatações, como que pintando a formatação. Ao terminar a seleção o texto selecionado já estará formatado tal qual o selecionado inicialmente, e o mouse volta ao normal para a edição.

3.3 Ferramentas

Exportar Diretamente como PDF

O BrOffice como um todo possui este recurso que permite gerar um arquivo PDF a partir do documento em edição. A janela aberta por este botão é muito similar à janela de Salvar Como, em que se deve apontar o local onde o arquivo será salvo e com qual nome se deseja salvá-lo.

Imprimir Arquivo Diretamente

Este é um recurso diferente da impressão habitual pelo atalho CTRL+P. Essa ferramenta de impressão direta manda o arquivo diretamente para a impressora que estiver definida, pelo painel de controle, como padrão, usando as propriedades padrão de impressão.

Visualizar Página

Este é simplesmente o recurso de visualizar o que será impresso, útil para ter uma maior noção de como ficarão distribuídas as informações no papel.

Ortografia e Gramática (F7)

Essa ferramenta exibe uma janela, ilustrada a seguir, por meio da qual é possível corrigir as palavras "erradas" no texto. Erradas porque na verdade, são indicadas as palavras não conhecidas pelo dicionário do programa. Uma vez que ela esteja correta, é possível acrescentá-la ao dicionário.

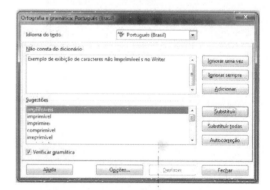

Autoverificação Ortográfica

A Autoverificação é uma ferramenta presente apenas no BrOffice, cuja finalidade é apenas habilitar ou desabilitar a exibição do sublinhado vermelho das palavras desconhecidas.

Navegador (F5)

O Navegador tem aparecido nas provas apenas a título de conhecimento de seu nome, associado ao símbolo e atalho. Essa ferramenta é um recurso para navegar no texto, a partir das suas estruturas, como títulos, tabelas, figuras e outros itens que podem ser visualizados na figura a seguir:

Exemplo de exibição de caracteres não imprimíveis no Writer.

Galeria

O recurso Galeria tem peso similar ao Navegador nas provas. Acionar essa ferramenta resulta na exibição do painel ilustrado a seguir, por meio do qual é possível inserir, em meio ao documento, estruturas de navegação Web, como botões, sons e outros itens.

▪ Tabela (CTRL + F12)

O botão Tabela pode ser usado de duas maneiras. Clicando no desenho da tabela, é aberta a janela ilustrada a seguir. Caso seja clicado na flecha, é exibido um reticulado, pelo qual é possível selecionar a quantidade de células que se deseja criar em uma tabela.

Formatar → Página
Aba Página

A aba Página é a principal da janela de formatação de página. A figura a seguir ilustra essa aba. Observe que as margens estão definidas por padrão em 2 cm, e que o tamanho do papel padrão é o A4. Também é possível determinar a orientação da página. Vale lembrar que, em um mesmo documento, é possível intercalar páginas com orientações diferentes. Para isso, devem ser utilizadas seções.

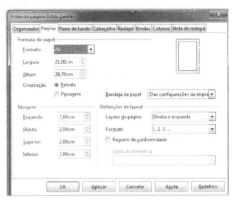

3.4 Barra de Menus

A seguir, é ilustrada a Barra de Menus e, por meio dela, temos acesso a quase todas as funcionalidades do programa. Observe que cada menu possui uma letra sublinhada. Por exemplo, o menu Arquivo possui a letra A sublinhada, essa letra sublinhada é a letra que pode ser utilizada após pressionar a tecla ALT, com o intuito de abrir o devido menu. Não é uma combinação necessariamente simultânea. Ela pode ser sequencial, ou seja, teclar ALT soltar e então pressionar a letra.

Menu Arquivo

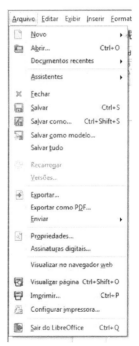

Novo ▶

Dentre as opções do menu Arquivo, damos destaque para a opção Novo. Ela aponta a característica do BrOffice de ser uma suíte de aplicativos integrada, pois, mesmo estando no Writer, é possível criar uma planilha do Calc. No entanto, ao escolher na opção Novo, uma planilha será criada no Calc. Porém, ao realizar o acesso por meio deste caminho, o Calc é carregado mais rapidamente do que se o BrOffice estivesse fechado.

Para criar um Novo Documento em Branco podemos também utilizar a opção do atalho CTRL + N.

Abrir (Ctrl + O)

Permite abrir um arquivo existente em uma unidade de armazenamento, navegando entre os arquivos e pastas.

Documentos Recentes ▶

Exibe a lista com os últimos documentos abertos, como também aqueles salvos, no Writer, com o intuito de fornecer um acesso mais rápido a eles.

Assistentes ▶

Conforme ilustrado a seguir, existem vários assistentes no BrOffice. Eles são nada mais do que procedimentos realizados em etapas, a fim de auxiliar na criação ou estruturação de informações.

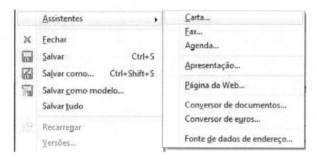

Fechar

A opção Fechar serve para fechar apenas o documento em edição, mantendo o programa aberto. Tem como teclas de atalho CTRL+W ou CTRL + F4.

Salvar

A opção Salvar apenas se preocupa em salvar as últimas alterações realizadas em um documento em edição. Seu atalho é CTRL + S no Writer. Mas essa opção possui uma situação de exceção, quando o arquivo em edição é novo, ou seja, que nunca tenha sido salvo. Essa opção salvar corresponde à opção Salvar Como.

Salvar Como

Esse recurso tem como princípio gerar um novo arquivo. Assim, se um arquivo for aberto e sejam realizadas várias alterações, sem salvar, e utilizar o comando Salvar Como, será aberta uma janela em que se solicita o local desejado e o nome do arquivo. Também é possível alterar o tipo de documento, após salvá-lo. O documento que fica em edição é o que acabou de ser salvo. O arquivo aberto inicialmente é apenas fechado, sem nenhuma alteração.

Salvar como Modelo

Podemos criar um documento-base para outros documentos, utilizando formatações específicas. Assim, essa opção é a utilizada para salvar este arquivo, de modo que possa ser utilizado para esse fim.

Salvar Tudo

Essa ferramenta aplica o comando salvar todos os documentos em edição no BrOffice, até mesmo os que estiverem em edição no Calc.

Recarregar

Ao acionar essa opção, a última versão salva do documento é restaurada. Com isso, as alterações não salvas serão perdidas.

Exportar

É possível pelo BrOffice exportar o documento de texto para outros formatos utilizados por outros programas como: XML, HTML, HTM ou mesmo o PDF.

Exportar como PDF

A opção Exportar como PDF é basicamente um caminho mais curto e explícito para gerar um arquivo PDF, a partir do documento em edição.

Assinaturas Digitais

Assim como o Microsoft Office no BrOffice, é possível assinar um documento digitalmente. Claro que, para utilizar a funcionalidade por completo, é necessário possuir um certificado digital. Contudo, mesmo não possuindo um, é possível utilizar esse recurso para assinar um documento. Porém, apenas será garantida a integridade do mesmo e apenas no próprio computador do usuário.

Visualizar no Navegador Web

Já que podemos criar páginas da Internet, é interessante que, no mínimo, possamos visualizar como ela ficaria no navegador. Diante disso, ao acionar essa ferramenta, será aberto o navegador de Internet (Browser) padrão exibindo como página o documento em edição.

Sair

Em comparação com a opção Fechar, a opção Sair fecha o programa inteiro, podendo utilizar, para isso, os atalhos ALT+F4 ou CTRL + Q.

Menu Editar

174

Do menu Editar anteriormente ilustrado, podemos destacar duas opções principais:

Colar Especial

Esse recurso permite colar um determinado dado de acordo com a necessidade de formatação, ou seja, é possível manter a formatação igual à do local de onde foi copiado ou não utilizar formatação.

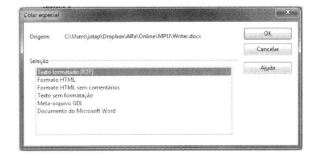

Selecionar Tudo

A opção Selecionar Tudo tem como observação a sua tecla de atalho CTRL + A, que é a mesma utilizada para selecionar todos os arquivos e pastas de um diretório por meio dos gerenciadores de arquivos.

Menu Exibir

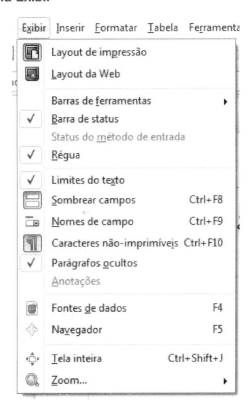

Do menu Exibir devemos conhecer os modos de exibição, bem como alguns itens importantes, listados a seguir. Mas, de modo geral, podemos pensar que as opções que normalmente encontramos nesse menu são coisas que não vemos e gostaríamos de ver, ou que estamos vendo, mas não desejamos mais ver.

Modos de Exibição

São dois os Modos de Exibição: Layout de Impressão (Padrão) e Layout da Web. Contudo, poderíamos até considerar, dependendo da situação, a opção Tela Inteira como um modo de exibição.

Barra de Ferramentas

A principal Barra de Ferramentas questionada nas provas é a barra de Desenho, que existe também no Writer e Calc, mas que é exibida por padrão apenas no Impress. A figura a seguir ilustra as barras disponíveis:

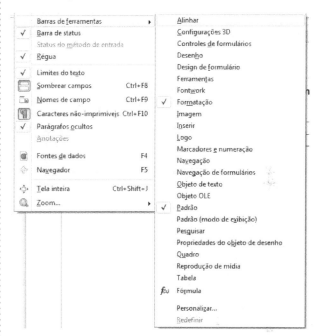

Barra de *Status*

Essa é a barra que aparece por padrão nos editores. Ela fica localizada no fim da janela, ou seja, é a última barra dentro do programa. Nela encontramos informações como número da página atual e total de páginas do documento, idioma em uso e a ferramenta de zoom à direita.

Régua

Para ocultar a régua, basta desabilitar essa opção.

Limites de Texto

Os Limites de Texto que são exibidos por padrão são, na verdade, as linhas que indicam as margens da página, ou seja, a área útil do documento.

Caracteres Não Imprimíveis (CTRL + F10)

Os caracteres não imprimíveis também podem ser ativados pelo menu Exibir, como pelas teclas de atalho.

Navegador (F5)

O Navegador, anteriormente citado, também é encontrado no menu Exibir.

BROFFICE WRITER – EDITOR DE TEXTO

Tela Inteira (CTRL + SHIFT + J)

Modo de exibição que oculta as barras e ferramentas, objetivando a leitura do documento.

Zoom

Também podemos alterar o zoom utilizando o scroll do mouse, combinado com a tecla CTRL.

Menu Inserir

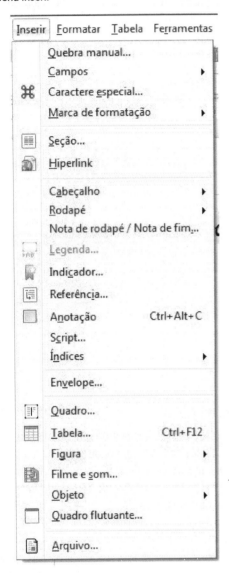

Quebra Manual

Este recurso permite utilizar estruturas que sejam auto-organizadas, como as quebras de página. Existem três quebras de texto possíveis, além das quebras de seção.

Quebra de Linha (SHIFT + ENTER)

Faz com que o conteúdo, após a quebra, seja iniciado na próxima linha.

Quebra de Coluna (CTRL + SHIFT + ENTER)

Faz com que o conteúdo, após a quebra, seja iniciado na próxima coluna.

Quebra de Página (CTRL + ENTER)

Faz com que o conteúdo, após a quebra, seja iniciado na próxima página.

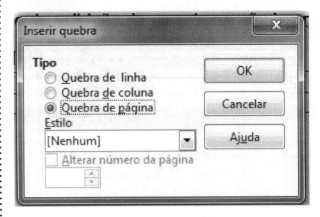

Campos ▶

Os Campos são estruturas de dados que utilizam propriedades do arquivo como nome do autor, título, dentre outras como Data e Hora do sistema.

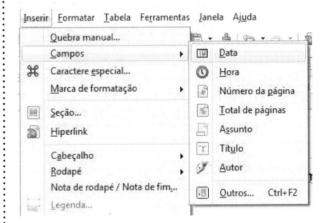

Caractere Especial

A opção Caractere Especial pode ser utilizada para inserir símbolos como este ▶ entre inúmeros outros possíveis.

Seção

Uma Seção é o recurso-base para poder, em um mesmo documento, trabalhar com páginas com cabeçalhos e rodapés distintos, ou mesmo configurações de páginas distintas, como intercalar páginas em retrato e paisagem.

Cabeçalho ▶

Rodapé ▶

As estruturas de cabeçalhos e rodapés têm por princípio poupar trabalho durante a edição, de modo que o que for inserido nestas estruturas se repete nas demais páginas, não necessariamente do documento como um todo, mas em todas as páginas da mesma Seção.

Hiperlink

Um link nada mais é do que um caminho, um atalho para algum lugar. Esse lugar pode ser uma página na Internet, ou computador, como um arquivo que esteja na Internet ou mesmo no computador local. Também é possível fazer com que um link aponte para algum ponto do mesmo documento, criando uma espécie de navegação. Contudo, para realizar esse procedimento, deve-se antes inserir Indicadores. A imagem a seguir ilustra a janela de inserir Hiperlink:

Nota de Rodapé/Nota de Fim

Notas de Rodapé e Notas de Fim são observações que, por vezes, utilizamos para explicar algo que fugiria ao contexto de uma frase[1]. A identificação ao lado da palavra/frase serve para que, no rodapé da mesma página ou ao final do documento, o leitor busque a devida explicação para a observação.

Legenda

Uma Legenda é um recurso que poderia ser utilizado neste documento para identificar as figuras e referenciá-las em meio ao texto, mas como a estrutura de apresentação do conteúdo é linear e procura ser direta, não utilizamos esse recurso.

Indicador

Um Indicador é um ponto de referência para ser apontado por um hiperlink.

Referência

Uma Referência é uma citação pela qual utilizamos a ideia de informar algo do tipo, "conforme Figura 1". Em vez de escrever a palavra figura 1, estaria utilizando uma referência a ela, para que caso seja inserida uma nova figura antes da 1 no documento, os locais em que havia sido citado como figura 1 sejam refatorados para 2.

Anotação

É o recurso de comentário que pode ser inserido em um documento como uma anotação do que deve ser feito.

Índices ▶

Os Índices são os sumários e listas automáticas que podem ser inseridas em um documento, desde que se tenha utilizado os estilos de título e o recurso de legenda.

Quadro

Um quadro, basicamente, é uma caixa de texto para que seja inserido em seu interior uma estrutura qualquer.

---
1 Por exemplo, aqui falaria sobre o que é uma frase.

Tabela

É mais um caminho possível para inserir uma tabela dentro do editor, dentre as quatro formas possíveis, como o atalho CTRL + F12.

Figura ▶

O recurso Figura permite inserir imagens de diferentes formatos (PNG, GIF, JPG) em um documento.

Filme e Som

É possível inserir uma música ou um vídeo em meio a um documento de texto.

Objeto ▶

Destaque para a opção Objeto OLE (*Object Linked Embeded*) pela qual podemos inserir uma Planilha do Calc dentro de um documento de texto e ainda utilizá-la com suas características de planilha.

Menu Tabela

O menu Tabela apresenta as opções próprias de trabalho com uma tabela, como inicialmente inserir uma tabela no documento em edição. Várias opções aparecem desabilitadas, isso ocorre porque uma tabela não foi selecionada.

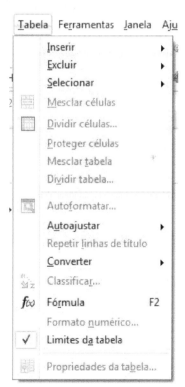

Outro caminho para se inserir uma tabela, além do menu Inserir e do atalho, dá-se por meio do menu Tabela opção Inserir e somente depois a opção Tabela.

Mesclar Células

Essa ferramenta só fica habilitada quando duas ou mais células de uma tabela estão selecionadas. Ao acioná-las, as células se tornam uma, ou seja, são mescladas.

Dividir Células

Atente-se para esse recurso, pois somente em uma tabela é possível dividir células, ou seja, esse recurso não existe para planilhas.

Proteger Células

É um recurso que pode ser utilizado para bloquear as alterações em uma determinada célula e em uma tabela.

Dividir Tabela

Assim como é possível dividir uma célula, também podemos dividir uma tabela em duas ou mais, mas apenas tabelas.

Repetir Linhas de Título

Quando se trabalha com tabelas muito extensas, que se distribuem em várias páginas, é difícil manter a relação do que se tem em cada coluna e linha. Para não ter que copiar manualmente os títulos, podemos utilizar o recurso repetir linhas de título.

Converter ▶

É possível converter tanto um texto em tabela como uma tabela em texto, utilizando, para isso, alguns critérios como espaços entre palavras ou tabulações, entre outros.

Menu Ferramentas

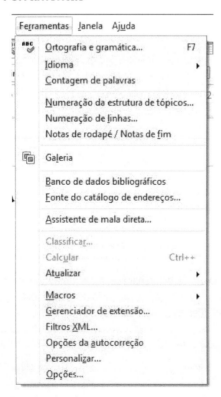

Ortografia e Gramática (F7)

Abre uma janela para verificar o documento em busca de palavras desconhecidas ao dicionário do programa.

Idioma ▶

No BrOffice Writer, podemos definir o idioma que está sendo trabalhado no texto selecionado, como no parágrafo e até para o documento de modo geral.

Contagem de Palavras

O Writer também possui recurso de contabilização de total de palavras que compõem o texto.

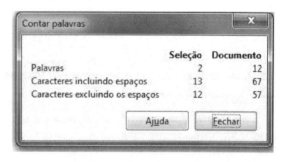

Numeração de Linhas

Este recurso é bastante utilizado nas provas de Língua Portuguesa, em que ao lado das linhas, nos textos apresentados, aparece uma numeração, que não necessita ser exibida em todas as linhas. Atenção às questões que o comparam com o recurso Numeração, usado para numerar parágrafos.

Uma forma de identificar a diferença é pela presença dos indicadores de fim de parágrafo, visíveis quando a ferramenta "caracteres não imprimíveis" está ativa.

Notas de Rodapé/Notas de Fim

Já vimos esse nome no menu Inserir. No entanto, são ferramentas distintas, mas relacionadas, pois esse recurso do menu Ferramentas abre a janela de configuração das notas, conforme ilustrado a seguir:

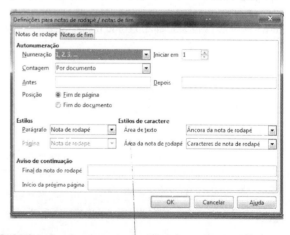

Galeria

A ferramenta que exibe a galeria também é encontrada no menu Ferramentas, além da barra de ferramentas padrão.

Assistente de Mala Direta

Uma ferramenta interessante para quem quer começar a entender o recurso de mala direta. Por meio dela, é possível criar uma mala direta passo a passo.

Macros ▶

De uma forma geral, as Macros são regras criadas para automatizar tarefas repetitivas. Por meio dessa ferramenta é possível executar as macros existentes.

Opções de Autocorreção

O recurso de Autocorreção é o responsável por corrigir palavras logo após a sua inserção, como colocar acento na palavra, caso digitada sem.

Opções

Esse recurso concentra as opções do programa como dados do usuário e recursos.

Questões

01. (FCC) Dentre três opções do BrOffice.org Writer 2.4, uma tabela pode ser inserida em um documento por meio da opção:
a) Tabela do menu Inserir ou Inserir do menu Tabela, apenas.
b) Inserir do menu Tabela, Tabela do menu Inserir ou Colunas do menu Formatar.
c) Inserir do menu Tabela, apenas.
d) Inserir do menu Tabela ou Colunas do menu Formatar, apenas.
e) Tabela do menu Inserir ou Colunas do menu Formatar, apenas.

02. (FCC) A barra de fórmulas permite criar e inserir cálculos em um documento de texto do BrOffice.org Writer 3.0. A barra Fórmula pode ser ativada:
a) selecionando-a apenas pelo menu Exibir.
b) selecionando-a apenas pelo menu Inserir.
c) pressionando-se a tecla F2.
d) pressionando-se a tecla F3.
e) pressionando-se a tecla F5.

03. (UEG) No LibreOffice Writer, versão 3.6.3.2, configuração padrão em português, o usuário pode adicionar com rapidez marcadores ou números às linhas de texto existentes, ou o editor pode, automaticamente, criar listas à medida que o usuário digita. Sobre esse recurso, nota-se o seguinte:
a) Em listas com vários níveis de indentação, deve-se respeitar o padrão adotado para o maior nível, ou seja, os subitens de um item numerado também deverão ser do tipo numérico.
b) Para ativar ou desativar o recurso de marcadores, o usuário pode fazer uso do ícone disponível na barra de ferramentas ou mesmo utilizar a tecla de atalho F11.
c) Para se criar mais de uma lista enumerada em um mesmo documento e reiniciar a numeração automaticamente, é necessário inserir uma quebra de seção.
d) Para ativar ou desativar o recurso de numeração automática, o usuário pode fazer uso do ícone disponível na barra de ferramentas ou mesmo utilizar a tecla de atalho F12.

04. (PC-RJ) Um usuário do processador de textos BROffice.org 2.3.1 Writer digitou um trabalho no software e, ao final, realizou os ajustes de rotina e salvou-o na pasta Meus Documentos, existente no disco rígido C: do microcomputador. Para isso, ele dispõe de duas alternativas: Salvar e Salvar Como..., atividades executadas por meio do uso de dois atalhos de teclado.
Esses atalhos são, respectivamente:
a) Ctrl + B e Ctrl + Shift + B.
b) Ctrl + S e Ctrl + Alt + S.
c) Ctrl + S e Ctrl + Shift + B.
d) Ctrl + B e Ctrl + Alt + B.
e) Ctrl + S e Ctrl + Shift + S.

05. (FCC) No BrOffice.org Writer, versão 3.2, o botão que mostra ou oculta os caracteres não imprimíveis no texto é exibido normalmente na barra de ferramentas:
a) padrão.
b) de formatação.
c) de objeto de texto.
d) de controles de formulários.
e) de marcadores e numeração.

06. (CEPERJ) O Writer do pacote BROffice.org 3 oferece o recurso Formatar – Página que, ao ser acionado, abre uma janela. Nessa janela é possível definir o formato do papel na página, dimensões de altura e largura, além da orientação. Se largura = 21,00 cm e altura = 29,70 cm, pode-se concluir que o formato e a orientação do papel são, respectivamente:
a) A1 e vertical.
b) A4 e vertical.
c) A0 e retrato.
d) A4 e retrato.
e) A1 e retrato.

07. (ALFACON) Julgue o próximo item, referente aos aplicativos Microsoft Office e BrOffice.org.
No Br Office Writer, a ferramenta "assistentes" pode ser encontrada no menu:
a) Arquivo.
b) Editar.
c) Exibir.
d) Inserir.
e) Ferramentas.

Gabaritos

01	A	06	D
02	C	07	A
03	D		
04	E		
05	A		

4. BROFFICE CALC – EDITOR DE PLANILHAS

O BrOffice Calc é um editor de planilhas eletrônicas pelo qual pode-se estruturar um controle de livro-caixa ou estoque, dentre inúmeras outras estruturas para atender a necessidades básicas de um escritório, por exemplo, que deseja controlar suas atividades. A figura a seguir ilustra a janela principal desse programa.

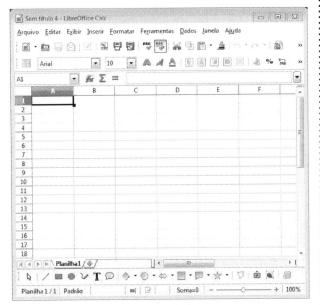

Para utilizar adequadamente esse programa, devemos entender as suas estruturas, com as quais iremos operar, como o formato de arquivo gerado.

Por padrão, um arquivo salvo no Calc é salvo no formato ODS (*Open Document Spreadsheet*), no entanto é possível por meio deste editor também salvar nos formatos padrões do Microsoft Office Excel, XLS (2003) e XLSX (2007 e 2010).

Vale lembrar que o formato ODF é o formato genérico do BrOffice, conhecido como *Open Document Format*, ou seja, Formato de Documento Aberto. Fique atento, pois o PDF (Formato de Documento Portátil) também e possível de ser gerado pelo Calc, porém por meio da opção Exportar como PDF.

4.1 Planilha

Uma planilha nada mais é do que um reticulado de linhas e colunas, as quais são preenchidas com dados e fórmulas com o intuito de se obter algum resultado ou estruturar alguma informação.

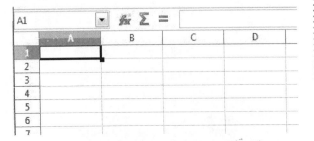

Por padrão, as linhas são identificadas por números enquanto que as colunas são identificadas por letras, conforme ilustrado na figura acima. Vale lembrar que, uma vez que existe um padrão, que existe também outra forma de se trabalhar, neste caso, é possível utilizar números para as colunas, mas é necessário alterar as opções do programa.

Uma planilha já possui um total de 1.048.576 linhas por 1024 colunas, contudo, como o alfabeto vai apenas até a letra Z, a próxima coluna é dada pela combinação AA, seguida por AB até chegar a AZ, seguida por BA, BB e assim por diante até completar as 1024 colunas, sendo a última representada pela combinação AMJ.

O mais importante a ser observado sobre essa característica é que esses valores são fixos, ou seja, uma planilha sempre terá essa estrutura, mas quando usado o recurso inserir Linhas ou Colunas, ocorre um deslocamento de conteúdo para baixo, no caso de linhas, e para a direita, no caso de colunas.

4.2 Célula

Uma célula é a menor unidade estrutural de um editor de planilhas, elas são dadas pelo encontro de uma coluna com uma linha. Assim são identificadas pelos títulos das colunas e das linhas que são exibidas.

A célula A1 é a primeira célula de uma planilha, ou seja, é a célula que se encontra na coluna A e na linha 1.

Células de absorção

Dentre as características das células podemos citar as de Absorção, também conhecidas como células de resultado. Basicamente são aquelas que apresentam o resultado de algum cálculo.

Os indicadores de Células de Absorção são símbolos usados para identificar para o programa quais células devem ser calculadas. No Calc, são três os indicadores de células de absorção:

=	=5+5	10
+	+5+5	10
-	-5+5	0

Modos de endereçamento

Os modos de endereçamento são formas de identificar o endereço de uma célula, contudo para fins de identificação os três modos de endereçamento não possuem diferença, sua aplicação é apenas para os procedimentos de copiar e colar uma célula cujo conteúdo é uma fórmula, por vezes citado pelo clicar e arrastar.

Relativo: no modo de endereçamento relativo apenas precisamos indicar a coluna e a linha de uma célula. Como o exemplo: B2, ou seja, a célula que se encontra na junção da linha 2 com a coluna B.

Misto: no modo de endereçamento misto é utilizado o símbolo $ (cifrão) para indicar que o dado que estiver imediatamente à sua direita será sempre o mesmo, ou seja, não poderá ser alterado.

Existem duas formas de endereçamento misto, em uma bloqueamos a coluna, enquanto que na outra a linha é que é bloqueada.

Quando desejamos travar a coluna, escrevemos o endereço da célula, =$B2, assim a linha pode ser alterada quando houver deslocamento, porém a coluna será sempre a coluna B.

Por outro lado, quando desejamos fixar uma linha, devemos escrever o $ antes da linha, exemplo, =B$2, dessa forma, a coluna pode ser alterada quando houver deslocamento em relação à coluna, contudo a linha será sempre a linha 2.

Absoluto: no endereçamento absoluto tanto a coluna quanto a linha são fixadas, assim podemos dizer que a célula será sempre a mesma.

Endereço da planilha

<nome da Planilha>.<endereço da célula>

=Planilha1.B4+Planilha2.B4

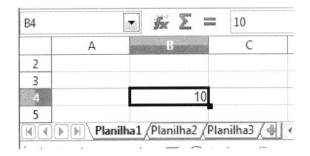

4.3 Operadores

No BrOffice Calc existem quatro tipos de operadores básicos: aritméticos, texto, referência e comparação, cada qual com suas peculiaridades.

Operadores aritméticos

Sobre Operadores Aritméticos, assim como sobre Células de Absorção, a maioria das perguntas é direta, mas as questões são colocadas na matemática destes operadores, ou seja, as regras de prioridade de operadores devem ser observadas para que não seja realizado um cálculo errado.

Operador	Símbolo	Exemplo de uso	Resultado
Adição	+	=5+5	10
Subtração	-	=5-5	0
Multiplicação	*	=5*5	25
Divisão	/	=5/5	1
Potenciação	^	=5^2	25
Percentagem	%	=200*10%	20

Operador de texto

Os editores também contam com um operador que permite atuar com texto. O operador de concatenação **&** tem a função de reunir o conteúdo das células na célula resultado. Atenção, nesse caso a ordem dos operadores altera o resultado.

A figura a seguir ilustra as células com operações de concatenação.

	A	B	C	D
1		3		4 =B1&A1	=C1+8
2	ab	cd		=A2&B2
3	=A1&A2&A4	=CONCATENAR(A1;A2;A4)		
4	=A2&A1			
5				

A figura a seguir mostra os resultados obtidos pelas fórmulas inseridas, atente aos resultados e perceba que a ordem dos fatores muda o resultado. Também observe que, por ter sido utilizado um operador de texto, o resultado por padrão fica alinhado à esquerda.

	A	B	C	D
1		3		443	51
2	ab	cd	abcd	
3	3abab3	3abab3		
4	ab3			
5				

Referência

Os operadores de referência são aqueles utilizados para definir o intervalo de dados que uma função deve utilizar.

;	E	União
:	Até	Intervalo
!		Interseção

Considere o seguinte conjunto de dados em uma planilha em edição no Calc:

	A
1	10
2	20
3	30
4	40
5	50
6	
7	
8	

=SOMA(A1:A4)

BROFFICE CALC – EDITOR DE PLANILHAS

A função é lida como Soma de A1 até A4, ou seja, todas as células que estão no intervalo de A1 até A4 inclusive. No caso de exemplo o resultado = 100.

De forma equivalente pode-se escrever a função como se segue:

=SOMA(A1 ; A2 ; A3 ; A4)

A qual se lê Soma de A1 e A2 e A3 e A4, assim é possível especificar células aleatórias de uma planilha para realizar um cálculo.

=SOMA(A1 ; A4)

Neste caso fique atento pois, a leitura é Soma de A4 e A1, ou seja, apenas estão sendo somadas as células A1 com A4 as demais não entram no conjunto especificado. Assim, o resultado seria 50.

=SOMA(A1 : A4 ! A3 : A5)

Já nesta última situação apresentada, deseja-se somar apenas as células que são comuns ao intervalo de A1 até A4 com A3 até A5, que no caso são as células A3 e A4, assim a soma destas células resulta em 70.

4.4 Elemento fixador

O $ (cifrão) é um símbolo usado para travar alguma informação, via de regra o que estiver vinculado à direita.

As questões normalmente descrevem uma planilha e citam que uma determinada fórmula foi inserida em uma célula. Na sequência, a célula é selecionada, copiada e colada em outra célula, ou mesmo clicado pela alça de preenchimento e arrastado para outra célula.

No caso a seguir, foi inserida na célula C1 a fórmula =A1+$A2+A$2, após foi arrastada pela alça de preenchimento desta célula para a célula C2, assim a fórmula presente em C2 será:

1º de C1 para C2 foi acrescido apenas uma linha, sem alterar a coluna, assim as letras não são alteradas, mas existem modos de endereçamento misto, em que aparece $2 significa que a linha será sempre a linha 2, não podendo modificá-la.

	A	B	C	D
1	10	100	=A1+$A2+A$2	
2	50	200	=A2+$A3+A$2	
3	=$A$1+A1			
4		=$A$1+B2		
5			=B5+$A6+B$2	
6				

	A	B	C	D
1	10	100	110	
2	50	200	120	
3	20			
4		210		
5				200
6				

C1	→	C2
Origem		Destino

	Destino	Origem	Deslocamento
Linha	2	-	1	1
Coluna	C 3ª	-	C 3ª	0

C1	→	D5
Origem		Destino

	Destino	Origem	Deslocamento
Linha	5	-	1	4
Coluna	D 4ª	-	C 3ª	1

A3	→	B4
Origem		Destino

	Destino	Origem	Deslocamento
Linha	4	-	3	1
Coluna	B 2ª	-	A 1ª	1

	→	
Origem		Destino

	Destino	Origem	Deslocamento
Linha		-		
Coluna				

4.5 Alça de Preenchimento

A Alça de Preenchimento é um dos recursos que mais possui possibilidades de uso e por consequência respostas diferentes.

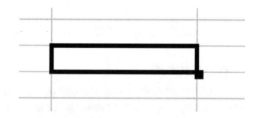

Observe que, quando uma ou mais células estão selecionadas, sempre no canto direito inferior é ilustrado um quadrado um pouco mais destacado, essa é a alça de preenchimento.

Ela possui esse nome porque é utilizada para facilitar o preenchimento de dados que obedeçam a uma regra ou padrão.

Quando uma única célula está selecionada e o seu conteúdo é um valor numérico. Ao clicar sobre a alça de preenchimento e arrastar seja na horizontal ou vertical, em qualquer sentido, exceto diagonal, será preenchido com uma Progressão Aritmética (PA) de razão 1, caso seja arrastado para esquerda ou para cima a razão é -1. A figura a seguir ilustra o comportamento.

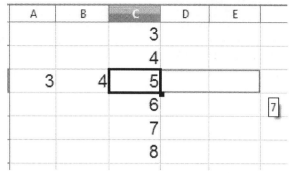

4.6 Funções

As funções são estruturas prontas criadas para que o usuário não se preocupe em como elas funcionam, mas apenas com que informações devem descrever para obter o resultado. Contudo, para as provas de concurso precisamos saber como elas funcionam.

A figura acima ilustra a barra de fórmulas e funções do Calc, por meio dela podemos inserir as funções, além de poder digitá-las diretamente. Essa barra também tem importante informação, pois é nela que é exibido o real conteúdo de uma célula, ou seja, se o que foi inserido foi uma fórmula ou um dado (valor) direto.

Caso ainda não conheça muito bem as funções é possível contar com o assistente de funções, que pode ser acessado pelo ícone *fx* presente nessa mesma barra. À direita dele encontra-se o botão SOMA, que pode ser usado para inserir a função =SOMA( ) já o sinal de igual presente na sequência é o mesmo que digitar o símbolo na célula selecionada a fim de inserir uma fórmula ou função, tanto que seu nome é Função.

Já na situação em que existem duas células adjacentes selecionadas contendo valores numéricos diferentes entre si, ao se arrastar pela alça de preenchimento as células serão preenchidas com uma PA cuja razão é a diferença entre os dois valores selecionados. A figura a seguir ilustra esse comportamento. Podemos observar que o valor que irá ser exibido na célula B6 será o número 30, com isso a célula B4 receberá o valor 20, enquanto que a B5 receberá 25, conforme vemos na figura da direita.

Principais funções

=SOMA( )

=MÉDIA( )

=MED( )

=MÁXIMO( )

=MAIOR(;)

=MÍNIMO( )

=MENOR(;)

=MODO( )

	A	B	C	D
1	3	7	10	
2	7	3	20	
3		7	30	
4	3	3	40	
5	7	5	10	
6				
7				

Quando o conteúdo de uma única célula selecionada for um texto esse, será copiado para as demais células. Mas se o conteúdo, mesmo sendo um texto, fizer parte de uma série conhecida pelo programa às células serão preenchidas com o próximo valor da série. Por exemplo, se **Janeiro** for o conteúdo inserido na célula, então, ao arrastar pela alça de preenchimento para a direita ou para baixo a célula adjacente será preenchida com **Fevereiro**, por outro lado se for arrastado para cima ou para a esquerda a célula adjacente será preenchida com **Dezembro**. O mesmo vale para as sequências Jan, Seg e Segunda-feira. Atenção: A, B, C não são conhecidos como série nos programas, mas o usuário pode criá-las.

Já na situação em que haja duas células que contenham textos diferentes selecionadas, ao arrastar será preenchido com o padrão encontrado, veja o exemplo abaixo.

Quando o conteúdo da célula for uma fórmula ao arrastar pela alça de preenchimento o resultado é o mesmo, ou seja, deverá ser calculada a nova fórmula de acordo com o deslocamento.

=MÉDIA(A1:A5)

Calcula-se a Média de A1 até A5. O cálculo da média é a soma de um conjunto de valores dividido pelo total de valores **somados**, assim para o caso apresentado na figura acima o resultado da média de A1 até A5 é 20/4 totalizando 5, ou seja, as células vazias são ignoradas. Caso a célula A3 possua o valor 0, o resultado seria 4, pois 0 (zero) é número.

=MÉDIA(A1;A2;A3;A4;A5)

Nesta segunda forma, apenas se mudou os operadores de referência, mas o resultado será o mesmo, pois o conjunto de dados é o mesmo.

=MÉDIA(B1:B5)

O conjunto apresentado também resulta em 5.

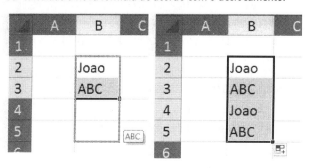

INFORMÁTICA BÁSICA

BROFFICE CALC – EDITOR DE PLANILHAS

=SOMA(B1:B5)/5

Muito comum de ser usado nas provas as estruturas de funções combinadas com expressões aritméticas como somar o conjunto de B1 até B5 e na sequência dividir o resultado por 5. Atente-se, pois para o caso em questão a expressão acima calcula a média, porém não se pode dizer o mesmo para a frase, **a função =SOMA(B1:B5)/5 calcula a média dos valores de B1 até B5 qualquer que seja o valor nas células**, pois se alguma célula estiver vazia não será dividido por 5 o total somado, a fim de calcular a média.

=B1+B2+B3+B4+B5/5

Cuidado com a expressão acima, porque ela não calcula a média, mas é bastante usada nas provas para induzir o candidato ao erro, lembre-se que os cálculos devem ser realizados respeitando as precedências de operadores. Assim, a expressão para calcular a média seria **=(B1+B2+B3+B4+B5)/5** usando os parênteses para mudar a precedência indicando que o que está entre eles é que deve ser calculado por primeiro.

=MED(B1:B5)

Atenção a essa função, pois as provas induzem o candidato a pensar que se trata da função que calcula a média, contudo o que ela calcula é a **Mediana**, que é o elemento central de um conjunto de elementos. Porém, outra questão recorrente pode ser apresentada: ocorre quando o conjunto de dados é similar ao apresentado, ou seja, com números repetidos e fora de ordem, devemos lembrar que a mediada leva em consideração os valores em ordem e que estes se repetem. Desse modo, na mediana de B1 até B5 devemos observar os valores (3, 3, 5, 7, 7), com base nesse conjunto tem-se que a mediana é 5, pois é o elemento central.

=MED(A1:A5)

Contudo, quando o conjunto possui uma quantidade par de elementos, a mediana é a média dos elementos centrais. Dado do conjunto (3, 3, 7, 7) a mediana é a média de 3 e 7, ou seja, 5.

=MÁXIMO(B1:B5)

Essa função retorna o valor mais alto do conjunto de dados especificado.

=MAIOR(B1:B5;3)

Em comparação com a função Máximo, é comum aparecer a função Maior que permite identificar o enésimo termo de um conjunto.

No exemplo anterior podemos ler como o terceiro maior número do intervalo de B1 a B5.

Neste caso, como se deseja o maior valor o conjunto, deve ser considerado em ordem decrescente (7, 7, 5, 3, 3), assim o terceiro maior número é 5.

=MÍNIMO(B1:B5)

Enquanto que o máximo traz como resposta o valor mais alto, o mínimo retorna o mais baixo.

Para o exemplo acima a resposta é 3.

=MENOR(B1:B5;1)

A função Menor exibe o enésimo menor número de um conjunto, desta forma, no exemplo dado, pede-se o primeiro menor número do intervalo de B1 a B5 (3, 3, 5, 7, 7), na função menor o conjunto de dados deve ser considerado em ordem crescente, assim o primeiro menor é 3, o mesmo que o mínimo de B1 até B5.

=MODO(A1:A5)

Esta função retorna o valor que aparece com maior frequência no conjunto especificado. No caso do exemplo, a resposta é 3.

=MODO(B1:B5)

Observe que o resultado será sempre o valor mais baixo que mais se repete, mesmo que outro valor apareça com a mesma frequência, como no segundo exemplo a resposta também é 3.

Outras Funções Comuns

	A	B	C	D	E
1	3	7	10	A	
2	7	3	20	B	
3		7	30	A	
4	3	3	40	A	
5	7	5	10	B	
6					

=SE(; ;)

A função SE é também conhecida como condicional, por meio dela é possível definir ações a serem executadas diante de determinadas situações (condições).

Sua sintaxe é composta por três campos sendo que no primeiro é colocado um teste lógico, após o ponto e vírgula temos o campo que contém a ação a ser executada, caso o teste lógico seja verdadeiro e na sequência. No último campo, contém a ação caso o teste lógico seja falso.

=CONT.NÚM( )

Esta função exibe o total de células de um intervalo que possui como conteúdo um valor numérico.

=CONT.SE(;)

Enquanto que a função CONT.SE retorna a quantidade de células que atendem ao critério estabelecido no segundo campo.

=SOMASE(; ;)

Já a função SOMASE, permite somar apenas o conteúdo das células de interesse ao montante.

Assim se aplicada a função **=SOMASE(D1:D5;"=A";C1:C5)** a resposta será o montante da soma das células da coluna C que estiverem na mesma linha das células da coluna D que possuírem a letra A como conteúdo. Assim a resposta é 80.

Exs.:
=SE(C1>=10; "maior ou igual"; "Menor")

Se o valor contido na célula C1 for maior ou igual a 10, então será escrito na célula o texto expresso no segundo campo da função. Por ser um texto, a ação desejada ele obrigatoriamente deve ser expresso entre aspas, contudo as aspas não serão exibidas na resposta.

Mas se o valor da célula C1 for menor do que então será escrito como resposta o texto **Menor**.

=CONT.NÚM(A1:A5)

Como a célula A3 está vazia, a resposta desta função é 4, pois existem apenas 4 células cujo conteúdo é um número.

=CONT.SE(D1:D5; "=A")

Ao se aplicar a função acima, ela irá contar quantas células possuem o texto A, neste caso a resposta é 3.

4.7 Formatos de células

Ao clicar com o botão direito do mouse sobre uma ou mais células selecionadas é aberto o menu suspenso, ilustrado a seguir. Neste momento nos interessa a opção Formatar Células que, ao ser acionada, abre a janela de formatação de células.

Guia Números

A figura a seguir ilustra a janela Formatar Células exibindo as opções da aba Números, as principais abas são as guias Número e Alinhamento.

Na figura abaixo estão listados os formatos de células e exibidas as células formatadas.

	A	B
1	Número	5,70
2	Porcentagem	500,00%
3	Moeda	R$ 50,00
4	Data	09/04/13
5	Hora	23:20:00
6	Científico	5,00E+000
7	Fração	3/4
8	Valor Lógico	VERDADEIRO
9	Texto	teste
10		

Os formatos Moeda e Percentagem também podem ser definidos pelas opções da barra de Ferramentas de Formatação. A figura a seguir ilustra parte desta barra com as opções citadas.

Guia Alinhamento

Por meio desta guia, podemos formatar o alinhamento vertical e/ou horizontal de uma célula bem como a orientação do texto, ou seja, sua direção aplicando um grau de inclinação.

Também encontramos a opção Quebra Automática de texto que permite distribuir o conteúdo de uma célula em várias linhas de texto dentro da mesma célula. A figura a seguir ilustra estas opções.

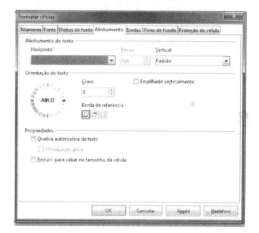

Outras ferramentas

Mesclar e Centralizar

A opção Mesclar e Centralizar do Calc centraliza tanto na horizontal como na vertical. Porém, é possível exibir apenas o conteúdo da célula superior esquerda, como também se pode mover o conteúdo das células selecionadas que serão ocultas para a célula superior esquerda.

A sequência de imagens a seguir ilustra a operação de mesclar em que se opta por exibir apenas a célula superior esquerda, observe que as demais células são apenas ocultas, assim seus valores são mantidos e podem ser referenciados.

INFORMÁTICA BÁSICA

BROFFICE CALC – EDITOR DE PLANILHAS

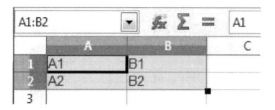

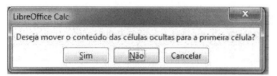

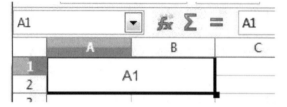

Nessa próxima sequência foi optado por mover o conteúdo para a célula superior esquerda, atente que a ordem dos dados é a mesma de leitura (esquerda para a direita e de cima para baixo).

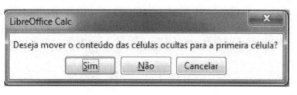

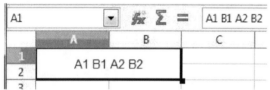

Bordas

Por padrão, em uma planilha, o que vemos são as linhas de grade e não as bordas das células, tanto que se realizarmos

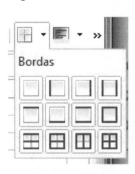

a impressão nenhuma divisão aparece. As bordas devem ser aplicadas manualmente de acordo com a necessidade, para isso, pode-se usar o botão Bordas presente na barra de ferramentas de formatação que, ao ser acionado, exibe as opções de bordas, como: bordas externas, internas, esquerda, direita, dentre as demais que podem ser visualizadas na figura abaixo.

Classificar

Outra opção que podemos destacar é a de classificação de dados, pela qual podemos ordenar um conjunto de dados selecionados em ordem crescente ou mesmo decrescente, por meio dos ícones acima representados, respectivamente.

 Questões

01. (ALFACON) Duas ou mais células de uma planilha do Microsoft Calc podem ser unidas de tal forma que passam a ser uma só célula. Assinale a alternativa que apresenta o nome desse recurso:
a) Agrupar células.
b) Mesclar células.
c) Aglomerar dados
d) Agrupar dados
e) Consolidar dados

02. (NCE/UFRJ) Ao salvar-se um documento em um aplicativo do BrOffice, esse foi criado com a extensão padrão .ods. Pode-se afirmar que o documento é:
a) uma fotografia editada;
b) um arquivo texto;
c) uma planilha;
d) uma apresentação de slide;
e) um banco de dados.

03. (ESAF) O BrOffice é uma suíte para escritório gratuita e de código aberto. Um dos aplicativos da suíte é o Calc, que é um programa de planilha eletrônica e assemelha-se ao Excel da Microsoft. O Calc é destinado à criação de planilhas e tabelas, permitindo ao usuário a inserção de equações matemáticas e auxiliando na elaboração de gráficos de acordo com os dados presentes na planilha. O Calc utiliza como padrão o formato:
a) XLS.
b) XLSX.
c) ODF.
d) PDF.
e) DOC.

04. (FUNRIO) Um programa de planilha eletrônica como Microsoft Excel ou BrOffice Calc permite realizar cálculos através de números e fórmulas armazenadas em células. Suponha as seguintes células preenchidas com números: A1=6, A2=5, A3=4, B1=3, B2=2, B3=1. Que valor será calculado e exibido na célula C3 caso esta tenha o conteúdo =SOMA(A2:B3)?
a) 5.
b) 6.
c) 12.
d) 15.
e) 21.

05. (FCC) As células A1 até A3 de uma planilha BrOffice (Calc) contêm, respectivamente, os números: 2, 22 e 222. A célula A4 contém a fórmula =A$1*$A$2+A3 (resultado = 266) que arrastada pela alça de preenchimento para a célula A5 registrará, nesta última, o resultado (calculado):
a) 510.
b) 5150.
c) 6074.
d) 10736.
e) 63936.

06. (CEPERJ) Observe a planilha abaixo, no Calc do pacote BrOffice.org 3.0.

	A	B	C	D	E	F	G
1				CEDAE – 2012			
2							
3			#	Código	Nome	Leitura	Consumo
4			1	01-5009	Aldair	123	baixo
5			2	02-9876	Jussara	256	médio
6			3	03-4572	Luiz	478	alto
7			4	04-9036	Samuel	371	médio
8							

Nessa planilha foi inserida uma expressão em G4 que mostra uma mensagem, com base no quadro a seguir:

Leitura	Consumo
Menor que 200	baixo
Maior ou igual a 200 e menor que 400	médio
Maior ou igual a 400	alto

Para finalizar, a expressão inserida na célula G4 foi copiada para G5, G6 e G7. Como consequência, em G7 foi inserida a seguinte expressão:

a) =SE(F7>=400;"alto";SE(F7<200;"baixo";"médio"))
b) =SE(F7>=400;"alto";SE(F7<200;"médio";"baixo"))
c) =SE(F7>=400;"baixo";SE(F7<200;"alto";"médio"))
d) =SE(F7>=400;"médio";SE(F7<200;"alto";"baixo"))
e) =SE(F7>=400;"médio";SE(F7<200;"baixo";"alto"))

Gabaritos

01	B	04	C
02	C	05	B
03	C	06	A

5. BROFFICE IMPRESS – EDITOR DE APRESENTAÇÃO

É também conhecido como editor de slides. Fique atento com as palavras expressas em português como eslaide, que aparenta ser errada, pelo fato de não ser empregada com frequência, comumente usada para induzir o candidato ao erro.

5.1 Janela do Programa

Devemos, primeiramente, conhecer algumas funções da Janela do Editor para melhor entender seus recursos.

A primeira barra ao topo, onde encontramos os botões Fechar, Maximizar/Restaurar e Minimizar é a chamada Barra de Título, pois expressa o nome do arquivo e o programa no qual está sendo trabalhado.

A barra logo abaixo é a Barra de Menu, onde se encontram as ferramentas do programa. Observe, à direita do menu Ferramentas, a existência de um menu diferente dos encontrados no Writer e Calc, o menu Apresentação de Slides. Nele, são encontradas as opções específicas das operações com slides como Cronometrar, Transição e Apresentação de Slides.

Na sequência, são exibidas as duas barras de ferramentas (Padrão e de Formatação). Fique atento às divisões da janela. Na lateral esquerda, está o painel Slides, nele são exibidas as miniaturas dos slides a fim de navegação na apresentação, bem como de organização. Uma vez que, para deslocar o slide, basta clicar e arrastá-lo para o local desejado.

A última é a barra de Status, por meio dela podemos visualizar em qual slide estamos, além de poder alterar o zoom do slide em edição.

Acima da barra de Status está a barra de Desenhos, ilustrada a seguir. Essa barra é comum aos demais editores (Calc e Writer). Porém, ela só aparece por padrão no Impress. Para ocultá-la ou exibi-la, basta selecionar a barra no menu Exibir → Barras de Ferramentas → Desenho.

A área central da tela é onde fica o slide em edição, também conhecida como palco, quem sabe uma associação ao espaço onde o artista expõe a sua obra.

Já à direita, é exibido o Painel de Tarefas. Essa estrutura oferece diversas opções, conforme ilustrado a seguir:

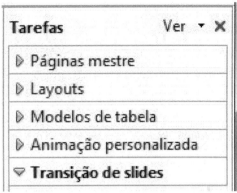

Acima do slide em edição, podem-se encontrar cinco opções, elas são modos de exibição que podem ser alternados.

5.2 Mestre

Um mestre é aquele que deve ser seguido, ou seja, uma estrutura base para a criação de um conjunto de slides. Por meio dele podemos criar um modelo no qual se definem estilos de título, parágrafo, tópicos, planos de fundo e os campos de data/hora, rodapé e número do slide, conforme pode ser visualizado na imagem a seguir:

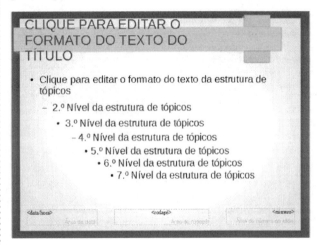

Para acionar o modo exibido, basta clicar no menu Exibir → Mestre → Slide Mestre.

A Nota Mestre serve para formatar as características das anotações (notas) que podem ser associadas a cada slide, conforme ilustrado a seguir.

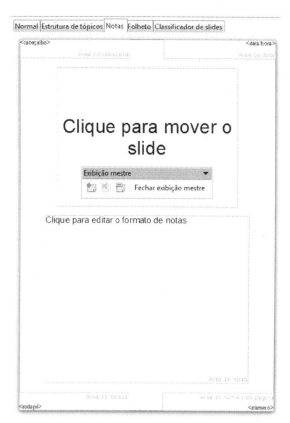

Já o item Elementos do Slide Mestre, serve para indicar quais elementos devem aparecer nos slides ou notas.

No painel de Tarefas, a opção Páginas Mestre apresenta alguns modelos de Slides Mestres que podem ser utilizados pelo usuário.

5.3 Layouts

Também podendo ser citado como Leiaute, são as estruturas que um slide pode possuir, como slides de título, título e subtítulo, slide em branco entre outros.

A figura a seguir ilustra os diversos layouts disponíveis no Impress. Esses podem ser definidos a qualquer momento da edição, inclusive após o slide já ter sido inserido.

Por meio do botão Inserir Slide , presente na barra de ferramentas padrão, é possível escolher no momento da inserção o layout do slide. Após este já ter sido inserido, basta selecioná-lo no painel de slides, à esquerda, e escolher o novo layout desejado pelo botão de Layout do Slide ou pelo painel de Tarefas.

5.4 Formatos de arquivos

O Formato de Arquivo salvo por padrão no BrOffice (LibreOffice) Impress é o ODP (*Open Document Presentation*). Contudo, é possível salvar uma apresentação no formato PTT do PowerPoint (2003) ou PTTX do PowerPoint 2007 e 2010.

Existe também um formato de arquivo PPS (2003) e PPSX (2007 e 2010). Ele é um formato de autoplay, ou seja, ao ser acionado o arquivo com esse formato ele automaticamente é exibido no modo de exibição de slides.

5.5 Modos de exibição

Os Modos de Exibição refletem em diferentes estruturas e não apenas formas de visualizar os slides. No Impress existem cinco modos de exibição principais, mas pode-se acrescentar também o modo de Apresentação de Slides como sendo um modo de exibição.

Para alternar entre os modos de exibição, pode-se escolher o modo desejado pelo Menu Exibir ou pelas opções presentes no topo do palco de edição.

Normal

Este é o modo de exibição padrão para a edição dos slides, conforme ilustrado a seguir. Com esse modo, é possível alterar os textos do slide, bem como suas formatações de texto, layout e plano de fundo.

Estrutura de tópicos

Já no modo de Estruturas de Tópicos, as características de formatação do slide não são exibidas, mas apenas o conteúdo do slide. Cada slide é indicado, bem como cada parágrafo de conteúdo, conforme ilustrado a seguir. Propriedades como o tamanho e o tipo da fonte, bem como negrito, sublinhado e itálico são aparentes neste modo de exibição, ao contrário da cor da fonte.

INFORMÁTICA BÁSICA

BROFFICE IMPRESS - EDITOR DE APRESENTAÇÃO

Notas

Este modo de exibição serve para que se possa inserir as anotações sobre um slide, muitas vezes usadas para descrever o assunto, ou conteúdo do slide, ou seja, são os tópicos a serem seguidos e apontados. Assim, as notas servem como um lembrete.

Folhetos

O modo de exibição de Folhetos, ilustrado a seguir, tem por objetivo as estruturas de cabeçalho e rodapé do modo de impressão de folhetos, ou seja, aquele em que são impressos vários slides por página.

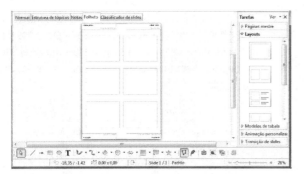

Também é possível dimensionar como ficaram os slides. Além do conteúdo do cabeçalho e rodapé, é possível inserir dados como data, hora e números de páginas. A figura a seguir ilustra com maior precisão os detalhes deste modo de exibição:

Classificador de slides

O modo Classificador de Slides serve para organizar a sequência dos slides na apresentação, oferecendo uma interface onde são exibidas as miniaturas das telas para que, ao clicar e arrastar os slides, seja possível movê-los para às posições desejadas. Na imagem a seguir, pode-se observar sua disposição:

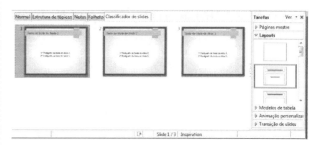

5.6 Inserir slide

Para inserir um slide em uma apresentação, podemos contar com o recurso Inserir Slide, que pode ser acionado a partir de três locais, dentro do editor de apresentação Impress: Menu Inserir, Botão direito do mouse e Barra de Ferramentas.

Além de poder inserir um novo slide pelo Menu Inserir, é possível duplicá-lo, ou seja, criar uma cópia do(s) slide(s) selecionado(s), conforme ilustrado a seguir.

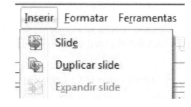

Com o clique do botão direito do mouse sobre um slide, é exibida a lista suspensa ilustrada a seguir, que possui tanto a opção de inserir novo slide, como duplicar o slide selecionado.

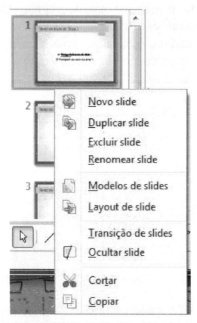

Caso o clique com o botão direito seja feito no espaço vazio, entre os slides é exibida apenas a opção Novo Slide, conforme ilustrado a seguir.

190

Já na barra de Ferramentas padrão, encontramos o ícone que permite a inserção de um slide. Caso seja clicado na seta à sua direita, é possível ainda escolher o layout do slide que está sendo inserido.

5.7 Menu Apresentação de slides

Neste menu é que se encontram as opções específicas de uma edição de apresentação de slides, como os efeitos de animação e transição de slides. Assim, se a prova citar alguma opção solicitando o menu em que ela é apresentada, se a opção tiver relação à apresentação de slides, então provavelmente estará no menu Apresentação de Slides.

Dentre os itens deste menu, podem-se destacar:

Apresentação de Slides

É a opção que permite exibir a apresentação de slides em tela cheia, de forma a poder visualizá-la. Também é possível encontrar essa opção no Menu Exibir, assim como acioná-la por meio da tecla de atalho F5 que, no caso do Impress, sempre inicia a partir do slide selecionado.

Configuração da apresentação de slides

Por meio desta opção é possível configurar características da exibição da apresentação como tempo de transição de slides automática e também a possibilidade padrão de trocar de slide a cada clique do mouse ou com tecla do teclado. A figura a seguir ilustra a janela de configurações de apresentação:

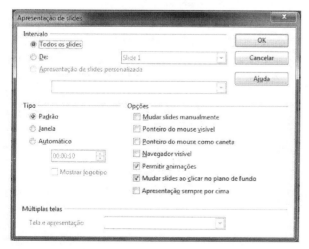

Cronometrar

A opção Cronometrar do Impress é muito inferior ao mesmo recurso no PowerPoint, se comparados. Em teoria, essa ferramenta deveria permitir marcar o tempo que seria gasto para explanar sobre uma apresentação. Contudo, o tempo é marcado por slide e exibido apenas enquanto este está sendo exibido, após, no próximo slide, o contador é novamente zerado.

Interação

Por meio deste recurso é possível modificar a sequência de exibição de uma apresentação, atribuindo a elementos do slide, como figuras e textos, ações como ir para determinado slide da apresentação, como que criando botões de navegação. Para isso, no entanto, faz-se necessário que algum elemento esteja selecionado.

Animação personalizada

Esse recurso permite atribuir um efeito a um elemento no slide. Ao ser acionado, exibe suas opções no Painel de Tarefas à direita da tela, conforme ilustrado a seguir.

Para adicionar um efeito, é necessário selecionar algum elemento do slide, como texto ou figura e, na janela que se abre ao clicar em Adicionar (ilustrada a seguir), selecionar o efeito desejado, de acordo com categorias pré-definidas na forma de guias da janela, conforme ilustrado:

Transição de slides

Já a opção de Transição de Slides serve para aplicar um efeito a ser executado durante a troca de slide para outro. Permite, ainda, definir tempos específicos para cada slide em uma exibição automática.

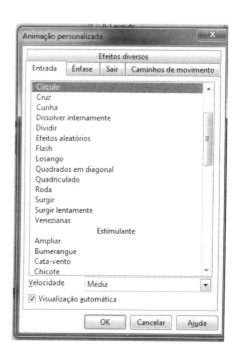

BROFFICE IMPRESS - EDITOR DE APRESENTAÇÃO

5.8 Impressão

É possível também imprimir a apresentação de slides de acordo com a necessidade, como imprimir um slide em cada página, como ilustrado na sequência, no modo **Slide**:

Slide

Folhetos

Caso necessário, para imprimir mais de um slide por página, pode-se escolher a opção Folheto, no campo Documento:

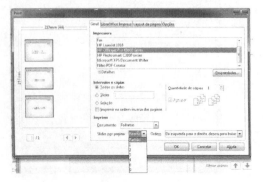

É importante observar que a janela anterior está com o número de três Slides por página, notando-se, assim, na pré-visualização à esquerda, que os slides ficam um abaixo do outro, nesta opção de impressão, enquanto que nas demais quantias os slides são distribuídos como representado a seguir, no modo de impressão de quatro slides por página:

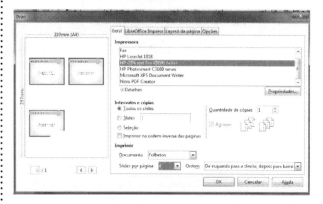

Notas

No modo de impressão de Notas, cada folha recebe um slide e, abaixo dele, são impressas as anotações referentes a ele.

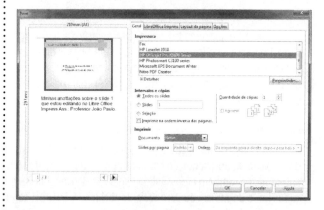

Estrutura de Tópicos

Já na forma de impressão de Estrutura de Tópicos, a impressão fica tal qual ao modo de exibição.

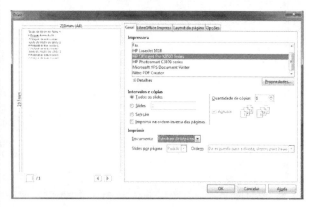

192

Questões

01. (FCC) Pela utilização do editor de apresentações Impress, do pacote BROffice, é possível cronometrar a apresentação sendo exibida. Este recurso é acessível por meio da opção Cronometrar, presente no menu:
a) Ferramentas.
b) Visualização de slides.
c) Apresentação de slides.
d) Editar.
e) Formatar.

02. (FCC) Para salvar uma apresentação do BrOffice Impress com senha:
a) clica-se no menu Arquivo e, em seguida, na opção Salvar como. Na janela que se abre, dá-se o nome ao arquivo no campo Nome, seleciona-se a opção Ferramentas, em seguida Opções Gerais e digita-se a senha. Para concluir, clica-se no botão Salvar.
b) pressiona-se a combinação de teclas Ctrl + Shift + S e na tela que se abre, digita-se o nome do arquivo no campo Nome, a senha no campo Senha e clica-se no botão Salvar.
c) clica-se no menu Arquivo e, em seguida, na opção Salvar. Na tela que se abre, digita-se o nome do arquivo no campo Nome, a senha no campo Senha e clica-se no botão Salvar.
d) pressiona-se a combinação de teclas Ctrl + S e na tela que se abre, digita-se o nome do arquivo no campo Nome, seleciona-se a caixa de combinação Salvar com senha e clica-se no botão Salvar. Para concluir, digita-se e redigita-se a senha e clica-se no botão OK.
e) clica-se no menu Arquivo e, em seguida, na opção Salvar. Na janela que se abre, dá-se o nome do arquivo no campo Nome, seleciona-se a opção Ferramentas, em seguida Salvar com senha. Na janela que se abre, digita-se e redigita-se a senha e clica-se no botão Salvar.

03. (FCC) Em um slide mestre do BrOffice.org Apresentação (Impress), NÃO se trata de um espaço reservado que se possa configurar a partir da janela Elementos mestres:
a) Número da página.
b) Texto do título.
c) Data/hora.
d) Rodapé.
e) Cabeçalho.

04. (CESPE) Os arquivos do Microsoft PowerPoint dos tipos .ppt, .pps e .pptx podem ser abertos pelo módulo Impress do BrOffice.
Assinale a alternativa correta em relação à suíte de programas de escritório BrOffice:
a) O BrOffice Impress é utilizado para criar e gerenciar bancos de dados.
b) O aplicativo Presentation da suíte BrOffice cria e edita apresentações em slides para reuniões.
c) Arquivos com extensão .ppt não podem ser abertos diretamente do BrOffice. Para ler esse tipo de arquivo, deve-se usar um aplicativo específico de conversão de .ppt para .odp.
d) O BrOffice Impress pode, a partir de um documento, gerar arquivos no formato PDF.
e) Uma das diferenças entre o BrOffice Impress e outros aplicativos comerciais é que o Impress ainda não possui a funcionalidade de criar e executar macros.

05. (CEPERJ) Uma apresentação de slides foi criada no software Impress do pacote LibreOffice 4.1. Pressionar a tecla de função F7 tem a seguinte finalidade:
a) Configurar transição de slides.
b) Verificar ortografia e gramática.
c) Salvar o slide atual em formato JPG.
d) Inserir número de página em todos os slides.
e) Aplicar novo design padrão a toda a apresentação.

06. (CONSULPLAN) Considere as afirmativas sobre a ferramenta BrOffice.org 2.0 Impress (configuração padrão).
I. A inserção de um novo slide pode ser realizada pelo comando de menu Inserir / Slide.
II. Clicando com o botão direito do mouse dentro da área de slides não é possível acessar o comando para incluir um novo slide.
III. Apagar para cima, Descobrir para a esquerda e Apagar para baixo são alguns dos efeitos disponíveis na transição de slides.

Está(ão) correta(s) apenas a(s) afirmativa(s):
a) I.
b) III.
c) I e II.
d) I e III.
e) II e III.

 Gabaritos

01	C	04	D
02	D	05	B
03	B	06	D

WORD 2016

6. WORD 2016

6.1 Tela de Abertura

Assim como o MS Office 2013, o MS Office 2016 exibe uma tela de abertura ao iniciar algum programa da suíte, em vez de iniciar diretamente com um documento em branco. Vejamos a figura a seguir.

Nessa janela, o usuário tem acesso à lista dos documentos abertos recentemente no programa, bem como pode criar um novo documento: ou um documento em branco, ou a partir de um modelo a ser baixado da Internet.

Os modelos disponíveis são atualizados, em sua maioria, pelos próprios usuários. Para facilitar a localização de um modelo que seja mais adequado à necessidade do usuário, há opção para pesquisa, assim como sugestões de categorias.

6.2 Janela do Programa

A figura abaixo ilustra a janela do Microsoft Word 2016 com um documento em branco em edição.

Janela Word 2016, aba Página Inicial.

A janela do Word 2016 apresenta pequenas mudanças nas opções da janela de edição em comparação com a versão anterior:

> **Cor das guias inativas**: agora a cor segue o padrão de cores escolhido. Existem 3 temas que podem ser usados: Colorido; Cinza-Escuro e Branco. Na figura acima é ilustrado o padrão (Colorido), a seguir os demais.

Janela do Word 2016, tema Cinza Escuro.

Janela Word 2016, tema Branco.

> **Diga-me o que você deseja fazer**: note que ao lado da guia Exibir existe um espaço para digitar, que não existia no 2016. Ele serve para acessar as ferramentas e opções; sua finalidade é facilitar a localização de ferramentas que o usuário não lembra em que aba estão. Conforme o usuário digita, vão sendo sugeridas opções relacionadas aos caracteres inseridos.

> **Opção Entrar**: foi movida para a barra de títulos; antes ficava onde aparece a carinha feliz (smile). Esse smile é o feedback ou também chamado de comentários, porém para a Microsoft, serve para o usuário contar sobre sua experiência em usar o MF Office 2016.

> **Guias**: no 2013 os títulos eram todos em caixa alta (maiúsculas) e a guia Layout era Layout de Página.

Assim como no 2013, o usuário pode logar com sua conta da Microsoft (Hotmail ou Outlook). Uma vez logado, o nome do usuário é imediatamente associado às propriedades do documento como seu autor. Observe a parte mais à direta da barra de títulos da janela ilustrada na primeira figura deste tópico. Ao efetuar o login, o nome do usuário é representado no lugar da expressão "Entrar".

Observe e faça as anotações das partes da janela indicadas na figura acompanhando a aula.

Janela do Word 2016, itens enumerados.

01. **Barra de título**: nesta barra são apresentadas as informações sobre o nome do documento em edição e seu formato, bem como o nome do programa que no caso da figura indica Microsoft Word. Também se observa na figura que não há a indicação do formato do arquivo. Isso significa que o documento em questão ainda não foi salvo em disco.

02. **Barra de Ferramentas de Acesso Rápido**: apresenta as opções mais frequentemente usadas, principalmente por meio das teclas de atalho. Por padrão mostra as opções Salvar, Desfazer e a opção que se alterna entre Repetir e Refazer. A opção ( ) Repetir repete a última ação executada; corresponde a utilizar a tecla de atalho: F4, como também CTRL + R quando esta opção está exibida na barra. Já a opção Refazer ( ) é como um desfazer para a ação Desfazer.

03. **Menu Arquivo**: a versão 2016 utiliza a mesma forma do menu Arquivo que a versão 2013, ou seja, mantém a interface Backstage view que exibe as opções do menu Arquivo, de modo que ocupem toda a tela da janela do programa.

04. **Faixa de Opções**: é possível aumentar a área útil da tela, fazendo com que as opções só sejam exibidas quando clicado na opção na Faixa de opções; basta utilizar o clique duplo do mouse sobre uma das Guias. O Word 2013 acrescentou ainda duas opções (botões) para poder alterar entre os modos de exibição das guias, um ao lado esquerdo do botão Minimizar,

conforme ilustra a figura a seguir, e outro logo acima da barra de rolagem vertical (dentro da faixa de opções). Este último é uma seta para cima, que lembra o sinal gráfico ^ (acento circunflexo). Essas características se mantém no 2016.

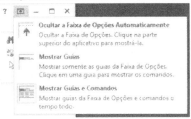

Modos de Exibição da Faixa de Opções em destaque.

05. **Página do Documento** em edição.
06. **Barra de Status**: nela são apresentadas algumas informações como número da página atual e total, total de palavras selecionadas e no documento inteiro.
07. **Modos de Exibição**: apenas três dos modos de exibição que o Word oferece estão dispostos nesse espaço para acesso rápido.
08. **Zoom**: o zoom também pode ser alterado utilizando-se a combinação da roda do mouse (scroll), enquanto se mantém pressionada a tecla CTRL.

Barra de Ferramentas de Acesso Rápido

A figura abaixo destaca a Barra de Ferramentas de acesso Rápido, na qual se encontram por padrão os botões Salvar, Desfazer e Repetir/Refazer.

Barra de Ferramentas de Acesso Rápido.

O botão Desfazer permite voltar uma ou mais ações realizadas no programa, cuja tecla de atalho é a famosa combinação CTRL + Z. Note que há uma seta à sua direita, é possível desfazer um conjunto de ações de uma única vez.

O botão Repetir repete a última ação realizada, como aplicar negrito a um texto, ou mudar a cor de uma fonte. A combinação de teclas de atalho para esta opção é CTRL + R no Word 2013.

O Botão Refazer somente é exibido quando o Desfazer é acionado, permitindo retroceder uma ação desfeita. As teclas de atalho são as mesmas do botão Repetir, até porque aparece no lugar dele.

6.3 Menu Arquivo

O menu Arquivo do Office 2016 utiliza a interface BackStage, que ocupa toda a tela do programa e oferece vários recursos integrados.

Por padrão, ao abrir o menu Arquivo, ele apresenta selecionada a opção Informações, a qual oferece dois conjuntos de opções: ferramentas de geração de documento e as propriedades do documento em edição.

Opção Informações

A Figura 9 apresenta a opção Informações do menu Arquivo do Office 2016 e suas opções.

Menu Arquivo.

Na janela de informações, temos acesso a um dos conjuntos de opções mais importantes (em termos de concurso) do menu Arquivo. Também se deve observar o painel de propriedades à direta da janela.

Opção Proteger Documento

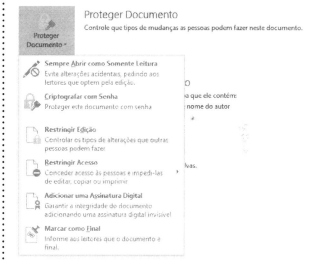

Opção Proteger Documento, a partir do menu Arquivo.

Marcar Como Final: a opção serve para salvar o arquivo como Somente leitura, assim ajuda a evitar que sejam feitas alterações no arquivo, ou seja, desabilita ou desativa a inserção de texto, a edição e as marcas de controle. Além disso, define o "Status" do documento como Final. Contudo, o comando Marcar como Final não é um recurso de segurança, pois basta que o usuário remova o Status Marcar como Final para que possa editar novamente o arquivo.

O Recurso Marcar como Final só tem efeito se o documento for aberto pela mesma versão do Ms Office; se for aberto por versões anteriores, como no 2003, abrirá normalmente, permitindo ao usuário alterar o arquivo.

WORD 2016

Criptografar com Senha: por meio desta opção, é possível definir uma senha para que o documento possa ser acessado. Contudo, vale ressaltar que a criptografia realizada pela opção Criptografar com Senha não tem relação com Certificação Digital.

> **Restringir Edição**: por intermédio da opção Restringir Edição, é possível escolher dentre três opções de ação:
> **Restrições de Formatação**: pela qual é possível limitar as opções de formatação, permitindo apenas que seja escolhido dentre um conjunto de estilos selecionados no momento da ativação do recurso.
> **Restrições de edição**: esta opção está relacionada às ferramentas de controle de edição, como controle de alterações e comentários, até mesmo preenchimento de formulários. Com ela o usuário pode limitar que opções outro usuário que acessar o documento pode realizar. Ainda é possível determinar apenas partes do documento para que possam ser editadas, protegendo assim o resto das alterações.
> **Aplicar proteção**: depois de configuradas as opções de um ou ambos os itens acima, a opção Sim, Aplicar Proteção fica habilitada. Com isso, será aberta uma janela para determinar uma senha ou para que seja utilizado um ID (e-mail) de usuários.
> **Restringir Permissão por Pessoas**: esta opção permite limitar o acesso ao documento utilizando como critério contas do Windows Live ID ou uma conta do Microsoft Windows.
> **Adicionar uma Assinatura Digital**: por meio desta opção, é possível assinar digitalmente o documento em edição, a fim de garantir a Integridade e a Autenticidade dele, por consequência também o Não Repúdio. Contudo, é necessário possuir Certificado Digital para realizar este procedimento.

Opção Verificando Problemas

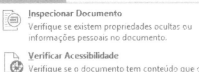

Opção Verificando Se Há Problemas.

> **Inspecionar Documento**: esta opção também pode ser citada como Inspetor do documento, que possibilita diversas opções, com a finalidade de buscar no documento por dados pessoais, informações ocultas, marcas, comentários, estruturas de controle, dentre outras, para que possam ser facilmente removidas, com o auxílio desta opção.

> **Verificar Acessibilidade**: permite verificar se a estrutura do elemento possui recursos ou formatações que dificultem a leitura por pessoas com deficiência, por exemplo, documentos que serão lidos por leitores de telas, utilizados por pessoas com baixa visão ou ausência dela.
> **Verificar Compatibilidade**: esta opção permite verificar se o documento possui estruturas que não existem nas versões anteriores do Word. Assim, quando o documento for salvo em .DOC, não apresentará problemas de compatibilidade.

Opção Novo

Já a opção Novo abre no próprio menu Arquivo as opções de criação de um novo documento, conforme figura a seguir.

Note que, além de criar um simples documento em branco, podemos criar um arquivo com base em um modelo da Internet.

Opção Novo, menu Arquivo.

Opção Imprimir

O Word 2016 apresenta diretamente no menu Arquivo → Imprimir as propriedades da Impressão, que também podem ser acessadas por meio da combinação de teclas CTRL+P. Com isso, uma etapa é reduzida no procedimento para impressão, o que torna a ação mais simples e direta. Nesta mesma opção, é ilustrada a pré-visualização do documento a ser impresso.

Vale observar que desde o Word 2013 a opção Configurar Página também é encontrada no menu Arquivo, exatamente na opção imprimir. A figura a seguir representa estas observações.

Opção Imprimir.

Outro fato importante é a pré-visualização, que também é ilustrada junto à opção imprimir.

Opção Salvar e Enviar

Opção Salvar Como.

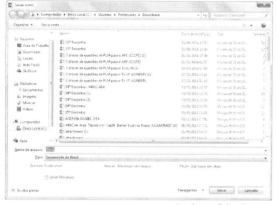

Janela para Salvar Documento.

Devemos dar ênfase no que diz respeito à integração com o Microsoft OneDrive. Uma vez logado na contra do MS Office, consequentemente o usuário estará logado com sua conta do OneDrive, assim possibilitando salvar o arquivo diretamente em sua conta na Nuvem.

6.4 Aba Página Inicial

Na Aba Página Inicial do Word 2013, encontramos as opções divididas nos blocos: Área de Transferência; Fonte; Parágrafo; Estilo; Edição, conforme ilustra a figura a seguir.

Bloco Área de Transferência

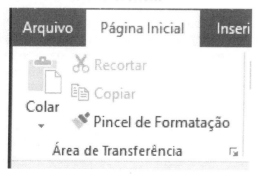

A Área de Transferência é uma área temporária, onde são colocadas as estruturas (textos, imagens etc.) que são copiadas de algum lugar, seja um documento, página da Internet, ou mesmo do Sistema Operacional, para que possam ser coladas.

A Área de Transferência do Word possui 24 posições, conforme figura a seguir, de forma que armazena não apenas a última informação copiada, mas sim as 24 últimas. Com isso, é possível colar trechos copiados ou recortados em momentos anteriores. Vale lembrar que a área de transferência fica em memória RAM, portanto quando o computador é desligado, ela é esvaziada.

Opção Colar

No bloco Transferência, encontra-se a opção Colar. Deve-se atentar ao detalhe do botão que, quando sobreposto pelo mouse, apresenta uma divisão, como ilustrado na sequência, ou seja, executa duas ações diferentes: ao clicar na parte superior, é colado o dado que foi colocado por último na área de transferência de forma equivalente a utilizar as teclas de atalho CTRL + V; já ao clicar na parte inferior, o Word exibe uma lista de opções de colagem, bem como dá acesso à opção Colar Especial.

Pincel de Formatação

O Pincel de Formatação, ilustrado a seguir, permite realizar a cópia de formatação de um trecho de texto previamente selecionado e aplicar em outro trecho de texto a ser selecionado *a posteriori*, clique no botão Pincel.

Bloco Fonte

Neste bloco, são encontradas as ferramentas mais usadas durante a edição de um documento, as opções relacionadas à formatação de Fonte. A figura a seguir ilustra as opções existentes neste bloco, que analisaremos na sequência.

WORD 2016

Tipo/Nome da Fonte

Esta opção permite alterar a grafia da fonte, ou seja, o seu traço. Ao alterar o tipo da fonte, ela pode sofrer alteração no seu tamanho, no entanto mantendo o mesmo valor numérico de tamanho de fonte. A figura a seguir destaca o campo; por padrão, no estilo normal do Word 2013, a fonte predefinida é a Calibri.

Tamanho da Fonte

A opção de tamanho de fonte oferece um campo, ilustrado na sequência, para definir o tamanho das letras de um texto selecionado. É possível também selecionar o tamanho pela alça.

Aumentar e Diminuir Fonte

Também é possível controlar o tamanho das fontes pelos botões Aumentar Fonte, à esquerda da figura a seguir, e Diminuir Fonte, à direita da figura a seguir, que alteram o tamanho da fonte de um texto previamente selecionado, de acordo com os valores da lista disponibilizada na alça Tamanho da Fonte. Também se podem acionar estas opções por meio das teclas de atalho CTRL + SHIFT + > para aumentar o tamanho da fonte como CTRL + SHIFT + < para diminuir o tamanho da fonte.

Maiúsculas e Minúsculas

A opção, ilustrada acima, permite alterar o trecho selecionado entre letras maiúsculas e minúsculas, de acordo com as opções ilustradas a seguir.

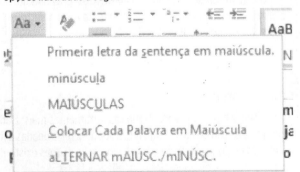

Limpar Formatação

A opção acima é útil quando se deseja limpar a formatação de um texto de forma rápida e prática, como um texto extraído da Internet, que possui fontes grandes, fundo e letras coloridas. Basta que o usuário selecione o trecho no qual deseja limpar a formatação e, em seguida, clique no botão.

Estilos de Fonte

Cuidado para não confundir o efeito de texto com o estilo de fonte, ou ainda com os estilos de formatação. As opções de efeito de fonte são a opção de **Negrito**, *Itálico* e <u>Sublinhado</u>, conforme ilustrado na figura a seguir. As teclas de atalho para estas funções são, respectivamente, CTRL + N, CTRL + I, CTRL + S.

Observe que o sublinhado no Word 2013 apresenta uma seta para baixo, indicando mais opções de formatação do traço do sublinhado, permitindo escolher entre o traço simples (padrão) e outros como: duplo, espesso, pontilhado, tracejado, traço/ponto, traço/ponto/ponto, dentre outros. A figura a seguir ilustra o resultado de se acionar a alça do sublinhado. Também é possível se alterar a cor do traço do sublinhado.

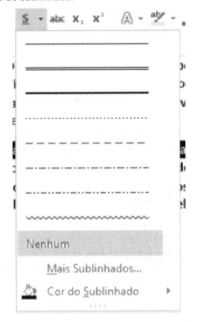

Tachado

A propriedade Tachado é comumente utilizada em textos de lei e resoluções, sobre itens que foram revogados e que, contudo, permanecem no corpo da lei. Para acionar esta opção, basta selecionar o texto desejado e clicar no botão Tachado, ilustrado a seguir.

O efeito proporcionado por esta opção é o de um traço à meia altura da linha, sobrepondo às palavras, como o exemplo. ~~Também é possível utilizar o tachado duplo por meio da janela Propriedades de Fonte, como exemplo.~~

Subscrito e Sobrescrito

Por vezes, desejamos escrever um texto com estruturas diferenciadas, ou mesmo indicar numerais de forma reduzida, como primeiros = 1os. Para colocar as letras "os" com fonte reduzida na parte superior da linha, basta clicar no botão Sobrescrito, que o cursor de texto será posicionado no topo, digitar o texto desejado, e clicar novamente no Sobrescrito. O botão Sobrescrito fica à direita do botão Subscrito, conforme figura a seguir, que permite escrever um texto com fonte reduzida na parte inferior da linha, como utilizado em algumas equações químicas, por exemplo: texto normal texto subscrito.

Efeitos de Texto

O Office 2007 inovou nos recursos de efeitos de texto. Essas propriedades e ferramentas foram mantidas e melhoradas no Office 2013; para o 2016 não houve mudanças na ferramenta. Os efeitos de texto permitem formatar os caracteres de texto de maneira mais chamativa visualmente, a fim empregar destaque a um texto, como exemplo.

Para utilizar este recurso, basta selecionar o texto desejado e clicar no botão Efeitos de Texto no bloco Fonte, indicado por um A com efeito de brilho azul ao redor, ilustrado no canto superior esquerdo da figura a seguir.

Este recurso ainda permite trabalhar as características de formatação de maneira separada, como a sombra, o reflexo e o brilho do caractere dado à cor escolhida.

Realce

A ferramenta Realce é uma opção que aplica um resultado similar ao obtido por uma caneta marca-texto. Inclusive, o conjunto de cores disponibilizado é bem limitado; apenas algumas cores estão disponíveis, como ilustra a figura a seguir.

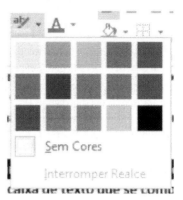

Cor da Fonte

Já quando falamos nas cores que podem ser aplicadas ao caractere (fonte), por exemplo, estas abrangem um conjunto maior, também citado nas provas como Paleta de Cores do MS Office.

O botão que corresponde a esta opção é a letra A com uma barra abaixo, que indica a última cor utilizada, como ilustrado no canto superior esquerdo da figura a seguir.

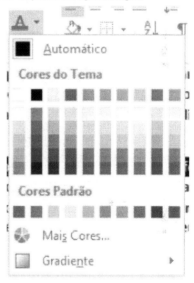

Observe que o botão Cor da Fonte apresenta uma ligeira divisão da seta à sua direita. Isso deve ser levado em conta na resolução das questões, pois se apenas o A for indicado como clicado, significa que será aplicada diretamente sobre o texto selecionado a última cor utilizada; enquanto que se for indicada a seta para baixo também, significa que foi clicado sobre ela, assim a alça exibe mais opções de cores e gradientes.

1.1. Bloco Parágrafo

Na aba Página Inicial encontram-se também as opções de formatação de parágrafo mais utilizadas, como ilustrado a seguir. Algumas opções menos frequentemente usadas estão no bloco Parágrafo da aba Layout de Página.

WORD 2016

Marcadores

A opção Marcadores permite acrescentar símbolos, caracteres ou mesmo imagens, como uma foto do usuário, como itens de marcação de tópicos para cada parágrafo.

A figura a seguir ilustra o botão Marcadores, que como pode ser observado apresenta uma sutil divisão. Desse modo, se a figura apresentada nas questões de prova for igual à figura a seguir, significa que o clique foi dado na seta à direita do botão, o que remete a mais opções, como escolher o símbolo que se deseja utilizar. Mas caso seja apresentado sem a seta, o resultado é a inserção do último marcador utilizado.

Numeração

Cuidado com a diferença entre os marcadores e a numeração. A finalidade de ambos é similar, porém a Numeração segue uma sequência que pode ser numérica, utilizando-se números romanos maiúsculos ou minúsculos, letras maiúsculas ou minúsculas ou ainda números arábicos. A figura a seguir ilustra o botão Numeração que, de forma equivalente ao botão Marcadores, apresenta seta à direita apontando para baixo.

Lista de Vários Níveis

Permite gerenciar e atribuir marcadores diferentes para níveis diferentes, mas de forma a manter a relação entre eles como de título, subtítulo e tópico. A figura a seguir ilustra o botão Lista de Vários Níveis.

Quando clicado na seta à direita, um menu Dropdown é aberto, como ilustrado a seguir.

Além dos formatos de listas sugeridos pelo Word, é possível que o usuário crie a sua própria configuração de lista. Esta configuração pode ser criada para ser utilizada apenas no documento em edição, como também pode ser atribuída ao programa de forma que fique disponível para a criação e edição de outros documentos.

Diminuir e Aumentar Recuo

As opções de Diminuir e Aumentar o Recuo estão relacionadas ao recuo esquerdo do parágrafo selecionado. Ao aumentar o recuo, com o botão da direita na figura a seguir, é aumentado inclusive o recuo da primeira linha na mesma proporção. O espaço acrescido é o mesmo de uma tabulação, ou seja, o mesmo de quando pressionada a tecla TAB (1,25 cm por padrão).

Classificar

Esta opção pode parecer estanha ao pensá-la no grupo de opções do bloco Parágrafo. Contudo, com isso, demonstra-se que é possível ordenar os textos de parágrafos, e não apenas dados em tabelas.

Uma vez clicado no botão classificar ilustrado acima, é aberta uma janela ilustrada a seguir, pela qual é possível parametrizar as regras de classificação, que pode ser por colunas em caso de tabelas. Os tipos de dados que podem ser selecionados, de maneira que o programa possa classificá-los em ordem crescente ou decrescente, são: Texto, Número e Data.

Mostrar Tudo

A opção Mostrar Tudo, ilustrada a seguir, é responsável por exibir os caracteres não imprimíveis, que auxiliam na edição de um documento ao exibir marcas de edição, espaços e marcações de parágrafos. Esta opção é muito importante para que se possa definir onde inicia e onde termina um parágrafo no texto.

O trecho a seguir ilustra o que é apresentado quando tal opção é selecionada.

Exemplo·de·texto·para·a·vídeo·aula·do·professor·João·Paulo·de·Informática·com·o·botão· Mostrar·Tudo·habilitado.¶

Segundo·parágrafo...¶

------------Quebra de página------------¶

Muitas pessoas entram em pânico quando, sem querer, ativam esta opção e cometem o equívoco de utilizar o Desfazer com a esperança de remover tais símbolos e acabam perdendo informações ou formatações executadas. No entanto, para remover tais marcas, basta desabilitar a opção, clicando-se novamente no botão. Alinhamentos de Parágrafo

Muito cuidado com as opções de alinhamento, pois existe também o alinhamento de Tabulação, que oferece opções diferentes das do alinhamento de parágrafo, porém com fins similares.

A figura anterior ilustra os quatro únicos alinhamentos de parágrafo: Esquerdo, Centralizado, Direito e Justificado. Também é possível acionar tais opções por meio das respectivas teclas de atalho: CTRL+Q, CTRL+E, CTRL+G, CTRL+J.

Espaçamento entre Linhas

A opção Espaçamento entre Linhas, disponível no bloco Parágrafo, apresenta alguns valores que não são ilustrados diretamente na janela Propriedades de Parágrafo, como 1,15. Contudo é possível chegar a ela de maneira manual, como selecionar a opção Múltiplos e, em seguida, digitar o valor 1,15.

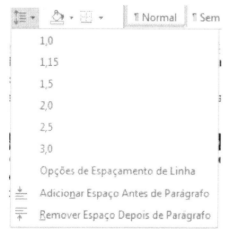

A figura anterior ilustra o botão Espaçamento entre Linhas aberto. Ele é apresentado no canto superior esquerdo da figura. Convém perceber que, por meio dele, é possível também alterar o espaçamento antes e depois do parágrafo.

Sombreamento

A opção Sombreamento permite atribuir uma cor ao plano de fundo de um parágrafo.

Exemplo: mesmo o parágrafo sendo menor que a linha, toda ela - espaço de margem a margem - é preenchida com a cor selecionada.

A figura a seguir ilustra o botão Sombreamento - balde de tinta - selecionado pela alça, assim ilustrando a paleta de cores do Word para que seja determinada a cor desejada.

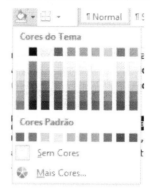

Bordas

Também é possível se atribuir uma borda a um parágrafo, como também à página do documento. A opção Bordas, apresentada a seguir, pode ser utilizada tanto para aplicar uma borda a um parágrafo como a uma tabela, caso esteja selecionada.

Bloco Estilos

Os estilos de formatação são uma importante ferramenta que auxiliam e otimizam o processo de edição de documentos que devam obedecer a padrões de formatação, além de serem necessários para a inserção de sumário automático.

O Office 2007 inovou muitos estilos, como também melhorou alguns, estes foram mantidos no Office 2013. O estilo padrão apresentado é o estilo Normal, que define, por exemplo, a fonte como Calibri, tamanho 11, espaçamento entre linhas múltiplo de 1,15 e espaço após o parágrafo de 10 pt.

A figura a seguir ilustra o bloco Estilo com vários dos estilos de formatação. Para sumário, devem-se utilizar os estilos de título.

INFORMÁTICA BÁSICA

WORD 2016

Bloco Edição

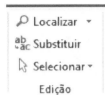

O bloco Edição é o bloco no qual foram disponibilizadas as opções que estavam no menu Editar do Office 2003, e ficaram perdidas, pode-se assim dizer. A figura a seguir ilustra o bloco com suas opções.

Localizar

A opção Localizar oferece três opções quando se clica na seta: Localizar, Localização Avançada... e Ir Para....

Clicar direto no botão Localizar é o mesmo que clicar na opção que ele oferece como Localizar. O Word abre um painel à esquerda da janela do programa, ilustrada na sequência. O mesmo painel pode ser acionado por opção encontrada na aba Exibir.

Por meio deste painel, é possível realizar uma busca rápida de forma incremental, ou seja, à medida que o usuário insere o texto no campo de busca, o Word vai filtrando no texto as ocorrências.

As opções Localização Avançada..., Ir Para... e Substituir, ao serem acionadas, abrem a mesma janela, porém com as respectivas abas selecionadas. Vale lembrar que a combinação de teclas de atalho CTRL + U no Word abre a opção Substituir.

6.5 Aba Inserir

A aba Inserir é alvo de várias questões capciosas, então é preciso ter muita atenção com relação às suas opções. A figura a seguir ilustra as opções da Guia.

Bloco Páginas

No Bloco Páginas, ilustrado a seguir, é onde se encontra uma das Quebras possíveis de se inserir em um documento, e justamente a que pode ser alvo de questões que visem confundir o candidato, pois na Aba Inserir é encontrada apenas a opção Quebra de Página; as demais ficam na aba Layout de Página.

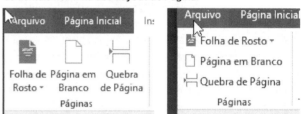

Bloco Páginas, Aba Inserir (à direita com forma reduzida).

A opção Folha de Rosto é uma opção para inserir uma página no documento em edição com mais recursos gráficos com o intuito de dar uma ênfase ao documento.

A opção Página em Branco permite inserir uma página em branco no documento a partir da posição do cursor de texto.

Bloco Tabelas

No bloco Tabelas é disponibilizada apenas a opção Tabela, ilustrada a seguir, por meio da qual podemos tanto inserir uma Tabela no documento em edição como uma Planilha.

Opção Tabela

Ao clicar na opção Tabela, é aberto o menu Dropdown, ilustrado a seguir, no qual se pode observar a opção Planilha, que permite inserir uma planilha no documento. Mas, cuidado: a estrutura de planilhas é diferente de uma tabela.

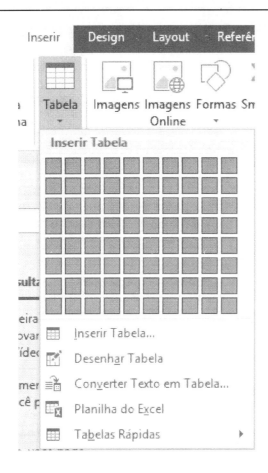

Bloco Ilustrações

A figura abaixo ilustra o bloco Ilustrações. Esta figura, como as demais deste material, foi obtida por meio da ferramenta Instantâneo.

Outra funcionalidade apresentada no MS Office 2013 e mantida no 2016 é a possibilidade de incorporar recursos de aplicativos disponíveis na Windows Store, como também a opção Vídeo Online.

Mas devemos tomar cuidado com a opção Comentário, que, além de existir na aba Revisão, também é apresentada na aba Inserir.

Bloco Links

No bloco Links, são disponibilizadas três opções: Hiperlink, Indicador e Referência Cruzada. A opção Hiperlink tem como tecla de atalho a combinação CTRL+K.

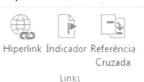

Hiperlink

A respeito da opção Hiperlink, é importante ressaltar que é possível linkar um site da Internet como arquivos da Internet, bem como arquivos do computador do usuário.

Indicador

A opção Indicador serve para criar um link para um ponto do documento em edição. Assim, é possível criar um link por meio da opção Hiperlink para este ponto.

Referência Cruzada

Esta opção permite criar referências para citações, como figuras, tabelas, quadros, entre outros.

Bloco Cabeçalho e Rodapé

A estrutura de cabeçalho e rodapé é utilizada principalmente quando se deseja inserir uma informação em várias páginas de um documento, como numeração de páginas ou uma figura. Mas, cuidado: em um mesmo documento é possível utilizar cabeçalhos e rodapés diferentes, pois essas estruturas são as mesmas para todas as páginas da mesma seção.

Bloco Texto

No bloco Texto devemos destacar a opção WordArt e Linha de Assinatura.

A opção WordArt, desde o Office 2010, mudou sua forma de formatação e estrutura; ela gera agora resultado similar ao obtido pela opção Efeitos de Texto da Aba Página Inicial.

Já a opção Linha de Assinatura permite inserir uma assinatura digital no documento em edição. Contudo, para isso, é necessário possuir um Certificado Digital. Esta opção também pode ser utilizada para inserir as linhas normalmente usadas para posterior assinatura manual.

WORD 2016

Observe a diferença sutil entre o botão Caixa de Texto  e o botão Letra Capitular.

Bloco Símbolos

O bloco Símbolos oferece as opções Equação e Símbolo, conforme figura a seguir. A opção Equação auxilia a escrever, em um documento de texto, funções complexas. Entretanto, ela não resolve as equações, apenas desenha; por exemplo, inserir um somatório.

Já a opção Símbolo permite que sejam inseridos símbolos, como caracteres especiais, em meio ao texto.

6.6 Aba Design

A Aba Design surge no Word 2013 como uma forma de liberar espaço para as opções que, no 2010, estavam na guia Layout da Página.

Além de possibilitar a escolha do tema de cores e estilo de formatação que será utilizado no documento, o bloco Plano de Fundo da Página merece ser destacado dentre as opções da guia, pois são comuns as questões capciosas a respeito de suas opções.

Quanto a este tema, a opção que mais tem gerado confusão em provas é a Marca d'Água, pois para "inserir" uma marca d'água, a opção específica encontra-se na guia Design, diferentemente do que a ideia de ação produz.

6.7 Aba Layout

A aba Layout é muito importante durante a edição de um documento, pois concentra as ferramentas de formatação de páginas.

Na Aba Layout são disponibilizados os blocos: Configurar Página; Parágrafo e Organizar, conforme ilustrado na figura a seguir.

Muito cuidado com as provas que podem apresentar o termo Leiaute, o qual não está errado.

Bloco Configurar Página

O bloco Configurar Página é um dos principais blocos da Aba Layout de Página. Por meio dele, podemos alterar as configurações de: Margens; Orientação; Tamanho; Colunas; Quebras; Números de Linhas e Hifenização. A figura a seguir ilustra estas opções.

Vale ressaltar que as configurações de página podem ser diferentes em um mesmo documento, pois a configuração é aplicada à seção. Assim, é possível em um mesmo documento trabalhar com páginas na orientação retrato e paisagem intercaladas.

Quebras

As quebras permitem empurrar para a próxima estrutura os dados, como também criar divisões dentro de um documento para que se possam utilizar formatações de página distintas no mesmo arquivo.

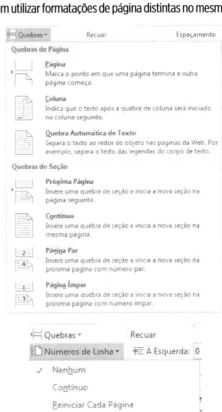

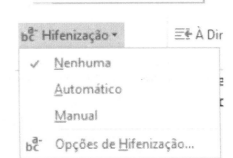

204

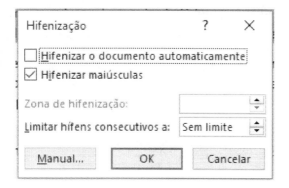

6.8 Aba Referências

A guia Referências dispõe os blocos: Sumário; Notas de Rodapé; Citações e Bibliografia; Legendas; Índice e Índice de Autoridades, conforme ilustrado a seguir.

Bloco Sumário

Por meio do Bloco Sumário, pode-se ter acesso à opção Sumário para a inserção do Sumário Automático no documento em edição. Lembrando que o sumário depende da utilização dos estilos de formatação de título ao longo do documento para poder listar tais títulos e as referidas páginas em que aparecem.

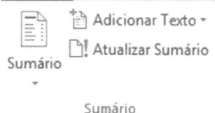

Se novos títulos forem adicionados no documento após a inserção do sumário, o sumário deverá ser atualizado por inteiro; caso apenas sejam mudadas as páginas em que os títulos estavam, pode-se atualizar o sumário por meio da opção Atualizar Apenas Números de Páginas.

Bloco Notas de Rodapé

Por meio do bloco Notas de Rodapé, é possível inserir tanto notas de rodapé como notas de fim. A diferença é que as notas de rodapé são exibidas no rodapé das páginas em que são citadas, já as notas de fim podem ser configuradas para aparecerem no fim da seção ou no fim do documento.

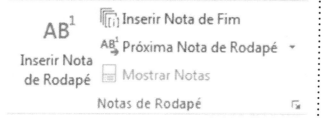

Bloco Citações e Bibliografia

O Word oferece opções de criar um cadastro de fontes bibliográficas para uso facilitado. Assim, quando desejar citar alguma referência, basta utilizar a opção Inserir Citação, disponível no Bloco Citações e Bibliografia, ilustrado a seguir.

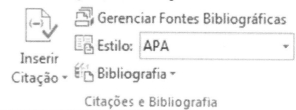

Bloco Legendas

O bloco Legenda permite inserir legendas acima ou abaixo das figuras, tabelas, quadros e outras estruturas inseridas no documento em edição, de maneira que, quando necessário, é possível inserir um índice automático que indique cada figura e a página em que é citada.

Bloco Índice

O Bloco Índice oferece a opção Marcar Entrada e Inserir Índice, que funciona de forma similar ao sumário, mas com a finalidade de criar um índice remissivo.

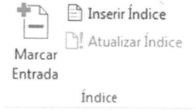

Bloco Índice de Autoridades

Os Índices de Autoridades são novidade no Word 2013. Por meio destas opções, podem-se criar listas de leis, artigos, resoluções, dentre outras estruturas da legislação que sejam citadas em meio ao documento.

6.9 Aba Correspondências

A aba Correspondências é bastante utilizada por escritórios, pois é nela que encontramos as opções de trabalhar com Mala Direta para a geração de envelopes e etiquetas, de forma facilitada e dinâmica. Mas, atenção: é comum se questionar sobre como montar a lista de "contatos" para se trabalhar com a mala direta; para isso, é possível criar a lista utilizando o Excel ou o Access.

6.10 Aba Revisão

A aba Revisão oferece opções de correção e controle do conteúdo do documento, por meio dos blocos: Revisão de Texto; Idioma; Comentários; Controle; Alterações; Comparar e Proteger, conforme ilustrado a seguir.

Bloco Revisão de Texto

Neste Bloco é que se encontra a ferramenta Ortografia e Gramática, que pode ser acionada por meio da tecla de atalho F7. Há também a ferramenta Pesquisar. Mas, cuidado: esta ferramenta serve para pesquisar na Internet, e não no documento em edição.

Outra opção interessante é o Dicionário de Sinônimos, que se torna muito útil quando é preciso encontrar uma palavra diferente para se referenciar a algo de forma a fugir de ter de repetir algum termo.

A ferramenta Contar Palavras, ao ser acionada, abre a janela ilustrada a seguir, na qual é informada a quantidade de palavras em várias situações. O que conta mais para a prova é saber que, se um trecho do texto foi selecionado previamente à seleção da opção, os dados apresentados serão apenas referentes à seleção; porém, se nada estiver selecionado, os dados serão referentes ao documento inteiro.

Contar palavras	
Estatísticas:	
Páginas	2
Palavras	1.077
Caracteres (sem espaços)	5.235
Caracteres (com espaços)	6.291
Parágrafos	21
Linhas	82

☑ Incluir caixas de texto, notas de rodapé e notas de fim

Bloco Idioma

Uma novidade também no Word 2013 é a opção Traduzir, disponível no bloco Idioma, que permite traduzir um texto selecionado utilizando a ferramenta de tradução online da Microsoft. Obviamente observa-se a necessidade de estar conectado à Internet.

Muitas vezes, precisamos digitar trecho ou textos inteiros em outro idioma e ficamos em dúvida se as palavras estão corretas, pois aparecem sublinhadas em vermelho indicando erro. Porém, o MS Word é mais inteligente, uma vez que busca detectar o idioma automaticamente, de forma a se autoajustar. Contudo, às vezes precisamos definir manualmente o idioma de algumas palavras, para isso podemos utilizar a opção Idioma do Bloco Idioma.

Bloco Comentários

É possível inserir comentários no documento em edição, principalmente com a finalidade de explicar alguma alteração realizada.

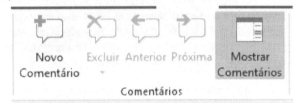

Cuidado: embora a aba Inserir apresente a opção Comentários, as demais ferramentas e opções relacionadas aos comentários e à correção de texto se encontram na aba Revisão.

Bloco Controle

O bloco Controle é uma excelente ferramenta para a correção de documentos, de forma que o escritor, ao terminar sua parte, ativa a opção Controlar Alterações e salva o documento, e envia-o para um corretor, que simplesmente apaga trechos do texto, insere novas estruturas, porém estas ações apenas são marcadas no documento, como ilustrado na sequência, de forma que o corretor, ao terminar, salva novamente o documento e o envia ao escritor para que aceite ou não as alterações realizadas.

Bloco Alterações

Ao receber o documento com as sugestões de alteração, o escritor apenas tem o trabalho de aceitar ou rejeitar as sugestões realizadas.

Bloco Comparar

O bloco Comparar oferece a opção Comparar pela qual é possível escolher dentre as opções: Comparar... ou Combinar...

A opção Comparar... permite comparar versões diferentes de um mesmo documento, a fim de destacar as diferenças. Já a opção Combinar... serve para combinar as diferentes sugestões de alteração que várias pessoas fizeram com base no mesmo documento.

Bloco Proteger

A opção Restringir Edição, disponível no Bloco Proteger, é a mesma apresentada no menu Arquivo.

6.11 Aba Exibir

Note que no Word 2013 o nome da aba era Exibição; na versão 2016 ficou mais sucinta. As opções encontradas nesta Guia estão relacionadas a itens que se remetem à forma de apresentação da janela, do zoom, entre outas visões. A figura a seguir ilustra a aba que é composta pelos blocos: Modos de Exibição de Documento; Mostrar; Zoom; Janela e Macros.

Bloco Modos de Exibição

Trata-se de um dos principais blocos da aba Exibição, em relação à cobrança nas provas, pois neste bloco são disponibilizados os cinco modos de exibição da janela do Word: Layout de Impressão; Leitura em Tela Inteira; Layout da Web; Estrutura de Tópicos e Rascunho, conforme ilustra a figura a seguir.

O modo Layout de impressão é o padrão. Quando ele esta ativado, é possível se visualizar os limites das páginas, e as réguas são exibidas tanto da horizontal como da vertical.

O modo Leitura em Tela Inteira oferece uma visualização na qual o tamanho da fonte é aumentado, bem como os espaçamentos, proporcionando assim uma melhor visualização do texto.

No Layout da Web não há a divisão em páginas, e apenas aparece a régua da horizontal.

A Estrutura de Tópicos exibe o texto com um marcador para cada parágrafo, como ilustrado a seguir.

O modo Rascunho é o mais simples, as figuras são omitidas, e apenas o texto é exibido.

Bloco Mostrar

Por meio deste bloco é possível se exibir ou ocultar algumas estruturas do Word, como: a Régua, as Linhas de Grade e o Painel de Navegação, conforme a figura a seguir.

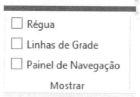

A opção Régua, por padrão, é habilitada; mas, ao desativá-la, apenas são ocultadas as réguas da janela.

Já a opção Linhas de Grade exibe o reticulado, a fim de auxiliar na edição do documento como ilustrado a seguir.

A opção Painel de Navegação habilita a exibição ao lado esquerdo da janela do Word, um painel no qual são exibidos os títulos do documento, como ilustrado a seguir. Ao se clicar em um título, o cursor de texto é disposto na posição do título clicado, também é possível se reorganizar o documento clicando e mantendo clicado, arrastar o arquivo para o local desejado.

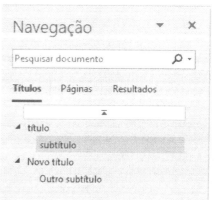

WORD 2016

Bloco Zoom

Por meio deste bloco, ilustrado a seguir, é possível se alternar entre os diversos níveis de zoom do documento.

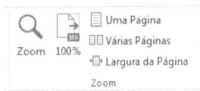

Bloco Janela

As opções deste bloco estão associadas à visualização da janela do programa.

A opção mais usual é a opção Dividir, que permite dividir a tela em duas, de forma a possibilitar a visualização de duas partes distantes de um mesmo documento simultaneamente, como ver a primeira e a última página de um documento com várias páginas.

01. Com referência aos ícones da interface de edição do MS Word disponíveis na guia Página Inicial, assinale a opção que apresenta, na respectiva ordem, os ícones que devem ser acionados para se realizarem as seguintes ações: aumentar em um ponto o tamanho da fonte; ativar estrutura de tópicos; alinhar texto à direita; alterar o espaçamento entre linhas de texto.

a)
b)
c)
d)
e)

02. Assinale a opção que apresenta corretamente os passos que devem ser executados no BrOffice Writer para que os parágrafos de um texto selecionado sejam formatados com avanço de 2 cm na primeira linha e espaçamento 12 entre eles:

a) Acessar o menu Editar, selecionar a opção Texto e inserir os valores desejados no campo Recuos e Espaçamento.
b) Acessar o menu Formatar, selecionar a opção Parágrafo e inserir os valores desejados no campo Recuos e Espaçamento.
c) Acessar o menu Formatar, selecionar a opção Texto e inserir os valores desejados no campo Espaçamento.
d) Acessar o menu Editar, selecionar a opção Recuos e inserir os valores desejados no campo Recuos e Espaçamento.
e) Pressionar, no início da primeira linha, a tecla Tab e, em seguida, a tecla Enter duas vezes após o primeiro parágrafo do texto selecionado. Assim, o Writer repetirá essa ação para os demais parágrafos selecionados.

03. Tendo como referência a figura apresentada, julgue os próximos itens acerca do BrOffice Writer:

a) É possível salvar um arquivo em formato PDF por meio da opção Salvar como...

b) Selecionando-se, sequencialmente, o menu Arquivo, a opção Novo e a sub opção Planilha pode-se criar uma planilha, que será aberta dentro do Writer.

c) Clicando-se uma vez o botão , é possível inserir, em arquivos editados no Writer, links para outros arquivos ou páginas da Internet.

d) Textos que forem digitados no campo representado pelo ícone Localizar serão buscados na Internet mediante o sítio de buscas Google.

e) É possível alterar a cor da fonte utilizada em um documento ao se selecionar o texto e, em seguida, clicar o botão .

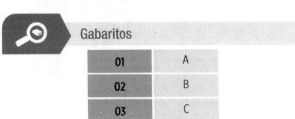

Gabaritos

01	A
02	B
03	C

208

7. EXCEL 2016

7.1 Janela Inicial

Assim como no Word e no PowerPoint 2016, o Excel inicia, por padrão, com a tela que exibe os documentos recentes e modelos, disponíveis online, como sugestões para iniciar um novo documento.

7.2 Formatos de Arquivos

Um arquivo do Excel é uma Pasta de Trabalho, composta por uma ou mais Planilhas.

Note que, na versão 2016, o nome padrão das planilhas não é mais Plan1, e sim Planilha1, similar ao BrOffice/LibreOffice Calc.

Formato	Excel 2003	Excel 2007 e 2010	Excel 2013 e 2016	Calc
Pasta de trabalho	XLS	XLSX	XLSX	ODS
Modelo	XLT	XLTX	XLTX	OTS
Demais formatos	csv e CML	XLS, ODS, csv e XML	XLS, ODS, csv e XML	XLSX, XLS, csv e XML
PDF	Não trabalha com	SALVA em PDF	Exporta em PDF	Exporta em PDF

Nota: cada pasta de Trabalho agora opera em uma janela diferente. Assim, torna-se possível utilizar recursos como o AERO SNAP para exibir duas janelas do Excel lado a lado na tela.

Em uma tabela, o comportamento é diferente do comportamento de uma planilha. Em uma planilha, as células possuem endereços que podem ser referenciados em fórmulas e funções.

Ainda comparando tabela com planilha, ao inserir uma tabela são desejadas as células já com suas bordas em evidência, e a quantia de linhas e colunas pode ser inserida na tabela indefinidamente, ao contrário das planilhas que ao criar uma planilha ela exibe apenas suas linhas de grade e não suas bordas, tanto que se visualizarmos a impressão irá aparecer uma página em branco.

	Nº de Linhas	Nº Colunas
Excel 2003	65.536	256
Excel 2007 → 2016	1.048.576 = 2^{20}	16.384 = 2^{14}
Calc	1.048.576	1.024 = 2^{10}

Contudo, as planilhas já são criadas com um número específico de linhas e colunas. Este número é fixo, ou seja, não podemos criar novas linhas ou colunas muito menos excluí-las. Neste ponto você deve estar se perguntando: mas o Excel tem uma opção para inserir linhas e colunas. É... infelizmente você acabou de descobrir que o programa está lhe enganando.

7.3 Novidades

Uma das maiores novidades (pelo menos para efeito de provas em concursos) do Excel 2016 são os novos gráficos disponíveis.

Note, na figura a seguir, que os minigráficos continuam a existir no 2016, e ainda são apresentados separadamente dos gráficos tradicionais, por conta da forma que são representados. Os minigráficos são limitados ao tamanho de uma célula, enquanto os gráficos tradicionais podem ser incorporados como figuras ou como uma guia de planilha.

No Excel 2016, recomenda-se selecionar os dados antes de inserir um gráfico, pois o programa busca apresentar primeiramente os gráficos recomendados de acordo com o conjunto de dados selecionados. Por exemplo, se apenas uma linha, ou apenas uma coluna for selecionada o mais indicado será um gráfico de Pizza, ou sua variação Rosca. A figura a seguir representa os gráficos disponíveis no programa.

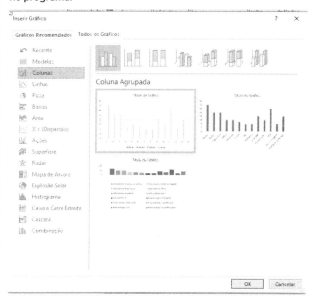

Dos gráficos disponíveis são novos, ou seja, não existiam na versão anterior, os seguintes:

EXCEL 2016

> Mapa de Árvore;
> Explosão Solar;
> Histograma;
> Caixa e Caixa Estreita (boxplot);
> Cascata;
> Funil.

Os demais gráficos já existiam na versão anterior:
> Coluna (Agrupada ou empilhadas – 2D e 3D);
> Barra (Agrupada ou empilhadas – 2D e 3D);
> Linha;
> Pizza;
> Rosca (é uma variação de pizza);
> Área;
> X Y (também chamado de Dispersão);
> Bolhas (variação de dispersão);
> Ações;
> Superfície;
> Combinação (inserido no Excel 2013);
> Radar.

A seguir consta um exemplo do gráfico de explosão solar. Veja que é possível, e necessário, usar mais que duas colunas, ou linhas. Este gráfico permite analisar dados categorizados e sua participação (%) dentro de cada categoria.

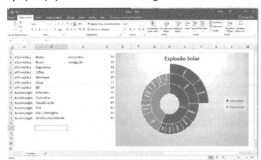

Outro gráfico, excepcional, adicionado que auxilia e muito a área de estatística é o gráfico boxplot (Caixa) que apresenta várias informações estatísticas, como máximos e mínimos, média entre outras informações.

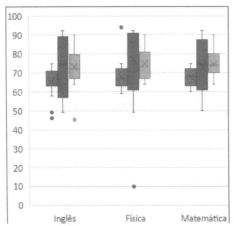

Um gráfico caixa e caixa estreita mostra a distribuição dos dados em quartis, realçando a média e as exceções. As caixas podem ter linhas estendendo-se verticalmente chamadas de "caixa estreita". Essas linhas indicam variabilidade fora do quartis superiores e inferiores e qualquer ponto fora dessas linhas ou caixas estreitas é considerado uma exceção (Microsoft).

Os gráficos de caixa estreita são frequentemente usados na análise estatística. Por exemplo, você poderia usar um gráfico de caixa estreita para comparar os resultados de avaliações médicas ou as pontuações de teste de professores (Microsoft).

7.4 Operadores

1.1. Células de absorção

Uma das principais funcionalidades de um editor de planilhas é permitir a realização de cálculos matemáticos e operar com diversas funções lógicas não somente com números, mas também com textos. Contudo, é necessário informar ao programa quando temos a intenção de realizarmos alguma destas operações. Para isso, devemos utilizar um indicador antes das fórmulas e funções.

Dentre os símbolos utilizados para iniciar uma Fórmula ou Função o mais conhecido e cobrado é o sinal de igualdade "=", porém ele não é o único que pode ser utilizado Na tabela a seguir estão descritos os demais sinais que podem ser utilizados.

Fórmulas	Exemplo	Funções	Exemplo
=	=5+5	=	=SOMA(A1:A5)
+	+5+5	+	+SOMA(A1:A5)
-	-5+5	-	-SOMA(A1:A5)
		@	@SOMA(A1:A5)

A observação sobre estes sinais está relacionada à origem do Excel. Nas primeiras versões do programa era utilizado o símbolo "@" (arroba) para indicar ao programa o início de uma função, enquanto para fórmulas se utilizava o "=", Como forma de padronizar, a Microsoft alterou o programa para que as funções também aceitassem o sinal de igualdade como indicar de início. Portanto o @ só funciona associado a funções no Excel.

Você deve estar se perguntando neste momento qual a diferença entre Fórmula e Função. Entenda por fórmula aquelas operações que envolvem os operadores matemáticos, as sentenças aritméticas, ou mesmo operações que envolvem mais de uma função.

Não podemos dizer que uma fórmula pode iniciar pelo sinal "@" pelo fato de que existe situação em que ele não funciona, como por exemplo, se for inserido em uma célula o seguinte "@5+5" Excel apresentará erro; mas se o que for inserido, por exemplo, "@B3+C3" o Excel também apresentará erro. Porém após fechar a caixa da mensagem de erro ele traz o trecho "@B3" selecionado. Assim quando o usuário clicar em alguma célula o trecho selecionado será substituído pelo sinal "=" seguido do endereço da célula selecionada.

Contudo, algumas bancas como CESPE e FCC consideraram em provas anteriores que o sinal "@" pode ser utilizado tanto para indicar o início de Fórmulas como também Funções. E, na prova o que considerar? Considere a forma correta, pois se a banca considerar o diferente utilize o exemplo dado, da situação que ocorre o erro, para anular a questão.

Operadores Aritméticos

Quando trabalhamos com expressões aritméticas ou fórmulas, utilizamos constantemente os operadores, e, por este fato, muitas bancas colocam cobram questões a respeito. Os principais operadores são ilustrados na tabela a seguir.

Operador	Ação	Exemplo	Resultado
+	Soma	=5+5	10
-	Subtração	=5-5	0
*	Multiplicação	=5*5	25
/	Divisão	=5/5	1
%	Percentagem	=200*10%	20
^	Potenciação	=2^3	8

Quando uma célula estiver selecionada no Excel e se pressionar a tecla "/", o menu Arquivo será selecionado no Excel 2003 e, a partir do 2007, irá exibir as letras de cada guia da faixa de opções, ou seja, no Excel a barra faz o mesmo que a tecla Alt. Para iniciar o conteúdo de uma célula com a barra, deve-se posicionar o cursor de texto dentro da célula.

O operador % equivale a uma divisão por 100.

Operador de texto

O operador de texto é o & que realiza a operação de concatenação, ou seja, junta os dados das células indicadas na célula em que foi inserida a fórmula.

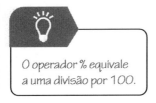

Outros exemplos:

Resultados:

	A	B	C	D	E
1	10		40	1040	1041
2	AB	CD	CDAB		
3	10AB	CD40			
4					

7.5 Operadores de referência

Em conjunto com o uso de funções, necessitamos utilizar um indicador para especificar os valores que devem ser considerados em uma função. A presença desses indicadores é tão importante, que houve questões nas quais o erro era justamente o uso incorreto desses sinais. A tabela a seguir mostra o sinal e como o devemos ler em uma expressão.

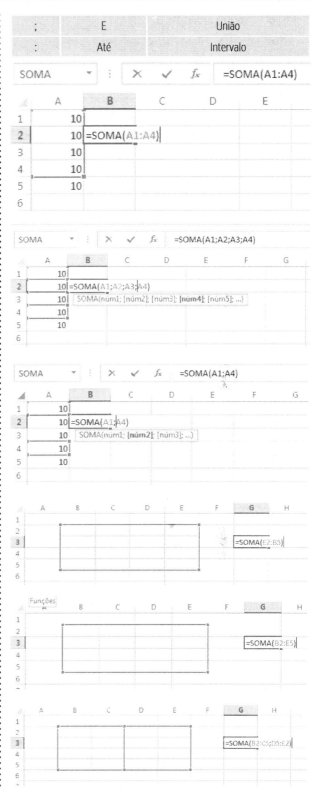

O sinal de ponto e vírgula ainda pode ser entendido como operador de união, e o sinal dois-pontos define um intervalo.

Ex.: dadas as funções

=SOMA(A3:A6)

=SOMA(A3;A6)

Na primeira função será apresentado o resultado da soma dos valores das células A3, A4, A5 e A6, enquanto que na segunda será apenas calculada a soma dos valores das células A3 e A6.

Operador de comparação

Operador	Símb.	Exemplo de uso	Resultado
Menor que	<	=7<10	VERDADEIRO
Maior que	>	=7>10	FALSO
Igual à	=	=7=10	FALSO
Maior ou igual à	>=	=7>=10	FALSO
Menor ou igual à	<=	=7<=10	VERDADEIRO
Diferente de	<>	=7<>10	VERDADEIRO

7.6 Funções

O Excel oferece diversas funções para a realização de operações e cálculos. Para auxiliar o usuário a encontrar a função necessária, o programa as separa em grupos, separadas em uma biblioteca de funções. O recurso citado pode ser encontrado na aba Fórmulas, como ilustra a figura a seguir.

Categorias

> Financeira;
> Lógica;
> Texto;
> Data e Hora;
> Pesquisa e Referência;
> Matemática e Trigonométrica;
> Mais funções:
>> Estatística;
>> Engenharia;
>> Cubo;
>> Informações;
>> Compatibilidade
>> Web.

Também é possível inserir uma função por meio do botão Inserir Função presente nesta mesma aba, como pelo mesmo botão representado na aba barra de fórmulas ilustrada a seguir.

Dentre as tantas funções existentes no programa, vamos destacar as principais, ou seja, as que têm maior probabilidade de serem cobradas nas provas.

Soma

A função Soma apresenta o resultado da soma dos valores contidos nas células indicadas no espaço de parâmetros da mesma.

Logo, tomando o recorte da planilha abaixo, e seus dados, ao inserir a função =SOMA(A1:A5), obtemos como resposta o valor 20.

	A	B	C
1	7	3	
2	3	7	
3		7	
4	7	3	
5	3	5	
6			
7			

Média

O cálculo da média é a obtenção do resultado da soma de um conjunto de valores e dividir essa soma pelo total de elementos desse conjunto.

A sintaxe da função é

=MÉDIA(<parâmetros>)

Em que: os <parâmetros> são o conjunto de endereços das células que serão consideradas. Dada a figura anterior, consideremos a função: =MÉDIA(A1:A5). O resultado dessa função será 20, pois a função Média ignora células vazias.

	A	B	C
1	7	3	
2	3	7	
3		7	
4	7	3	
5	3	5	
6			
7			

Mediana

A mediana calcula o elemento central de um conjunto de dados. Mas, cuidado: devemos lembrar que esta é uma função estatística que considera os valores ordenados. Assim, ao aplicar a função:

=MED(B1:B5)

Obteremos como resposta o valor 5, pois se encontra no centro do conjunto de dados. Já no caso de aplicar a função:

=MED(A1:A5)

A resposta será também 5, porque quando o conjunto de dados possui uma quantidade par de elementos, a mediana corresponde à média dos dois elementos centrais do conjunto.

Mod

A função MOD calcula o resto de uma divisão inteira. Dessa forma, ao aplicar a função:

=MOD(A1;A2) teremos como resposta 1, uma vez que o número 7 dividido por 3 resulta em 2 e sobra 1.

Potência

Esta função calcula um valor elevado a outro. Sua sintaxe é a seguinte:

=POTÊNCIA(<número>;<potência>)

Como exemplo, temos:

=POTÊNCIA(2;3)

que resulta em 8.

Ainda, podemos comparar com o uso do operador de potenciação:

=2^3

Máximo

A função Máximo retorna o valor mais alto do conjunto de dados especificados, ao aplicar a função para o conjunto de dados inicial.

=MÁXIMO(B1:B5)

A resposta será 7.

Maior

A função maior possui dois campos em sua sintaxe.

=MAIOR(<intervalo>;<Número de Ordem>)

Ao aplicar

=MAIOR(B1:B5;3)

Podemos entender como a busca pelo terceiro maior número de B1 até B5.

Mínimo

Esta função resulta no valor mais baixo de um conjunto de dados. Logo ao aplicar:

=MÍNIMO(B1:B5)

a resposta obtida será 3.

Menor

Assim como a função Maior a função menor possui dois campos obrigatórios, seja o exemplo:

=MENOR(B1:B5;4)

Em que se lê: quarto menor número de B1 até B5, que resulta em 7.

Agora

Outro grupo de funções é o das funções de data, no caso específico a função Agora é um exemplo.

Esta função não recebe parâmetros, apenas é escrita:

=AGORA( )

Seu resultado é a expressão da data e da hora atual, ou seja, do momento em que foi inserida. Cuidado: por padrão, o resultado desta função não se atualiza automaticamente. No entanto, ao inserir uma outra função ou cálculo em outra célula e teclar Enter, os dados da função Agora serão atualizados.

Hoje

A função Hoje retorna apenas a Data atual. Para usá-la, basta inserir =HOJE( ) e a data será impressa na célula.

Dias

A função DIAS retorna a diferença entre duas datas.

=DIAS(<data_Final> ; <data_Inicial>)

Cont.Núm

Esta função realiza a contagem de células cujo conteúdo é um valor numérico. Sua sintaxe apresenta-se da seguinte forma:

=CONT.NÚM(A1:A5)

Para o conjunto de dados inicial, a resposta será 4, pois uma célula está vazia.

Cont.Se

Enquanto a função Cont.Núm contabiliza a quantidade de células de conteúdo numérico, a função Cont.Se conta a quantidade de células que possuem conteúdo que atendam a um critério fornecido como parâmetro.

=CONT.SE(<intervalo>;<Critério>)

Assim, se aplicarmos:

=CONT.SE(B1:B5; "=7")

A resposta obtida será 2, pois existem apenas duas células com conteúdo igual a 7. Observe atentamente a necessidade do uso das aspas duplas.

SomaSe

Por meio da função SomaSe, podemos realizar a soma apenas das células que interessam.

Sua sintaxe é apresentada de seguinte forma:

=SOMASE(<intervalo a ser comparado> ; <critério> ; <intervalo a ser somado>)

Para isso, utilizaremos o conjunto de dados a seguir:

	A	B	C	D
1	7	3	A	
2	3	7	A	
3		3	B	
4	7	7	C	
5	3	5	A	
6		5	C	
7				

Ao utilizar a função:

=SOMASE(C1:C6; "=A"; B1:B6)

A resposta será 15, pois corresponde à soma das células presentes na coluna B, que estão na mesma linha das células da coluna C, que tem como conteúdo o texto comparado "A".

SE

A função SE também é conhecida como condicional. Esta função é utilizada para a tomada de decisões, pois permite analisar os dados e realizar uma ação de acordo com o que for encontrado.

A sintaxe da função possui por padrão três campos:

=SE(<teste lógico> ; <ação caso teste verdadeiro> ; <ação caso teste falso>)

INFORMÁTICA BÁSICA

EXCEL 2016

Assim, dado o exemplo:

=SE(7>5;"verdade";"falso")

A resposta será verdade, pois é o texto expresso na ação, caso a condição seja verdadeira. Como 7 é maior do 5, isso se confirma.

=SE(7<5; "verdade"; "falso")

Como 7 não é menor do que 5, a condição é falsa; o que leva ao resultado Falso.

E

A função E retorna o resultado do tipo lógico, sendo verdadeiro somente quando todas as expressões sejam verdadeiras. A seguir consta a sintaxe desta função:

=E(expressão1; Expressão2; Expressão n)

Ou

A função OU retorna o resultado do tipo lógico, sendo falso somente quando todas as expressões sejam falsas. A seguir consta a sintaxe desta função:

=OU(expressão1; Expressão2; Expressão n)

Não

A função Não é a negação. Ela aceita apenas um parâmetro e inverte o resultado deste. Assim, se o valor da expressão resulta em verdadeiro, a resposta gerada por ela é falso e vice-versa. A seguir consta a sintaxe desta função:

=Não(Expressão)

Ou exclusivo

A função XOR retorna o resultado lógico verdadeiro apenas quando o número de proposições verdadeiras for ímpar.

=XOR(Expressão1 ; Expressão2; Expressão n)

Maiúsculas

No Excel, ao contrário do Word, para formatar um texto para letras maiúsculas não existe uma ferramenta, mas apenas a função Maiúsculas . A seguir consta a sintaxe desta função:

=MAIÚSCULA("texto")

O resultado será TEXTO.

Minúsculas

Assim como para formatar como maiúsculas, também é possível utilizar a função Minúsculas. A seguir consta a sintaxe desta função:

=MINÚSCULA("TexTo")

O resultado será texto.

7.7 Seleção de células

Durante a edição de uma planilha, podemos usar um comando do teclado para navegar entre as células. Dentre uma das ações mais comuns está o uso da tecla ENTER que, em uma planilha, seleciona a célula abaixo da célula em edição, enquanto que em uma tabela do Word é inserido um novo parágrafo na nova linha dentro da mesma célula.

Já a tecla Tab produz o mesmo resultado tanto em uma Planilha como em uma tabela no Word. Ao teclar TAB, a célula à direita da célula em uso será selecionada.

O uso da tecla HOME tanto no Word como no Excel posiciona o cursor na primeira posição da linha atual. No caso das planilhas, a primeira posição trata-se da primeira célula.

Ao utilizar a combinação CTRL + HOME, a primeira célula é selecionada, ou seja, a célula A1.

A combinação CTRL + END seleciona a última posição do documento; esta, por sua vez, é a célula do encontro da última coluna com a última linha com conteúdo.

De modo geral, também podemos realizar a seleção de um conjunto de células.

7.8 Alça de preenchimento

A alça de preenchimento é um dos recursos que mais possui possibilidades de uso e, por consequência, respostas diferentes.

Antes de entendê-la vamos ver quem é ela. Veja a figura a seguir.

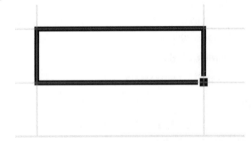

Observe que, quando uma ou mais células estão selecionadas, sempre no canto inferior direito é ilustrado um quadrado um pouco mais destacado; essa é a alça de preenchimento.

Ela possui esse nome porque é utilizada para facilitar o preenchimento de dados que obedeçam a uma regra ou padrão.

Quando uma única célula está selecionada e o seu conteúdo é um valor numérico, ao clicar sobre a alça de preenchimento e arrastar, seja na horizontal ou vertical, em qualquer sentido, exceto diagonal, no Excel o valor presente na célula é copiado para as demais sobre as quais foi arrastada a alça. A figura a seguir ilustra tal comportamento.

214

Já em uma situação em que existem duas células adjacentes selecionadas contendo valores numéricos diferentes entre si, ao se arrastar pela alça de preenchimento as células serão preenchidas com uma PA, cuja razão é a diferença entre os dois valores selecionados. A figura a seguir ilustra esse comportamento. Podemos observar que o valor que irá ser exibido na célula B6 será o número 30. Com isso observamos que a célula B4 receberá o valor 20, enquanto que B5 receberá 25, conforme vemos na figura da direita.

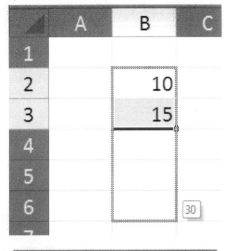

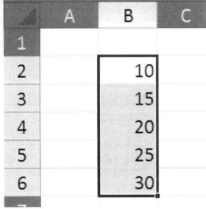

Mas devemos nos lembrar da exceção do Excel, em que se forem duas células selecionadas uma abaixo da outra, ao arrastar na horizontal as células são preenchidas com o mesmo valor; caso sejam duas células uma ao lado da outra as selecionadas, ao arrastar na vertical também apenas será copiado o valor das células selecionadas. Veja a figura a seguir ilustrando esse comportamento.

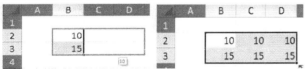

Quando o conteúdo de uma única célula selecionada for um texto, esse será copiado para as demais células. Mas se o conteúdo, mesmo sendo um texto, fizer parte de uma série conhecida pelo programa, as células serão preenchidas com o próximo valor da série. Por exemplo, se Janeiro for o conteúdo inserido na célula, então ao arrastar pela alça de preenchimento para a direita ou para baixo, a célula adjacente será preenchida com Fevereiro. Por outro lado, se for arrastado para cima ou para a esquerda, a célula adjacente será preenchida com Dezembro. O mesmo vale para as sequências Jan, Seg e Segunda-feira. Atenção: A, B, C não são conhecidos como série nos programas, mas o usuário pode criá-las.

Já na situação em que haja duas células que contenham textos diferentes selecionadas, ao arrastar será preenchido com o padrão encontrado. Veja o exemplo abaixo.

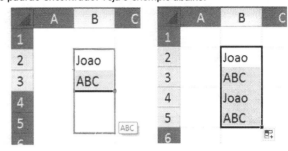

7.9 Endereçamento de células

Para endereçar uma célula, podemos utilizar 3 modos diferentes: Relativo, Misto e Absoluto.

Os modos de endereçamento não mudam em nada o valor ou qual célula está sendo utilizada, apenas influenciam a ação de copiar a célula com um endereço para outra célula.

Relativo	Misto		Absoluto
Coluna Linha	$Coluna Linha	Coluna $Linha	$Coluna$Linha
CL	$CL	C$L	CL
A2	$A2	A$2	$A$2

Endereçamento relativo

Fórmulas

Resultados

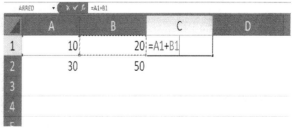

EXCEL 2016

Endereçamento misto

Deslocamento	
Origem	Destino
L=	
C=	

Fórmulas

	A	B	C	D
1	10	20	=$A1+B$1	
2	30	50		
3				
4				

Resultados

	A	B	C	D
1	10	20	30	
2	30	50		
3				
4				

Endereçamento absoluto

Fórmulas

	A	B	C	D
1	10	20	30	
2	30	50		
3	=$A$1			
4				

Resultados

	A	B	C	D
1	10	20	30	
2	30	50		
3	10			
4				

Questões

01. A figura 3A6AAA representa parte da janela de um arquivo no Excel, em que há uma tabela com o filtro ativo na primeira linha.

Considerando a figura 3A6AAA, caso na célula A1 seja ativado o filtro Classificar de A a Z, as informações constantes da coluna A entram em ordem alfabética:

a) ficando os números das linhas da coluna C em ordem decrescente da linha 2 para a linha 7.
b) ficando as linhas da coluna C em ordem crescente da linha 2 para a linha 7.
c) da linha 7 para a linha 2, ficando inalteradas as linhas das colunas B e C.
d) da linha 2 para a linha 7, ficando inalteradas as linhas das colunas B e C.
e) da linha 2 para a linha 7, passando todas as linhas das colunas B e C a acompanhar a nova ordenação.

Figura 3A6AAA

	A	B	C
1	responsável	projeto	valor (R$)
2	João	projeto A	100.000
3	Manuel	projeto B	150.000
4	Ana	projeto C	300.000
5	Pedro	projeto D	250.000
6	Patrícia	projeto E	200.000
7	Cristina	projeto F	100.000

02. A figura 3A6AAA representa parte da janela de um arquivo no Excel, em que há uma tabela com o filtro ativo na primeira linha.

Para configurar a coluna C da figura 3A6AAA como moeda e com visualização de R$ antes de cada número, deve-se:

a) selecionar toda a coluna e, em opções do Excel, habilitar o cálculo iterativo.
b) selecionar toda a coluna e formatar células como moeda, com opção de visualizar R$.
c) selecionar toda a coluna e, em opções do Excel, personalizar a correção ortográfica para inserir R$.
d) digitar $ antes de cada número.
e) selecionar toda a coluna e, em opções do Excel, selecionar em fórmulas o cálculo automático.

Utilizando o Excel 2010, um analista desenvolveu e compartilhou com os demais servidores de sua seção de trabalho uma planilha eletrônica que pode ser editada por todos os servidores e que, ainda, permite a identificação do usuário responsável por realizar a última modificação. Para compartilhar suas atualizações individuais na planilha, o analista tem de selecionar a opção correspondente em Compartilhar Pasta de Trabalho, do menu Revisão, do Excel 2010.

Com relação a essa situação hipotética, julgue.

03. No BrOffice Calc, para se eliminar casas decimais de um número, utiliza-se, exclusivamente, a função:

a) COMBINA.
b) EXP.
c) RADIANOS.
d) TRUNCAR.
e) SOMASE

04. Considere que, utilizando uma máquina com sistema operacional Windows, um usuário tenha inserido uma linha em branco em uma planilha do Microsoft Excel, em sua configuração padrão. Assinale a opção que apresenta a tecla que deverá ser acionada, nessa situação, para repetir essa última ação do usuário:

a) F5.
b) F1.
c) F2.
d) F3.
e) F4.

05. Um usuário, servindo-se do Microsoft Excel, deseja simular o valor de um investimento em uma instituição financeira, com base nos seguintes dados: quantidade de parcelas do investimento, taxa de rendimento anual, juros constantes e investimento feito em cada parcela.

Considerando essa situação hipotética, assinale a opção que apresenta a função a partir de cuja execução o usuário poderá simular o valor que será obtido ao final do período de investimento:

a) MÉDIA
b) VF
c) ARRED
d) CORREL
e) SOMA

Gabaritos

01	E
02	B
03	D
04	E
05	B
06	A
07	A

	A	B	C
1	Aluno	Nota	
2	Bernardo	84	
3	Giovana	82	
4	Hugo	81	
5	João	82	
6	José	72	
7	Maria	86	
8	Patrícia	80	
9	MÉDIA	81	

06. Considerando que a figura acima mostra parte de uma planilha em processo de edição no Excel, na qual estão contidas notas de sete alunos, assinale a opção que apresenta a fórmula correta para se calcular a média dessas notas, apresentada na célula B9 da planilha:

a) =MÉDIA(B2:B8)
b) =MÉDIA(B2∑B8)
c) =MÉDIA(B2,B8)
d) =MÉDIA(B2;B8)
e) =MÉDIA(∑B2:∑B8)

07. A planilha a seguir foi digitada no LibreOffice Calc 5.3 e no Microsoft Excel 2013, ambos em português, e mostra os homicídios por armas de fogo em algumas regiões do Brasil de 2009 a 2014.

	A	B	C	D	E	F	G	H
1				Homicídios por arma de fogo				
2	UF/REGIÃO	2009	2010	2011	2012	2013	2014	Média
3	Acre	61	63	50	85	97	116	78,66667
4	Amapá	69	103	80	117	99	142	101,6667
5	Amazonas	572	635	879	855	692	756	731,5
6	Pará	2.038	2.502	2.077	2.138	2.254	2.319	2221,333

(http://www.mapadaviolencia.org.br/pdf2016/Mapa2016_armas_web.pdf)

Na célula H3, foi digitada uma fórmula para calcular a média aritmética dos valores do intervalo de células de B3 a G3. A fórmula utilizada foi:

a) =MÉDIA(B3:G3) tanto no LibreOffice Calc 5.3 quanto no Microsoft Excel 2013.
b) =AVG(B3:G3) no LibreOffice Calc 5.3 e =MÉDIA(B3:G3) no Microsoft Excel 2013.
c) =AVG(B3:G3) tanto no LibreOffice Calc 5.3 quanto no Microsoft Excel 2013.
d) =MEDIA(B3:G3) no LibreOffice Calc 5.3 e =AVERAGE(B3:G3) no Microsoft Excel 2013.
e) =MED(B3:G3) tanto no LibreOffice Calc 5.3 quanto no Microsoft Excel 2013.

8. POWERPOINT 2016

O PowerPoint é o editor de Apresentações de Slides da Microsoft.

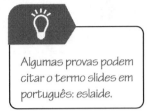

Algumas provas podem citar o termo slides em português: eslaide.

8.1 Tela de Abertura

8.2 Tela de Edição

8.3 Formato de arquivo

O PowerPoint possui dois formatos principais: um relacionado à edição dos slides (PPTX), e outro que abre diretamente no modo de exibição (PPSX).

8.4 Aba Página Inicial

Ao comparar a Página Inicial do Word com o PowerPoint, é possível notar algumas diferenças, como o bloco Slides e o Bloco Desenho, como também algumas diferentes opções nos Blocos Fonte e Parágrafo. A figura a seguir ilustra esta aba.

Bloco Slides

Este é um dos blocos mais utilizados. Atente à opção Novo Slide na figura a seguir, ela apresenta uma seta para baixo, o que significa que um menu Dropdown será aberto, conforme ilustra a figura da sequência, permitindo que seja selecionado o layout do slide a ser inserido.

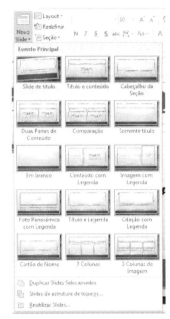

Contudo, é possível mudar o Layout (organização) de um slide mesmo após sua inserção, bastando para tanto selecionar o slide desejado e alterar seu layout pela opção Layout.

Já a opção Redefinir possibilita reestabelecer às configurações padrões de posicionamento, tamanho e formatação dos espaços reservados de um slide.

Bloco Fonte

O bloco Fonte apresenta as opções: sombra de texto e espaçamento entre caracteres que não aparecem no Word, como ilustra a figura a seguir.

A opção Sombra indicada pela letra S mais espessa, conforme ilustrado a seguir, permite aplicar um efeito de sombra que confere um destaque ao texto, dando a impressão de volume.

No PowerPoint também é possível alterar o espaço entre os caracteres de texto, a fim de distribuir melhor um texto em um slide. Para isso, basta selecionar o texto e a opção desejada junto à alça da opção Espaçamento Entre Caracteres, ilustrada a seguir.

Bloco Parágrafo

Neste bloco há novas funcionalidades, como: colunas, Direção do Texto, Alinhar Texto e Converter em SmartArt, como pode ser visualizado na figura a seguir.

A opção Colunas permite formatar uma caixa de texto selecionada para que exiba seu texto em diversas colunas. Para isso, pode-se utilizar a opção ilustrada a seguir.

A opção Direção do Texto permite alterar a forma como um texto é exibido no PowerPoint, a fim de causar um efeito mais chamativo. A opção Direção do Texto é ilustrada a seguir.

As opções encontradas ao clicar na opção Direção do Texto são: Horizontal; Girar em 90º; Girar em 270º e Empilhado, conforme ilustrado na sequência.

Também é possível alinhar o texto verticalmente na caixa de texto. Para isso, pode-se utilizar a opção Alinhar Texto, representada pela figura que se segue.

As opções são: Em Cima, no Meio e Embaixo.

O recurso SmartArt também existe no Word, contudo no PowerPoint é possível converter uma estrutura de um texto, em parágrafo ou tópicos, em um esquema do SmartArt.

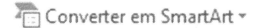

Algumas das opções possíveis são ilustradas na figura a seguir.

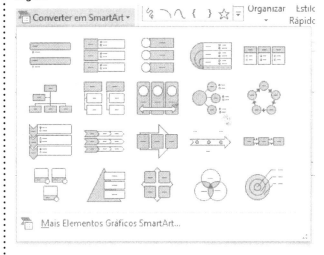

Bloco Desenho

O bloco Desenho é o substituto da barra de ferramentas de desenho encontrada no Microsoft Office 2003. Nele encontramos as mesmas opções e algumas a mais. A figura a seguir ilustra o bloco.

Formas

A opção Formas permite inserir um desenho no documento em edição que pode ser dimensionado e preenchido.

POWERPOINT 2016

Algumas das opções de formas são ilustradas na figura a seguir.

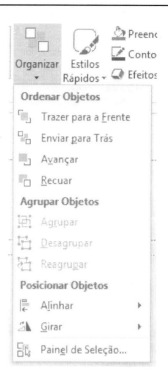

Organizar

A opção Organizar oferece recursos de posicionamento dos objetos em relação a outros, como ordená-los um à frente do outro, ou seja, controlar a sobreposição dos itens. Como também podemos agrupar os itens para movimentá-los e dimensioná-los de maneira uniforme.

Efeitos

Os efeitos são recursos do Office 2007 que permitem atribuir mais vida às estruturas, como a possibilidade de formatar uma imagem de modo que ela pareça um botão utilizando o efeito Bise

Bloco Edição

220

8.5 Aba Inserir

Na aba Inserir são disponibilizadas inúmeras opções de estruturas que podem ser inseridas na apresentação em edição, conforme ilustrado a seguir.

A maioria das opções também é encontrada no Word, todavia, as opções Novo Slide, Álbum de Fotografias, Ação, número do Slide, Vídeo e Áudio são específicas do editor de apresentação de slides.

Vale também destacar que a estrutura de cabeçalho e rodapé de um slide é diferente daquela do editor de texto. Observe que o botão apresenta a característica das duas funções em um.

Álbum de fotografias

Pode-se enfatizar a opção Álbum de Fotografias, opção que permite criar rapidamente, por meio da seleção de uma pasta contendo as imagens um álbum de fotos, colocando apenas uma foto por slide ou mais.

SmartArt

O recurso SmartArt permite criar esquemas organizacionais; tal recurso passou a existir a partir da versão 2007 do Ms Office

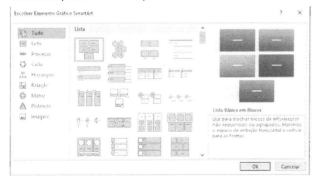

Gráficos

Com relação aos gráficos, apenas lembre-se de que eles necessitam de uma planilha com os dados que serão representados no gráfico.

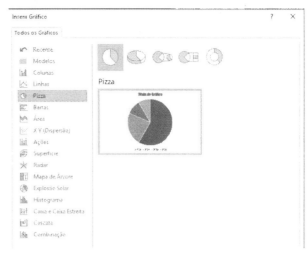

Ação

Por meio do botão Ação, podemos criar interações em meio à apresentação de slides, como navegar de modo aleatório entre os slides.

Ação

Cabeçalho e rodapé

Cuidado com a estrutura de cabeçalho e rodapé, pois no Word ela opera de modo diferente do que no PowerPoint. Nos slides também podemos trabalhar com rodapé, mas não cabeçalhos, apesar de a ferramenta possuir este nome. Na verdade, é porque o cabeçalho pode ser inserido no formato das anotações e folhetos, como mostra a segunda figura que ilustra a aba **Anotações e Folhetos**.

POWERPOINT 2016

Observe ainda que existem espaços específicos para cada campo: o canto esquerdo inferior é reservado para a Data e Hora, enquanto que o rodapé ocupa o espaço ao centro e o número de slide à direita.

Contudo, este posicionamento pode variar de acordo com o Design usado na apresentação, ou seja, de acordo com a formatação do Slides Mestre.

Já nos folhetos e anotações, o cabeçalho ocupa o canto superior esquerdo, enquanto que o rodapé usa o campo inferior esquerdo. Na posição superior direita, podemos exibir a data e a hora, enquanto que no canto inferior direto, temos o espaço para o número da págin

Bloco Mídia

Aqui, notamos que é possível inserir em uma apresentação de slides um filme. como também um arquivo de áudio.

Uma outra novidade da versão 2016 é a opção Gravação de Tela, que permite gravar a tela inteira ou apenas uma área selecionada. Incluindo ou não o ponteiro do mouse e som, normalmente alguma narração.

8.6 Aba Design

Por meio desta aba, é possível mudar a configuração de um slide, colocando-o com orientação diferente do padrão, paisagem, ou mesmo mudar suas dimensões, bem como alterar o conjunto de cores de fundo e fontes por meio dos temas.

8.7 Aba Transações

Na Aba Transições, encontram-se as opções referentes à troca dos slides durante a apresentação. No Office 2016, não há novas transições se comparado à versão anterior. Contudo, a renderização passou por melhorias para que os efeitos possuam uma melhor qualidade visual. Também é possível configurar tempos para cada slide e para o efeito de transição, por meio das opções disponibilizadas no bloco Intervalo.

Efeitos de transição

8.8 Aba Animações

Já na aba animações são encontradas opções que podem ser aplicadas a elementos em um slide, como figuras e textos. Da mesma maneira que é possível configurar o tempo de uma troca de slides, é possível configurar a duração de uma animação.

Efeitos de animações

Os efeitos de animação são organizados em 4 grupos: Entrada, Ênfase, Saída e Caminhos de Animação, sendo os 3 primeiros os principais.

É possível utilizar mais de um efeito por objeto, porém é necessário usar a opção Adicionar Animação caso já tenha aplicado alguma ao elemento, pois se for apenas selecionada outra animação, ela irá substituir o efeito selecionado anteriormente.

8.9 Aba Apresentação de Slides

Na Aba apresentação podemos configurar a apresentação como um todo.

A opção do começo exibe a apresentação de slides a partir do primeiro Slide. A tecla de atalho correspondente é a tecla F5, já a opção do Slide atual exibe a apresentação a partir do slide selecionado, a tecla de atalho para esta opção é SHIFT + F5.

O PowerPoint 2016 é integrado com recursos Online, como a opção Apresentar Online, que possibilita disponibilizar uma apresentação de slides para que possa ser visualizada via Internet enquanto é exibida. Para tanto, é necessário utilizar uma Windows Live ID.

Outra opção Interessante é a opção Modo de Exibição de apresentador, que permite a um monitor e um projetor, ou mesmo dois monitores conectados ao computador, exibir a apresentação em um (normalmente no projetor) e no outro monitor uma tela de acompanhamento que exibe as anotações de cada slide, a sua miniatura e o tempo decorrido do início da apresentação.

Bloco Configurar Apresentação

Configurar Apresentação de Slides

A configuração de uma apresentação permite definir se a apresentação será exibida em tela inteira ou na forma de janela, bem como a forma de avanço dos slides e quais serão os slides.

Ocultar Slide

Essa opção permite ocultar o slide selecionado; tal slide também não é exibido na apresentação.

Testar Intervalos

Esse recurso é muito utilizado para animações com textos com transição automática. Uma vez acionada essa função, a apresentação de slides é iniciada e, a cada vez que um slide é avançado, o tempo é gravado a fim de que esse tempo seja usado na exibição dos slides.

Modo Apresentador

Outra opção Interessante é a opção modo de exibição de apresentador, que permite a um monitor e um projetor, ou mesmo dois monitores conectados ao computador, exibir a apresentação em um (normalmente no projetor) e no outro monitor uma tela de acompanhamento que exibe as anotações de cada slide, a sua miniatura e o tempo decorrido do início da apresentação.

8.10 Aba Revisão

A aba Revisão do PowerPoint apresenta as mesmas opções que o Word. Portanto, a probabilidade é que, seja cobrada alguma função em questões sobre o editor de texto, por conta da sua relevância.

8.11 Aba Exibir

No PowerPoint, temos os seguintes modos de exibição que podem ser selecionados mediante a Aba Exibição.

Normal

O modo normal é o modo padrão de edição. Neste modo, a finalidade é a edição dos slides. Na lateral esquerda são exibidas as miniaturas dos slides em edição. É importante notar que há uma linha bem sutil abaixo do slide principal (em edição) que se encontra com a linha que separa as miniaturas. Essa linha pode ser movida para cima, a fim de exibir o espaço das anotações do slide. Também é possível clicar na opção Anotações que está na barra de status.

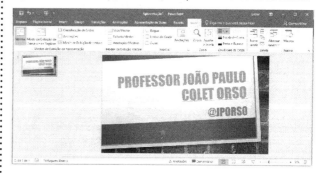

Estrutura de Tópicos

A principal característica desse modo é não apresentar características visuais, como imagens ou plano de fundo. Observe que esse modo altera apenas a visualização do painel à esquerda. Nele são indicados os slides e cada parágrafo é apresentado como um tópico.

POWERPOINT 2016

Classificação de Slides

Este modo de visualização é útil para reordenar os slides da apresentação, visualizando-os em miniatura.

Anotações

Esta opção permite que sejam inseridas anotações que podem ser impressas, porém que não aparecem no momento da apresentação de slides.

8.12 Slide Mestre

Por meio do **Slide Mestre** é possível alterar os espaços reservados para os slides, os cabeçalhos e os rodapés.

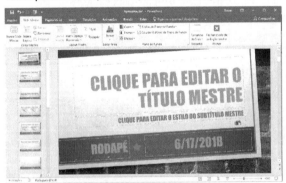

Mediante o **Folheto Mestre**, é possível alterar cabeçalhos e rodapés.

Já nas **Anotações Mestras podemos alterar os espaços reservados para os slides, as anotações, os cabeçalhos e** os rodapés.

 Questões

Julgue o próximo item, relativo aos aplicativos para edição de textos, planilhas e apresentações do ambiente Microsoft Office 2013.

01. Uma apresentação criada no PowerPoint 2013 não poderá ser salva em uma versão anterior a esta, visto que a versão de 2013 contém elementos mais complexos que as anteriores.

Certo ( )   Errado ( )

Com relação ao sistema operacional Windows e ao ambiente Microsoft Office, julgue o item a seguir.

02. No PowerPoint 2010, ao selecionar a opção Salvar e Enviar no menu Arquivo e, em seguida, a opção Criar vídeo, o usuário poderá converter uma apresentação de eslaides em vídeo para publicação na web ou em outras mídias e ajustar, se necessário, o tamanho do arquivo multimídia e a qualidade do vídeo.

Certo ( )   Errado ( )

Acerca do pacote Microsoft Office, julgue o item a seguir.

03. Arquivos do PowerPoint salvos no formato de apresentação de eslaides (PPS/PPSX) são, automaticamente, abertos no modo de exibição e, nessa condição, não podem ser editados.

Certo ( )   Errado ( )

Com relação à informática, julgue o item que se segue.

04. Em um texto ou imagem contido em eslaide que esteja em edição no programa Libre Office Impress, é possível, por meio da opção Hyperlink, criar um link que permita o acesso a uma página web.

Certo ( )   Errado ( )

Com relação ao PowerPoint, programa utilizado para produzir apresentações de eslaides, julgue o item que se segue.

05. É possível imprimir um arquivo salvo em formato PPT agrupando-se, no máximo, três eslaides por página.

Certo ( )   Errado ( )

06. Com relação ao PowerPoint, programa utilizado para produzir apresentações de eslaides, julgue o item que se segue. A partir de um conjunto de estilos e temas, é possível escolher o formato dos eslaides de uma apresentação.

Certo ( )   Errado ( )

224

07. Com relação ao PowerPoint, programa utilizado para produzir apresentações de eslaides, julgue o item que se segue. O PowerPoint oferece muitos recursos para a elaboração de uma apresentação de eslaides, sendo possível, utilizando-se esse programa, criar uma apresentação de eslaides personalizada.

Certo ( )   Errado ( )

08. Com relação ao PowerPoint, programa utilizado para produzir apresentações de eslaides, julgue o item que se segue. Para se criar uma apresentação, cada eslaide deve ser salvo como um arquivo separado e, posteriormente, devem-se agrupar os eslaides salvos, por meio de um arquivo em formato de vídeo.

Certo ( )   Errado ( )

09. Com relação ao PowerPoint, programa utilizado para produzir apresentações de eslaides, julgue o item que se segue. Não é permitido incluir outros arquivos do Microsoft Office em uma apresentação, exceto os salvos em formatos de imagens GIF ou JPEG.

Certo ( )   Errado ( )

10. Com relação ao Microsoft PowerPoint, julgue o item que se segue. A inclusão de autoformas permite que o usuário crie apenas novos desenhos para serem inseridos na apresentação de maneira customizada.

Certo ( )   Errado ( )

11. Com relação ao Microsoft PowerPoint, julgue o item que se segue. Ao inserir um novo eslaide em uma apresentação já existente, o usuário poderá selecionar o tema.

Certo ( )   Errado ( )

12. Com relação ao Microsoft PowerPoint, julgue o item que se segue. Ao se criar uma nova apresentação, o leiaute dos eslaides poderá ser previamente escolhido sendo possível alterá-lo depois de salvo.

Certo ( )   Errado ( )

13. Com relação ao Microsoft PowerPoint, julgue o item que se segue. A ferramenta Pincel é utilizada para pintar o conteúdo de uma caixa de texto ou de imagem.

Certo ( )   Errado ( )

14. Com relação ao Microsoft PowerPoint, julgue o item que se segue. A área de transferência é utilizada para armazenar conteúdos que foram apagados dos eslaides para uso posterior, se necessário.

Certo ( )   Errado ( )

15. Com relação às ferramentas e às funcionalidades do ambiente Windows, julgue o item que se segue.
No Microsoft Power Point, para se utilizar um dos temas de modelos de leiaute de eslaides, é necessário seguir a formatação adotada pelo estilo selecionado, não sendo possível, por exemplo, alterar o tipo de fonte e de cores, ou inserir outros efeitos.

Certo ( )   Errado ( )

 Gabaritos

01	ERRADO	09	ERRADO
02	CERTO	10	ERRADO
03	CERTO	11	CERTO
04	CERTO	12	CERTO
05	ERRADO	13	ERRADO
06	CERTO	14	ERRADO
07	CERTO	15	ERRADO
08	ERRADO	-	-

INFORMÁTICA BÁSICA

9. REDES DE COMPUTADORES

Dois computadores conectados entre si já caracterizam uma rede. Contudo, ela normalmente é composta por diversificados dispositivos como: celulares, smartphones, tablets, computadores, servidores, impressoras, roteadores, switches, hubs, modens, etc. Devido à essa grande variedade de dispositivos, o nome genérico HOST é atribuído aos dispositivos conectados na rede.

Todo Host possui um endereço que o identifica na rede, o qual é o endereço IP. Mas também cada peça possui um número único de fábrica que o identifica, o MAC Address.

9.1 Paradigma de comunicação

Paradigma é um padrão a ser seguido e, no caso das redes, é o modelo Cliente/Servidor. Nesse modelo, o usuário é o cliente que envia uma solicitação ao servidor; ao receber a solicitação, o servidor a analisa e, se é de sua competência, provê a informação/dado.

9.2 Dispositivos de rede

Os Dispositivos de Rede são citados até mesmo em provas cujo conteúdo programático não cita a matéria de hardware. E na maioria das vezes em que aparecem questões sobre o assunto, se questiona em relação à finalidade de cada dispositivo na rede, portanto, nesta seção são descritos alguns dos principais dispositivos de rede:

Modem	Modulador/demulador. Responsável por converter o sinal analógico da linha telefônica em um sinal digital para o computador e vice-versa.
Hub	Conecta vários dispositivos em rede, mas não oferece muita segurança, pois envia as informações para todos na rede.
Switch	É um dispositivo que permite interligar vários dispositivos de forma mais inteligente que o Hub, pois no switch os dados são direcionados aos destinos corretos.
Roteador	Um roteador já trabalha no nível de rede; em um mesmo roteador podemos definir várias redes diferentes. Ele também cria uma rota para os dados.
Access Point	Um Ponto de Acesso opera de forma similar a um Switch, só que em redes sem fio.
Backbone	É a estrutura principal dentro de uma rede, na Internet é a espinha dorsal que a suporta, ou seja, as principais ligações internacionais.

9.3 Topologia de rede

Topologia diz respeito à estrutura de organização dos dispositivos em uma rede.

Barramento

Na Topologia de Barramento, todos os dispositivos estão conectados no mesmo canal de comunicação, o que torna o tráfego de dados mais lento e, se o barramento se rompe, pode isolar parte da rede.

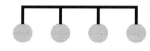

Anel

A estrutura em Anel conecta um dispositivo no outro; para que todos os computadores estejam conectados, é necessário que estejam ligados. Se o anel for simples, ou seja, de única via de dados, um computador desligado já é suficiente para tornar a rede inoperante para algum outro computador; o problema pode ser resolvido em partes, utilizando o anel duplo, trafegando dados em duas direções da rede, porém, se dois pontos forem desconectados, pode-se chegar à situação de duas redes isoladas.

Estrela

Uma rede organizada em forma de estrela possui um nó centralizador. Esse modelo é um dos mais utilizados, pois um nó pode estar desconectado sem interferir no resto da rede, porém, o centro é o ponto crítico.

Estrela Estendida

A Estrela Estendida é utilizada em situações como em uma universidade *multicampi*, em que um nó central é a conexão principal, a partir da qual se conecta com a internet, enquanto que os outros *campi* possuem centrais secundárias como conexão entre seus computadores. A estrutura entre o nó principal e as centrais secundárias é o que chamamos de Backbone dessa rede.

Malha

A conexão em malha é o modelo da internet, em que encontramos vários nós principais, mas também várias ligações entre diversos nós.

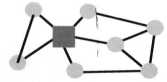

Pilhas de Protocolos

Também colocadas pelas bancas examinadoras como modelos, as pilhas de protocolos definem um conjunto de protocolos e em quais camadas de rede devem operar.

Neste tópico temos dois tipos de questões que podem ser associados na prova. Questões que fazem relação com os tipos de redes e questões que tratam da finalidade dos principais protocolos utilizados em uma navegação na Internet.

As pilhas de protocolos são:

| TCP/IP | OSI |

O modelo TCP/IP é o **padrão utilizado nas redes**. Mas, em redes privadas, mesmo o TCP/IP sendo padrão, pode ser implantado o modelo OSI.

Como o modelo TCP/IP é o padrão na seção seguinte são destacados os principais protocolos de navegação.

Principais Protocolos

Um protocolo é uma regra de comunicação em redes, portanto, a transferência de arquivos, mesmo entre computadores de uma mesma rede, utiliza um protocolo como forma de padronizar o entendimento entre os dois.

HTTP

HTTP (*Hyper Text Transport Protocol*) é o protocolo de transferência de hipertexto. É o mais utilizado pelo usuário em uma navegação pela Internet. Hipertexto consiste em um arquivo no formato HTML (*HyperText Markup Language*) - Linguagem de Marcação de Hipertexto.

HTML é um arquivo que pode ser gerado por qualquer editor de texto, pois, quando é aberto no Bloco de Notas ou Wordpad, ele apresenta apenas informações de texto. No entanto, quando é aberto pelo navegador, este interpreta o código em HTML e monta o conteúdo **Multimídia** na página. Entende-se por conteúdo multimídia: textos, áudio, vídeos e imagens.

HTTPS

HTTPS (*Hyper Text Transport Protocol Secure*), também conhecido como HTTP Seguro, é um protocolo que tem como diferença entre o HTTP apenas a segurança que oferece, pois, assim como o HTTP, serve para visualizar o conteúdo multimídia.

O que se questiona em relação a sua segurança é como ela é feita. O protocolo HTTPS utiliza o processo de **Criptografia** para manter sigilo sobre os dados transferidos entre o usuário e o servidor, para isso, são utilizados os protocolos **TLS** ou **SSL**.

Um detalhe muito importante é o de saber identificar se a navegação está sendo realizada por meio do protocolo HTTP ou pelo protocolo HTTPS. A forma mais confiável é observar a barra de endereços do navegador:

Firefox 10.02

IE 9

Google Chrome

Logo no início da barra, observamos a indicação do protocolo HTTPS, que, sempre que estiver em uso, deverá aparecer. Porém, deve-se ter muita atenção, pois, quando é utilizado o HTTP, alguns navegadores atuais têm omitido a informação no começo da barra de endereços.

Outra informação que nos ajuda a verificar se o acesso é por meio de uma conexão segura é o símbolo do cadeado fechado.

FTP

FTP (File Transport Protocol) é o protocolo de transferência de arquivos utilizado quando um usuário realiza download ou upload de um arquivo na rede.

O protocolo FTP tem como diferencial o fato de operar sobre duas portas: uma para tráfego dos dados e outra para autenticação e controle.

9.4 Firewall

O Firewall pode ser Software, Hardware, ou ambos. Ele é o responsável por **monitorar as portas da rede/computador**, permitindo ou negando a passagem dos dados na rede, seja na entrada ou saída.

É o monitor que fica na porta olhando para uma lista na qual contém as regras que um dado tem de cumprir para passar por ela. Essa lista são os protocolos, por exemplo, o Firewall monitorando a porta 80, relativa ao protocolo HTTP, o qual só trabalha com conteúdo multimídia. Então, se um arquivo .EXE tentar passar pela porta 80, ele deve ser barrado; essa é a função do Firewall.

9.5 Tipos de redes

Podemos classificar as redes de acordo com sua finalidade; neste tópico expõe-se a diferença entre as redes: Internet vs Intranet vs Extranet.

Internet

É a rede das redes, também conhecida como rede mundial de computadores.

Muitas provas citam o sinônimo WWW (*World Wide Web*) para internet, ou por vezes apenas Web. Ela é definida como uma rede **pública** a qual todos com computador e servidor de acesso podem conectar-se.

Intranet

É uma rede empresarial, também chamada de rede corporativa. Tem como principal característica ser uma rede **privada**, portanto, possui controle de acesso, o qual é restrito somente a pessoas autorizadas.

Uma Intranet geralmente é constituída com o intuito de compartilhar recursos entre os funcionários de uma empresa, de maneira que pessoas externas não tenham acesso a eles. Os recursos compartilhados podem ser: impressoras, arquivos, sistemas, entre outros.

Extranet

É quando parte de uma Intranet é disponibilizada por meio da Internet.

Também dizemos que extranet é quando duas empresas com suas distintas Intranets possuem um sistema comum que acessam apenas parte de cada uma das Intranets.

REDES DE COMPUTADORES

VPN

VPN é uma forma de criar uma Intranet entre localizações geograficamente distantes, com um custo mais baixo do que ligar cabos entre os pontos. Para isso, emprega-se o processo de criptografia nos dados antes de enviá-los por meio da Internet e, quando o dado chega na outra sede, passa pelo processo de descriptografia. Dessa maneira, quem está navegando na Internet não tem acesso às informações da empresa, que continuam restritas; esse processo também é chamado de tunelamento.

9.6 Padrões de infraestrutura

São padrões que definem como deve ser organizada e quais critérios precisam ser seguidos para montar uma estrutura de rede de acordo com os padrões estabelecidos pelo Instituto de Engenheiros Eletricistas e Eletrônicos (IEEE).

O padrão Ethernet define as regras para uma infraestrutura cabeada, como tipos de cabos que devem ser utilizados, distância máxima, tipos e quantidade de dispositivos, entre outras. Já o padrão 802.11 define as regras para uma estrutura Wi-Fi, ou seja, para a rede sem fio.

9.7 Correio eletrônico

O serviço de e-mail é outro ponto bastante cobrado nos concursos públicos. Em essência, o que se pede é se o concursando sabe sobre as diferentes formas de se trabalhar com ele.

O e-mail é uma forma de comunicação assíncrona, ou seja, no momento do envio apenas o emissor precisa estar conectado.

Formas de acesso

Podemos ler e escrever e-mail utilizando duas formas diferentes. Na última década, o webmail ganhou mais espaço no mercado e se tornou majoritário no ramo de e-mails, mas muitas empresas utilizam ainda os clientes de e-mail.

Webmail

O webmail é uma interface de acesso para o e-mail via Browser (navegador de Internet), ou seja, uma forma de visualizar o e-mail via uma página de web. Diante disso, é possível destacar que usamos os protocolos HTTP ou HTTPS para visualizar páginas da Internet. Dessa forma, ao acessar sites de e-mail como gmail.com, hotmail.com, yahoo.com.br e outlook.com, fazemos uso desses protocolos, sendo o HTTPS o mais usado atualmente pelos grandes serviços de e-mail, pois confere ao usuário maior segurança no acesso.

Dizemos que o webmail é uma forma de ler e escrever e-mails, dificilmente citado como forma de enviar e receber, uma vez que quem realmente envia é o servidor e não o computador do usuário.

Quando um e-mail é enviado, ele parte diretamente do servidor no qual o remetente possui conta para o servidor do serviço de e-mail do destinatário.

Cliente de e-mail

Um cliente de e-mail é um programa específico para enviar e receber mensagens de e-mail e que é, necessariamente, instalado no computador do usuário.

Exs.:

Microsoft Outlook;

Mozilla Thunderbird;

Outlook Express;

Windows Live Mail.

Os programas clientes de e-mail usam protocolos específicos para envio e recebimento das mensagens de e-mail.

Protocolos utilizados pelos clientes de e-mail

Para o envio, um cliente de e-mail utiliza o protocolo SMTP (*Simple Mail Transport Protocol* – Protocolo de transporte de mensagens simples). Como todo protocolo, o SMTP também opera sobre uma porta específica, que pode ser citada como sendo a porta 25, correspondente ao padrão, mas atualmente ela foi bloqueada para uso dos usuários, vindo a ser substituída pela 587.

Com isso, em questões de Certo e Errado, apenas a 587 é a correta, quando abordado sobre o usuário, pois entre servidores a 25 ainda é utilizada. Já nas questões de múltipla escolha, vale o princípio da menos errada, ou seja, se não tiver a 587, a 25 responde a questão.

Mesmo que a mensagem de e-mail possua arquivos anexos a ela, envia-se por SMTP; assim o protocolo FTP não é utilizado.

Já para o recebimento, o usuário pode optar em utilizar o protocolo POP ou o protocolo IMAP, contudo, deve ser observada a diferença entre os dois, pois essa diferença é ponto para muitas questões.

O protocolo POP tem por característica baixar as mensagens de e-mail para o computador do usuário, mas por padrão, ao baixá-las, elas são apagadas do servidor. Portanto, as mensagens que um usuário está lendo estão, necessariamente, em seu computador.

Por outro lado, se o usuário desejar, ele pode configurar o protocolo de forma que sejam mantidas cópias das mensagens no servidor, no entanto, a que o usuário está lendo, efetivamente, está em seu computador. Sobre essa característica são citadas questões relacionando à configuração a uma espécie de backup das mensagens de e-mail.

Atualmente o protocolo POP encontra-se na versão 3; dessa forma ele pode aparecer nos textos de questão como POP3, não afetando a compreensão da mesma. Uma vez que o usuário necessita conectar na internet apenas para baixar as mensagens, é possível que ele desconecte-se da internet e mesmo assim leia seus e-mails. E, uma vez configurado o SMTP, também é possível redigir as respostas off-line, sendo necessário, no entanto, conectar-se novamente para que as mensagens possam ser enviadas.

Ao invés de utilizar o POP, o usuário pode optar em fazer uso do protocolo IMAP, que é para acesso a mensagens de e-mail, as quais, por sua vez, residem no servidor de e-mails. Portanto, se faz necessário estar conectado à internet para poder ler o e-mail por meio do protocolo IMAP.

Spam

Spam é uma prática que tem como finalidade divulgar propagandas por e-mail, ou mesmo utilizar-se de e-mails que chamem a atenção do usuário e o incentivem a encaminhar para inúmeros outros contatos, para que, com isso, levantem uma lista de contatos que pode ser vendida na Internet ou mesmo utilizada para encaminhar mais propagandas.

Geralmente um spammer utiliza-se de e-mail com temas como: filantropia, hoax (boatos), lendas urbanas, ou mesmo assuntos polêmicos.

9.8 URL (*Uniform Resource Locator*)

É um endereço que identifica um site, um serviço, ou mesmo um endereço de e-mail. A seguir, temos um exemplo de URL; observe que podemos dividi-la em várias partes.

Domínio

É o nome registrado de um site para que possa ser acessado por meio da Internet. Assim como a URL, um domínio também pode ser dividido em três partes.

site.com.br

O .br indica que esse site está registrado no conjunto de domínios do Brasil, que é administrado e regulamentado pelo Registro.Br, componente do Comitê Gestor de Internet no Brasil (CGI).

O Registro.Br define várias normas em relação à criação de um domínio, como por exemplo o tamanho máximo de 26 caracteres, a limitação para apenas letras e números e recentemente a opção de criar domínios com letras acentuadas e o caractere **ç**.

Também compete ao Registro.Br a normatização da segunda parte do domínio, representada na figura pelo **.com**. Essa informação diz respeito ao ramo de atividade a que se destina o domínio, mas não nos garante qual a real finalidade do site. A última parte, por fim, é o próprio nome do site que se deseja registrar.

Protocolo IP

Cada equipamento na rede ganha o nome genérico de Host, o qual deve possuir um endereço para que seja localizado na rede. Esse é o endereço IP.

O protocolo IP é o responsável por trabalhar com essa informação, para tanto, um endereço IP possui versões: IPv4 e IPv6.

Um IP também é um endereço, portanto, pode ser inserido diretamente na barra de endereços de um navegador.

O IPv4 é composto por até quatro grupos de três dígitos que atingem valor máximo de 255 cada grupo, suportando, no máximo, cerca de 4 bilhões (4.294.967.296) de endereços.

200.201.88.30 endereço IP da Universidade Estadual do Oeste do Paraná (Unioeste).

O IPv6 é uma proposta que está gradativamente substituindo o IPv4, justamente pela pouca quantidade de endereço que ele oferece. O IPv6 é organizado em 8 grupos de 4 dígitos hexadecimais, suportando cerca de 3,4 × 1038, aproximadamente 3,6 undecilhões de endereços IP.

0123:4567:89AB:CDEF:1011:1314:5B6C:88CC

DNS (*Domain Name System*)

O Sistema de Nomes de Domínios é o responsável por traduzir (resolver por meio de consultas aos servidores Raiz da Internet) um domínio para o endereço IP do servidor que hospeda (armazena) o site desejado. Esse processo ocorre em questão de segundos e obedece uma estrutura hierárquica.

9.9 Navegadores

Navegadores são programas que permitem acesso às páginas da Internet, são muitas vezes citados em provas pelo termo em inglês Browser.

Exs.:

Internet Explorer

Mozilla Firefox

Google Chrome

Também são cobrados os conceitos dos tipos de dados de navegação que estão relacionados aos navegadores.

Cache

É um armazenamento temporário. No caso dos navegadores, trata-se de uma pasta onde são armazenados os conteúdos multimídias como imagens, vídeos, áudio e inclusive textos, para que, no segundo momento em que o mesmo conteúdo for acessado, ele possa ser mostrado ao usuário mais rapidamente.

Cookies

São pequenas informações que alguns sites armazenam no computador do usuário. Exemplos de informações armazenadas nos cookies: senhas, obviamente que são armazenadas criptografadas; também são muito utilizados em sites de compras, para armazenar o carrinho de compras.

Dados de Formulários

Quando preenchemos um formulário, os navegadores oferecem opção para armazenar os dados digitados em cada campo, assim, quando necessário preencher o mesmo formulário ou ainda outro formulário com campos de mesmo nome, o navegador sugere os dados já usados a fim de autocompletar o preenchimento do campo.

9.10 Conceitos relacionados à internet

Nesta seção são apresentados alguns conceitos, tecnologias e ferramentas relacionadas à Internet que são cobrados nas provas dos concursos.

Motores de Busca

Os Motores de Busca são normalmente conhecidos por buscadores. Dentre os principais estão Google, Bing (MSN) e Yahoo!.

REDES DE COMPUTADORES

É importante observar que, nos navegadores atuais, os motores de busca são integrados, com isso podemos definir qual se deseja utilizar, por exemplo: o Google Chrome e o Mozilla Firefox utilizam como motor de busca padrão o Google, já o Internet Explorer utiliza o Bing. Essa informação é relevante, pois é possível nesses navegadores digitar os termos buscados diretamente na barra de endereços, ao invés de acessar previamente o site do motor de busca.

Busca Avançada

Os motores de busca oferecem alguns recursos para otimizar a busca, como operadores lógicos, também conhecidos como operadores booleanos[1]. Dentre eles podemos destacar a negação (-). Ao realizar uma busca na qual se deseja encontrar resultados que sejam relacionados a determinado assunto, porém os termos usados são comuns a outro, podemos utilizar o sinal de menos precedendo o termo do assunto irrelevante, como o exemplo de uma questão que já caiu em prova: realizar a busca por leite e cão, contudo, se for inserido apenas estes termos na busca, muitos resultados serão relacionados a gatos e leite. Para que as páginas que contenham a palavra gato não sejam exibidas na lista de páginas encontradas, basta digitar o sinal de menos (-) antes da palavra gato (sem espaço entre o sinal e a palavra), assim a pesquisa a ser inserida no buscador fica **Cão Leite -Gato**.

Também é possível realizar a busca por uma frase exata, assim, somente serão listados os sites que contenham exatamente a mesma expressão. Para isso, basta digitar a frase desejada entre aspas duplas.

Busca por/em Domínio Específico: para buscar sites que possuam determinado termo em seu nome de domínio, basta inserir o texto site: seguido da palavra desejada, lembrando que não deve haver espaço entre site: e o termo desejado. De forma similar, também pode-se utilizar **inurl: termo** para buscar sites que possuam o termo na URL.

Quando o domínio já é conhecido, é possível realizar a busca por determinado termo apenas nas páginas do domínio. Para tanto, deve-se digitar **site:Dominiodosite termo.**

Calculadora: é possível, ainda, utilizar o Google como uma calculadora, bastando digitar a expressão algébrica que se deseja resolver como 2+2 e, como resultado da "pesquisa", é apresentado o resultado da operação.

Operador: quando não se sabe exatamente qual é a palavra para completar uma expressão, pode-se completar a lacuna com um asterisco, assim o motor de busca irá entender que naquele espaço pode ser qualquer palavra.

Busca por tipo de arquivo: podemos refinar as buscas a resultados que consistam apenas em determinado formato de arquivo. Para tanto, podemos utilizar o operador filetype: assim, para buscar determinado tema, mas que seja em PDF, por exemplo, pode-se digitar **filetype: pdf tema.**

Tipos de busca

Os principais motores de busca permitem realizar as buscas de forma orientada a conteúdos gerais da web, como refinar a busca para exibir apenas imagens, vídeos ou mapas relacionados aos termos digitados.

Chat

Um chat é normalmente citado como um bate-papo em tempo real; é a forma de comunicação em que ambos os interlocutores estão conectados (on-line) simultaneamente. Muitos chats operam com salas de bate-papo. Um chat pode ser em um site específico como o chat do UOL. Conversas pelo MSN ou Facebook podem ser consideradas como chat, desde que ambos interlocutores estejam conectados.

Fórum

Também conhecidos como Listas de Discussão, os fóruns funcionam como debates sobre determinados assuntos. Em um fórum não é necessário que os envolvidos estejam conectados para receberem os comentários, pois estes ficam disponíveis para acesso futuro pelo usuário ou mesmo por pessoas que não estejam cadastradas no fórum, contudo, existem muitos fóruns fechados, nos quais só se entra por convite ou mediante aquisição. A maioria deles vincula o e-mail dos envolvidos a uma discussão, alertando-os assim, caso um novo comentário seja acrescentado.

Moodle

O Moodle é uma ferramenta fortemente utilizada pelo setor público, e também privado, para dar suporte ao Ensino a Distância (EAD).

 Questões

01. (CESPE) Existem diversos dispositivos que protegem tanto o acesso a um computador quanto a toda uma rede. Caso um usuário pretenda impedir que o tráfego com origem na Internet faça conexão com seu computador pessoal, a tecnologia adequada a ser utilizada nessa situação será o:
    a) multicast.
    b) Instant Messager.
    c) miniDim.
    d) firewall.
    e) IPv6.

02. (CESGRANRIO) O objetivo do firewall é:
    a) possibilitar a conexão com a internet.
    b) configurar uma rede privada.
    c) visualizar diversos tipos de arquivos.
    d) permitir a edição de imagens.
    e) realizar a segurança de redes privadas.

03. (FCC) É oferecida a um usuário de correio eletrônico a opção de acessar as suas mensagens por meio de um servidor POP3 ou um servidor IMAP. Ele deve configurar o seu programa leitor de correio para usar o servidor:
    a) POP3, se precisar buscar mensagens de acordo com um critério de busca.
    b) IMAP, caso esse programa suporte apenas o post office protocol.
    c) POP3, se quiser acessar suas mensagens em vários servidores sem risco de perder ou duplicar mensagens.
    d) POP3, se precisar criar e manter pastas de mensagens no servidor.
    e) IMAP, se precisar criar e manter pastas de mensagens no servidor.

[1] Em referência à lógica de Boole, ou seja, a lógica que você estuda para o concurso.

04. (CESPE) Com relação a conceitos, tecnologias e serviços associados à Internet, assinale a opção correta:
a) O Mozilla Firefox é um navegador web que permite o acesso a conteúdo disponibilizado em páginas e sítios da Internet.
b) O Microsoft Office Access é um tipo de firewall que impede que redes de computadores que façam parte da Internet sejam invadidas.
c) Serviços de webmail consistem no uso compartilhado de software de grupo de discussão instalado em computador pertencente a uma rede local (LAN) para uso exclusivo, e em segurança, dos computadores pertencentes a essa LAN.
d) Na conexão denominada banda larga, para que usuários residenciais tenham acesso a recursos da Internet, exige-se o uso de cabos ópticos entre as residências dos usuários e seus provedores de internet.
e) O protocolo TCP/IP é utilizado na Internet para operações de transferência de arquivos quando se deseja garantir segurança sem o uso de software antivírus.

05. (FCC) A disponibilização de arquivos para a Intranet ou Internet é possível por meio de servidores especiais que implementam protocolos desenvolvidos para essa finalidade. Tais servidores possibilitam tanto o download (recebimento) quanto o upload (envio) de arquivos, que podem ser efetuados de forma anônima ou controlados por senha, que determinam, por exemplo, quais os diretórios o usuário pode acessar. Esses servidores, nomeados de forma homônima ao protocolo utilizado, são chamados de servidores:
a) DNS
b) TCP/IP
c) FTP
d) Web Service
e) Proxy

Gabaritos

01	D
02	E
03	E
04	A
05	C

SEGURANÇA DA INFORMAÇÃO

10. SEGURANÇA DA INFORMAÇÃO

A Segurança da Informação é um ponto crucial para o concurso público para muitas bancas examinadoras e também de interesse da instituição que irá receber os aprovados. Afinal, ao ser aprovado, o candidato estará compondo o quadro de uma instituição pública que possui uma Intranet e sistemas sobre os quais há necessidade de se manter uma boa política de segurança.

Segundo o CGI[1], para um sistema ser classificado como seguro, ele deve atentar a três requisitos básicos: confidencialidade, integridade e disponibilidade. Esses conceitos são abordados neste material no tópico de princípios básicos da segurança da informação.

Faz-se necessário que sejam atendidos alguns requisitos mínimos para uma segurança do microcomputador, que dependem tanto de recursos tecnológicos como de bom senso e discernimento por parte dos usuários.

Para manter um computador com o mínimo de segurança deve-se:

> manter o **Sistema Operacional sempre atualizado**, pois a maioria dos malwares exploram as vulnerabilidades do SO;
> possuir um sistema **Antivírus** e manter tanto o aplicativo quanto as assinaturas[2] de vírus atualizadas;
> manter o Firewall sempre ativo;
> para se proteger contra os spywares também é indicada a instalação de um antispyware. Atualmente a maioria dos antivírus já possuem esse recurso integrado a eles.

10.1 Princípios básicos da segurança da informação

Os Princípios Básicos de Segurança em Tecnologia da Informação (TI) incluem os processos que devem ser garantidos para manter um sistema de informações seguro. Podemos destacar quatro conceitos como principais:

Disponibilidade

O Princípio da Disponibilidade deve garantir que os serviços ou recursos que forem necessários para uma tarefa, principalmente relacionados ao próprio processo de segurança, estejam sempre disponíveis.

Podemos estreitar esse princípio sobre a garantia de que as chaves públicas do processo de Certificação Digital (estes conceitos

1 Comitê Gestor de Internet no Brasil.
2 Assinatura de vírus: é uma sequência de caracteres que identifica a presença do vírus em um arquivo.

são abordados na seção sobre Certificados Digitais) estejam sempre disponíveis para quem precisar delas.

Também é aplicado, por exemplo, na situação de entrega da declaração de imposto de renda, em que o serviço deve suportar a alta demanda que possa surgir sem afetar o usuário.

Integridade

A Integridade garante a **não alteração** de uma informação/dado tanto no armazenamento quanto durante a troca dessas informações por algum meio. Por meio da integridade, verificamos se, durante o tráfego de uma informação, ela não foi alterada por alguém ou mesmo por falhas do processo de transmissão. No armazenamento ela garante que o dado não foi corrompido.

O processo que protege a integridade consiste na geração de um código de cerca de 20 caracteres, o **código HASH,** também conhecido como **resumo** de um dado; um exemplo é o MD5. O processo é realizado em uma via única, em que, a partir de um dado, gera-se o resumo dele. Porém, a partir do resumo, não é possível gerar o dado novamente. Para verificar se houve alteração em um arquivo, deve-se comparar dois códigos HASH, um gerado por quem disponibiliza o dado e outro por quem o recebe. Se uma vírgula for diferente, os códigos gerados ficam completamente diferentes, é possível que dois dados diferentes gerem o mesmo HASH, mas é uma possibilidade ínfima.

Confidencialidade

O Princípio da Confidencialidade é a garantia de que há sigilo sobre uma informação, de forma que o processo deve garantir que um dado não seja acessado por pessoas diferentes daquelas às quais ele se destina.

Para garantir a confidencialidade, utilizamos algum processo de criptografia de informações.

Autenticidade

A Autenticidade garante o autor de uma informação, ou seja, por meio dela podemos confirmar se uma mensagem é de autoria de quem diz.

Assim como a confidencialidade, a autenticidade é garantida por meio de criptografia.

10.2 Criptografia

A Criptografia é a arte ou ciência de escrever em códigos, quer dizer, transformar um texto em algo ilegível de forma que este possa ser armazenado ou enviado por um canal de comunicação; assim, se alguém interceptá-lo, não conseguirá entender o que está escrito e o destinatário, ao receber a informação, deve fazer o processo inverso: decifrar o dado, para que consiga lê-lo.

Temos dois principais métodos de criptografia: a de chave simétrica e a de chaves assimétricas.

Criptografia de Chave Simétrica

Uma chave de criptografia é uma informação a partir da qual seja possível transcrever uma mensagem criptografada.

A de chave simétrica é também conhecida como criptografia de chave única, em que a mesma chave é usada tanto para codificar uma mensagem quanto para decifrá-la. Um bom exemplo desse modelo é a criptografia maçônica.

A informação acima está criptografada. Para decifrar o que ela diz, precisamos da chave de criptografia que, na simétrica, é a mesma usada para gerar a mensagem. A seguir, temos a chave que abre a mensagem.

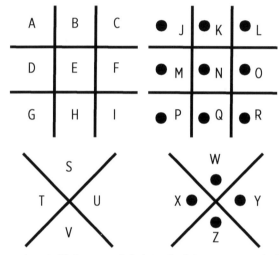

Ao substituirmos os símbolos pelas letras correspondentes, obtemos a palavra ALFA.

Criptografia de chaves assimétricas

Na Criptografia de Chaves Assimétricas, em vez de uma chave como na simétrica, são usadas duas chaves que são diferentes entre si. Elas são chamadas de **Chave Pública** e a outra de **Chave Privada,** por conta da característica de cada uma.

A Chave Pública é uma informação (código) que fica disponível em um servidor de Chaves Públicas na Internet, para quem precisar dela; enquanto que a Chave Privada é um código que somente o dono deve conhecer.

O par de Chaves é único e correspondente, ou seja, uma mensagem/dado cifrada pela chave pública de um usuário só pode ser aberta pela chave privada do mesmo usuário. E o inverso também, uma mensagem cifrada com a chave privada de um usuário só pode ser descriptografada pela chave pública dele próprio.

Certificado digital

Um certificado digital é um documento eletrônico assinado digitalmente e cumpre o papel de associar um usuário a uma chave pública, pode ser comparado ao CPF ou CNPJ para empresas.

Ele também apresenta junto com a chave pública algumas informações essenciais como:

> nome do dono da chave pública;
> prazo de validade do certificado, que varia de 1 a 3 anos dependendo da classe contratada;
> um número de série, critério de correspondência para identificar o usuário;
> e, juntamente, o certificado possui a assinatura da entidade de certificação, para comprovar sua validade.

Para adquirir um certificado digital, o usuário ou entidade deve procurar uma Autoridade Certificadora (AC) ou uma Autoridade de Registro (AR). Aquela é a responsável por criar o par de Chaves de um usuário, enquanto que esta é um intermediário entre o usuário e uma AC. Cabe a AR a responsabilidade de verificar os dados do usuário e encaminhar o pedido do certificado para a AC, entretanto, o usuário também pode se dirigir direto à AC. A Caixa Econômica Federal é a única instituição financeira que é uma AC.

Assinatura digital

Uma Assinatura Digital é um procedimento similar a uma assinatura de um documento impresso. Quando assinamos um contrato, normalmente ele possui mais de uma página, rubricamos[3] todas elas exceto a última, pois a assinatura precisa ser completa. Mas qual o intuito de rubricar todas as páginas? A rubrica não prova que o documento foi lido, mas sim para que aquela folha não seja substituída. Além disso, é preciso recorrer a um cartório para reconhecer e certificar a assinatura na última página.

Esse procedimento realizado no papel, juntamente com as garantias, foi adaptado para o mundo digital, afinal, papel ocupa espaço.

Quando falamos sobre a rubrica garantir a não alteração de um documento, citamos o princípio da Integridade. Portando, uma assinatura digital deve garantir também esse princípio, enquanto que a certificação de quem assinou é o princípio da Autenticidade, que também deve ser garantido pela assinatura digital.

Na Assinatura Digital, somente o resumo é criptografado; a mensagem enviada é a original, que não é cifrada.

Assim temos que a assinatura digital garante os princípios da Autenticidade e da Integridade.

10.3 Ataques

Nem todos os ataques são realizados por malwares, atualmente existem duas práticas muito comuns utilizadas pelos criminosos cibernéticos para obter dados do usuário e realizar invasões.

Phishing

Phishing é uma expressão derivada do termo "pescar" em inglês, pois o que esse tipo de ataque faz é induzir o usuário a informar seus dados pessoais por meio de páginas da Internet ou e-mails falsos.

Podemos identificar a página do tipo Phishing pelo endereço do site na barra de endereços do navegador, porque a página de phishing possui um endereço parecido, mas diferente do que o

---
3 Rubrica: assinatura abreviada.

SEGURANÇA DA INFORMAÇÃO

endereço desejado. Por exemplo, você certamente já deve ter visto ou ouvido falar de alguém que teve sua conta do Facebook[4] hackeada[5]; esse ataque procede a partir de um recado que o usuário recebe em sua conta.

Imagine o seguinte cenário: um usuário está navegando no site www.facebook.com.br, conectado em sua conta e clica no recado que normalmente traz um anúncio chamativo como "veja as fotos/vídeos do fim de semana passado", "cara, olha o que vc aprontou no fds", entre outros tantos. Quando clicado, uma nova aba ou janela é carregada no navegador, apenas como uma distração para o usuário, pois, enquanto ele fica vendo a nova aba carregar, a anterior muda, ligeiramente, para um endereço do gênero www.facebooks.com.br ou www.facebooki.com.br e mostra uma página idêntica à página de login de usuário do Facebook. Sem perceber, pensa que, ao clicar no recado, acabou saindo de sua conta e redigita seu usuário e senha novamente e é redirecionado novamente para sua conta, porém, o usuário em nenhum momento havia saído. A página de login que lhe foi mostrada era uma página falsa que capturou o seu usuário e senha; cerca de dois dias depois o perfil dele começa a enviar propagandas para os amigos e o mesmo recado e logo mais, em uma ou duas semanas, o usuário já não consegue mais entrar em sua conta.

Pharming

O Pharming é uma evolução do Phishing, uma forma de deixar este mais difícil de ser identificado. O Pharming, na maioria das questões, é cobrado com relação ao seus sinônimos: DNS Poisoning, Cache Poisoning, sequestro de DNS, sequestro de Cache, Envenenamento de DNS e Envenenamento de Cache.

Negação de Serviço (DoS e DDoS)

Um ataque de negação de serviço se dá quando um servidor ou serviço recebe mais solicitações do que é capaz de suprir.

DoS (*Denial of Service*) é um ataque individual, geralmente com o intuito de tornar um serviço inoperante para o usuário.

DDoS (*Distributed Denial of Service*) é um ataque realizado em massa; utiliza-se de vários computadores contaminados com um malware que dispara solicitações de acesso a determinados serviços ou sites, derrubando o serviço. Muitas vezes, enquanto o servidor tenta suprir a demanda, ele se torna vulnerável a inserções de códigos maliciosos. Um grupo intitulado Anonymous realizou vários ataques de DDoS em sites de governos em protesto às suas ações, por exemplo, em retaliação à censura do portal WikiLeaks e também do WikiLeaks[6] e The Pirate Bay[7].

Questões

01. (FCC) Evitar a abertura de mensagens eletrônicas não solicitadas, provenientes de instituições bancárias ou empresas, que possam induzir o acesso a páginas fraudulentas na Internet, com vistas a roubar senhas e outras informações pessoais valiosas registradas no computador. Essa recomendação é para evitar um tipo de fraude conhecida por:
a) chat.
b) cracker.
c) spam.
d) hacker.
e) phishing scan.

02. (FCC - ADAPTADA) Ao enviar informações sigilosas via mensagem eletrônica, deve-se utilizar um sistema que faça a codificação (chave, cifra), de modo que somente as máquinas que conhecem o código consigam decifrá-lo.
O cuidado solicitado aplica o conceito de:
a) criptografia.
b) assinatura digital.
c) digitalização.
d) desfragmentação.
e) modulação/demodulação.

03. (TJ-SC) Assinale a alternativa que contém somente recursos de segurança que são verificados pela Central de Segurança do Windows XP:
a) E-mail, internet e processadores de texto.
b) Planilhas eletrônicas, firewall e bloqueador de pop-ups.
c) Antivírus, internet e Google.
d) Firewall, antivírus e atualizações automáticas.
e) Phishing scan, cookies e backup.

04. (FCC) Mensagem não solicitada e mascarada sob comunicação de alguma instituição conhecida e que pode induzir o internauta ao acesso a páginas fraudulentas, projetadas para o furto de dados pessoais ou financeiros do usuário. Trata-se especificamente de:
a) keylogger.
b) scanning.
c) botnet.
d) phishing.
e) rootkit.

Gabaritos

01	E	03	D
02	A	04	D

---

4 Facebook: mídia social, definida erroneamente como rede social, assim como as demais.
5 Hackear: termo utilizado como sinônimo para invasão ou roubo.
6 WikiLeaks: portal com postagens de fontes anônimas com documentos, fotos e informações confidenciais, vazadas de governos ou empresas, sobre assuntos sensíveis.
7 The Pirate Bay: um dos maiores portais de compartilhamento, *peer to peer*.

Acesse www.alfaconcursos.com.br e tenha acesso a um grande acervo on-line:
- Notícias
- Simulados
- Atualizações
- Notícias sobre concursos

Na aba Resgatar código, ao digitar o seu código de acesso, você será direcionado a conteúdos online para seu concurso.

Comodidade e flexibilidade

Ao escolher o AlfaCon, o aluno tem flexibilidade na composição de seu cronograma de videoaulas e conta com diversos cursos que podem contribuir com seus estudos. Também são oferecidos cursos de disciplinas isoladas, bem como pacotes com matérias básicas e específicas.

Plano de estudos

Essa é uma estratégia idealizada pela equipe AlfaCon para que você consiga direcionar sua preparação. É uma ferramenta essencial de maximizar seu desempenho em provas de concursos.

Ampla acervo de materiais

O curso regular direciona você para a parte teórica das disciplinas dos editais. Com as turmas de exercícios, você aprende a técnica correta para resolver as questões de provas. Com os eventos, você relembra os tópicos mais importantes.

www.alfaconcursos.com.br